KB071608

# 아이를 위한
# 정신화-기반 치료

MENTALIZATION-BASED TREATMENT FOR CHILDREN(MBT-C)
A Time-Limited Approach

Nick Midgley · Karin Ensink · Karin Lindqvist · Norka Malberg · Nicole Muller 공저
한재현 역

학지사

# 역자 서문

좋은 정신분석가가 되고 싶은 마음에 시작한 긴 여정 속에서 여러 가지 경험을 하고 있지만, 그중에서 정신화-기반 치료(Mentalization-Based Treatment, 이하 MBT)를 배우는 과정은 치료자로서의 나의 정체성에 특별한 영향을 준 것 같다. 나라는 치료자를 찾아오는 사람들에게 어떤 경험을 주기 위해 노력할 것인가에 대한 문제에서 MBT는 '함께 고민하며 성장하는 시간이 변화의 기반이 된다'는 해답을 주었다고 생각한다. 그런 연유로 '마음이 자라는 따뜻한 공간'을 만들자고 다짐하며 2022년 봄에 개인클리닉을 시작할 때, 그 이름에 '자람'이라는 단어를 사용했다.

영국 런던의 안나 프로이트 센터(Anna Freud National Centre for Children and Families)의 많은 수련 프로그램 중 처음으로 참여했던 그룹은 아동을 대상으로 하는 MBT-C(MBT for Children)가 아니라 청소년을 대상으로 하는 MBT-A(MBT for Adolescents)였다. 20명 남짓의 치료자가 모인 그룹에서 첫 시간의 첫 활동은 각자 자신의 물건을 하나씩 보여 주면서 자기소개를 하는 것이었다. 여러 나라에서 모인 다양한 치료자가 영어 실력과는 상관없이 놀이적인 태도 속에서 유머를 섞어 가며 자유롭게 자신을 소개하는데, 유독 나와 중국 대학교의 한 여성 교수만이 영어 실력을 부끄러워하며 과도한 진지함 속에서 각자를 소개했던 기억이 난다. 영어가 부족했고 토론 중심의 교육을 받아 본 적이 없어서 그런 것이라고 스스로를 다독였지만, 유럽 지역의 치료자들과는 기본적으로 '놀이'에 대한 적극성이 다르고 성장과 발달에서 '놀이적인 태도'에 부여하는 가치가 다르다는 인상을 강하게 받았다. 한번은 억양이 세고 영어가 서툴던 한 이탈리아 여성 치료자가 의견을 이야기하던 중 영단어를 모르겠다고 한탄하며 말을 멈춘 적이 있었다. 그때 강사가 웃으며 "걱정 마세요. 당신은 정말 우리 그룹의 비타민이에요!"라고 크게 외쳤는

데, 예상치 못한 강사의 큰 반응에 모두가 웃음을 터트리며 그 치료자를 응원하던 순간은 서로의 마음이 열리고 연결되는 정말 특별한 순간이었다. 놀이적인 태도 속에서 수용을 받는다는 느낌을 경험하는 것은 나에게 큰 용기를 주었고, 이후에 는 MBT-C 그룹에 참여하여 임상가 과정까지 마칠 수 있었다.

이 책에 소개된 MBT-C의 임상가가 되기 위해서는 6개월간 한 명의 슈퍼바이 저 및 세 명의 치료자가 함께 임상사례를 공유하고 토론하는 시간을 가져야 한다. 이때, 이 슈퍼비전 시간에는 임상사례를 발표하는 사람은 처음 8분 정도 이야기할 시간을 가진 후 토론에 참여하지 못한다는 특별한 구조가 존재한다. 슈퍼바이저 와 다른 두 치료자가 나의 임상사례에 대해 자유롭게 생각을 나누는데 발표를 한 당사자는 그에 대해 한 마디도 할 수 없다는 경험은 정말 새로웠다. 우리는 사례 에 대해 양도 적고 정확하지도 않은 정보를 토대로 떠오르는 생각들을 마음껏 나 눴다. 발표자가 말을 할 수 없기 때문에 우리는 그 특별한 구조 속에서 마음껏 오 해하며 즐겁게 이야기할 수 있었다. 그리고 그 자유로운 즐거움에 도취되어 생각 이 열리고 나면, 처음 답답함을 느꼈던 많은 의문은 어느새 별것이 아니게 되거나 혹은 우리 마음 속에 서서히 다양한 관점이 형성되어 있는 것을 느낄 수 있었다. 이 과정을 거치면서 나는 조금 더 신중하고 공감적이면서도 놀이적이 되었고, 틀 리거나 오해하는 것을 덜 두려워하게 되었으며, 마음을 정확하게 읽어 주는 것이 아니라 마음에 대해 함께 생각하는 것이 내가 해 줄 수 있는 가장 따뜻한 경험이 라는 확신을 가지게 되었다.

이 책을 번역하기로 마음먹고 학지사에 요청을 한 후 번역을 마치기까지 정말 긴 시간이 걸렸다. 그 사이 대학병원에서 나와 개인클리닉을 열었고, 국제정신분 석가 과정을 해 왔으며, MBT-C 임상가가 되었다. 긴 시간이 걸린 것에는 개인적 인 사정과 내 특유의 게으름 탓도 있었지만, 무엇보다 MBT-C에 담긴 아주 특별 한 '놀이적인 느낌'을 표현하는 것에 대한 부담감이 컸던 것 같다. 여전히 나의 부 족함이 이 책이 지닌 귀중한 가치에 해가 되지 않기를 바라는 마음이 크지만, 번역 의 미숙함으로 인한 오해 역시 더 나은 이해를 위해 쓰일 수 있을 것임을 믿고 용 기를 내었다. 그 시간을 기다려 주신 학지사 편집부에 감사를 드린다. 그리고 늘 잘 보이지 않을 수 있는 임상가로서의 나의 장점을 발견하고 언급하며 나의 성장 을 도와준 안나 프로이트 센터의 MBT-C 슈퍼바이저 Katherine Mautner, 임포스터 신드롬이 있다면서도 늘 분위기를 주도하던 Nina, 섬세하고 다정한 마음으로 늘 웃는 모습의 Holly에게도 특별히 감사의 인사를 전하고 싶다. 정말 부족함이 많은 번역서이지만 독자분들의 너그러운 이해를 구하고 싶다. 그리고 무엇보다 많은 임상가가 이 책을 통해 즐거움 속에서 성장하는 특별한 경험을 할 수 있기를 바란다.

2024년 8월

한재현

# 서문

　심리치료의 발달과정에서 치료의 대상이 아동의 세계로 확장되었을 때 그 치료가 완성되었다고 여기는 것은 다소 역설적인 일입니다. 그렇지만 아동의 개인정신치료의 영역에서 정신화-기반 치료(MBT) 역시 아동에게 적용할 수 있는 공고하고 확실한 치료를 개발했다는 사실은 MBT가 성숙되고 확립되었다는 지표라고할 수 있습니다.

　MBT 역시 이런 특성을 따른다는 점을 볼 때 특별하다고는 할 수 없습니다. 정신분석에 대한 Freud의 20년간의 생각이 완전해졌음을 보여 준 것은 '리틀 한스(Little Hans)'의 사례였습니다. 행동주의자에게도 역시 자신의 '리틀 앨버트(Little Albert)' 사례가 있었습니다. 더 최근에는 인지행동치료가 Aron Beck의 발견 이후 15~20년 만에 아동과의 치료작업으로 확장되었습니다.

　저는 광장히 재능 있는 치료진들이 MBT를 기본 바탕으로 선택하여 이 치료지침서를 만든 것에 매우 기쁩니다. 아동치료자로서 이들은 저와 Anthony Bateman이 성격장애(personality disorder) 환자들을 위해 만들고 매뉴얼화했던 MBT-PD(MBT for Personality Disorder)의 많은 부분을 수정했으며, 확신 속에서 소아 및 청소년에게 적용할 수 있는 형태로 확장시켰습니다. 성격장애 환자를 치료하기 위해 개발된 원리(Bateman & Fonagy, 2016)가 아동을 대상으로 하는 임상치료에 적용되어 이들을 도울 수 있다는 것을 생각하면 저도 마음이 따뜻해집니다. 이 지침서의 치료기법은 친숙하게 느껴질 수 있지만, 동시에 다르다는 느낌도 존재할 것입니다. MBT-PD에서 치료자에게 요구되는 정신화의 자세는 이 지침서에서 권고되는 아동과의 치료작업에서 요구되는 자세와 유사합니다. MBT-PD가 정신화의 발달에 대한 연구에서 비롯되었고, MBT-C가 아동을 위한 발달적 개입이라는 점을 생각하면 이는 놀라운 일은 아닙니다. 관찰할 수 있는 차이점이 있다면 두 치료의 목표가 다르다는 점입니다. MBT-PD는 이미 발달이 된 상태지만 억제되어 있거나 이탈된 정신화 능력을 풀어 주는 것을 목적으로 하는 반면, MBT-C는 발달과정 자체를 촉진하여 성장을 위한 최적의 환경조건을 만들고자 합니다.

치료의 목적이 다르다는 점에 대해 조금 더 이야기하자면, 성인과의 치료작업에서 사용가능한 MBT 기법을 아동에게 적용할 때 발생하게 될 중대한 차이점에 대해 언급하는 것이 중요할 것 같습니다. MBT-C는 필연적으로 부모와의 협력적 작업을 수반합니다. 부모와의 작업에서 주로는 심리교육을 하겠지만, 보이지 않게는 보호자가 가진 그 아동에 대한 제한적인 정신화나 오해로부터 보호자를 해방시키는 치료적인 측면도 가지고 있습니다. 두 치료법을 뒷받침하는 자기-발달에 대한 변증법적 모델은 부모가 아이를 의지를 가진 사람으로 분명하게 여길 때 아이의 정신화 발달이 촉진될 것이라고 주장합니다(Fonagy, Gergely, & Target, 2007). 저는 성인의 치료에서도 영향력이 있는 관계의 누군가가 치료적 노력에 참여한다면 균형 잡힌 정신화 능력의 회복을 도울 수 있을 것이며, 그로 인해 더 효과적인 치료가 가능할지도 모른다고 생각합니다.

잘 구성된 이 지침서에 기술된 MBT-C라는 치료적 접근법의 핵심은 우리 모두가 가지고 있는 능력 중 하나인 행동에 담긴 생각이나 의도를 상상하는 능력의 발달에는 가족이나 사회체계로부터 제공받는 지원이 결정적으로 중요하다는 사실을 이해하는 것이라고 할 수 있습니다. 이 자세를 발달시키고 유지하기 위해서는 가족과 사회체계의 지원이 필수적입니다. 치료과정 동안 치료자는 아이가 정신화를 유지하도록 돕고 사회적 관계와 자기-인식에 있어 정신화가 가지는 가치를 경험하도록 돕는 분명한 파트너입니다. 하지만 치료자가 더 이상 함께하지 않는 순간이 왔을 때 아이가 친구나 주위의 어른으로부터 성찰하기 위한 자세를 유지할 수 있을 만큼의 도움을 받지 못한다면, 아이는 발달과정에서 어려움을 겪을 수 있습니다. 이 지침서에는 이런 변증법적 과정이 명확하게 포착되고 그려지고 있으며, 이는 Midgley와 그의 동료들이 이 작업을 통해 기여한 귀중한 부분입니다.

그렇지만 왜 정신화가 중요할까요? 저자들은 정신화가 무엇이고 어떻게 발달하는지에 대해 뛰어난 설명을 제공합니다. 발달학자로서 저자들은 특히 10세 이전에 아이의 마음이 주위 사람의 정신세계와 조화를 이루어 가는 과정을 정말 이해하기 쉬우면서도 자세하게 그려 내고 있습니다. 직관적이고 단순하게만 느껴지는 마음 깊은 곳에 있는 무언가로부터 생각과 감정을 자각한 후 그 내용에 대해 성찰할 수 있는 상태로 이동하면, 이는 주위의 어른이나 친구와의 상호작용을 강화할 뿐만 아니라 사회체계 및 그 안에서 자신의 위치에 대해 배울 수 있는 기초가 됩니다.

물론 사회에서 배우는 많은 과정이 고통스럽습니다. 특히 거절이나 버림받음, 공격성이나 박해와 관련된 경험은 정신화하기가 어려우며, 또한 참기 어려운 고통을 만들어 내기 때문에 마음에 대해 성찰할 때 얻는 이득이 거의 없습니다. 오히려 사랑을 주면서도 학대하는 보호자나 존경스러우면서도 잔인한 친구의 생각이나 의도를 생각해 보는 것은 상처를 받을 가능성만 높이게 됩니다. 어떤 여정이 고통스러울 것으로 예상된다면, 그 여정을 시작하지 않는 것이 합리적일 것입니다. 어떤 아이는 아마도 생물학적인 취약성이나 사회적 환경의 결핍으로 인하여 보호자의 마음에 대해 생각해 보는 여정을 시작하지 않을 수 있고, 혹은 친구가 보이는 행동의 이면에 있을 생각과 감정에 대해 지나치게 집중하여 사고할 수도 있습니다. 하지만 보호자나 친구는 타인의 마음상태를 이해하기 위한 언어를 배우고 또한 자신을 이해하기 위한 기반을 제공하는 핵심적인 사회적 환경입니다. 그러므로 치료자는 아이가 망설임을 극복하고 상호주관성에 대한 탐험을 하도록 동기를 부여하는 호기심과 에너지의 원천이 되어야 합니다.

MBT-C에서 아이의 치료를 위해 제시한 방식을 살펴보면, 아동정신치료는 특별한 것이라고 할 수는 없습니다. 이는 그저 자연스러운 발달의 과정을 반영할 뿐입니다. 이는 모국어를 배우는 과정과 유사합니다. 우리는 적절한 언어적 환경이 주어진다면 누구나 모국어를 배울 수 있도록 필요한 모든 생물학적 도구를 가진 상태로 진화했습니다. 하지만 어떤 아이는 적절한 자극이 부족하여 언어적 잠재력을 발휘하기 어렵게 될 수도 있습니다. 비슷한 일이 정신화의 발달에서도 발생할 수 있습니다. 만약 아이의 주체성에 대한 충분한 관심이 부족하다면, 생물학적인 측면에서 기본적으로 가지고 있는 특정 프로세스가 시작되지 않을 수 있습니다. 아마도 그 아이는 진화의 과정 속에서, 관심이 부족한 어떤 상황을 사회적 환경이 충분하지 않으니 주관성보다는 물리적 환경을 우선하라는 신호로 여기게 되었는지도 모릅니다.

MBT-C는 이렇듯, 여러 가지 어려움으로 인하여 가장 인간적인 발달능력을 습득하고 마스터하는 과정 중에서 이를 위한 탐험을 중단하게 된 아이에게 가장 적합할 수 있습니다. 이런 아이는 다른 사람의 동기를 '순전히 그대로' 이해하게 되는데, 이때 '순전히 그대로'가 가하는 위협을 견딜 만한 충분한 보호막을 가지지 못한 경우가 많습니다. 이 취약성은 생물학적인 것일 수 있으며, 이런 아이는 주위 사람으로부터 악의와 적대감을 느낄 때 자신을 보호할 만한 충분한 자원(예: 정서조절)을 가지지 못했을 수 있습니다. 그런 감정적 반응은 다시 아이의 이해하는 능력에 영향을 미치게 되고, 그렇게 되면 다른 사람의 의도나 신념을 오해하는 취약성이 커지게 됩니다. 따라서 생물학적인 요소나 사회적 환경 모두 한 가지만으로는 충분한 원인이라고 할 수 없으며, 그런 의미에서 정신화의 실패는 '몸과 정신, 모두의 실패'라고 할 수 있습니다.

MBT-C는 특히 일부 정신치료자에게서 관찰되는 부모를 비난하는 유감스러운 패턴을 막는 데 도움이 됩니다. 정신화의 상호주관적인 성격, 즉 타인의 생각과 감정 속에서 우리에 대한 마음을 찾을 수 있다는 개념은 부모-자녀 관계에서의 책임을 분산시킵니다. 만약 아이가 (다시 말하지만, 생물학적이거나 경험적인 이유로) 부모로부터 자신의 마음을 감춘다면, 부모는 정신화에 실패할 수밖에 없기 때문에 그들을 비난할 수는 없습니다. 물론 부모가 아이를 이해하는 데 있어 제한적인 능력을 가지고 있다면, 아이는 부모로부터 이해받는다고 느끼지 못하기 때문에 자기 자신에 대해 배울 수 없기도 합니다. 하지만 아이는 주위 환경에 지대한 영향을 미칩니다. 마음을 감추는 경향이 있는 아이의 부모는 '어렵고' 또 '연결이 가능하지 않은' 아이를 키우게 되는데, 그런 상황에서는 정신화되지 않는 관계의 악순환을 피하기 위한 지원과 도움을 필요로 합니다. 아이는 자신의 마음을 사용 가능한 상태로 만들 필요가 있습니다. 부모는 이를 위해 아이의 마음에 관심을 가져야 하며, 아이는 그 관심을 내재화하고 이를 사용하여 상대적으로 자립할 수 있는 능력을 발달시켜야 합니다.

관계에는 거래라는 측면이 있지만, 두 사람 모두에게 평등한 것은 아닙니다. 부모에게는 아이를 '가르치는' 역할이 있습니다. 양육은 아이가 평생 동안 사회로부터 배워 갈 수 있는 사회적 학습능력을 준비시키는 기능을 가지고 있습니다. 일부 사회적 학습이 학교에서 일어나긴 하지만(많지는 않습니다), 우리가 말하고자 하는 것이 학교 환경에서의 배움은 아닙니다. 우리의 사회적 환경 속에서 우리 문화에 내재된 지식과 우리 자신, 그리고 우리가 가진 관계와 그 관계로부터 무엇을 기대할 수 있는지, 또 무엇을 행하고 어떻게 할 수 있는지를 지속적으로 배우고 있습니다. 그렇지만 사회적 학습은 선택적이어야 합니다. 모든 사람이 믿을 만한 사람은 아니기 때문입니다. 그렇다면 누가 믿을 수 있는 사람인지 어떻게 알 수 있을까요? 우리는 여기서 우리의 마음에 관심이 있는 사람을 식별해 내는 데 정신화 능력이 대단히 중요하다고 생각합니다(Fonagy, Luyten, & Allison, 2015). 우리는 우리의 행동이 아닌 우리의 생각과 감정에 반응하는 사람을 신뢰할 수 있을 것입니다. 우리를 무시하거나 혹은 우리의 마음을 잘못 이해하는 사람과는 경계를 유지해야 합니다.

정신화 능력이 부족하면, 믿을 수 있는 사람과 믿을 수 없는 사람을 구분하는 것이 어렵습니다. 이는 사회적 학습의 과정도 어렵게 만듭니다. 아마도 아이를 위한 치료에 MBT를 사용하려는 이유가 이것일 것입니다. 아이들은 배울 것이 너무 많습니다. 정신화에 심각한 장애가 있다면, 지식을 배워야 할 원천을 신뢰할 수 없기 때문에 전반적인 학습이 어려워질 수 있습니다. 이 경우, MBT야말로 우리가 제공할 수 있는 가장 도움이 되고 중요한 것일지도 모릅니다. 아이는 교사나 다른 어른으로부터 받을 수 있는 풍부한 지식에 접근할 수 있게 되고, 이를 통해 사회화되어 그들이 사는 세계를 적응하여 살아갈 수 있습니다. 이 치료지침서는 정신건강 문제를 가진 아이에게 초점을 맞춘 것이지만, 아이가 가진 정신화 능력을 질적으로 향상시키는 것은 아이가 굉장히 복잡한 사회적 세계에 더 잘 적응하도록 돕는 일이라고 할 수 있습니다.

이 책은 거대한 성취이며, 동시에 굉장히 읽기 쉬운 책입니다. 이 책은 2차 예방을 포함하는 치료를 시행하는 데 핵심적인 지침서이기도 합니다. 또한 이 책은 모든 임상가를 위해서도 가치 있는 자료가 될 것입니다.

Peter Fonagy

# 차례

 **서론**

**제1부** **이론적 배경**

**제1장 정신화의 발달 / 29**

**제2부　치료기법**

## 결론 MBT-C의 발달과정 및 앞으로 남은 과제

## 부록 아이와 부모의 성찰능력에 대한 평가도구

# 서론

5세에서 16세 사이의 아이 10명 중 1명 정도는 언제나 심리적 장애로 인해 고통을 받는 것으로 추정된다(Green, McGinnity, Meltzer, Ford, & Goodman, 2005). 아이들의 가장 흔한 정신건강 문제로는 품행문제, 반사회적 행동, 주의력결핍 과잉행동 장애, 우울증 및 불안장애가 있다. 정서장애는 여자아이에게 더 흔하며, 행동문제는 남자아이에게 더 흔하다. Hagell과 Maughan(출판 중)은 이러한 정신건강 문제는 "청소년의 삶의 모든 측면에 중요한 영향을 미치며, 교육을 받거나 친구를 사귀는 것, 혹은 가족관계에 건설적으로 참여하며 세상 속에서 자신의 길을 찾아가는 것과 관련된 능력 등을 포함한다."라고 했다. 그렇기 때문에 우리는 이러한 문제들이 결국 가족 구성원, 친구, 학교 및 더 확장된 사회에도 중대한 영향을 미친다고 생각한다.

아이와 가족을 위한 다양한 근거-기반 치료방법이 존재하지만, 아직도 상당수의 아이가 치료를 중도에 포기하거나 혹은 제공되는 치료를 활용하지 못하고 있다(Fonagy, Luyten, & Allison, 2015). 더욱이, 근거-기반 치료의 상당수는 특정 대상군을 위해 개발되었기 때문에, 아동정신건강서비스에 의뢰되는 다양한 문제를 가진 아이들을 위해 아동치료자들이 그 많은 치료모델을 모두 훈련받는 것은 현실적으로 어렵다. 역설적으로, 아동의 특정장애에 대한 다양한 치료 매뉴얼이 존재하지만, 실제로는 점점 좁은 범위의 치료접근법만이 아동 및 가족들에게 제공되고 있으며, 아동을 위한 정신건강서비스에서는 주로 인지행동치료(Cognitive-Behavioral Treatment: CBT)를 기반으로 한 치료를 제공하고 있다.

CBT는 아동의 다양한 장애에 대해 높은 수준의 근거를 가지고 있으며 (McLaughlin, Holliday, Clarke, & Ilie, 2013), 많은 아이와 가족에게 분명한 이점을 제공했다. 그러나 천편일률적인 치료접근은 언제나 위험할 수 있으며, 특히 연구결과들은 내담자의 선택과 선호가 훌륭한 모든 임상치료의 핵심이어야 한다고 주장한다. 게다가 많은 임상가는 부모와 아이들이 문제를 더 효과적으로 다루도록 돕기 위한 치료전략을 사용할 수 없는 어려운 상황들을 경험해 왔으며, 이는 그들이 정서를 조절하는 기술 등 치료를 활용하기 위해 전제되어야 하는 활용 능력을 가지고 있지 않기 때문인 경우가 많았다(예: Scott & dadds, 2009). 그렇기 때문에 우리는 이 책에서 제안하는 학령기 아동을 위한 단기간의 집중적인 치료가 이 중요한 공백을 메울 수 있기를 바란다. 이 치료는 전통적인 역동치료의 원리를 기반으로 하면서도 애착이론, 정신화 관련 연구 및 다른 근거-기반 치료접근들의 특성을 통합하고자 하였다.

## 우리의 치료적 접근법

『정신화-기반 치료를 위한 안내서(Handbook of Mentalization-Based Treatment)』의 서문에서 Allen과 Fonagy(2006)은 다음과 같이 적었다.

> 우리는 정신화-기반 치료를 지지하지만, 혁신은 없다고 생각한다. 오히려 정신화-기반 치료는 상상할 수 있는 범위 내의 가장 새롭지 않은 치료로서, 인간이 가진 가장 기본적인 능력 중 하나인 마음을 이해하는 능력을 통해 접근한다고 할 수 있다. 마음에 대해 생각하는 능력은 인간의 관계성이나 자기-인식만큼 오래된 인간의 능력이다(p. xix).

물론 이 설명이 다소 솔직하지 않은 것처럼 보일 수는 있지만, '정신화-기반 치료(Mentalization-Based Treatment: MBT)'에서 설명되는 많은 것은 의심의 여지 없이 다양한 배경을 가진 치료자들에게 익숙할 것이다. 특히 우리처럼 전통적인 정신역동적 교육을 받은 사람들에게는 더 익숙할 수 있을 것이다. 그러면서도 동시에 우리는, 우연인지 의도적인 것인지 알 수 없지만, 그 속에서 새로운 아이디어 역시 스며들 것이라고 믿는다. 런던에 있는 안나 프로이트 센터에서 MBT 훈련을 진행할 때, Dickon Bevington은 Allen과 Fonagy의 이야기에 "이 제품에는 오리지널리티(originality)의 흔적들이 담겨 있습니다. 다만 흔적 정도만 담겨 있는 것으로, 이는 제작과정의 일부로서 생겨났으며 이로 인해 이 제품에 대한 즐거움이 손상되지 않기를 바랍니다."(Asen et al., 2011)라는 유쾌한 경고 문구를 추가하기도 한다.

이 책에서 우리는 단기치료 방식의 아동을 위한 치료적 작업을 설명할 것이며, 이는 치료자들에게 익숙하면서도 상식적인 방식일 것이라고 기대한다. 동시에 우리는 몇 가지 '오리지널리티의 흔적'에 대해서도 설명할 것이며, 이것이 아동치료자들의 도구상자에 가치 있는 요소들을 더할 수 있기를 바란다. 우리는 특정한 치료모델을 제공하기 때문에 이 작업을 치료를 위한 안내서라고 이야기하지만, 이 치료모델은 다양한 어려움을 가진 아이들과의 치료작업에서 충분히 유용하게 사용될 수 있는 유연성을 가지고 있어, 각각의 상황에 적응된 형태로 사용될 수 있을 것이다.

아이를 위한 MBT(MBT for Children: MBT-C)는 다양한 어려움을 겪는 아이들에게서 회복탄력성을 증진시킬 수 있는 핵심 역량에 초점을 맞추어 고안되었으며, 약 5세에서 12세 사이에 해당하는 중기 아동기 아이들의 특정 요구에 적용할 수 있는 일반적인 치료모델을 제공하는 것을 목표로 했다. 이 책에서 설명하는 MBT-C는 단기 집중치료로서, 다양한 심리사회적 치료와 함께 쉽게 통합되어 사용될 수 있다. MBT-C의 전반적인 목표는 발달과정을 다시 정상으로 되돌리기 위해 회복탄력성이나 정신화 능력을 증진시키기는 것이며, 아이와 가족이 처음에 치료를 받게 된 문제를 다루기 위해 더 잘 준비되었다고 느끼도록 돕는 것이다. 따라서 MBT-C의 목표는 아이의 정서조절 능력을 향상시키고, 부모가 자녀의 정서적인 요구를 최대한 충족시킬 수 있도록 지원하는 것이라고도 할 수 있다.

기본적인 단기 MBT-C 모형은 12회의 개별회기와 독립적인 부모와의 회기로 구성되어 있다. 일부 치료자는 단기치료를 관리형 의료시대에 따른 '필요악'으로 보기도 하지만(Salyer, 2002), 아동의 정신건강 분야에서는 단기개입이 효과적이라는 의미 있는 연구결과가 쌓여 있으며(McLaughlin et al., 2013), 여기에는 단기 정신역동치료 역시 포함된다(Abbass, Rabung, Leichsenring, Refseth, & Midgley, 2013). 마찬가지로 Bakermans-Kranenburg, van IJzendoorn과 Juffer(2003)의 애착-중심 치료에 대한 메타분석에 따르면, 중간 정도의 회기 수(5회부터 16회)를 가진 치료가 가장 효과적이었으며, 이 치료들은 그들의 목적에 더 집중하는 경향을 보였다.

단기치료가 효과적이라면, 이는 일상생활의 큰 방해 없이 아이들이 일상으로 돌아갈 수 있다는 점에서 아이와 가족에게 분명한 이득이 된다. 물론 짧은 치료적 개입의 적응증이 되지 않는 일부 아이도 존재한다(Ramchandani & Jones, 2003). 특정한 경우(예: 초기관계에서 외상을 경험했거나 불안정 애착으로 인하여 어른을 신뢰하는 것이 정말 어려운 아이)에는 더 장기적인 치료적 개입이 적합할 수 있고, 이러한 경우에는 최대 36회기까지, 즉 12회기의 MBT-C 치료를 세 블록까지 진행할 수 있다. 추가 블록의 진행 여부는 추가적인 치료의 장점과 단점을 검토하는 과정에 기반하여 결정되며, 이 경우에도 치료는 명확한 중점과제와 목표를 가지고 제한적인 시간 동안 시행되고, 절대 끝이 정해지지 않은 열린-종결의 형태로 시행하지 않는다.

다른 모든 정신화-기반 치료와 마찬가지로, MBT-C의 기본 목표는 부모와 아이 모두에게서 정신화 능력을 향상시키는 것이다. 이 치료는 부모와 아이 모두에게 좋은 정신화를 연습할 수 있는 기회를 제공할 뿐만 아니라, 정신화가 실패하는 장면에 주의를 기울이거나 정신화 능력이 결여된 부분에 대해 작업하는 것을 포함한다. 여기에 집중하는 것은 정신화 능력이 자기에 대한 긍정적 인식, 건강한 관계, 더 나은 정서조절에 기여한다는 연구가 점점 많아지고 있는 것으로 정당화될 수 있다(Ensink, Bégin, Normandin, & Fonagy, 2016; Ensink, Berthelot, Bernazzani, Normandin, & Fonagy, 2014). 이런 정신화 능력을 목표로 하는 것은 정신건강 문제가 정신화 실패로 인해 '발생한' 것이 아니라고 할지라도, 다양한 문제를 가진 아이(그리고 그들의 부모)에게 가치가 있는 일일 것이다.

앞서 설명한 내용에 담긴 것처럼, MBT-C의 초점은 내용보다 그 과정에 있다. 여기서 목표는 부모나 아이가 자신들의 어려움에 대한 통찰력을 얻거나 이러한 어려움이 어디에서 왔는지에 대해 이해하는 것보다는 정신화 능력을 향상시켜 감정을 잘 조절하고 관계를 잘 다루도록 하는 것이며, 또한 대인관계 속에서 감정에 대해 배울 수 있는 아이의 능력을 향상시키는 것이다. 따라서 MBT-C의 궁극적인 목표는 치료가 종결된 이후에도 아이가 관계를 더 잘 활용하여 도움을 받고, 부모가 치료 너머에서도 아이의 발달을 더 잘 도울 수 있도록 준비시키는 것이라고 할 수 있다.

# 아이를 위한 정신화-기반 치료의 기원

이 책에 영감을 준 임상적 사고의 풍부한 역사에 대해 완벽하게 다루는 것은 불가능하지만, 여기에서 우리는 발달과정 중 이 치료에 영향을 미친 일부를 간략히 소개하고, 특히 이 지침서의 저자들에게 영향을 끼친 아이디어들을 소개하고자 한다.

Fonagy는 1991년의 논문에서 성인의 경계성에 해당하는 마음상태에 대한 새로운 생각들을 제시했고, 이때 그는 '정신적 사건에 대한 표상화의 달성(the achievement of a representation of mental events)'이라는 용어를 사용했으며, 그는 이 용어가 정신분석 문헌의 '상징화 능력(capacity for symbolization)'이라는 용어로부터 왔다고 적었다. 그는 이 용어가 "많은 의미로 인해 과부하 상태가 되었으며, 특히 정신분석 영역에서 그렇다."(p. 641)라고 주장했다. 그래서 그는 "나는 (과부하 상태를 피하고) 간결함을 되찾고자, 자기 자신과 타인이 가진 의식적인 정신상태나 무의식적 정신상태를 상상하는 능력을 정신화(mentalize) 능력이라고 부르고자 한다."(p. 641)라며 이 용어를 제안했다(p. 641, 원문에서 강조함).

'간결함을 위해' 사용된 용어로 시작된 이 용어(정신화)는 그 이후 화려한 성장을 이루었다. Bateman과 Fonagy(2013)의 MBT에 대한 리뷰 논문에 따르면, 웹오브사이언스(Web of Science)에 올라온 과학 논문의 제목과 초록에서 '정신화'라는 용어의 사용이 1991년에 10개에서 2011년에 2,750개로 증가했으며, "이제는 정신분석가부터 신경과학자, 아동발달연구자부터 유전학자, 존재주의 철학자부터 현상학자까지 많은 저자가 이 용어를 사용하고 있다."(p. 595)라고 자랑스럽게 언급했다.

Fonagy의 1991년 논문은 정신화 개념의 발전이 마음의 이론(theory of mind)에 대한 연구(Premack & Woodruff, 1978) 및 애착(attachment)과 성찰능력(reflective functioning)에 대한 연구(Fonagy, Steele, Steele, Moran, & Higgitt, 1991)를 포함하는 많은 영역에서 비롯되었다고 설명한다. 그러나 무엇보다도 정신화 개념의 발달은 주로 임상영역에서 이루어졌으며, 특히 경계선 성격장애(Borderline Personality Disorder: BPD)에 대한 치료적 접근에서 비롯되었다. Fonagy와 Bateman은 경계선 성격장애를 '정신화의 장애'로 재개념화하였다(Bateman & Fonagy, 2010). 1990년대 초부터 Bateman과 Fonagy는 정신화 능력에 초점을 맞추어 정신역동치료의 기법을 수정했으며, 경계선 성격장애를 가진 성인을 위한 새로운 치료모델로서 MBT를 제안했다(Bateman & Fonagy, 2004).

그렇게 MBT는 본래 경계선 성격장애를 가진 성인을 위해 개발되었지만, 최근에는 아이 및 가족과의 치료작업을 위해 계속 수정되고 있다(Midgley & Vrouva, 2012). 처음으로 발전된 모델은 SMART(Short-term Mentalization And Relational Therapy; Fearon et al., 2006)라는 단기 정신화-기반 관계치료와 가족기반의 치료로 향후 MBT-F(MBT for Family)로 불린 치료모델이었으며, 초기 평가에 따르면 이 치료모델들은 내재화 및 외재화 문제를 포함한 다양한 증상을 가진 아이들에게 도움이 되는 것으로 나타났다(Keaveny et al., 2012). 아이의 개인치료를 위한 치료방법으로서는 Fonagy와 Target(1996a)이 개발한 정신역동적 발달치료(psychodynamic developmental therapy)가 아마도 정신화에 관한 새로운 아이디어에 명백히 영향을 받은 첫 번째 치료접근법이었을 것이다. 10년 후 Verheugt-Pleiter, Zevalkink와 Schmeets(2008)는 Anne Hurry(1998)의 정신역동적 발달 정신치료를 정신화 관점에서 재해석하였으며, 이를 장기치료 모델인 정신화에 입각한 아동 정신분석적 정신치료(mentalization-informed child psychoanalytic psychotherapy)로 제시하였다(Zevalkink, Verheugt-Pleiter, & Fonagy, 2012). 이 책에 제시된 치료작업과 마찬가지로, 이들의 치료법은 해석과 통찰을 기반으로 하는 전통적인 정신분석적 접근을 넘어서며, 아동의 치료자는 '전이대상(transference object)'일 뿐만 아니라 '발달대상(developmental object)'이기도 하다(A. Freud, 1965)는 점을 고려하여, 정서조절과 성찰능력의 향상을 포함하는 새로운 능력들을 발달시키도록 돕는 방향으로 발전하였다. 마찬가지로, Ensink와 Normandin(2011)은 성적 학대를 당한 아동을 위한 MBT를 발전시켜 왔으며, Paulina Kernberg가 개발한 아동정신치료 기술을 통합하였고(예: Kernberg & Chazan, 1991; Kernberg, Weiner, & Bardenstein, 2000), Ramires, Schwan과 Midgley(2012), Perepletchikova와 Goodman(2014)의 사례연구에서도 유사한 모델들이 설명되었다. 이러한 치료적 접근법들은 끝이 정해지지 않은 장기적인 개입으로 많은 경우가 심각한 방임이나 학대 경험을 가진 아이를 대상으로 하였으며, 명시적인 형태로 정신화 치료와 소아를 위한 정신역동적 치료를 통합하였다.

MBT는 더 어리거나 나이가 더 많은 아이를 위한 치료로 발전되기도 하였다.

많은 이가 부모와 유아를 대상으로 한 정신화-기반 치료를 개발하였으며(예: Etezady & Davis, 2012; Ordway et al., 2014; Slade, Sadler et al., 2005), 청소년을 위한 개입도 만들어졌다(예: Bleiberg, 2013; Fuggle et al., 2015; Malberg & Fonagy, 2012; Rossouw & Fonagy, 2012; Sharp et al., 2009). 학교 환경에서 정신화를 촉진하는 형태로 이루어진 개입의 가치를 보여 주는 연구도 있었으며(Twemlow, Fonagy, & Sacco, 2005), 학교-기반의 정신교육 프로그램도 있었다(Bak, 2012; Bak, Midgley, Zhu, Wistoft, & Obel, 2015). (치료의 종류와는 상관없이) 치료실에서 실제로 치료자들이 하는 작업에 대한 경험적 연구들은 아동을 위한 정신역동적 치료나 인지행동치료뿐만 아니라 놀이치료에서도 정신화를 촉진하는 것이 가장 공통된 특성이라는 것을 보여 주었다(Goodman, Midgley, & Schneider, 2016; Goodman, Reed, & Athey-Lloyd, 2015; Muñoz Specht, Ensink, Normandin, & Midgley, 2016). 애착과 트라우마, 정신화 사이의 관계를 고려하면 정신화의 개념을 사용한 치료법들이 입양이나 보호양육 중인 아이와의 치료작업에서도 유익하게 활용되기 위해 개발되었다는 사실이 놀라운 것은 아니다(예: Bammens, Adkins, & Badger, 2015; Jacobsen, Ha, & Sharp, 2015; Midgley et al., 2017; Muller, Gerits, & Siecker, 2012; Taylor, 2012).

아동을 위한 정신화-기반 치료(MBT-C)를 개발하자는 생각은 2011년 영국 런던에서 열린 회의에서 시작되었으며, 이 회의에는 임상상황에서 아이 및 가족을 위한 정신화-기반 치료를 개발하는 데 관심이 있는 임상가들이 모였다. 이 모임의 일부 구성원은 다음 해에 런던에서 다시 모였으며, 2013년에는 스웨덴 스톡홀름에서 세 번째로 모임을 가졌다. 이 모임에서 이루어진 동료들 사이의 긴밀한 협업은 MBT-C에 대한 생각을 발전시키는 추동력이었다. 특히 단기치료 형태로 만들자는 생각은 노르웨이의 단기발달치료(time-limited developmental therapy)에 영향을 받았다(예: Gydal & Knudtzon, 2002; Haugvik & Johns, 2006, 2008; Johns, 2008; Svendsen, Tanum Johns, Brautaset, & Egebjerg, 2012). 동시에 부모와의 치료작업에 대해서도 큰 변화가 일어났으며, 부모와의 치료작업을 이제 더 이상 아동치료의 보조로 여기지 않는다는 것을 치료적 변화의 핵심으로 생각하게 되었다. Novick과 Novick(2005)의 주요 저서 중 하나인 『치유를 일으키는 부모와의 작업(Working with Parents Makes Therapy Work)』의 제목처럼, 부모와의 작업이 치료의 핵심이라고 생각하였다. 그렇기 때문에 미국심리학회(American Psychological Association)는 우리에게 아동을 위한 정신화-기반 치료에 대한 책을 집필할 기회를 주었으며, 초기 모임 중 5명의 구성원이 함께 모였다. 우리는 다양한 임상환경 및 치료진과 협업한 경험을 바탕으로, 광범위한 임상적·이론적 배경을 가진 아동치료자들이 사용할 수 있고, 여러 가지 임상상황 속에서 다양한 아이 및 부모와의 작업에도 적용이 가능한 형태인『아이를 위한 정신화-기반 치료(Mentalization-Based Treatment for Children)』를 개발하고 기술하였다.

이 책에서 설명되는 치료작업은 영국과 유럽, 북미의 치료기관의 다양한 임상상황과 환경에서 영감을 받았다. Nicole Muller는 네덜란드 헤이그의 de Jutters Centre for Child and Youth Mental Health에 소속된 아동 및 가족 정신치료자이며, 그녀의 치료 팀은 애착장애와 트라우마, 성격장애가 나타나는 아동 및 가족에게 MBT-C를 시행하여 다양한 경험을 쌓았다. Muller는 MBT-C의 입문 및 고급 훈련과정을 운영하고 있으며, 아동과 가족을 위한 MBT에 대한 여러 논문을 작성하였고, 입양이나 위탁양육 중인 아동과의 치료작업에 특별한 관심을 가지고 있다(Muller, 2011; Muller, Gerits, & Siecker, 2012). Norka Malber와 Nick Midgely는 아동을 위한 정신역동적 정신치료자로서 훈련을 받았으며, 런던의 안나 프로이트 센터에서 근무하였다. 두 사람은 가족을 위한 MBT 모델인 MBT-F(Asen & Fonagy, 2012a, 2012b; Keaveny et al., 2012)를 개발한 치료진의 구성원이었다. Nick Midgely는 이 작업을 계속해서 발전시켰으며, 특히 위탁양육 및 입양 아동에 초점을 맞추고 있고(Midgley et al., 2017), 정신화-기반 심리교육 모델인 '마음을 헤아리는 위탁양육 프로그램(Reflective Fostering Programme)'을 개발하였다. 미국으로 이동한 후 Norka Malbelg는 개인 클리닉에서 아동을 위한 MBT를 계속 개발하였으며, 또한 코네티컷의 '가정방문 조기개입 프로젝트(Home Visiting Early Intervention Project)'에서 2년간 임상책임자 역할을 하였다. 그녀는 특히 아동의 치료상황 속에서 부모와의 작업에 관심을 가지고 있다(Malberg, 2015). Karin Ensink는 현재 캐나다 퀘벡의 라발대학교(Université Laval)에서 소아청소년심리학과 교수로 재직 중이며, 안나 프로이트 센터에서 임상가이자 연구원으로 근무하였고, Peter Fonagy 및 Mary Target과 함께 아동의 정신화 능력의 발달에 대해 연구하는 박사학위 과정을 수행하였다. 그녀는 소아, 청소년 및 부모의 정신화, 외상, 정신병리에 집중하고 있다. 퀘벡에서의 작업에서 그녀는 트라우마가 있거나 성격적

장애를 가진 부모 및 아동을 위한 MBT 모델을 정교화하는 데 기여하였다(Ensink & Normandin, 2011). Karin Lindqvist는 위탁양육 중인 소아청소년 및 그들의 부모나 위탁부모와 작업하는 임상심리사이다. 그녀는 또한 스웨덴 스톡홀름의 에리카 재단(Erica Foundation)에서 아동 및 부모를 위한 정신화-기반 치료 훈련을 받았으며, 파트타임 연구조교로 재직하고 있다. 에리카 재단은 대학 수준의 전문적인 훈련을 제공하며, 소아청소년 및 가족을 위한 정신역동치료나 정신화-기반 치료를 제공하고 있다. 에리카 재단은 아동을 위해 MBT를 사용하려는 아동치료자를 위한 집중훈련 프로그램을 개발한 최초의 기관 중 하나이다. 에리카 재단은 또한 소아청소년을 위한 단기 정신화-기반 정신역동적 치료모델의 효과를 평가하는 데 선구자적인 역할을 해 왔다(Thorén, Pertoft, Nemirovski, & Lindqvist, 2016).

우리의 배경에서 드러나듯이, 우리는 아동을 위한 정신역동적 치료에 대한 관심을 공유하고 교육을 받아 왔으며, 런던의 안나 프로이트 센터를 비롯한 미국과 유럽 전역에서 이루어진 MBT의 발전에 영향을 받았다. 그렇지만 우리가 생각을 발전시킨 각자의 상황은 다소 달랐으며, 이 책에서 설명된 치료적 접근은 우리가 (각각의 팀에서 동료들과 함께) 배운 것들을 통합하려는 시도라고 할 수 있다. 이렇게 공유하게 된 모델을 제시함에 있어, 우리는 각 팀의 동료들로부터 중요한 지원을 받아서 MBT-C를 개발하고 기술하였다는 사실을 인정한다.

그러나 분명히 해야 할 점은, 이 책에서 기술된 구체적 모델은 에리카 재단의 초기 사실주의적 연구(Thorén, Pertoft, Nemirovski, & Lindqvist, 2016) 이후 아직 체계적 평가를 받지는 않았다. 따라서 이 책은 아직 근거-기반은 마련되지 않은 상태의 치료를 위한 임상지침서이다. 이 모델의 많은 부분은 명시적으로 경험적 발견에 근거하고 있지만, 앞서 언급하였듯이 정신화-기반 치료들은 경계선 성격장애를 가진 성인(Bateman & Fonagy, 2009), 자해하는 청소년(Rossouw & Fonagy, 2012), 위험한 환경에 있는 영아와 부모(Slade, Sadler, et al., 2005)를 포함하는 다양한 임상대상에서 그 효과를 입증하였다. 그렇지만 이 책에서 제시한 이 특정 MBT 모델은 중기 아동기에 있는 아동과의 단기치료에 초점을 맞춘 것으로, 어떤 조건, 어떤 환경에서 어떤 사람에게 어떻게 작용하는지에 대해 확실하게 설명하기 위해서는 체계적인 평가가 필요하다.

# 이 책의 개요

이 책은 두 개의 부로 나뉘어 구성되어 있다. 제1부는 주로 이론적인 부분이고, 제2부는 주로 임상적인 내용을 다룬다. 이미 정신화 개념에 익숙하거나 발달에 대한 경험적 연구를 하는 독자들은 제1부를 건너뛰고 싶을 수 있지만, 순전히 임상적인 부분에만 관심을 가진 독자라고 할지라도 우리는 이론에 대한 부분을 읽어보기를 권유한다. 결국 MBT는 어떤 일련의 행동(예: 정신화를 촉진하는 기법)을 배우는 것만으로 충분하지 않으며, 행동 이면의 의도가 중요하다는 생각에 기반하고 있다. 이러한 의도들은 세상을 바라보는 방식에 달려 있으며, 이것을 다른 말로 하면 이론이라고 할 수 있다. 이런 이유로 제1장은 정신화 개념에 대한 개요를 제공하며, 특히 아동에서의 정신화 개념 및 중기 아동기에서 관찰되는 특성에 대해 중점적으로 다룬다. 제2장에서는 아동의 정신화가 미발달했거나 혹은 정신화가 붕괴되는 상황에 대해 설명한다. 우리는 정신화의 문제와 아동이나 가족이 도움을 찾게 된 일반적인 임상적 문제들 사이를 연결하기 위한 생각을 제공할 것이다. 이 처음 두 장에서 우리는 이 책의 나머지 부분에 기술된 MBT-C에 대한 개념적 배경을 설명하고자 한다.

제2부는 MBT-C에 대한 일반적인 소개로 시작하며, 기본적인 모델과 형식을 설명하고, 이 치료를 적용할 수 있는 적합한 대상에 대해 이야기한다. 우리는 정신화의 자세를 MBT-C의 모든 임상 치료작업의 바탕으로 보기 때문에, 제4장에서는 MBT의 기법에 대한 자세한 설명을 하기 전에 이에 대해 중점적으로 설명하려고 한다. 제5장은 MBT-C의 평가과정에 대해 설명하며, 정신화와 관련 있는 부분에 대한 평가뿐 아니라 아이와 부모의 평가에 대한 실제적인 측면을 논의한다. 이후 제6장에서는 아이와의 직접적인 치료작업에서 이루어지는 개입기법에 대해 설명하고, 제7장에서는 MBT-C 관점에서 부모와의 임상작업을 설명한다. 이어지는 제8장에서는 치료의 종결에 대한 작업을 설명한 이후, MBT-C의 전체 치료를 담은 사례를 제시하는 것으로 이 책을 마무리할 것이다. 그리고 결론에는 MBT-C가 어떻게 발전할 것이며 이에 대한 우리의 생각을 일부 제시해 보겠다. 부록에는 아이와 부모의 성찰기능에 대해 평가할 수 있는 일부 측정도구가 나열되어 있다.

이 책은 완전한 치료 매뉴얼이기보다는 임상가를 위한 지침서에 가까우며, 이 책을 읽는 이들이 치료작업을 하는 환경과 상황에 따라 유연하게 사용할 수 있도록 만들어졌다. 우리는 책 전반에 걸쳐 임상사례를 사용하여 독자들에게 MBT-C 모델이 임상상황에서 어떻게 사용되는지를 보여 주고자 했다. 이 사례들은 우리의 임상경험을 바탕으로 구성된 것으로, 실제 아동이나 가족을 다룬 것은 아니다. 이렇게 만들어진 이야기들은 언제나 이상화되어 제시되거나 임상에서 겪는 실제적인 어려움이 배제될 수 있는 위험이 있다. 하지만 우리는 치료의 '완벽한' 예시로서 이를 제시하고자 하지 않았으며, 임상에서 일어나는 일을 그대로 보여 주기 위해 노력했고, 그중에서 불완전하고 즉흥적인 부분을 표현하려고 노력했다.

# 제1부
# 이론적 배경

## 제1장 정신화의 발달

정신화(mentalization)는 타인의 마음상태와 의도를 숙고함으로써 그 행동의 의미를 해석하는 인간의 고유한 능력을 말하며, 또한 누군가의 정서와 행동이 타인에게 미칠 수 있는 영향을 이해하는 것을 일컫는다(Fonagy & Target, 1996b; 2000; Target & Fonagy, 1996). 더 단순히 말하면, 정신화는 자신과 타인의 마음속에서 일어나는 일에 대한 이해이다. 이는 마음속에서 마음(mind in mind)에 대해 생각하는 것이며, 나 자신을 마음의 외부에서(oneself from the outside) 바라보고, 타인을 내 마음속에서(others from the inside) 바라보는 것과 관련되어 있다. 이것이 다소 인지적인 설명으로 들린다면, 가장 의미 있는 정신화는 "퍼져 나가는 감정(suffused with emotion)이라고 할 수 있다."(p. 8)라는 Allen과 Fonagy(2006)의 설명이 도움이 될 것이다. 실제로 정신화가 잘 이루어질 때 우리는 다음과 같은 것들을 할 수 있다.

- 정신화가 잘 이루어질 때, 우리는 우리가 무엇을 느끼는지를 자각할 수 있을 뿐만 아니라 인간으로서의 우리의 성격이나 자질을 느낌으로써 타인들에게 우리가 '어떻게 보이는' 사람인지에 대한 감각을 가질 수 있고, 그렇기 때문에 타인이 우리에게 보인 반응을 보다 쉽게 이해할 수 있다.
- 정신화가 잘 이루어질 때, 우리는 타인의 감정이나 동기에 대해 생각할 수 있는 견고한 능력을 가지게 되며, 그 관점에서 타인의 반응이나 행동을 이해할

수 있게 된다.

- 정신화가 잘 이루어질 때, 우리는 타인의 마음에 대해 알 수 있는 우리의 능력에는 한계가 있다는 것을 인지할 수 있게 된다.
- 정신화가 잘 이루어질 때, 우리는 타인이 이 세상을 바라보는 관점에 대해 궁금해하게 되며, 또한 우리가 세상을 보는 관점이 우리가 하는 행동이나 타인의 행동을 바라보는 우리의 시선에 어떻게 영향을 줄 수 있는지에 대해 궁금해하게 된다.
- 그리고 이때 우리는 타인이 어떤 행동을 하는 방식에 대한 우리의 이해가 틀릴 수 있다는 것을 유념할 수 있게 되며, 이러한 오해를 이해해 보려고 노력하는 것이 우리의 인간관계를 풍성하게 할 수 있다는 점 역시 인식할 수 있다.

제1장은 정신화의 개념을 소개하고, 유년기와 초기 청소년기를 거치며 나타나는 정신화 능력에 대한 발달적 관점의 연구에 대해 기술할 것이다. 이는 자신과 타인을 의도를 가진 행위자로 이해하는 능력이 발달하는 과정을 설명하고, 이것이 정서적 안녕과 정신건강에 대해 미치는 중요성을 경험적 연구결과를 통해 보여 줄 것이다. 이 책은 중기 아동기(대략 만 5세에서 12세 사이)를 대상으로 하고 있기 때문에, 우리는 이 시기에 고유하게 나타나는 정신화의 특성을 제시하고, 임상가가 정신화에 대해 가질 수 있는 일반적인 의문들에 대해 대답해 보고자 할 것이다. 이 과정에서 우리는 이 제1장이 이후에 제시될 아이를 위한 정신화-기반 치료(time-limited Mentalization-Based Treatment for Children: MBT-C)에 대한 개념적 기반을 제공할 수 있기를 바란다.

## 정신화가 중요한 이유

만 9세인 Tom은 선하고 타인을 기꺼이 돕는 마음이 따뜻한 소년으로 누구에게나 사랑받으며 친구가 많다. 하지만 교사들은 Tom이 친구들과 대화하거나 어울리는 것을 너무 좋아하는 나머지 해야 하는 일들을 끝까지 해내지 못하는 경우가 많다며 나무란다. Tom의 이러한 경향은 집에서도 역시 문제가 되며, 아빠의 도움을 필요로 한다. Tom은 침대로 가기 바로 전에 자신이 모든 숙제를 끝냈다고 말하곤 하지만, Tom의 부모는 Tom이 숙제를 절반밖에 하지 않았다는 것을 발견하는 경우가 많다. Tom은 또한 집이나 학교에서 물건들을 자주 잃어버린다.

어느 날 아침 아빠의 차를 타고 학교에 거의 도착했을 때, Tom은 자신이 점심 도시락을 부엌 식탁에 두고 왔다는 것을 깨달았다. 그래서 Tom의 아빠는 아침 출근길의 교통체증 속에서 집으로 다시 차를 돌려야 했다. 직장 회의에 늦을 것이라는 생각을 한 아빠는 이후 15분간 Tom의 부족한 준비성을 질책했으며, Tom의 단점들을 열거하였다. Tom과 아빠가 집에 도착했을 때, Tom은 문을 열고 점심 도시락을 건네는 엄마에게 화가 나서 울먹이며, "억울해요. 오는 동안 내내 아빠가 나에게 소리를 질렀어요."라고 말했다. 그런 Tom에게 엄마는 윙크를 했다. 아빠가 화가 나면 비난을 한다는 사실을 Tom과 엄마는 알고 있었기 때문에, Tom에게는 엄마의 윙크가 마치 "괜찮지? 너는 이 정도는 감당할 수 있잖아."라고 말하는 것처럼 느껴졌다. 그리고 엄마는 "아빠가 좀 과했던 것 같긴 하네. 하지만 아마도 아빠는 아침 회의에 늦을까 봐 걱정이 되었을 거야. 저녁에 이야기하자." 라고 말했다.

도시락을 받아서 차로 돌아왔을 때 Tom의 마음은 조금 풀어졌다. Tom은 아빠에게 죄송하다고 말하며, 잘못은 했지만 소리는 지르지 말아 달라고 이야기할 수 있었다. Tom은 아빠가 자신을 사랑하며, 아빠가 자신의 숙제를 위해 많은 시간을 함께 보내기 때문에 자신이 학교에서 좋은 성적을 받는다는 것 역시 알고 있었다. Tom은 아빠에 대한 좋은 이미지를 떠올릴 수 있었으며, 이는 아빠로부터 받은 마음의 상처를 마음에 오래 담아 두지 않고 빨리 회복하는 데 도움이 되었다. Tom은 과거의 경험을 통해 아빠가 화가 나면 마음에 없는 말을 하기도 한다는 것을 알았다. Tom은 아빠가 소리를 지르고 나면 후회한다고 이야기하는 것을 들은 적도 있어서 아빠의 이런 경향에 대해서도 알고 있었다. 그리고 아빠는 자신이 '선을 넘을 때'마다 Tom의 엄마가 개입하는 것에 대해, 그것이 얼마나 어려운 일인지 알기 때문에 줄곧 감사함을 느꼈다. Tom은 엄마가 가진 장난스럽고 웃긴 모습을 좋아했고, 엄마가 마치 별일 아니라는 듯이 태연하게 농담조로, "글쎄. 나는 Tom이 특별히 미숙하다고 생각해 본 적은 단 한 번도 없는데요. 우리가 너무 너무 잘 아는 흔해 빠진 평범한 게으름이 아닌가요?" 말하며 아빠를 웃게 만드는 순간을 좋아했다.

타인이 자신의 행동을 어떻게 볼 수 있는가에 대해 생각할 수 있는 Tom의 능력은 양날의 검이어서, Tom이 사회적 관계를 잘해 나가도록 도울 수도 있지만, 또한 타인의 생각에 대해 지나치게 염려하도록 만들 수도 있다. 예를 들어, Tom은 아스퍼거 신드롬을 가진 반 친구와 어쩌다가 살짝 부딪친 후 그 친구가 자신을 때렸을 때, 자신은 되갚아 주지는 말아야 한다는 것은 알고 있다. 그러나 Tom은 여전히 왜 그 친구는 같은 행동에 대해 자신이 받아야 했던 것과 같은 벌을 받지 않는가에 대해서는 이해하지 못한다. 그렇지만 Tom은 그러면서 사람들이 왜 그런 식으로 행동하는지에 대해 이해해 보려는 마음을 키워 간다. Tom은 부모가 가족 안에서 일어난 일에 대해 서로 이야기를 나누거나 사촌 형이 대인관계로 인해 어려움을 겪고 있다는 이야기를 이모와 나눌 때, 컴퓨터 게임을 하는 척하며 그 대화를 열심히 엿듣는다.

앞의 예시에서 이제 불과 9세인 Tom은 자신이 무엇을 느끼는지를 알고 이를 분명히 표현할 수 있으며, 부모의 성격에 대해서도 이미 풍부한 이해를 가지고 있는 것 같다. Tom은 사람들이 왜 그러한 방식으로 행동하는지에 대해 점점 더 복잡하고 다양한 방법의 설명을 발달시키고 있다. 또한 Tom은 자기 자신, 자신의 성격이나 장단점에 대해서도 이해해 가고 있다. 그리고 Tom은 자신의 행동을 더 잘 조절하기 위해서 이런 이해를 사용하곤 한다. 게다가 사람들이 화가 나면 가끔 진심이 아닌 말을 할 수 있다는 것을 알고 있으며, 또한 아빠를 이해하고 있기 때문에 아빠의 분노에 과도하게 흔들리지 않을 수 있다. 아빠의 사랑에 대해 알고 있다는 사실과 아빠가 걱정하며 도움을 주는 것에 대해 가지는 감사함은 이 감정들의 균형을 잡아 준다. 또한 Tom이 가진 자신에 대한 이해는 Tom을 미숙하다고 말하는 아빠의 말을 쉽게 털어 버리도록 돕는다. 물론 이 모든 것이 매우 당연한 일처럼 보일 수 있으며, 대부분의 많은 경우에서는 당연한 일일 것이다. 그렇지만 여기서 Tom이 보여 주고 있는 것이 바로 정신화 능력이며, 여기에는 Tom이 자신의 정서적 반응을 다루기 위해 필요했던 타인의 관점을 받아들이는 능력과 타인이 왜 그런 방식으로 행동하는가에 대한 자신의 이해를 사용하는 능력이 포함된다.

이 예시에서 우리는 정신화 능력의 발달이 자기감(sense of self)의 발달에 필요하다는 것을 볼 수 있다. Tom은 아빠가 왜 화가 났는지에 대한 엄마의 설명에 더 이상 의존하지 않았으며, 자신이 어떤 사람인지에 대한 감각을 이미 가지고 있기 때문에 자신에게 미숙하다고 하는 아빠의 말에 의해 자기감이 변화되지 않았고, 단지 아빠가 화가 났기 때문에 그런 말을 한다는 것 역시 알고 있었다. Fonagy, Gergely, Jurist와 Target(2002)이 설명하였듯, 우리는 여기서 어떻게 정신화가 자기감과 정서조절의 중심이 되는지를 이해할 수 있다. 아빠가 화가 난 것 같은 꽤 긴장된 상황임에도 불구하고 정신화를 할 수 있다는 것은 Tom이 정서적으로 조절되는 상태에 머물 수 있도록 도왔다. 또한 이를 통해 Tom은 상황을 이해할 수 있었으며, 그 때문에 Tom은 관점을 잃지 않고 중요한 것에 집중할 수 있었다. Allen과 Fonagy(2006)는 정신화의 이러한 기능에 대해 정신화는 감정반응을 조절하기 위해 사용할 수 있는 멈춤 버튼과 같다고 설명하였다. Tom이 아빠와 안전함을 느끼는 관계를 유지하고 있으며, 아빠의 행동에 대한 엄마의 설명으로부터 많은 도움을 받을 수 있다는 점을 고려하면, 이런 정신화 능력은 Tom이 마음속에서 자신을 나쁜 아이라고 느끼지 않도록 보호하는 것이 분명하다. 그래서 심지어 아빠에게 비난을 당하는 순간조차 Tom의 자아존중감은 붕괴되지 않았으며, 오히려 자신에게는 변화가 필요하다는 지적을 받아들일 수 있었다. Tom은 분노와 공격성에 대해 배울 수 있었던 이 기회에서 잃은 것보다 얻은 것이 더 많았을 것이며, 이후 또래의 공격성을 마주하게 되더라도 위협을 느끼지 않을 것이다. 우리는 여기서 정신화가 얼마나 중요한지, 특히 친밀한 관계에서의 중요성을 알 수 있으며, 또한 이것이 괴로운 경험조차 변화시킬 수 있다는 것을 이해할 수 있다. Fonagy와 Allison(2014)에 따르면 가장 큰 위험은 밀접한 사람과의 관계에서 나타난다. 특히 일반적인 감정에 대한 이해만으로는 충분하지 않은 애착관계에서는 더욱 세밀하고 섬세한 타인에 대한 이해 및 우리 자신의 감정과 성격이 다른 사람들에게 미치는 영향에 대한 이해가 대단히 중요한 영향을 미칠 수 있고, 이는 관계의 질적 측면에도 중요한 영향을 미칠 수 있다.

우리가 다른 사람(혹은 자기 자신)의 행동을 이해할 수 있을 때 대인관계의 세계는 조금 더 예측이 가능하고, 안전하며, 의미 있는 공간이 된다. 그러나 타인의 의도를 오해하거나 자기 자신의 내적 상태를 이해하는 데 어려움을 겪는다면 이것은 대인관계의 혼란과 오해, 어려움으로 이어질 수 있으며, 이는 갈등이나 억눌린 분노, 두려움을 심화시킨다. 다른 사람들이 왜 그런 방식으로 행동하는가에 대한 우리의 해석은 우리의 생각과 행동에 큰 영향을 미친다.

아이들과 부모는 보통 정신화라는 용어에 친숙하지 않은 경우가 대부분이며, 그리고 아이들은 이것이 '미쳤다'거나 정신이 나갈 정도로 화가 났다고 말할 때의 정신과 동일한 단어인지 묻기도 한다. 부모들은 이 단어가 마음챙김(mindfulness), 공감, 정서적 이해 등의 용어들과 같은 의미인지 묻기도 한다. 발달적 관점에 대한 연구에 친숙한 사람들은 이 정신화라는 용어가 마음의 이론(theory of mind)이나 마음자각(mind-mindedness) 혹은 사회적 인지(social cognition)와 어떤 연관이 있는지 묻기도 한다.

정신화라는 용어는 1960년대 프랑스 정신분석 용어집(Marty, 1991)에 그 기원을 두고 있지만, 현대에서 그 용어의 사용은 1990년대부터 통합된 발달적 관점에서의 정신화 모형을 개발하기 위해 다양한 분야의 연구를 한데 모으고 학문 간 격차를 해소하는 데 기여한 Peter Fonagy, Antony Bateman과 Mary Target 및 그들의 동료들 덕분이라고 할 수 있다. 정신화는 아동 정신분석에서 변화의 과정을 이해하려는 작업(Fonagy & Target, 1998)과 경계선 성격장애를 가진 성인의 치료를 개발하는 작업(Bateman & Fonagy, 2004)에서 나타났다. 아이와 가족에게 정신화라는 용어를 설명하는 것이 언제나 쉬운 것은 아니겠지만, 정신화라는 단어가 주는 기묘함은 우리가 MBT에서 집중하려고 하는 이 능력을 보여 주는(marking) 데 도움이 될 수도 있다.

정신화는 다른 중요한 개념들을 망라하는 포괄적인 개념으로 여겨지기도 한다 (Luyten & Fonagy, 2015; Sharp, 2006). 예를 들어, 마음의 이론(Premack & Woodruff, 1978)은 정신화의 인지적 요소와 공통되는 부분이 있고, 공감은 타인의 관점을 수용하는 보다 정서적인 측면의 개념으로 대부분 타인과의 관계 측면에서 사용된다. 마음챙김은 종종 정신화와 비교되는데(Masterpasqua, 2016), 마음상태에 대해 궁금해하며 열린 마음으로 수용하는 자세를 가지는 것이 중요하다는 점을 인정하는 데에서 분명 비슷한 부분이 있다[이 주제에 대해 관심이 있는 경우, 이러한 용어들과 정신화의 관계에 대한 훌륭한 논의가 Choi-Kain & Gunderson(2008)과 Kim(2015)에 담겨 있다].

이 책의 후반부에는 마음성찰 능력(reflective functioning)이라는 용어가 사용되기 때문에, 이 개념에 대해 여기서 조금 더 설명할 필요가 있다. 마음성찰 능력이라는 용어는 처음에는 애착관계의 맥락에서 정신화 능력을 측정하는 도구로 사용되었지만, 많은 경우에 정신화와 마음성찰 능력은 서로 혼용할 수 있는 용어로 사용된다. 이 책에서는 마음성찰 능력을 정신화할 수 있는 능력, 그중에서 특히 멈추고 되감으며 자신과 타인의 마음상태에 대해 의식적으로 생각할 수 있는 명시적 정신화(explicit mentalizing)를 지칭하기 위해 사용할 것이다.

정신화는 다른 용어들과 겹치기도 하지만, 임상작업에서는 이 개념을 여러 영역으로 구분하는 것이 도움이 될 수 있다. 우리의 동료들(Luyten, Fonagy, Lowyck, & Vermote, 2012)이 찾아낸 여러 가지 구분 방법 중에서 아이와의 치료작업에 대해 생각할 때에는 이 두 가지 구분이 특히 도움이 될 것이다. 하나는 명시적(혹은 통제된) 정신화와 묵시적(혹은 자동적) 정신화의 구분이며, 다른 하나는 자신에 대한 정신화와 타인에 대해 정신화의 구분이다.

첫째, 정신화는 묵시적/자동적인 영역과 명시적/통제된 영역을 모두 가지고 있다. 대부분의 경우, 정신화는 언어로 바꿀 필요 없이 자동적으로 이루어진다. 의식적으로 생각하지 않고도 우리는 사람들의 눈 주위의 표정을 살핌으로써 그들의 마음상태를 추론하고, 이를 통해 그들이 화났거나 행복하거나 슬프거나 겁에 질렸거나 흥미를 느끼거나 따분해하는 것을 안다고 느낀다. 진화론적 관점에서 볼 때, 사회적 정보의 빠른 처리는 타인이 우리의 생존이나 복잡한 과업을 수행함에 있어 성공의 확률을 높이기 위해 협조가 가능한 잠재적 친구인지, 그렇지 않으면 우리의 안전을 위협할 잠재적 적인지를 판단하는 데 매우 중요하다. 처리 속도는 위협의 감지를 필요로 하는 곳에서는 생존의 문제와 연관되기 때문에 매우 중요하지만, 이 자동적인 처리과정은 과거 경험에 기반하기 때문에 편향된다는 단점이 있다. 이 과정은 정확한 추론을 위해 더 느린 숙고와 가능성 있는 동기에 대한 이해를 필요로 하는 보다 복잡한 사회적 상황 속에서는 적절하지 않다. 앞선 예시에서 Tom의 엄마가 집에 도착한 Tom에게 미소를 지었을 때, Tom은 자신에게 괜찮을 것이며 잘해 보라는 말을 전달하려고 한다는 엄마의 의도를 묵시적으로 알아차릴 수 있었다. 눈 마주침이나 대화의 순서, 지속적인 반응 등 비언어적인 신호들은 대부분 의식적인 생각의 바깥에서 처리된다. 신경과학 연구자들은 이 자동적이고 묵시적인 종류의 정신화에 대해 연구하였으며, 이것이 감각정보를 필요로 하는 뇌 신경회로 묶음에 도움을 받는 것으로 미루어 진화론적 관점에서 볼 때 상당히 원시적일 수 있음을 밝혀냈다(Luyten & Fonagy, 2015). 이 뇌 신경회로의 묶음은 위협이나 투쟁-도피 반응(flight-or-flight response)과 연관된 것으로 사회적 정보를 일차적으로 빠르게 감지하기 위한 편도체(amygdala), 기저핵(basal ganglia), 배측 전대상피질(dorsal anterior cingulate cortex)을 포함한다.

우리가 가진 묵시적 혹은 자동적 정신화는 빠르고 기민하게 이루어지지만, 이것이 항상 정확한 것은 아니다. 자동적 정신화가 이전 경험에 기반하여 이루어진다는 점을 고려하면, 압도적인 부정적 경험을 가진 경우 이 처리과정은 부정적으로 편향될 것이다. 이러한 경우, 과거의 경험은 잠재적 위험에 대해 높은 수준의 경계심이 필요하다고 요구할 것이며, 이는 타인을 신뢰하는 것을 잠재적으로 위험하다고 여기도록 할 것이다. 그러나 이것은 위험이 적은 사회적 상황 속에서는 적절하지 못할 가능성이 높다. 예를 들어, 아이가 의심의 눈초리로 누군가가 자신을 속이려 든다고 느끼는 상황에서, 아이는 그 생각을 멈추고 그 판단이 정확한 것인지 생각해 볼 필요가 있을 수 있다. 다시 말해, 우리에게는 타인의 감정이나 생각, 의도에 대해 조금 더 의식적이고 명시적으로 생각해 보기를 요구하는 처리과정인, 보다 명시적인 정신화를 사용해야 하는 때가 있다. 흥미롭게도 신경과학자들은 이 능력이 상대적으로 새로운 뇌 신경회로에 의해 작동되며, 이는 조금 더 상징적이고 언어적인 처리과정과 관련이 있는 가쪽전전두엽피질(lateral prefrontal cortex) 및 안쪽전전두엽피질(medial prefrontal cortex)과 연관되어 있음을 밝혀냈다(Luyten & Fonagy, 2015). 뇌의 이 부분들은 보통 추론, 의도적 통제, 관점의 수용이 포함된 과제에 의해 활성화된다. 이러한 처리과정은 자동적 정신화보다 느릴 수 있지만, 우리로 하여금 자신과 타인의 감정, 생각, 느낌에 대해 조금 더 주의 깊고 신중하게 분석해 볼 수 있도록 한다. 이는 우리가 상황을 숙고한 후에 우리의 즉각적인 반응이 실제로 정당한지 생각해 볼 수 있도록 하며, 우리는 이 숙고의 과정을 통해 처음 받은 인상을 무시하거나 조정해 볼 수 있다.

이해를 위해 조금 더 능동적인 성찰이 필요한 어려운 상황의 경우, 우리는 통제적 혹은 명시적 정신화를 사용할 수 있다. 예를 들어, 이 장의 초반부에 소개된 사례에서 Tom의 엄마는 이 상황을 부드럽게 만들고 Tom의 아빠에게 뒤로 물러서서 진정할 필요가 있다는 신호를 전달하기 위해 어떻게 개입할 것인지를 주의 깊게 고민해야 했다. 그녀는 Tom이 두려워하거나 조절능력을 잃고 있는 것은 아닌지 관찰하고 Tom을 보호함과 동시에 Tom이 약해졌다고 느끼지 않도록 하고 싶었다. 그런 상황에서 Tom의 아빠가 정신화 능력을 되찾아서 굉장히 사려 깊고 관대하며 공감적이기는 어려워 보였다. Tom의 아빠가 정신화 능력을 잃는다면, 아빠는 Tom의 동요가 자신의 분노에 의해 야기된 것이 아니라 고의적이고 의도적인 반항이라고 오인할 가능성이 높았다.

지금까지 이 예시들은 타인에 대해 정신화하는 능력에 초점을 맞췄지만, 정신화는 자기 자신을 향해서도 이루어진다. 예를 들어, Tom의 아빠는 자신의 분노와 그 분노가 가족에게 미치는 영향에 대해 생각해 볼 수 있을 것이다. 그는 너무 큰 좌절감을 느낄 때 정신적으로 한 걸음 물러나서 자기인식을 보존하는 방법에 대해 고민할 수 있고, 이것에서 벗어남으로써 조절능력을 되찾을 수 있다. 어쩌면 이 경험을 기반으로 그는 오전 회의가 있는 날에는 Tom을 학교에 데려다주는 것을 하지 않기로 결심할 수도 있다. 즉, 자신의 감정이나 생각에 대해 명시적으로 정신화하는 능력은 관계를 이어 나가고 자신의 감정적 반응을 조절하는 것의 핵심적인 부분이 된다. 게다가 Tom이 자신을 더 잘 이해하고 단점을 인지한다면, Tom은 사랑받고 싶은 소망을 조절하고 '머리가 아둔해지는' 것에 대해 노력하기 위한 전략을 발달시킬 수 있다. 마찬가지로, Tom의 아빠처럼 쉽게 욱하고 화를 내는 아이나 어른은 이러한 성향이 타인들에게 미치는 영향을 의식하기 위해 열심히 노력할 필요가 있다.

비록 앞서 설명한 요소들을 중기 아동기의 아이에서 구분할 수는 없겠지만, 이 책의 저자를 포함한 임상 연구가들은 아이의 마음성찰 능력을 평가하기 위하여 아동 및 청소년을 위한 성찰능력척도(Child and Adolescent Reflective Functioning Scale: CRFS; Ensink, Normandin, et al., 2015; Ensink, Target, Oandasan, & Duval, 2015)를 개발하였다. CRFS는 아이에게 부모와의 관계에 대해 표현하라고 질문해 보는 반구조화된 면담인 소아애착면접(Child Attachment Interview: CAI; Target, Fonagy, Shmueli-Goetz, Schneider, & Datta, 2000)을 부호화하기 위해 사용된다. 〈표 1-1〉에는 아이의 마음성찰 능력을 평가하고 부호화하기 위한 -1점에서 9점의 평가표가 아이들이 말할 법한 예시와 함께 제시되어 있다.

<표 1-1> 아이가 가진 마음성찰 능력의 수준

| 점수 | 설명 |
|---|---|
| -1 | 괴이하고 와해된 반응으로 정신화를 강하게 거부하거나 적극적으로 피한다.<br>예: (엄마가 언제 화를 내시니?라고 물었을 때) 엄마의 구두 위에서 천사가 춤을 추고 있어요. |
| 0 | 정신화 능력이 결여되어 있다.<br>예: 몰라요. 그건 그냥 그런 거예요. |
| 1 | 정신적인 것을 제외하고 신체적인 것이나 행동에 대해 묘사한다.<br>예: 엄마가 "방으로 가라."라고 말했어요. |
| 3 | 관계에 대해 묘사할 때 마음상태에 대해 정교하지 않은 설명을 한다.<br>예: 나는 이게 좋아요. 이건 재밌어요. |
| 4 | 마음상태에 대해 설명하지만, 조금 더 설명이 필요한 빈 부분이 존재한다.<br>예: 내가 슬플 때 엄마는 아마…… 나를 위로해 줘요. |
| 5 | 비록 단순하더라도, 마음상태에 대한 안정된 이해를 보이는 분명한 묘사가 있다.<br>예: 엄마는 화가 나면 소리를 지르는데, 나는 그게 싫어요. 엄마는 나를 약간 비난하지만 나는 엄마가 하는 말이 진심이 아니라는 것도 알아요. |
| 7~9 | 복잡한 마음상태에 대한 이해가 점점 높아진다. 9점은 이례적일 정도로 우수한 마음상태에 대한 이해를 의미한다.<br>예: 아빠가 화를 내면, 나 역시 처음에는 화가 나지만 곧 죄책감을 느껴요. 왜냐하면 아빠가 날 도와준다는 것을 알기 때문이에요. 내가 학교에서 책을 잊어버리면 숙제를 끝내는 데 시간이 더 오래 걸리고, 아빠는 피곤해지니까요. 게다가 아빠에게는 할 일도 있어요. |

출처: "Maternal and Child Reflective Functioning in the Context of Child Sexual abuse: Pathways to Depression and externalising Difficulties" by K. Ensink, M. Bégin, L. Normandin, & P. Fonagy, 2016, European Journal of Psychotraumatology, 7, p. 4. Copyright 2016 by Karin Ensink, Michaël Bégin, Lina Normandin, and Peter Fonagy. 허락을 받고 수정하였음.

　임상적 관점에서는 이 평가표가 가진 넓은 범위의 지표들이 유용할 수 있다. 먼저, 아이가 괴이하고 와해된 방식으로 반응할 때, 혹은 정신화를 강하게 거부하거나 적극적으로 피할 때, 이것은 우려해야 하는 일로 생각될 수 있다. 치료자는 이 반응의 이면에 있는 것을 이해해 보고자 노력해야 하며, 그 아이가 인지적으로 미성숙하다는 것으로 충분히 설명이 가능한지, 혹은 자신의 생각에 대해 숙고해 보고 표현해 보라는 것에 대한 반응으로 불안이 촉발된 것은 아닌지 생각해 보아야 한다. 아이에게 정신화를 요구할 때 때때로 아이는 바보처럼 되거나 화를 내기도 하는데, 그 반응들은 아이가 와해된다는 의미일 수 있다. 이런 종류의 반응을 많이 보이는 경우, 치료자는 아이가 계속해서 이런 반응을 보이는지, 치료상황에서 점점 증가하지는 않는지, 혹은 치료자에 대해 안전함을 느끼기 시작하면 빠르게 줄어드는지를 주의 깊게 살펴야 한다.

아이가 정신화의 증거를 전혀 보이지 못하는 경우(0점)나 그들 자신이나 타인에 대해서 신체적 혹은 행동적 수준에서만 생각할 수 있는 경우(1점), 이 역시 명백하게 우려할 만한 상태라고 할 수 있다. 개략적인 지침에서 우리는 이상적으로 학령기 아이는 기본적인 수준에서 마음에 대한 언어를 사용하여 자신과 타인, 관계에 대한 이해를 보일 수 있기를 기대한다(4점 혹은 5점). 만일 어떤 아이가 느낌이나 마음상태를 인식할 수 있는 능력을 보인다면(3점), 이는 불완전할지라도 자신, 타인, 관계에 대한 정신적인 이해를 더욱 견고히 하기 위해 추가적인 도움을 받을 수 있는 상태임을 나타낸다. 만일 아이가 3점 이하의 기능 수준을 보인다면, 이는 삶의 난관에서 기본적인 정신화를 사용할 수 있는지에 대해 우려해야 하는 상황일 수 있다.

## 정신화 능력을 증진시키는 요소

정신화 능력은 부분적으로 선천적이며 생물학적인 바탕을 가지고 있지만 (Kovács, Teglas, & Endress, 2010), 우리가 자라는 사회적 학습환경의 질적인 측면 역시 정신화 능력의 발달에 영향을 미친다는 것에는 거의 의심의 여지가 없다. Fonagy와 동료들의 주된 작업이었던『정서조절, 정신화, 그리고 자기의 발달 (Affect Regulation, Mentalization and the Development of the Self)』(2002)에서 그들은 초기 애착관계에서부터 마음상태에 대한 인지가 나타난다는 발달모형을 주장하였다. 그들은 부모가 아이의 주관적인 경험에 대해 관심을 보이고 아이의 마음과 느낌에 대한 부모의 정서적 표현을 보여 줄 때, 이를 통해 아이가 자신의 정서를 정신적으로 알아차리고 표현하는 방법을 배운다는 것을 밝혔다. 이 모형에서는 영유아의 주관적 경험에 대해 상상하는 부모의 능력이 정서조절 및 자기조절의 발달을 촉진하는 것으로 여겨졌다. 부모가 영유아의 스트레스를 조절하기 위해서 주의를 끄는 전략을 사용한다고 생각해 보자. 예를 들어, 부모는 아이가 자신에게 주사를 놓으려고 하는 간호사에게 집중하지 않도록 돕기 위해 벽에 있는 귀여운 강아지 그림으로 주의를 옮기도록 유도할 수 있다. 혹은 주사를 맞은 이후, 부모는 아이의 정서에 대해 소통하거나 이를 표현해 줌으로써 아이들을 도울 수 있다 (예: "간호사 선생님이 주사를 놓았을 때 아팠을 텐데, 나는 네가 용감하게 행동하기 위해 노력한다는 것을 알 수 있었어. 이제 끝났고, 생각했던 것만큼 나쁘지는 않았지? 와우, 너는 정말 잘 해냈어!"). 이렇게 마음에 대해 생각하는 소통은 점차 아이로 하여금 마음을 가진 사람으로서 자기 자신을 생각하고, 정서조절과 자기조절을 향해 전환될 수 있는 언어와 사고를 사용할 수 있도록 돕는다(Fonagy et al., 2002).

## ◆ 마음을 헤아리는 양육과 교육적 태도의 중요성

생애 초기의 아이는 생존, 안전 및 보호를 위한 모든 기본적인 필요를 양육자에게 전적으로 의존하고 있기 때문에, John Bowlby와 그의 동료들의 중대한 연구가 보여 주었듯이, 초기 양육자와의 관계의 질은 아이의 사회적 발달과 정서적 발달에 결정적인 영향을 미친다. 아기는 스트레스 속에서 정서를 조절할 수 있는 능력을 가지고 태어나지 않기 때문에, 겁이 나거나 압도당했을 때 양육자에게 의지하여 정서를 조절한다. 이 양자관계 속의 조절을 통해, 아이는 점점 자기 자신을 조절하는 능력을 배워 간다(Trevarthen, Aitken, Vandekerckove, Delafield-Butt, & Nagy, 2006).

아기는 자신의 감정이나 고통을 분명히 표현할 수 있는 능력이 없기 때문에 아기와 어린아이는 그들의 주관적 경험에 대한 부모의 관심 및 아이의 행동을 마음상태의 관점에서 의미 있는 것으로 해석해 주는 부모의 능력에 의존한다. 마음성찰 능력은 부모가 정신적으로 아기의 입장에 서서 아기의 경험을 상상해 보도록 돕는 기본적이고 민감한 반응으로 여겨진다(Fonagy & Target, 1997). 이런 관점에서 마음을 헤아리는 양육(reflective parenting; Cooper, & Redfern, 2016)은 양육에서 아이의 마음을 염두에 두는 성향을 말하며, 상호작용 속에서 묵시적으로 일어나는 마음을 헤아리는 양육태도(Ensink, Bégin, Normandin, & Fonagy, 2016)는 다음과 같은 특성을 포함할 수 있다.

- 아이의 마음에 대한 상냥한 관심, 그리고 아이가 자기 자신이나 타인의 반응을 이해하도록 도울 수 있는 정서적 가용성
- 아이가 행동을 통해서 자신의 경험이나 느낌, 어려움에 대해 소통한다는 것을 들여다볼 수 있는 능력
- 아이와 함께 놀이와 농담, 상상을 할 수 있는 능력
- 아이의 마음을 정확하게 알 수 없더라도 아이가 가진 생각과 감정을 느끼고 의미를 생각해 보고자 하는 동기
- 아이가 감정을 언어로 표현하고 자전적으로 의미 있는 이야기를 정교화하도록 도울 수 있는 가용성
- 아이의 관점을 이해하고 아이의 경험은 자신의 경험과 다를 수 있음을 인식하고자 하는 동기
- 아이와 상호작용할 때 자신의 생각과 감정을 느끼고 자신의 공격성을 조절하는 능력
- 자신의 감정이나 기분 상태가 아이에게 영향을 줄 수 있음에 대한 인식

아이의 경우처럼, 임상 연구가들은 부모의 마음성찰 능력을 평가하는 방법으로 부모발달면접(Parent Development Interview: PDI; Slade, Aber, Bresgi, Berger, & Kaplan, 2004)을 부호화하는 마음성찰척도(reflective functioning scale)를 개발하였다. Slade와 그녀의 동료들은 부모의 명시적인 마음성찰 능력을 평가하기 위해 부모가 아이와의 관계를 묘사하는 방법을 부호화할 수 있도록 이 척도를 사용하였다. 〈표 1-2〉는 부모의 대답에 따라 -1점부터 9점으로 점수를 매기는 방법을 예시와 함께 보여 준다. 부모발달면접은 임상적 도구가 아니지만, 부모가 자녀와의 관계에 대해 이야기하는 동안 좋은(혹은 나쁜) 정신화가 어떻게 나타나는지를 생각해 볼 때 이 평가표는 도움이 된다. 최근에 아이와의 상호작용 속에서 마음을 헤아리는 양육에 대한 묵시적인 평가를 할 수 있는 방법이 개발되었는데, 이는 부모의 정신화의 강점과 난점을 확인하기 위해 부모발달면접과 함께 쓰일 수 있다.

<표 1-2> 부모의 마음성찰 능력에 대한 평가

| 점수 | 설명 |
|---|---|
| -1 | 괴이하고 와해된 반응으로 정신화를 강하게 거부하거나 적극적으로 피한다.<br>예: 친구와 통화를 하고 있는데, 제 딸이 뛰어다니며 저를 자극했고, 아이를 조용히 시키는 유일한 방법은 때리는 것뿐이었어요. |
| 0 | 정신화 능력이 결여되어 있다.<br>예: 그 애는 이유 없이 그런 짓을 해요. 그냥 그런 애예요. |
| 1 | 정신적인 것을 제외하고 신체적이거나 행동에 대해 묘사한다.<br>예: 그 애는 계속 빙글빙글 돌아요. 절대 멈추지 않아요. |
| 3 | 관계에 대해 묘사할 때 마음상태에 대해 정교하지 않은 설명을 한다.<br>예: 그 애는 짜증을 내요. |
| 4 | 마음상태에 대해 설명하지만, 조금 더 설명이 필요한 빈 부분이 존재한다.<br>예: 시험을 준비할 때 그 애가 빈둥거렸고, 나는 시간이 오래 걸릴 거라는 걸 알았어요. 그래서 화가 났어요. |
| 5 | 비록 단순하더라도 마음상태에 대한 안정된 이해의 분명한 묘사가 있다.<br>예: 그 애가 장갑이나 책 등 물건을 전부 잃어버리기 때문에 화가 나요. 그 애가 학교에서 돌아왔을 때 그 애는 또 장갑을 두고 왔고, 우리는 되돌아가야만 했어요. 저는 일에 늦을 것이고 기회를 잃을 것이란 걸 알았어요. 하지만 저는 그 애가 조금 더 책임감을 갖도록 도와줄 수 있는 방법을 찾아 주어야 하며, 소리를 지르는 건 도움이 되지 않는다는 걸 깨달았어요. |
| 7~9 | 복잡한 마음상태에 대한 이해가 점점 높아진다. 9점은 이례적일 정도로 우수한 마음상태에 대한 이해를 의미한다.<br>예: 저는 그 애에게 자주 화가 나지는 않지만, 가끔 그 애는 친구들 앞에서 잘난 척을 하고 싶은 탓인지 행동이 평소와 다르고 반항적이 되고 흥분할 때가 있어요. 그럴 때 저는 약간 어리석어지기도 하고 좌절감을 느껴요. 그 아이는 사실 그가 친구들을 불편하게 하고 친구들의 존경을 잃을 수 있다는 걸 깨닫지 못하고 있어요. 그 애의 마음을 상하지 않게 하면서 이것을 설명할 방법을 모르겠어요. |

출처: "Maternal and Child Reflective Functioning in the Context of Child Sexual abuse: Pathways to Depression and externalising Difficulties" by K. Ensink, M. Bégin, L. Normandin, & P. Fonagy, 2016, *European Journal of Psychotraumatology*, 7, p. 4. Copyright 2016 by Karin Ensink, Michaël Bégin, Lina Normandin, & Peter Fonagy. 허락을 받고 수정하였음.

Fonagy, Steele, Steele, Moran과 Higgitt(1991)는 부모의 정신화란 민감하게 반응하는 양육을 의미하며, 부모의 정신화 태도는 아기와의 애착을 함축하고 있을 수 있다고 주장했다. 이와 동일하게, 부모가 가진 부모 자신의 과거와 현재의 애착관계에 대해 헤아려 보는 능력은 아기와의 상호작용 속 민감성의 바탕이 되며, 또한 뛰어난 마음성찰 능력을 가진 부모일수록 아이의 부정적 행동이 적다는 연구결과가 있다(Ensink, Normandin, Plamondon, Berthelot, & Fonagy, 2016; Slade, Grienenberger, Bernbach, Levy, & Locker, 2005; Suchman, DeCoste, Leigh, & Borelli, 2010). 세대를 건너 지속되는 애착패턴에 대한 중요한 연구에서 Fonagy, Steele, Steele, Higgitt과 Target(1994)은 과거에 보살핌을 제대로 받지 못한 경험이 있음에도 불구하고 마음성찰 능력을 획득한 부모가 어떻게 아이와 안정 애착(secure attachment)을 가질 가능성이 더 높은지를 보여 주었다. 아이의 안정 애착과 정서조절의 발달에서 마음챙김 혹은 마음을 헤아리는 양육의 가치는 경험적 연구에서 반복적으로 입증되었다(예: Ensink, Bégin, Normandin, & Fonagy, 2016; Koren-Karie, Oppenheim, Dolev, Sher, & Etzion-Carasso, 2002; Meins, Fernyhough, Fradley, & Tucker, 2001; Slade, Grienenberger, Bernbach, Levy, & Locker, 2005). 예를 들어, 엄마가 가진 엄마 자신의 애착에 대해 헤아려 보는 능력은 아기의 안정적이고 조직화된 애착과 연관이 있으며(Ensink, Normandin, Plamondon, Berthelot, & Fonagy, 2016), 이는 아동기의 적은 외현화 문제와 관련이 있었다(Ensink, Bégin, Normandin, & Fonagy, 2016). 성폭행 피해는 아동의 정서조절을 어렵게 하고 안전에 대한 요구를 증가시키는데, 한 연구는 부모가 가진 마음성찰 능력이 폭행으로 인한 피해로부터 아이가 균형을 잡도록 도와줌으로써 중요한 역할을 할 수 있다는 증거를 제시하였다(Ensink, Bégin, Normandin, Biberdzic, Vohl, & Fonagy, 2016). 아기를 돌보는 상황에서 부모의 마음성찰 능력은 부모가 아기의 행동 이면에 담긴 감정을 볼 수 있게 함으로써 민감한 양육을 촉진하고, 부모가 자신의 부정적인 정서를 조절하도록 도움으로써 부정적인 상호작용을 억제하도록 하며, 아기의 요구에 계속해서 집중할 수 있도록 돕는다. 아기가 고통을 느낄 때에도 이런 부모는 (적어도 대부분의 경우) 상대적으로 침착함을 유지할 수 있었으며, 아기가 통제되지 않을 때 이를 개인적인 것으로 받아들이지 않을 수 있다. 그리고 이런 특성들은 아기가 조절되도록 도왔다(Ensink, Bégin, Normandin, & Fonagy, 2016). 고통을 겪을 때 누군가가 있어 줄 것이라는 믿음 속에서 안전함을 느끼거나 혹은 조절해 주는 사람에게 의지하려고 노력하는 성향은 고통을 조절하는 방법에 대해 장기적인 영향을 미친다. 이는 고통을 느낄 때 이를 타인에게 표현하고 공유하는 것이 안전하고 또한 보상이 뒤따를 것이라고 느끼는 바탕이 되며, 그리고 타인이 고통 속에 있을 때 가용성을 발휘하여 지지적이 될 수 있도록 한다(Ensink, Bégin, Normandin, & Fonagy, 2016).

안정적인 애착관계는 정신화가 발달할 수 있는 최적의 조건을 제공하며, 안정 애착을 가진 아이나 어른은 불안정 애착을 가진 이들에 비해 자기 자신에게 중요한 타인을 마음의 측면에서 바라보게 된다는 것은 놀라운 일이 아니다. 게다가 부모의 마음성찰 능력은 학령기 아이들의 심리적 적응 능력에도 지속적으로 중요한 역할을 한다는 것이 밝혀졌으며(Ensink, Bégin, Normandin, & Fonagy, 2016), 외상으로부터 보호인자가 된다는 점 역시 밝혀졌다. 또한 부모의 이 능력은 아동과 청소년아 가진 마음성찰 능력의 발달과도 연관이 있었다(Ensink, Normandin, et al., 2015; Benbassat & Priel, 2012). 요컨대, 가족은 아이가 자신의 정신화 능력, 특히 부정적이거나 고통스러운 상황 속에서의 정신화 능력을 발달시키는 데 핵심적인 요소가 된다. 아마도 부모의 가장 중요한 과제 중 한 가지는 정신화 태도를 전달하고 아이가 자신의 감정이나 행동을 인지할 수 있도록 돕는 것이며, 또한 아이가 친밀한 관계를 더 깊게 강화하는 데 정신화 능력을 사용할 수 있도록 돕는 것이라고 할 수 있다.

### ◆ 자연적인 교육과 정신화, 자기, 인식론적 신뢰의 초기 기원

임상가와 발달연구자 모두에게 강한 흥미를 일으키는 질문 중 한 가지는 부모가 아기의 마음과 감정에 대해 관심을 가지고 소통하는 것이 어떻게 아기의 감정 인지능력을 발달시키고 이를 조절하도록 돕느냐는 것이다. 영아기부터 아이들은 타인과의 관계 속에서 자기에 대한 자서전적 이야기를 계속해서 만들어 가며, 이는 전-상징적(presymbolic)이고 절차적인 형태의 감각 및 정서적 경험에 대한 비언어적 기억을 수반한다(Beebe & Stern, 1977; Fonagy & Target, 1996b). 그러나 이런 발달이 일어나는 원리는 무엇일까?

Fonagy와 동료들(2002)은 Csibra와 Gergely(2009)의 연구를 바탕으로 양육자가 자녀에게 관계를 맺는 방식을 알려 주는 인식가능한 방법이 있는 것 같다고 제안했다. 자연적인 교육(natural pedagogy)으로 불리는 이것은 비상할 정도로 빠르게 일어나는 사회적인 가르침과 배움의 과정에 대한 것으로 인간에게만 주어졌다고 할 수도 있는, 인간으로서의 다양한 방법을 일컫는다. 그렇지만 아기는 어떻게 무엇이 그들에게 중요한 정보인지를 알 수 있으며, 부모는 어떻게 그들이 소통하고자 하는 것이 중요하다는 것을 아기에게 전달할 수 있을까? Csibra와 Gergely는 부모는 아기와 나누는 눈 마주침, 차례대로 주고받음, 특별한 목소리 어조[아기 말투 (motheres)] 등의 지시적인 신호(ostensive cues)를 사용하여 이를 해내며, 이 모든 것은 아기가 부모와의 의사소통에 참여할 수 있도록 돕는다고 주장했다. 더 최근의 연구에서 Fonagy와 Allison(2014)은 이 신호들이 자연적인 인식론적 경계성(natural epistemic vigilance)을 중재한다고 주장했다. 이 자연적인 인식론적 경계성이란 "자기 자신을 보호하기 위하여 타인으로부터 오는 정보를 자신에게 잠재적으로 피해를 입히거나 자신을 속이거나 부정확할 수도 있는 정보로 의심하는 것"(p. 373)을 말한다. 다시 말해서, 언어적 의사소통과 비언어적 의사소통 및 이를 바탕으로 한 특정 관계의 특정 방법들은 단지 그 정보가 가치가 있다는 점을 아기에게 소통할 뿐만 아니라 그들과 소통하는 사람이 믿을 만한 사람이며 그들이 무엇인가를 배울 수 있는 사람이라는 것 역시 전달한다.

이 과정들을 설명하는 용어들이 혼동을 줄 수 있지만, 우리는 이 개념이 발달연구자뿐만 아니라 임상가에게도 가치가 있다고 생각하며, 이 책의 이어지는 내용에서 이를 입증해 볼 것이다. 특히 우리는 부모의 조건적이면서도 적절하게 이루어지는 정서에 대한 보여 주는 반영(contingent and congruent marked affect mirroring)이 어떻게 아이의 자기와 정서상태에 대한 인식, 그리고 자기조절 능력의 초기 발달에 중심적인 역할을 하는지에 대해 이해하는 것이 도움이 된다고 생각한다. Fonagy와 Allison(2014)은 감정이 고조된 부모와 아기의 상호작용 속에서 일어나는 이 과정을 다음과 같이 설명했다.

- 부모가 부분적으로, 하지만 낮은 강도로 아기의 정서를 반영한다.
- 어느 정도는 아이의 마음상태를 정확하게 반영한다(적절함).
- 아기가 정서적 표현을 한 후, 적절한 타이밍에 반영한다(조건적).
- 예를 들어, 아기가 느끼는 것(예: 두려움, 고통)을 부모가 인지했다는 신호로 과장된 표정이나 목소리를 하되, 같은 경험을 하고 있는 것은 아니라는 점을 보여 준다.

이러한 반영에서 놀이를 하는 듯한 '보여 주는(marked)' 특성은 굉장히 중요하다. Fonagy와 동료들(2002)은 이는 부모가 아기와 상호작용할 때 부모가 직관적으로 사용하는 과장된 얼굴 표정과 목소리를 뜻하며, 그 표정과 목소리는 아기가 느끼고 있는 것을 묘사하면서도 그것이 부모의 것이 아니라 아이의 감정이라는 것을 분명히 전달하는 것이라고 하였다. 예를 들어, 아기가 울기 시작할 때, 보호자는 과장스러운 얼굴 표정으로 놀란 듯한 모습을 하며 부드러운 어조로 아이의 감정과 아이가 가지고 있을 법한 마음상태에 이름을 붙여 줄 수 있다. "조금 슬퍼 보이네. 혹시 피곤하거나 배가 고프니? 걱정하지 않아도 돼. 오래 걸리지 않을 거야." 이것이 아기의 감정이라는 것을 '보여 주는' 한, 슬프거나 배가 고픈 느낌은 보호자의 것이 아니라는 것이 확실해질 것이다.

아기는 감정상태가 변화하는 순간순간을 예민하게 알아차리고 반영해 주는 엄마의 사랑스러운 눈길 속에서 자기 자신을 발견한다는 이야기가 자주 인용된다(Winnicott, 1967). 아기의 감정을 이런 방식으로 반영해 줄 때 아기는 이 피드백을 통해 그들의 감정이 어떤 모습인지에 대한 기본적인 표상을 발달시키고, 이후 자기 자신에 대해 정신화할 수 있는 능력을 발달시키기 위한 기본 바탕을 쌓는다. 엄마와 아기의 상호작용을 세밀하게 분석한 연구결과에서 관찰되었듯, 아기는 결국 부모와의 이런 의사소통을 굉장히 민감하게 받아들이는 것 같다(Beebe et al., 2012). Stern(2010)은 이것을 부모와 아기가 함께 춤을 추며 리듬 속에서 관계를 맺는 '느낌'을 확립해 가는 것이라고 묘사했다. 우리는 아기를 안고 만지고 껴안는 것이 당연하다고 생각하지만, 이러한 것들은 또한 아기가 자신의 몸에 대해 안전하고 편안한 느낌을 갖도록 하는 데 중요한 역할을 한다. 요컨대, 자기의 정서적인 핵심(Panksepp & Biven, 2012)은 이렇게 품에 안기는 초기 경험을 중심으로 형성되는 것으로 볼 수 있다(Fonagy & Target, 2007a, 2007b). 게다가 이러한 초기 경험을 통해 아이는 타인의 민감한 반응을 계속해서 예측하는 능력을 발달시키며, "믿을 수 있고 일반화할 수 있으며 자기 자신과 관련이 있는 타인으로부터의 새로운 정보를 기꺼이 얻고자 하는" 인식론적 신뢰(epistemic trust)를 발달시키게 된다(Fonagy & Allison, 2014, p. 373). 이런 예측은 우리의 인식론적 경계(epistemic vigilance)를 낮춤으로써 아이가 주위 사람들로부터 배우고 또 필요할 때엔 의지하는 열린 태도를 지니게 할 수 있다. 인식론적 신뢰의 확립은 문화적으로 전해지는 모든 지식을 받아들이는 전제조건으로 여겨질 수 있다.

보여 주는 정서의 반영을 반복적으로 경험함으로써 아이는 먼저 자신들이 어떻게 보이는지, 그다음에는 자신이 무엇이라고 불리는지를 인식하고, 자신의 감정을 인지하는 법을 배우게 되며, 이는 자기에 대한 초기 감각에 토대가 된다. 긴장이나 불편함처럼 미분화 상태로 시작된 것들은 점차 정서로서 인식되게 된다. 그와 동시에, 부모가 아기의 정서를 낮아진 강도로 반영해 주는 것은 이것이 조절될 수 있는 수준까지 아기의 정서를 낮추도록 돕는다. 아기가 이 상호작용을 자신이 시작한다고 경험한다면, 아기는 통제감 및 주체성(Fonagy, Gergely, & Target, 2007)을 얻게 되며, 점차 자신의 조절을 돕는 보호자에게 덜 의존하게 된다. 그리고 그들은 더 이상 양자관계 속 조절에 의존하지 않게 되며, 자기조절 유형을 내재화한다.

### ◆ 정신화 능력의 발달에서 주의력 조절의 역할

주의력 조절의 개념은 학령기 아동과의 임상작업에서 유용하기 때문에 이 책에서는 정신화의 기반블록 쌓기(building blocks) 중 하나로서 언급된다. 이 용어는 Fonagy와 Target(2002)에 의해 사용되었으며, 이들은 아기의 자기조절 능력 발달이 스트레스에 반응하는 방법(정서조절), 주의집중력의 유지(주의력 조절), 그리고 나 자신과 타인의 정서상태에 대한 해석능력(명시적 정신화)에 달려 있다고 생각했다. 이 세 원리가 잘 조합될 때, 이 세 가지 기반블록은 "사회적 관계 속 자기조절 능력에 상당한 역할을 할 것"(Fonagy & Target, 2002, p. 309)으로 생각되며, 이러한 발달은 "거의 틀림없이 보호자와 가지는 애착의 가장 중요한 진화적 기능"(p. 313)일 것이다. 이 기반블록들은 각각 분리되어 생각될 수 있지만, 실제로는 각각의 기능이 상호 의존적이며 서로에게 되먹이는 영향을 제공한다.

정서조절과 명시적 정신화는 이 장의 다른 부분에서 설명되었지만, 충동조절 및 대인관계 유지에 연관된 주의력 조절의 개념에 대해 조금 더 이야기하는 것이 도움이 될 것 같다(Fonagy & Bateman, 2007). 여기에서 주의력이라는 단어는 학술적인 저술에서 보다 다소 넓은 개념으로 사용된다. 보통 이 개념은 주의를 산만하게 하는 자극에 반응하려는 충동을 조절함으로써 다른 종류의 정보를 배제하고 특정 자극에 의도적으로 주의를 기울이는 능력을 말한다. Zevalkink, Verheugt-Pleiter 와 Fonagy(2012)가 설명한 대로, 정신화에 대한 임상적인 저술에서는 주의력 조절을 "안전한 관계 속에서 배울 수 있는, 충동성에 대한 통제력을 얻는 능력"(p. 145)으로 생각한다. 생애 첫 1년 동안의 아기에게서도 직접 주의력 및 지남력의 능력이 발견되며, 이후 생애 두 번째 해에는 발달적 도약을 일으키는 "노력을 통한 통제"(Beebe, Lachmann, & Jaffe, 1997)가 분명하게 나타난다. 예를 들어, 전기 콘센트에 손가락을 집어넣으려는 만 2세 아이를 엄마가 잡아끌며 "저런, 콘센트에 손가락을 넣을 수 없어서 화가 났구나!"라고 말한다면, 엄마가 보여 주는 이 정서의 반영은 아이가 하지 않기를 바라면서도 아이의 좌절감이나 부정적인 정서가 커지지 않기를 바라는 마음을 정확히 담고 있다. 이 과정을 통해 엄마가 아이의 주의를 원하지 않는 대상으로부터 환기시키고 다른 무엇인가로 집중하게 만든다면 이는 더 가치가 있을 것이다. 예를 들어, 아이가 가지고 놀 수 있으며 흥미를 끌 수 있고, 아이가 불만스럽고 위험한 상황으로부터 거리를 두도록 하면서도 아이의 정서조절을 도울 흥미로운 장난감이 그 대상이 될 수 있다. 후기 유년기에는 아이의 자기조절 능력이 향상되며, 이 시기의 주의력 조절은 주의집중력 및 부적절한 반응들을 억제하는 형태로 일어난다. 게다가 연구들은 주의집중력이 사회적 능력이나 관점 수용, 공감 능력 등과 같은 안정적인 애착관계에서 발달하는 다른 능력들과도 연관이 있다는 것을 보여 준다(Fonagy & Target, 2002).

부모는 보호자의 조절능력에 의존하는 아기에게서 이런 주의력 시스템을 조직해 주는 사람이라고 말할 수 있으며(Fearon & Belsky, 2004), 이는 "양자적 조절 시스템(dyadic regulatory system)"(Tronick, 2007)이라고 불린다. Kochanska, Coy와 Murray(2001)는 만 3세가 되는 해에 엄마-아이의 상호적 반응수준이 높다면, 이것은 이후에 아이가 더 높은 자기조절 능력을 가지게 됨을 의미하며, 엄마의 개입을 덜 필요로 할 것을 예측한다는 점을 증명하였다. 주의력 조절은 정신화 능력의 발달에 중요하다고 여겨지는데, 이는 "내부에서 발생하는 충동을 통제하는 능력이 정신화 능력의 필수 조건"(Zevalkink et al., 2012, p. 110)이기 때문이다.

# 아동기의 시기에 따른 정신화 능력

　MBT는 발달적 관점에서 접근하는 치료법이기 때문에 초기 수년간 아이의 발달에서 정신화의 바탕이 되는 정서이해나 자기감의 정상 발달에 대해 알고 있는 것은 유용하다. 발달의 단계는 아이들마다 다양하게 나타날 수 있지만, 정상적이라는 것은 발달연구를 바탕으로 대부분의 아이가 각각의 연령에서 성취해 내는 능력을 말한다. 우리가 정상적으로 발달하는 아이들이 시기마다 성취할 수 있는 것들을 고려한다면, 아직 기본적인 능력을 발달해 내지 못한 아이 및 부모와의 작업에서 그들이 겪는 어려움을 보다 잘 식별하고 이해할 수 있을 것이다.

　마음상태 및 감정에 대한 아이의 이해는 일관적으로 그 아이가 현재와 미래에 가질 사회적 능력과 연관이 있다(Eggum et al., 2011). 예를 들어, 감정과 마음상태에 대한 더 높은 이해를 가진 아이는 일반적으로 조금 더 긍정적인 반응을 보이며(Cassidy, Werner, Rourke, Zubernis, & Balaraman, 2003), 긍정적인 놀이나 협동적인 역할놀이에 더 참여하고(Dunn & Brown, 1994), 분명한 공격성 앞에서도 화해하고(Liao, Li, & Su, 2014), 갈등을 푸는 노력(예: 형제들과의 갈등; Dunn, Slomkowski, Donelan, & Herrera, 1995)을 위해 추론능력을 사용한다.

### ◆ 자기, 타인, 마음에 대한 이해의 출현

### 만 0~1세

　생애 첫 몇 달간, 아기는 자신의 경험을 조직화하고 유형에 따라 감정을 분화시키며(Widen & Russel, 2008), 기쁨이나 고통, 스트레스에 대한 신체 감각과 이에 대한 부모의 반응을 확고히 해 간다. 아기는 부모의 반응에 집중하고 민감하게 정서적으로 소통하는 부모와의 양자적 관계를 쉽게 수용하기 위해 생물학적으로 미리 설정되어 있는 것처럼 보인다(Csibra & Gergely, 2009). 우리는 엄마와 아기 사이의 소통에 대한 미시적 분석(microanalysis)을 통해 아기가 부모의 표정, 신체 반응, 어조에 조율되며, 만일 아이가 상처를 입었는데도 부모가 웃거나 소통에 대한 아기의 시도에 반응하지 못하는 등 적절하지 못한 반응을 보인다면 아기가 비조직화되고 스트레스를 받는다는 점을 알고 있다(Beebe et al., 2012). 8개월 무렵까지 대부분의 아기는 부모의 시선을 따라갈 수 있으며, 공동주의(joint attention)에 참여할 수 있다(Moore & Dunham, 1995; Tomasello & Farrar, 1986). 이것은 아기가 스트레스의 원인으로부터 주의를 돌리고 중립적이거나 흥미로운 무언가에 집중함으로써 자기조절을 해내도록 돕기 때문에 집중하는 방법을 배우는 것은 인지적 발달과 상호적인 자기조절 전략의 발달에 있어 매우 중요하다. 12개월 무렵의 아기는 부모의 반응을 통해 새로운 상황이 안전한지, 그들이 계속해서 그 상황에 참여할 수 있는지를 알 수 있게 된다(Moore & Dunham, 1995; Tomasello & Farrar, 1986). 예를 들어, 엄마가 고개를 끄덕이는지, 혹은 겁에 질린 표정을 짓는지를 보기 위해 엄마를 응시할 수 있다.

### 만 1~3세

15개월에서 18개월 무렵, 잘 연구된 애착 관련 발달 이정표에 맞게 도달한 아기는 낯선상황실험(strange situation)의 분리와 재결합 과정에서 뚜렷한 애착패턴의 증거를 보이게 된다(Ainsworth, Blehar, Waters, & Wall, 1978). 애착을 평가하기 위해 개발된 이 절차는 보호자와의 분리와 재결합 동안 아기를 관찰하고 그 반응을 부호화한다. 낯선상황실험을 이용한 연구는 대부분의 아기가 스트레스 상황을 조절하기 위해 뚜렷한 패턴을 발달시킨다는 점을 증명하였으며, 이 조절은 아기의 엄마가 그들의 스트레스에 민감하게 반응할 여유가 있었는가에 기반한다. 이 패턴들은 이미 다양한 문화 영역에서 입증되어 잘 알려진 애착전략의 형태를 띤다(van IJzendoorn & Kroonenberg, 1988). 이 실험은 아기가 자신의 스트레스를 조절하기 위해 부모의 사용 가능성을 예상하는가에 따라 아기의 내적 모델이 달리 발달한다는 것을 보여 준다.

18개월 무렵이 되면, 아기는 역할놀이를 시작하며, 거울을 볼 때 그 이미지가 자신의 모습이 반영된 것임을 알 수 있는 초기의 자기인식 능력을 보여 준다(Bukatko & Daehler, 2004).

유아기 동안에는 자기조절과 정신화에 있어 조금 더 빠른 발달이 일어난다. 개인 차원에서 인지와 주의집중 프로세스가 발달하고 언어능력이 출현하며, 또래와의 놀이는 다양한 친사회적 발달을 촉진한다. Fonagy와 Target(1996b)은 만 2~3세의 아이가 다양한 상상놀이 시나리오를 만드는 놀이를 통해 생각의 표상적 측면을 발견하는 가장상태(pretend mode)로 진입하며, 이 과정에서 놀이가 특별히 중요한 역할을 한다는 점을 이론화하였다. 특히 부모가 아이의 놀이에 참여하고 함께 역할놀이에 빠지는 것은 상상과정을 촉진할 뿐만 아니라 마음세계가 어떻게 작동하는가에 대해 아이가 보고 배울 수 있는 기회를 제공한다.

놀이는 인간뿐만 아니라 다른 포유류에서도 역할 연습, 기술의 발달 및 사회적 능력의 학습에 중요한 발달적 역할을 하는 것으로 널리 알려져 있다. 상상의 세계를 떠올리며 만드는 동안 현실을 가지고 놀기도 하고 외면해 보기도 하는 것은 마음상태에 대해 배우고 정서조절 능력과 공감 능력을 발달시킬 수 있는 비옥한 토양을 제공한다. 놀이를 통해 다양한 이야기를 만들고 다른 결말을 찾아보는 것은 주관적인 경험이 표현되고 변형되며 다른 방식들로 표현될 수 있다는 감각을 가지도록 돕는다(Slade, 1994). 임상적 관점에서 아이의 상상놀이는 경험을 통합시키고 자기 자신과 타인의 반응을 이해하도록 돕는 초기 정신활동이며, 그렇기 때문에 자기조절 및 정서조절의 발달을 촉진한다고 여겨진다(Berk, Mann, & Ogan, 2006; McMahon, 2009).

신경인지학적 관점에서 놀이는 높은 인지기능의 발달에 기여하고, 창의력, 자기성찰, 공감 능력에 기반이 되며, 억제 및 집행기능과 연관된 전전두엽을 발달시킨다(Panksepp, 2007). 이렇듯 놀이치료는 집행기능으로 알려진 인지기능의 발달을 촉진하며, 주의력과 충동조절을 통한 자기통제에 관여한다(Lillard et al., 2013).

게다가 우리는 발달연구로부터 아이가 가족환경 속에서 마음상태에 대해 생각하는 법과 자신에 대해 성찰하는 법을 배운다는 것을 알았다. 이 가족환경은 관계를 통해 아이에게 다른 사람을 정신화하는 경험과 다른 사람을 사용하여 이런 능력들을 발달시키는 경험을 제공한다(Clarke-Stewart & Dunn, 2006; Denham & Kochanoff, 2002a, 2002b; Symons, Fossum, & Collins, 2006; Taumoepeau & Ruffman, 2008). 처음에 아이는 부모가 능동적으로 제공해 주는 발판을 필요로 하지만, 대부분의 아이는 연습을 통해 이를 점차 자신의 이야기의 일부로서 내재화하게 된다. 예를 들어, 부모가 이야기책 속의 등장인물이 보이는 감정적 반응에 대해 이야기하거나 형제간의 다툼이 있을 때 다른 사람의 관점을 수용하도록 아이를 가르칠 때, 대부분의 경우에서 잘 성찰하는 부모는 일상생활을 통해 이에 대한 의식적인 자각 없이도 아이에게 정신화하는 자세를 가르칠 가능성이 높다. 게다가 부모는 정신적으로 크고 힘든 경험의 회상에 자연스럽게 개입할 수 있으며, 이를 통해 아이가 커다란 사건을 자신의 자서전적 줄기에 연결된 이야기로 만들어서 이해하도록 발달시킬 수 있다.

새로운 언어능력의 출현이 감정에 대한 학습 및 교환의 문을 엶으로써 감정에 대해 표현하고 이해하며 의사소통하는 아이의 능력은 빠르게 발달한다. 만 2세 혹은 3세까지 대부분의 아이는 일상생활의 소통 속에서 행복, 슬픔, 공포, 분노가 담긴 얼굴 표정을 인식하고 참고하게 된다(Kring, 2008; Weimer, Sallquist, & Bolnick, 2012). 이 기간 동안 아이들은 감정에 대한 암묵적인 앎으로부터 의식적인 앎으로 나아가며(Southam-Gerow & Kendall, 2002), 또한 자기 및 자기주도성을 표현하기 위해 '원하다' '바라다' '척하다' 등의 초기 언어를 사용하기 시작한다.

### 만 3~4세

아이는 감정이 자극되는 상황 속에서 다른 사람들이 어떻게 느끼는지를 알아차리는 능력을 보여 주기 시작한다. 아이는 다른 사람들이 원하고 좋아하고 싫어하고 느끼는 것이 가능하다는 것을 알게 되며, 이것이 어떻게 다른 사람들의 반응과 연결되는지 알게 된다. 아이는 다른 사람들이 좋아하거나 싫어하는 것 혹은 원하는 것이나 의도에 대해 알고 있는 것을 토대로 다른 사람의 반응을 예측할 수 있게 된다(Denham et al., 2014). 이 나이의 아이는 보통 같은 상황에서도 다른 사람의 감정이 다를 수 있다는 점에 대해 인식할 수 있으며, 더 이상 다른 사람이 자신과 같은 방식으로 느낄 것이라는 자기중심적인 가정을 하지 않게 되고, (차후에 조금 더 논하겠지만) 심지어 마음의 이론 과제를 해내지 못할 시기임에도 자신이 다른 사람의 감정을 상상할 수 있다는 점을 보여 준다. 예를 들어, 아이는 새 장난감을 가지면 행복해질 것이지만, 장난감을 갖지 못한 아이는 슬퍼질 것이라는 것 역시 안다(Pons, Harris, & de Rosnay, 2004). 만 3세 전후로 '생각하다'나 '알고 있다'라는 단어가 아이가 가진 표현성 어휘의 일부분이 되며, 아이는 정신화의 주체로서의 자기에 대한 묵시적 인식이 등장했음을 보여 준다.

### 만 4~5세

이 나이가 되면 대부분의 아이는 잘 알려진 발달의 다른 단계인 마음의 이론 혹은 틀린-믿음 과제(false-belief task)를 수행할 수 있게 된다(Happé & Frith, 2014; Premack & Woodruff, 1978). 이 과제에서 아이는 막시의 엄마가 쿠키를 항상 있던 자리인 푸른색 상자에서 초록색 상자로 옮긴 것을 보게 되며, 이후 막시가 돌아왔을 때 어디서 쿠키를 찾으려고 할 것인지 예측하게 된다. 올바른 예측은 막시가 틀린-믿음을 가지고 푸른색 상자를 들여다볼 것이라는 예측이며, 아이가 이런 예측을 한다면 이는 아이에게서 다른 사람의 정신적 관점을 상상하고 표상으로 사용할 수 있는 능력이 발달했다는 것을 보여 준다. 이는 이제 어린아이가 다른 사람 역시 자신처럼 생각하거나 자신이 아는 것을 그 사람도 알 것이라고 믿지 않으며, 더 이상 자기중심적 사고 속에 있지 않음을 의미한다. 만일 의견의 불일치나 갈등이 있는 상황이 있더라도 아이의 행동이 미치는 영향에 대해 알려 줄 수 있는 어른이 있다면, 이 나이의 특정 어려움(예: 조금 더 충동적이거나 공격적인 기질 같은)이 있는 아이조차도 이 영역에 있어 마음에 대한 더 나은 이해를 발달시킬 수 있다(Laurent & Ensink, 2016). 이는 다른 친사회적인 행동을 통해 기질적인 문제를 보상하여 대인관계에 적응하도록 도울 수 있기 때문에 이런 아이들이 항상 인기가 덜한 것은 아닐 수 있다.

이 시기의 아이는 자기 자신에 대해 묘사할 수 있는 능력을 갖추기 시작하지만, 여전히 주로 신체적 특성 및 좋아하는 것과 싫어하는 것에 대해 묘사한다. 예를 들어, "나는 남자아이이고, 눈이 파란색이며, 개와 축구를 좋아해요."라고 말하는 것이다. 이 시기의 자기표상은 종종 지나치게 긍정적이며, 되고 싶은 것이나 모습에 대한 환상으로 가득하지만(Trzesniewski, kinal, & Donnellan, 2010), 실제로는 그들의 취약한 감정과 대조적일 수 있다.

### 만 5~6세

아이가 학교에 가기 시작하면 아이의 사회적 세계가 점점 더 풍요로워진다. 아이는 새로운 친구를 만들고 학교의 사회구조 속에서 자신의 위치를 발견하는 과정을 통해 자기 자신과 대인관계에 대한 이해를 발달시킬 수 있는 더 많은 기회와 도전을 가지게 된다. 또한 이를 통해 아이는 더 복잡한 사회규칙을 더 잘 이해할 수 있게 되며, 수용과 융합, 배척을 다룰 수 있게 된다.

만 5세 무렵, 자서전적 기억을 발달시키고 세련되도록 만드는 작업은 아이가 자신의 경험을 묘사하고 구체적인 예를 들 수 있는 능력 및 자기감을 발달시키는 데 중요하다(Music, 2011). 자기 자신과 타인에 대해 조금 더 일관적이고 풍요로운 대표적인 기억을 가지면서 아이는 자신이 연속적이라고 느끼게 되고, 이는 정체성의 발달과 통합을 촉진한다. 이 시기의 아이는 자기 자신을 설명할 때 자신의 능력에 대해 이야기하는 경우가 많고, 다른 아이들과 자신을 비교하는 경향이 있으며 (Harter, 2012; Nelson, 2003), 때로는 자신이 바라는 환상과 놀이 속 슈퍼파워(예: 적을 얼리거나 붕괴시킬 수 있는 마법의 광선)와 그 슈퍼파워를 가지고 있지 않은 실제 자기 자신을 구분하기 어려워하는 경우도 있다(Harter, 2012).

### 만 6~7세

만 6세, 학령기가 되면 명시적 정신화가 보다 공고해지기 때문에 아이는 자신과 타인이 다른 상황에서 무엇을 느낄지에 대해 더 잘 알 수 있게 되며, 이는 학령기 이전에 발달시켜 온 정서적 이해를 기반으로 이루어진다. 그러나 초기 학령기 동안 아이는 여전히 타인의 반응을 이해하기 위해 어른의 설명이나 도움을 필요로 한다(예: 학교 친구들이 아이가 이해할 수 없는 반응으로 아이를 따돌리고 비판하고 놀려서 괴로움을 줄 때). 동시에 아이는 자존심, 죄책감, 수치심과 같은 자기평가를 필요로 하는 감정을 이해하고 이야기하는 능력을 발달시키기 시작한다(Thompson & Lagatutta, 2006). 이 부분은 사회적 규칙과 기대에 대한 어떤 특정 인식이 생겼다는 것을 의미한다(Thompson, Meyer, & McGinley, 2006). 아이는 선물에 실망했을 때에도 다른 사람의 감정을 상하게 하지 않기 위해 감정을 숨길 수 있다는 것을 알기 시작한다(Weimer, Sallquist, & Bolnick, 2012).

이 시기의 아이는 "나는 착하고 남을 돕는 것을 좋아해요."처럼 자신의 특성을 나타낼 수 있는 단순한 자기묘사를 사용하기 시작하며, 자신의 가까운 관계 속 사람들의 특성에 대해서도 묘사를 시작할 수 있다.

### 만 7~12세

이 연령에 해당하는 대부분의 아이는 충분히 복잡한 인지능력을 발달시키고 자신과 타인의 성격적 특성과 마음상태에 대해 생각할 수 있게 되지만(Ensink, Target, Oandasan, & Duval, 2015), 이 연령대 초반의 아이에게는 단순한 정도로 나타나며, 이 경우 아이는 발판이 될 만한 도움 없이는 적절한 예를 찾는 데 어려움을 겪을 수 있다.

아이가 초등학교를 다니면서 정신화는 빠른 속도로 더 복잡해지며, 이는 아이가 자신이 어떤 사람들과 비슷한지 등 성격에 대한 자신의 특성을 볼 수 있도록 하고, 또한 애착대상에 대해 생각하고 그 관계를 규정 지을 수 있는 고유 특성을 묘사할 수 있도록 한다(〈표 1-2〉 참조). 이때까지 대부분의 정상 발달 아이는 자신이 느끼는 것을 이야기할 수 있고, 복잡하고 뒤섞인 감정과 더불어 양가적 감정을 표현할 수 있는 능력을 확실하게 가지게 된다(Southam-Gerow & Kendall, 2002). 아이는 이전의 경험과 설명을 바탕으로 복잡한 레퍼토리의 대인관계 속 반응에 대해 보다 잘 발달된 이해를 가지게 되며, 이 범위를 벗어나는 상호작용이나 상황에 대해서만 이해를 위한 도움을 구하게 된다.

만 8세부터 아이는 점점 자신의 성격적 특성에 대해 '인기가 많다' '도움을 잘 준다' '배려를 잘한다' 등과 같이 묘사할 수 있게 되며, 다양한 상황 속에서도 안정적인 자신의 특성에 대해서 알 수 있게 된다. 조금 더 조리 있는 자기묘사를 하게 되며, 자서전적 기억은 아이의 구체적 경험과 조금 더 통합된다. 이 아이는 자신에 대한 긍정적인 태도와 부정적인 태도 모두를 고려하고 실제 자기와 자신이 되고 싶은 모습을 구분하기 시작하지만(Harter, 2012), 자라나는 자기인식과 자기평가 능력은 또한 이들을 취약하게 만들고 자존감에 영향을 줄 수 있으며, 자신의 관찰을 통합함으로써 약점과 장점을 함께 인식하기 위해서는 도움이 필요할 수 있다. 동시에 자신과 타인의 특성을 볼 수 있는 능력을 통해 대인관계를 더 잘 이해하게 되며, 자신과 다른 성격을 가진 이들의 반응을 점점 더 이해할 수 있게 된다.

마지막으로, 초기 청소년기는 정체성이 확립되고 한 사람이 여러 상황 속에서 다른 모습을 가질 수 있다는 점을 알게 되는 중요한 시기이다(예: 부모와 있을 때의 자신은 친구와 있을 때의 자신과 다르다). 그러나 이 변화는 서로 다른 자신의 모습들이 어떻게 서로 연결되어 있으며 그들 기저의 통합된 공통의 특성이 무엇인지에 대해 인지할 수 있는 능력이 발달하지 않은 상태에서 나타나는 경우가 많다(Harter, 2012). 예를 들어, 부모 앞에서는 말을 잘하고 자신감이 넘치는 초기 청소년기의 여자아이가 친구들과 사회활동을 하는 동안에는 부끄러워하며 불안해할 수 있다. 그러나 아직 이 여자아이는 이 차이에 대해 확실히 알지 못하며, 이것이 어떻게 아이의 자기감과 연결되는지도 알지 못할 수 있다. 이후 이 여자아이가 이 것을 할 수 있게 되면 아마도 "나는 사람들과 지내는 게 좋아. 하지만 나는 친구들 처럼 외향적이지는 않고 잘 모르는 사람이 많은 곳에서는 약간 불안해할 수도 있 어. 나는 내 가족이나 편한 친구들처럼 잘 아는 사람들과 있을 때 편안하고 자신 감이 생겨. 그럴 때 나는 사실 상당히 시끄럽고 웃기는 사람일 수 있어."라고 말할 수 있을 것이다.

## 결론

이번 장에서 우리는 정신화의 개념 및 다른 중요 요소들을 소개하였고, 마음을 헤아리는 양육의 맥락에서 정신화의 발달에 대한 이론적 모형을 제시하였으며, 이 모형을 지지하는 경험적 증거를 기술하였다. 우리는 또한 정상 발달의 흐름에 서 우리가 말하는 '좋은 정신화'가 무엇인지 묘사하였다. 이 장의 마지막에서 우리 는 출생부터 12세까지 정상 발달의 과정 속에서 우리가 기대할 수 있는 정신화의 모습을 이야기하였으며, 정신화가 전개됨에 따라 나타나야 하는 구체적인 주요 발달 성과를 구체화하였다. 우리는 이 발달에 대한 이야기가 이 책의 후반부에 설 명될 임상모형에 대한 유용한 줄기를 제공할 수 있기를 바란다.

# 제2장 정신화의 미발달 혹은 일시적 붕괴

제1장에서는 정신화 능력이 유년기를 거치며 어떻게 발달하는지에 대해서, 그리고 정신화가 정서조절, 자기감 및 대인관계에서 어떤 역할을 하는가에 대해 알아보았다. 또한 부모의 성찰하는 능력이 아이의 발달에 중요하다는 점을 탐색하였고, 유아의 안정 애착이 발달하기 위한 환경에 있어 이 마음성찰 능력이 마음에 대한 호기심, 인식론적 신뢰, 사회적 학습능력의 발달에 대한 기초를 다지는 데 어떤 식으로 도움이 되는지를 확인하였다.

이번 장에서는 정신화 능력이 사라지는 과정 및 이 결과가 아이의 발달에 미치는 영향을 살펴볼 것이다. 그러나 우리는 먼저 유년기의 모든 정서적·행동적 문제가 정신화의 장애에서 비롯된 것은 아니라는 점을 명확히 하고 싶다. 현대의 발달정신병리 연구는 다양한 요소가 상호작용하여 위험도 및 회복탄력성에 기여하고, 다양한 경로를 통해 유사한 심리적 증상들이 만들어진다는 것을 보여 주었다 (Cicchetti & Rogosch, 1996; Schaffer, 2006). 이러한 관점에서 우리는 정신화가 많은 중요한 위험요소 중 하나로서 고려되어야 한다고 생각한다. 그렇지만 우리는 정신화의 장애가 광범위한 유년기의 장애에서 관찰되며, (어쩌면 조금 더 중요한 점은) 치료를 진행할 때 부모와 아이 모두에게서 정신화를 발달시키는 것이 유의미한 임상적 의미를 가지기 때문에 정신화에 주목하는 것이 중요하다고 믿는다. 어떤 문제나 어려움이 정신병리에 어떤 영향을 미치든지 간에, 우리는 정신화가 그런 어려움을 극복하는 과정에서 중심적인 역할을 하며, 최소한 그들이 조금 더 적응적으로 살아갈 수 있는 데 중요한 역할을 할 것이라고 생각한다.

그렇기 때문에 어떻게 정신화가 미발달할 수 있는지, 그리고 이미 발달된 정신화가 어떻게 붕괴되고 실패하는지에 대한 분명한 설명모델이 필요하며, 이는 다양한 정신장애에 적용될 수 있을 것이다. 이러한 이유로 우리는 특별히 아이와 부모의 자기 및 정서조절과 관계된 정신화의 문제, 그리고 정신화 능력의 결여와 왜곡에 집중할 것이다. 이번 장에서 우리는 정신화의 붕괴와 실패에 대한 발달모델을 간략히 서술할 것이며, 이후 이것이 아이가 심리적 도움을 필요로 하게 된 문제에 어떻게 연결되는지를 자세히 설명할 것이다.

## 정신화의 문제에 대한 개론

무엇보다도 우리는 정신화의 일시적인 장애나 붕괴는 어느 시기에나 나타날 수 있는 아주 정상적인 것이라는 점을 분명히 하고 싶으며, 그렇기 때문에 우리가 정신화의 문제를 이야기한다고 해서 그것이 내재적으로 병리적이라는 뜻은 아니다. 우리가 다른 사람의 의도를 잘못 해석하거나 추후 잘못된 것으로 밝혀질 분석을 하게 되는 것은 인간의 상호작용에서 피할 수 없는 부분이다. 연구에 따르면 유아는 3개월 무렵부터 보호자에게 '높지만 완벽하지는 않은' 수준의 일관적인 반응을 요구할 뿐이며, 부모가 자녀의 마음을 완벽하게 읽을 수 있는 능력을 가졌다고 해서 이것이 반드시 도움이 되는 것은 아니었다(Gergely & Watson, 1999). Fonagy(2015)는 Tronick(2007)의 연구에서 "잘못된 의사소통과 '혼란스러움'은 자기와 자기조절의 발달의 핵심을 차지한다."(p. 361)라고 적은 부분에 동의하며 이를 인용하였다. 타인의 의도를 오해하고 이를 인지한 후 수정하는 것이 지속적인 모든 인간관계에서 결정적인 요소이기 때문에 '잘못된 이해를 이해하려는 것(understanding mis-understanding)'이 정신화의 가장 중요한 정의 중 하나라는 점은 당연하다.

게다가 우리의 정신화 능력은 취약하기 때문에 적어도 일시적으로, 특히 우리가 스트레스 상황에 있거나 감정적일 때에는 쇠약해지기 쉽다. 높은 스트레스 상황에 있을 때 우리는 아마도 자신이나 타인의 마음상태에 대해 숙고하는 우리의 능력이 줄어든다는 것을 어느 정도 인지하고 있을 것이다. 이것은 정상적이며, 동시에 예정된 일이기도 하다. 그럼에도 불구하고 어떤 측면에서 정신화의 일시적인 장애나 붕괴는 부모와 아이 모두에게서 문제를 일으킬 수 있다. 때때로 우리는 우리가 이전에 겪어 보지 못했던 문제, 예를 들어 갑작스러운 상실이나 또래관계에서의 어려운 상황 등에 직면할 수 있다. 이러한 상황 속에서는 일상생활의 일을 다룰 수 있는 보통의 정신화 능력이나 혹은 심지어 잘 발달된 정신화 능력조차도 충분하지 않을 수 있다. 작은 비행기를 조종할 수 있는 파일럿이 바람의 정도에 대한 구체적인 지식이 없이 특정 지역에서 폭풍우를 만났을 때, 레이더에만 의존해서 비행할 수 있는 특별한 능력이 없다면 위험에 처하게 되는 것과 유사하다.

일반적으로 정신화의 장애는 크게 두 가지 관점으로 고려해 볼 수 있다. 첫째, 우리는 정신화 능력의 미발달(underdeveloped mentalizing capacity)로 인해 야기되는 문제를 생각해 볼 수 있다. 많은 아이(그리고 일부 어른)는 그들이 무엇을 느끼는지를 알아차리는 능력에 제한이 있을 수 있으며, 이를 이용하는 자신을 인도하고 정서를 조절하는 능력에도 제한이 있을 수 있다. 예를 들어, 그들은 자신과 인간관계에 대해 마음상태의 측면에서 생각하는 능력이 부족할 수 있으며, 자신이나 타인에 대해 오직 물리적인 측면과 행동적인 측면에서만 묘사할 수 있는 경우도 있다. 이러한 경우, 정신화 능력을 발달시키거나 향상시키도록 돕는 것이 치료적으로 도움이 될 수 있으며, 혹은 어떤 경우에는 정신화의 '기반블록 쌓기(building blocks)'를 돕고 주의력 조절능력을 포함하는 자기조절, 정서조절을 돕는 것에 집중하는 것이 치료적으로 이득이 될 수 있다(Fonagy, Gergely, Jurist, & Target, 2002; Fonagy & Target, 2006).

그러나 어려움이 보다 분명하게 정신화의 붕괴(breakdown of mentalizing)와 연관되어 있는 경우도 있으며, 이는 상황에 따라 일시적으로 일어나는 경우도 있고 혹은 보다 만성적인 경우도 있다(〈표 2-1〉 참조). 일반적으로 스트레스 속에서 감정이 고조되거나 각성된 상태에서는 보다 통제되고 명시적인 정신화로부터 벗어나는 형태를 보이는 경우가 많다. 이 전환은 명시적 정신화가 더 느린 신경회로와 노력을 필요로 하는 조절에 의존하기 때문이라는 진화론적 관점에서 잘 이해된다. 조금 덜 정확하지만 보다 빠르고 자동적인 형태의 정신화로 전환하는 것은

<표 2-1> 정신화의 미발달 대 일시적인 정신화의 장애 혹은 붕괴

| 정신화의 미발달 | 일시적인 정신화의 붕괴 혹은 장애 |
|---|---|
| 이 아이들은 지속적인 정신화의 결손을 가지고 있다. | 기본적인 정신화 능력이 발달된 아이들에게서 정서적·행동적 장애가 발생한다. |
| 이 아이들은 자신이 어떻게 반응하는지를 인지하지 못하거나 감정을 알아차리고 언어로 표현하는 능력에 제한이 있다. 그들은 타인의 의도나 감정, 행동을 이해하기 어려워하고, 타인의 반응을 예측하기 위해 분투한다. | 이 아이들은 나이에 맞게 자신의 반응이나 타인의 반응 이면에 있는 감정이나 동기에 대해 생각할 수 있는 능력이 있다. |
| 이 아이들은 자기조절 및 자신이나 타인의 반응을 알아차리는 데 어려움이 있다. | 이 아이들은 나이에 따라 기대되는 수준의 자기조절 능력이 있으며, 자신과 타인에 대한 감정과 생각을 표현할 수 있고, 대인관계의 반응을 이해하기 위해 이 지식들을 사용할 수 있다. 이 능력은 어려운 상황이나 경험 속에서 스트레스를 받거나 화가 나거나 압도되었을 때 사라질 수 있다. |
| 정서는 신체 혹은 행동으로 표현화될 수 있지만, 이 아이들은 이것에 대해 생각하거나 이 경험을 언어로 표현하는 능력에 제한이 있다. 그들이 느끼는 것에 대해 알지 못하거나 그들의 행동이 타인에게 미치는 영향에 대해 알지 못하는 것은 명시적 정신화를 사용하는 것을 불가능하게 하여 그들의 반응을 조절하지 못하게 하거나 감정을 견딜 수 없게 한다. | 이 아이들은 특정 감정에 대해서는 생각하지 못하거나 표현하지 못할 수 있으며, 혹은 모순적이거나 '받아들일 수 없는' 감정에 대해 어려움을 겪을 수 있다. 그들은 압도되거나 두렵거나 화가 날 때 정신화 능력을 잃을 수 있고, 그 반응을 탐색하기 위해서는 안전한 관계의 도움을 필요로 할 수 있다. |
| 이 아이들은 분명한 자기감이 부족하거나 자신의 자질, 능력, 약점에 대해 분명한 감각을 갖지 못할 수 있다. 이들은 보통 타인을 볼 때 현재의 행동, 유용한 정도, 그들이 좌절이나 만족의 근원이 될지에 대해서만 본다. | 이 아이들은 자기감 및 자신의 성격, 자신이 어떤 사람인가에 대한 감각을 가지고 있으며, 타인의 좋은 특성과 나쁜 특성을 함께 볼 수 있다. 이 아이들은 비록 특정 상황이나 특정 사람과 어려움을 겪고 있다고 할지라도 타인과 적절한 관계를 맺을 수 있다. |

Bateman과 Fonagy(2009)가 언급한 대로, 자기와 타인을 전-정신화적 혹은 비-정신화적으로 경험하는 형태일 수 있다. 이에 대해서는 이 장의 후반부에서 보다 자세히 다룰 것이다.

### ◆ 부모가 정신화의 어려움을 겪을 경우

정상적인 상황에서 우리의 정신화 능력이 아무리 뛰어나다고 할지라도 부모가 된다는 것은 의심의 여지 없이 정신화 능력에 부담을 준다. Fonagy와 Allison(2012)은 다음과 같이 적었다.

> 가족 내에서의 상호작용은 정신화의 상실을 초래할 가능성이 가장 높은 상황에 해당한다. 가족 내에서는 가장 힘들고 가장 사랑하면서도 가장 강렬한 정서적 경험을 하게 되는 관계가 발생한다. 다시 말하면, 가족은 일상생활에서 매일매일 한 명 또는 그 이상의 구성원이 정신화의 상실을 자극할 수 있는 환경일 수 있다 (p. 24).

평소에는 세심한 부모조차도 정말 어려운 상황에서는 그들의 자녀를 어떻게 지도해야 하는지 알지 못할 수 있다. 부모가 경제적 문제나 다른 문제에 압도되거나 이민 혹은 이혼과 같은 문제에 직면했을 경우에도 정신화는 일시적으로 붕괴될 수 있다. 이렇게 스트레스가 많거나 압도적인 상황이라면 부모는 자녀에 대해 계속해서 생각하지 못할 수 있고, 혹은 아이를 대할 정서적 여유가 없을 수 있으며, 혹은 그렇게 하기 위해서는 많은 노력이 필요할 수도 있다. 정신화에 만성적인 어려움을 가진 부모는 학대나 외상 경험이 없었더라도 양육방식에 대해 그다지 숙고하지 않는 부모로부터 자랐을 가능성이 높다. 예를 들어, 부모의 원부모는 "아기들이나 우는 거야."라며 슬픔이나 취약한 감정은 모두 무시되거나 정복되어야 한다는 메시지를 주었을 수 있다. 결국 그들 자신이 부모가 되는 상황에서 이들은 자녀의 더 취약한 감정을 참거나 능동적으로 반영해 주는 것에 어려움을 겪을 수 있다.

『안나 카레니나(Anna Karenina)』에서 Tolstoy는 "모든 행복한 가족은 비슷하다. 그러나 불행한 가족은 자기들만의 불행을 가지고 있다."라고 썼다. 이처럼 Bateman과 Fonagy(2016)는 "좋은 정신화는 한 형태를 가질지라도, 비-정신화는 넓은 범위의 다양한 형태로 나타날 수 있다."(p. 66)라고 적었다. 부모가 정신화하는 것에 어려움을 겪을 때, 다음과 같이 다양한 형태를 보일 수 있다.

- 아이의 행동에만 집중하고 마음상태나 내적 경험에 집중하지 않는다.
- 지나치게 비난하거나 흠을 잡는다.
- 권위적인 방법의 양육을 통해 아이의 행동을 통제하려고 한다(Baumrind, 1966).
- 조절되지 않는 마음상태를 보이며, 이것이 그들의 아이에게 미칠 영향에 대해 자각하지 못한다.
- 부정적 왜곡을 보이거나 원인을 아이에게 돌린다(예: 아이가 '나에게 벌을 주려고' 울고 있다고 주장한다).

부모는 아이가 보이는 행동의 너머나 이면의 감정을 보는 것이 어려울 때도 있다. 그러한 상황 속에서 부모는 아이가 스트레스를 받고 있다는 것을 보지 못할 수 있고, 아이에게 이해한다는 느낌을 주기보다 악화시키기 쉬운 방법으로 아이의 행동에 반응할 수 있다. 이런 순간에는 가족 구성원 중 한 명의 강렬한 감정이 다른 이의 정신화 능력을 감소시킬 수 있고, 부모와 아이는 이로 인해 타인의 행동이나 의도에 대해 이해하는 것이 더욱 어려워지는 비-정신화의 악순환(nonmentalizing vicious cycles)에 빠질 수 있다. [그림 2-1]은 이러한 악순환의 고리를 나타낸다. 사람 1의 강한 감정은 그 자신의 정신화 능력을 일시적으로 상실하도록 만들었고, 그래서 사람 1은 다른 사람의 동기나 감정을 이해하는 데 어려움을 겪는다. 이로 인해 그는 다른 사람의 행동을 이해할 수 없는 것으로 보게 되며, 다른 사람을 시험하고 조종하려 드는 시도를 하게 된다. 이러한 시도는 다른 사람을 겁먹게 만들거나 괴롭히는 일이 될 수 있으며, 그렇게 사람 2에게도 강한 감정을 유발한다. 같은 순환 반응이 사람 2에게서 촉발되며, 비-정신화적 상호작용의 악순환이 일어난다. 예를 들어, 아이가 마음이 상했을 때, 아이는 자신을 진정시키려는 아빠의 시도에 대해 (아빠의 의도를 오해하고) '단지 나를 조용히 하게 만드려는 행동일 뿐이야.'라고 생각할 수 있다. 뒤이어 아이는 발차기를 하거나 아빠를 밀어내는 등 더 통제하려는 행동을 하게 된다. 사람은 누구나 오해받는 것을 좋아하지 않기 때문에 아이의 아버지는 이 과정 속에서 스트레스를 받고 감정적으로 고조될 수 있으며, 이는 강한 거절 및 반감이 담긴 감정으로 이어질 수 있다. 결국 아이의 아버지는 정신화를 덜 하게 되고 아이의 행동을 반영해 주기에 준비가 덜 된 상태가 될 것이다. 예를 들어, 아이의 아버지는 좌절감 속에서 '이 애는 내가 저녁 준비를 해야 한다는 것을 알기 때문에 일부러 날 궁지에 빠뜨리기 위해 바로 이런 행동을 하는 거야!'라고 생각할 수 있으며, 이렇게 아이 탓을 하게 되면 아버지는 더 조종하려는 방식으로 아이에게 소리를 지르거나 "이제 그만. 오늘은 TV 시청 금지야!"라고 말하게 될 수 있다. 이 조종하려는 행동은 아이를 더 화나게 하거나 마음이 상하도록 만들 가능성이 높으며, 그렇게 함으로써 아이의 감정을 고조시키고 정신화 능력을 감소시킬 수 있다. 그렇게 악순환은 계속된다.

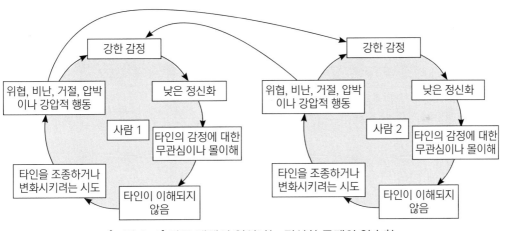

[그림 2-1] 가족 내에서 일어나는 정신화 문제의 악순환

출처: *Handbook of Mentalization-Based Treatment*(p. 208), by J. G. Allen and P. Fonagy (Eds.), 2006, Chichester, John Wiley & Sons. Copyright 2008 by John Wiley & Sons. 허락을 받고 수정하였음.

부모에게는 아이에 대해 성찰하는 능력을 유지하기 어려운 다양한 이유가 있을 것이다. 부모가 미성숙하거나 약물남용 문제가 있거나 해리되는 경향이 있을 때, 부모는 아이로부터 심리적으로 철수하게 되며, 아이의 정신화 능력이 발달하도록 돕는 의사소통이나 상호작용에 참여하지 않게 될 수 있다. 어떤 까다로운 성격을 가진 부모는 감정적이지 않을 때는 정신화를 잘할 수 있지만, 참을 수 없게 되었을 때에는 한 발짝 물러서서 그들 자신을 바깥에서 바라보지 못하기 때문에 결국 그들의 행동이 주게 될 영향을 보지 못할 수 있다. 까다로운 성격의 부모는 특히 그들 자신에게 정신화하는 법을 배우는 것이 중요하며, 이를 통해 자신의 공격성을 조절하고 아이를 보호하기 위한 전략에 능숙해질 필요가 있다.

부모가 정신화에 심각하게 실패하는 경우는 부모의 정신건강 문제, 성격장애, 부모 자신의 해결되지 않은 트라우마와 연관된 경우가 많다. 특히 트라우마와 연관된 정신화는 어려운 문제이다. 트라우마에 대한 정신화의 실패는 자신의 발달, 성격, 양육에 영향을 미치며, 이는 배우자나 아이와의 관계에서 트라우마와 관련된 부적절한 정서를 조절하지 못하게 하고 이를 감시하는 것에 쉽게 실패하도록 만든다(Berthelot, Ensink et al., 2015; Ensink, Berthelot, Bernazzani, Normandin, & Fonagy, 2014). 이런 부모에게는 정신화의 왜곡이 있을 수 있으며, 부모는 자신이 생각하는 것과 아이가 실제로 느끼거나 생각하는 것이 동일하다는 확신을 가질 수 있다. 어떤 부모는 특히 자신에 대해 성찰적이지 못할 수 있으며, 자신이 불안하거나 두려울 때, 혹은 성격이나 트라우마와 관계될 때 공격적으로 변한다는 것을 자각하지 못할 수 있다.

정신화에 대한 연구가 늘어나면서 넓은 범주의 다양한 비-정신화 태도가 확인되었다. 예를 들어, 어떤 부모는 아이의 행동과 물리적인 관찰에만 집중하여 아이의 문제에 대해 이야기할 수 있다. 이는 경직된 정신화(concrete mentalizing)로서 내면의 상태가 행동을 이해하는 방법이 될 수 있다는 것에 대한 전반적인 실패를 의미한다. 이런 식의 양육을 하는 부모는 아이의 행동에 담긴 아이의 감정이나 바람, 요구에 대해 호기심을 보이지 않을 수 있다. 이 부모는 학교나 이웃 등 외부의 사회적 요소만 강조할 수도 있다. 이런 부모는 아이의 행동에 대해 "이 아이는 이렇게 태어났어요." 혹은 "이 아이는 원래 그래요."라는 말로 설명하거나 "우리 아이가 ADHD라서 그래요."라고 설명하기도 한다. '우리 아이는 항상' 혹은 '우리 아이는 절대'로 시작하는 말은 부모가 아마도 아이의 행동에 대해 이해하기 위한 과정을 무시하고 아이의 행동에 대해 정해진 설명에만 의존한다는 신호일 수 있다. 이런 경향은 아이의 개인적 성향을 수용해 주거나 아이의 주요 천성을 이해해 주기보다는 비난하는 방식으로 나타날 수 있다.

그 외에 아이의 경험에 대해 사려 깊게 성찰할 수 있는 부모조차 갑작스럽게 바뀔 수 있는 환경들이 있다. 이러한 상황-특이적 정신화의 상실(context-specific loss of mentalizing)은 아이의 행동이 부모의 정신화 능력을 억제하도록 만들 때 발생하기도 한다. 예를 들어, 과거에 성폭력을 당했던 엄마를 생각해 보면, 이 엄마는 자신의 딸이 성폭행을 당할 수도 있다는 공포로 인해 딸이 친구 집에서 자고 오는 것을 원치 않을 수 있다. 아이의 나이 혹은 누가 개입하는지에 따라 차이는 있겠지만, 이런 상황이라면 엄마가 자신의 두려움으로 인해 아이를 보호하려는 자신의 욕구와 친구들과 놀고 싶어 하는 아이의 욕구를 구별하는 데 어려움을 겪을 수 있다는 것은 놀라운 일이 아니다. 그 엄마의 딸은 아마도 엄마의 행동에 담긴 이면의 동기를 이해하지 못할 것이며, 딸은 엄마가 무신경하며 경직적이라고 느낄 수 있다.

## 아이에게서 관찰되는 정신화의 미발달

　아동정신건강서비스를 찾는 아이 중 일부는 자신과 타인에 대한 제한된 정신화 능력을 가지고 있을 수 있다. 이는 그 아이가 자신이 무엇을 느끼는지 알지 못한다는 것, 그리고 자신을 조절하거나 정서를 조절하기 위해 감정상태에 대한 성찰을 사용할 수 없다는 것을 통해 알 수 있다. 이 아이가 보일 수 있는 정신화의 발달 지연에 대한 지표는 다음과 같다.

- 아이는 자신의 감정을 알아차리지 못하거나 인정하지 못한다.
- 자신의 감정에 대한 이해를 사용하여 자신을 조절하지 못한다.
- 자신을 외부에서 바라보지 못한다(예: 얼마나 화가 났었는지).
- 상처, 슬픔, 공포, 분노에 대한 자신의 반응을 알아차리지 못한다.
- 자신이 어떤 사람인지 표현하지 못한다(예: 자신의 성격).
- 자신이 살아온 이야기를 하지 못한다(예: 자신의 자서전적 이야기).
- 극단적으로 까다로운 기질을 보인다.
- 반추하는 성향이 있다(예: 생각을 너무 많이 하는 문제).

일부 경우, 정신화 능력의 미발달은 일차적으로 유전적인 원인에 의해 발생할 수 있다. 예를 들어, 자폐 스펙트럼 장애(Autism Spectrum Disorder: ASD)가 있는 아이는 다른 사람의 표정을 분석함으로써 타인의 마음을 읽는 것처럼 당연하다고 여겨지는 기본적인 정신화 능력에도 제한이 있을 수 있다. 자폐 스펙트럼 장애가 있는 사람은 대부분의 경우 자동적인 공감이나 타인의 욕구에 대한 직관적인 이해를 발달시킬 수 없고, 자기 자신을 외부에서 바라보지 못하며, 자신의 행동이 타인에게 미치는 영향에 대해 생각하지 못할 수 있다(Frith, 2004). 이러한 묵시적 정신화 능력의 부족을 보충하기 위해 이들은 시간을 들여 명시적 정신화를 발달시키는 경우가 많지만, 이는 고통스러운 과정이며 때로는 다른 사람들로부터 아무런 도움을 받지 못하기도 한다.

심리적 도움을 받기 위해 찾아온 다른 경우의 아이는 자신의 성격이나 특성에 대한 표상을 발달시킬 충분한 기회나 도움을 받지 못했을 수 있다. 이 경우, 아이는 다른 사람의 눈을 통해 자기 자신을 볼 수 없고, 그래서 자신의 행동이 타인에게 미치는 영향을 모를 수도 있다. 이런 경우의 아이는 자신이 어떤 사람인지, 어떤 성격을 가졌는지 등 자기에 대한 기본적인 감각을 갖지 못했기 때문에 자신의 자질과 능력에 맞는 선택을 통해 장점을 키우고 발전시키는 것이 어려울 수 있다.

고통스럽거나 두렵거나 무엇인가를 원할 때 자신의 감정을 알아차리고 이를 표현하는 것을 배울 기회가 거의 없었던 아이들이 도움을 위해 의뢰되는 경우도 많다. 성찰하는 태도를 가지지 못한 부모에게서 자란 아이는 행동에 대해서만 관심을 받고, 문제 행동에 대해서 처벌을 받으며, 자신의 마음상태로 인해 어떤 행동을 하게 될 수 있다는 것을 생각해 보지 못했을 수 있다. 아이가 자신의 경험(예: 학교에서 친구들에게 거절을 당하거나 놀림을 당할 때)에 대해 성찰할 수 있도록 함께해 주는 부모가 없다면 아이는 자신의 미묘한 마음상태에 대한 이해를 발달시키기 어렵다. 그런 경우, 아이는 자신의 감정에 대해 알아차리고 자신의 반응과 그 반응이 타인에 미치는 영향에 대해 자각하는 기본적인 능력, 혹은 타인의 반응 이면에 있는 감정이나 동기를 이해하기 위한 기본적인 능력을 배우고 발달시킬 기회를 가지지 못했을 수 있다. 이런 아이는 다른 사람의 의도를 알아차리는 것에 어려움을 느낄 수 있으며, 자신과 타인에 대해 충분히 정교화되지 않은 불균형한 표상을 가질 수 있다. 예를 들어, 교사가 자극을 받아서 화를 내는 반응을 보일 때 정신화가 미발달한 아이는 교사의 반응만을 볼 수 있을 뿐이며, 보통은 참을성이 많고 잘 견디는 교사를 자신이 어떻게 자극했는지에 대한 고려 없이 마치 교사가 나쁘고 자신은 부당하게 괴롭힘을 당하는 것처럼 반응할 수 있다. 이런 경우의 아이는 또한 정서조절에 어려움이 있고, 사회적 능력이 부족하며, 주의력 조절이 부실하다. 이런 아이는 불안정 애착유형이나 혼란 애착유형을 가졌을 가능성이 높으며(Fonagy, Gergely, Jurist, & Target, 2002), 방임과 외상의 과거력이 있는 경우도 있다.

양육에 영향을 주는 정신장애나 약물남용이 있는 부모와 함께 자란 아이, 혹은 외상경험이 있거나 입양되거나 위탁양육을 경험한 아이 역시 미발달된 정신화 능력을 가지는 경우가 많다. 이는 정신화 능력을 발달시키기 위한 복합적인 과정이 지속적인 방임, 폭력, 학대에 의해 부정적인 영향을 받았기 때문일 수 있다(Ostler, Bahar, & Jessee, 2010).

특히 예민하고 쉽게 무서움을 느끼며 까다로운 기질이나 성격을 가진 아이의 경우, 놀이적이고 양성적인 방식으로 자신을 외부에서 바라보는 능력을 발달시키도록 돕는 것이 정말 중요하며, 이를 통해 아이가 자신의 장점과 문제를 이해하도록 도울 수 있다. 이 경우, 일반적인 정신화만으로는 충분하지 않을 수 있으며, 다른 사람이 왜 그런 식으로 반응하는지에 대해 아이가 이해하도록 돕기 위해, 이 아이의 부모는 다른 부모들보다 더 성찰적인 태도를 가질 필요가 있다. 기질적으로 극단적인 두려움(Kochanska, Aksan, & Joy, 2007)이나 불안(Lengua, 2008), 과민한 감각인지(sensory processing sensitivity; Aron, Aron, & Davies, 2005)를 타고난 아이는 사려 깊은 부모(혹은 치료자)의 추가적인 도움을 필요로 할 수 있으며, 부모가 아이의 심리적 경험에 대해 공감적으로 이해하는 양육을 제공해 주지 못한다면 취약해질 수 있다. 이런 아이가 직면하는 특별한 어려움에 대해 세심하게 살피며 이해하고 반응해 주기 위해서는 부모의 성찰적인 자세가 특별히 중요하다.

어떤 아이는 기질적 과민함으로 인해 정서조절에 있어 심각한 어려움을 겪는다. 이런 아이에게는 학대의 과거력이 있는 경우도 있고 없는 경우도 있다. 예를 들어, 특수학교의 한 아이는 조절이 되지 않을 때마다 (고립되는) '조용한 방'에 정기적으로 갇혔으며, 학교 교사는 이것이 그 아이로 하여금 조절능력을 되찾도록 도울 수 있는 유일한 방법이라고 생각하였다. 그러나 이러한 제제는 아마도 그 아이를 더 혼란스럽게 만들었을 것이다. 이런 성향을 가진 아이는 더 많은 부정적 정서, 충동성 또는 공격성을 가지고 있기 때문에 자신에 대해 더 정신화를 해 보고, 자신의 행동이 다른 사람들에게 미치는 영향을 숙고함으로써 부정적인 행동을 조절하고 대인관계에 미치는 피해를 제한해야 한다. 위험이 적은 상황이라면, 자기 통제가 부족한 공격적인 성향을 가진 전학령기의 아이가 순한 기질을 가진 아이보다 공격에 대해 더 많이 배우고 그것이 다른 사람들에게 미치는 영향에 대해 더 많이 이해하게 됨을 나타내는 증거가 있으며, 이러한 지식의 여부는 공격성에도 불구하고 호감을 주기도 하고 거부를 당하기도 하는 것과 관련이 있었다 (Laurent & Ensink, 2016).

## 아이에게서 관찰되는 비-정신화 상태

우리는 정신화의 미발달을 보이는 아이의 다양한 모습을 설명하였다. 지금부터는 이 분야의 임상가 및 연구자가 알아낸 다양한 비-정신화 상태(modes of nonmentalizing)에 대해 설명하겠다. 경계선 성격장애를 가진 성인 환자에 대한 치료 및 이해작업을 통해 Bateman과 Fonagy(2004)는 충동성, 정서조절의 어려움, 대인관계 문제, 정체성 형성의 문제라는 경계선 성격의 핵심이 되는 결손을 발견하였다. 경계선 성격장애에 대한 세미나에서 그들은 정신화 장애, 특히 자신과 타인의 마음상태에 대해 충분히 정확하게 지각하지 못하는 것이 이 어려움을 설명할 수 있다고 제시하였다. 경계선 성격장애 환자와의 임상적 작업을 토대로 그들은 비-정신화적 혹은 전-정신화적 사고과정의 특정 패턴을 확인하였다. 이 패턴은 그들이 긴장하거나 스트레스 상황에 있을 때, 혹은 애착체제가 과하게 각성될 때 활성화되며, 또한 치료적 관계가 형성될 때에도 자주 활성화된다.

Bateman과 Fonagy(2004)는 비-정신화의 세 가지의 전형적인 패턴 혹은 상태를 묘사하였으며, 이는 정상 발달에서 나타날 수 있지만, 대부분의 경우에는 더 성숙한 형태인 더 느리고 성찰적인 정신화 능력으로 빠르게 대치된다는 가설을 세웠다. 그들은 이 세 가지 상태에 목적론적 상태(teleological mode), 정신적 동등성 상태(psychic equivalence mode), 가장상태(pretend modes)라는 이름을 붙였다. 이 세 가지 상태는 성인 경계선 환자와의 작업으로부터 확인되었지만, 우리는 이것이 정신화 장애를 보이는 아이와 부모와의 작업에 도움이 될 것이라고 생각하며, 그렇기 때문에 이에 대해 여기에서 간단히 소개하고자 한다.

목적론적 상태[이는 기술적 용어에 가깝기 때문에 우리는 때때로 간단히 '신속해결 사고(quick-fix thinking)'라고 언급하기도 한다]는 "그들은 바람이나 믿음, 감정이나 욕구에 따른 마음상태의 변화가 오직 물리적으로 관찰가능한 행동으로 확인이 될 때에만 진짜라고 가정한다."(Bateman & Fonagy, 2016, p. 23)라는 특성을 일컫는다. 다시 말하면, 목적론적 모드에 있을 때에는 오직 즉각적인 조치만이 해결책처럼 보이게 되며, 그렇기 때문에 이들은 마치 아기가 즉각적인 수유나 기저귀를 갈아주기를 바라며 우는 것처럼 공격적으로 혹은 안절부절못하며 해결을 요구할 수 있다. 이럴 때 즉각적으로 반응하며 행동을 취하는 것은 아이를 돌보는 과정에서는 적합할 수는 있지만, 이후의 발달에서도 즉각적인 행동만을 원하거나, 대인관계의 어려움 혹은 스트레스가 행동을 통해서만 해결될 수 있다는 가정을 갖게 된다면 이는 문제가 될 것이다. 이런 경우에는 자신 내면의 감정에 대한 관념을 통해 숙고하고 이해하며 해소하기 위해 노력하는 것보다 마음의 상태는 오직 물리적 행동에 의해서만 '해결'될 수 있다는 신념을 가질 수 있다. 누군가가 목적론적 상태에 있을 때, 즉 빠른 해결책이나 특정 행동을 요구할 때, 그들은 행동의 이면에 담긴 마음상태에 대해 생각해 보는 것을 거부하게 된다. 그렇기 때문에 아이가 "엄마가 나에게 용돈을 줄 때, 엄마가 나를 사랑한다는 것을 알 수 있어요."라고 말하거나, 혹은 부모가 "내 아이를 위한 유일한 해결책은 리탈린(Ritalin: ADHD 치료제)뿐이에요."라고 말할 때에도, 그들이 비-정신화적 상태 중 목적론적 모드를 사용하고 있다고 말할 수 있다.

정신적 동등성 상태(손바닥을 들여다보듯 훤하게 안다는 '인사이드-아웃 사고법'으로 쉽게 설명해 볼 수 있는 상태)는 외부 현실에 대한 지각이 내적 상태에 의해 왜곡되는 것을 말한다. 그들은 자기 자신이나 타인의 내적 상태에 대한 관심을 가지지 않고, 내면의 상태로 관심을 돌리려는 모든 시도를 분노와 함께 거절한다. 이런 상태의 아이는 다른 사람들이 항상 좋은 대우를 받으며 자신은 부당한 대우를 받는다고 확신할 수 있다. 그리고 아이는 자신이 그렇게 생각하기 때문에, 이것이 사실이라고 여긴다. 더 어린 아이에게서는 이것이 발달상에 일어나는 적절한 일일 수 있지만(예: 어린아이가 침대 밑에 괴물이 있다고 상상을 한다면, 그 아이는 괴물이 그곳에 있다고 믿을 것이다), 조금 더 나이가 든 아이의 경우(혹은 어른의 경우), 이런 종류의 '생각과 현실의 동일성(mind-world isomorphism)'은 다른 사람의 관점을 받아들이는 것을 어렵게 만들기 때문에, 이들은 다른 사람의 생각에 대해 탐색하고 고려해 볼 만하다고 여기지 못하며 호기심을 가지지도 못한다. (경계선 성격장애 환자처럼) 극단적인 경우에 이 상태는 "경직되고 유연하지 못한 사고과정, 자신이 옳다는 부적절한 확신, 타인의 마음 및 그런 행동을 한 이유에 대해 자신이 모두 안다는 과장된 주장"(Bateman & Fonagy, 2016, p. 21)의 형태를 취할 수 있다. 그렇지만 대부분의 부모가 알고 있듯이, 앞에서 설명한 내용은 전형적인 십대 청소년과의 논쟁에서 자주 발생하는 것이며, 이는 우리 모두가 스트레스 상황에서는 비-정신화적 사고방식에 빠질 가능성이 있다는 것을 의미한다.

전-정신화적 사고방식의 세 번째 형태는 Bateman과 Fonagy(2016)가 설명한 가장상태이다(혹은 우리는 이를 '방 안에 코끼리가 있는 사고방식, 즉 누구나 알고 있지만 말하지 않는 사고방식'이라고 부른다). 누군가 이 상태에 있다면, 그들은 "정신적 활동과 육체적 활동을 더 이상 연결할 수 없는 정도로 분리가 된"(pp. 21-22) 상태가 된다. 정신적 세계와 현실의 결합이 분리되고 정신적 세계가 현실보다 더 현실적이 된다면, 이는 정상 발달을 방해하고 약화시킨다. 가장상태에 있는 아이는 마음상태를 표현하는 많은 언어를 사용하지만, 이것이 그들의 현실과 의미 있게 연결되지는 않는다(예: 자신의 능력과 계획, 그리고 다른 사람들이 자신을 얼마나 존중하는지에 대해 거창하고 자기중심적으로 이야기를 하지만, 성적이 좋지 않거나 따돌림 가해로 인해 퇴학의 위기에 있는 것 같은 실제적 문제는 신경 쓰지 않을 수 있다). 부모가 가장상태에 있을 때 이들은 생각과 감정에 대해 끊임없이 이야기하지만, 듣는 사람으로 하여금 그중 어느 것도 진정성이 없는 것 같다는 느낌을 자주 남긴다. 종종 이는 다른 무언가가 진행되고 있지만 충분히 주의를 기울이고 있지 않다는 표시일 수 있다(마치 방에 있는 큰 코끼리를 고의로 언급하지 않는 것처럼).

가장상태는 또한 일부 치료자에게서 자주 보이는 비-정신화 상태이며, 이는 우리가 치료실 안의 사람들에 대해 영민하고 내적 일관성이 있는 단어를 사용하지만, 이것이 그들의 실제 감정상태와 연결되지 않은 말일 때 자주 발견된다. 많은 비-정신화 방식과 마찬가지로 우리는 불안하거나 스트레스를 받을 때 이 상태에 빠질 가능성이 가장 높다(예: 우리에게 상황을 개선시켜 달라고 요구하는 화가 난 부모를 마주한 상태에서 아주 똑똑한 대응을 보여야 하는 순간). 모든 비-정신화 상태에서와 동일하게, 다른 사람이나 우리 자신의 문제를 해결하기 위한 가장 첫 번째 단계는 그것을 알아차리는 것이다.

## 애착과 정신화의 붕괴

우리는 모든 유년기의 정신병리와 정신화의 장애가 초기 부모-자녀 관계에서 비롯되는 것은 아니라는 점을 이 장에서 강조하고 싶다. 심각한 자폐의 경우, 최고의 사랑이 담긴 양육조차도 이 아이가 보이는 많은 심각한 문제를 해결할 수 없으며, 부모는 이 어려운 상황 속에서 사랑을 제공하는 도전적인 과제를 계속 해내기 위해 그들이 받을 수 있는 모든 도움과 지지를 필요로 한다. 더구나 우리는 신경질적인 기질의 극단에 있어서 극단적으로 반응하고 충동적이며 과하게 예민한 아이들에 대해 거의 알지 못하며, 시간이 지남에 따라 어떤 양육이 이런 취약성을 조절하는 데 효과적인지도 거의 알지 못한다.

하지만 그럼에도 불구하고 많은 경우에서 초기 유년기 경험은 매우 중요하며, 이를 애착의 관점에서 바라보는 것은 특정 정신화의 붕괴를 이해하는 데 유용한 임상적 도구가 된다. 이는 또한 부모와 아이가 가진 강한 감정이나 스트레스가 다른 상황에서는 성찰적이던 이들의 정신화 능력을 어떻게 그렇게 극적으로 붕괴시키는지를 이해하도록 돕는다.

제1장에서 살펴보았듯이, 안정 애착을 가진 아이는 보호자를 믿을 수 있는 지식의 원천으로 여기고 자신과 다른 사람의 마음상태에 대해 호기심을 보이는 경우가 많다. 이런 아이는 다른 사람의 의도를 보다 정확하게 읽고, 더 공감하며 정서적인 조율을 해낸다. 이런 아이는 다른 사람과의 관계에서 갈등을 잘 해결하는 경우가 많은데, 다른 사람의 관점을 수용하는 능력을 사용하여 다른 사람의 입장을 이해하고, 명시적이고 통제된 정신화를 사용하여 자신의 감정을 조절할 수 있기 때문이다. 안정 애착은 정신화를 촉진하고 사회적 협력관계를 증진하며 공고한 관계를 형성하는 방향으로 뇌를 조직화한다(Fonagy, 2015). 하지만 그렇다고 해

서 안정 애착을 가진 아이(혹은 어른)가 정신화의 붕괴에 취약하지 않다는 뜻은 아니다. 다만 많은 경우에 이런 아이는 상대적으로 빠르게 정신화 능력을 회복해 낼수 있으며, 스트레스를 낮추기 위해 이를 효율적으로 사용할 수 있다. Luyten과 Fonagy(2015)가 말했듯이, 안정 애착의 전략을 주로 사용하는 개인은 어려운 상황이 생겼을 때 "위급한 상황에서도 (내재화된) 안정적인 애착표상에 의지하는 능력을 가지고 있으며, 보람이 있는 대인관계를 찾아낸다. 이 아이들은 심지어 상당한 스트레스를 마주하더라도 정신화 능력이 '켜져 있는 상태(online)'를 유지할 수 있는 능력을 가지고 있다."(p. 373)

불안정 애착을 가진 아이에게서 이 모습은 다르게 나타난다(Taylor, 2012). 불안정 애착 중 회피형[혹은 무시형; insecure avoidant(or dismissive) attachment]의 아이는 비활성화 전략을 사용하도록 학습하였으며, 이를 통해 애착욕구와 의존성, 심지어 감정까지도 최소화하고 부인한다. 이런 아이는 보통 관계에 대한 정신화를 회피하고, 타인에 대한 낮은 정신화를 보이며, 아마도 정서가 끊어진 상태에서 관계에 대해 인지적으로만 생각하려는 경향을 보인다. 이는 과소정신화(undermentalizing)로서 나타나는 경우가 많다. 즉, 이런 아이는 어떤 사건과 연관된 마음상태에 대해 적게 생각하고, 대인관계에서 행동의 정서적 영향을 고려하지 않는다. 이런 경우, 아이는 단순히 다른 사람의 생각을 고려하지 않는 것처럼 보이거나 자신에 대한 다른 사람들의 감정에 별다른 흥미가 없는 것처럼 보일 수 있다. 그리고 다른 사람들로부터는 위로나 지지를 받을 수 없다는 믿음 속에서 자신의 독립성을 강조할 수 있다.

어떤 관점에서는 회피형의 애착유형을 가진 아이가 정신화에 대해 더 안정적인 형태의 애착을 가진 것처럼 보일 수 있다. 이런 아이는 타인의 마음상태에 대해 생각할 수 있는 능력을 가지고 있을지도 모르며, 또한 어느 정도까지는 애착을 비활성화하는 그들의 전략이 정신화 상태를 '켜져 있는 상태'로 유지하도록 도울지도 모른다(Vrticka, Andersson, Grandjean, Sander, & Vuilleumier, 2008). 그러나 이런 정신화는 과하게 인지적인 경우가 많으며, 때때로 정서적인 감응이 결여된 언어를 사용하는 가장상태의 사고를 보일 수 있다. 게다가 스트레스가 높은 상황에서 이런 아이는 안정 애착의 아이가 일반적으로 해내는 것과 달리 정신화 능력을 회복하지 못할 수 있으며, 압도적인 감정 속에 남겨질 수 있다(Mikulincer & Shaver, 2007).

불안정 애착 중 집착형[혹은 양가형; insecure preoccupied(or ambivalent) attachment]을 가진 아이 역시 심리적 어려움을 가질 위험이 높기 때문에 이 성향이 어떻게 나타나는지를 알고 있는 것은 임상적으로 유용하다. 회피형 애착유형을 가진 아이는 애착욕구와 의존성을 부인하고 축소하기 위해 비활성화 전략을 학습한 반면, 이런 유형의 아이는 오히려 애착의 과활성화 전략을 사용하는 경향이 높다. 이들은 상대적으로 낮은 역치를 가지고 있고, 스트레스가 높은 상황을 마주했을 때 조절되고 성찰적인 정신화에서 비-정신화 모드로 전환되며, 자신을 조절하기 위해 타인에게 의존하게 된다(Fonagy, Luyten, Allison, & Campbell, 2016).

소아애착면접(Child Attachment Interview; Target, Fongay, & Shmueli-Goetz, 2003)에서와 같이 애착관계에 대해 생각해 보도록 요청하는 질문을 받을 때, 이 유형의 아이는 마치 정신화하는 능력에 감정이 포함되지 않는 것처럼 다른 사람의 실패에 초점을 맞추면서도 '이야기를 끝내지 못한다.' 그 대신 이런 아이는 분노에 몰두하며 끝없이 실패하게 될 대안적인 정신적 해결책만을 찾으려 한다. 구조화된 애착면접에서 따라가기 어려울 정도로 장황하고 긴 이야기가 증거로 발견되며, 그 이야기 속에는 많은 가성-정신화(pseudo-mentalizing)가 포함되어 있지만, 듣는 사람은 결국 혼란에 빠지고 만다. 이런 아이는 보통 사람의 행동 이면에 감정이나 생각이 존재한다는 사실은 이해하지만 그것을 오해할 가능성이 높으며, 이로 인해 타인의 의도에 대해 부정확한 가정을 하게 된다(Taylor, 2012). 때때로 이런 아이는 부모와의 상황을 묘사해 보라고 요청하면 듣는 사람에게 확실해 보이는 경우에도 왜 부모가 그런 식으로 행동했는지에 대해 생각해 보려고 하지 않는 경우가 많으며, 예컨대 "나는 엄마가 왜 그렇게 행동했는지 모르겠어요."라는 말을 함으로써 호기심을 보이거나 성찰해 보려고 하는 대신 생각해 보는 작업을 끝까지 해내지 못하는 경우가 많다.

집착형 애착유형은 위험도가 낮은 집단에서는 드물지만, 방임과 학대의 과거력이 있는 아이나 성격장애가 나타나는 청소년에게서 흔히 발견된다(Rosenstein & Horowitz, 1996). 학대와 방임의 맥락에서 집착형 애착유형은 행동을 바꾸거나 이해해 줄 것 같지 않은 부모와 계속해서 얽혀 있는 상태에서 그런 부모에게 집중하고 있기 때문에 (회피형과 비교할 때) 기능의 면에서 대가가 높으며, 이는 자기조절 및 정서조절 능력을 저해한다. 이런 아이는 때때로 통제하거나 조종하려는 것처

럼 보일 수 있으며, 이는 결과적으로 주위의 어른이 성찰적인 방법으로 반응할 가
능성을 낮춘다.

혼란 애착유형(disorganized attachment styles)을 가진 아이는 스트레스 상황에 있
을 때, 특히 정신화 능력을 가장 필요로 하는 그 순간에 완전한 정신화의 붕괴
를 보인다. 이런 아이는 과정신화(hypermentalizing)와 정신화의 재앙적 붕괴를
함께 보이며, 이런 모습은 성격장애가 나타난 어른에게도 마찬가지로 발견된다
(Fonagy, Luyten, Allison, & Campbell, 2016). Taylor(2012)는 위탁양육을 경험한 아
이와의 광범위한 임상경험을 토대로, 혼란 애착유형의 아이가 학령기에 도달하
면, 어떻게 단지 보이는 것에 비추어서 사람에 대한 피상적인 판단을 하게 되는
지, 어떻게 상대방의 관점을 수용하는 능력을 거의 갖지 못하게 되는지에 대해 기
술하였다. 갈등, 거절, 비판과 같은 대인관계로 인한 스트레스는 이런 아이로 하
여금 쉽게 혼란스러운 상태에 빠져들게 만들며, 이들은 단지 애착관계 속에서만
이 아니라 분명히 아주 단순한 문제를 직면하는 순간에도 이를 압도적으로 경험
할 수 있다. 그래서 아이에게 식탁 차리는 일을 도와 달라고 요청할 때, 혼란 애착
유형의 아이들은 이 요청을 자신이 집안일을 충분히 돕지 않고 있다는 비난하는
것이라고 오해하고 분노에 찬 반응을 보일 수 있다. 이런 폭력적인 반응은 보호자
의 숙고하려는 능력에 도전하는 일이 되며, 이는 앞서 설명한 종류의 비-정신화
의 악순환을 일으킬 수 있다.

안정 애착유형을 가진 아이는 계속해서 정신화를 할 수 있거나 혹은 조절할 수
있는 능력을 빠르게 되찾을 수 있는 반면, 혼란 애착유형의 아이는 괴로운 상태가
되었을 때 조절능력을 되찾을 수 있는 전략이 없다. 이는 아기가 괴로움을 겪을
때 부모가 반응해 주지 못했거나 아기의 스트레스를 낮추어 주기보다 오히려 올
리는 방법으로 반응한 것과 같은 생애 초기 경험과 연관이 있을 수 있으며, 이 경
험은 자기조절 및 정서조절을 해내고 이 능력을 되찾는 조직화된 전략의 발달을
약화시킬 수 있다. 아기의 스트레스에 대한 반응의 실패는 학대나 방임의 상황에
서 가장 분명하며, 이 상황에서 부모는 아기로부터 극단적으로 철수하여 아기를
고통스러운 상태 속에 그대로 오랜 시간 남겨 두고, 혹은 (화를 내거나 공격적이 됨
으로써) 공포를 야기하는 방법으로 반응하였을 수 있다. 하지만 물론 혼란 애착유
형은 위험도가 낮은 엄마-아이 관계에서도 관찰될 수 있으며, 이는 부모에게 해

결되지 않은 상실이나 외상의 과거력이 존재할 때, 그리고 아이의 괴로움이 그 외상과 관련된 정서를 촉발하여 엄마가 공포에 휩싸인 반응을 보이거나 공포를 일으키는 행동을 하는 경우와 연관이 있다.

Berthelot, Ensink, Bernazzani, Normandin, Luyten와 Fonagy(2015)는 혼란 애착유형과 연관된 위험성을 부모가 정신화와 보여 주는 정서반영(marked affect mirroring)에 실패한 것으로 이해할 수 있다고 제안하였다. 초기 영아기에 보호자는 아기의 고통에 민감하게 반응하기보다 아기와 전혀 관련이 없는 자신의 외상과 관련된 정서에 의한 반응을 보였을 수 있다. 이것은 아기가 가장 고통받고 도움이 필요한 순간에 누군가와 연관될 수 없다는 고통에 갇힌 느낌을 받도록 하며, 그리고 그로 인해 아기는 '나쁜' 상태가 되어 절대적으로 혼자가 되거나 버려진 것 같은 감각 속에 남겨진다. 이렇게 대사되지 않은 고통(unmetabolized distress)의 경험은 자기(self)가 지리멸렬해지는 굉장히 고통스러운 경험을 일으킬 수 있으며, 이는 해리나 행동화를 촉발한다.

아이가 사용하는 애착전략의 종류는 인식론적 신뢰(epistemic trust)의 능력에도 영향을 미친다. 안정 애착유형의 아이는 자신의 경험에 비해 큰 자신감을 가지는 경우가 많으며, 그렇기 때문에 그들은 믿을 수 있는 어른들로부터 배울 수 있고, 언제 그들의 판단을 믿을 수 있는지도 안다. 불안정 애착의 아이는 "그녀에게 배우고 그녀의 말을 신뢰하는 것이 안전할까요?"라는 인식론적 불확실성(epistemic uncertainty)을 형성할 가능성이 높은 반면, 회피형 애착유형의 아이는 "나는 다른 사람이 나에게 가르치는 것을 믿는 것이 안전하다고 생각하지 않아요."라는 인식론적 불신(epistemic mistrust)의 경향을 보인다. 혼란 애착유형의 아이들은 훨씬 더 극단적인 인식론적 과각성(epistemic hypervigilance)을 보이며, 이는 "누구를 믿을 수 있죠?"라는 해결되지 않은 질문을 기반으로 한다(Fonagy & Allison, 2014, p. 374). 이 유형의 아이는 심지어 자신의 경험조차도 믿지 못할 수 있다. 이는 잠재적으로 끊임없이 계속되는 인식론적 탐색을 일으키며, 이런 유형의 아이는 자신의 이해나 감정을 확인하거나 부정하기 위해 다른 누군가를 찾지만, 누군가를 찾아낸다고 할지라도 그로부터 받은 정보를 믿지 못할 수 있다. 평가나 치료에 있어서 이 부분이 가지는 중요성은 이 책의 후반부에서 다루도록 하겠다.

# 학대와 방임과 연관된 정신화의 실패

트라우마, 특히 생애 초기에 발생하는 학대와 방임으로부터 받은 트라우마는 모든 종류의 정신장애의 위험도를 높이는 중요 요소로 여겨진다(Cicchetti & Banny, 2014; Dorahy, Middleton, Seager, Williams, & Chambers, 2016; Dvir, Ford, Hill, & Frazier, 2014). 이는 우울과 불안장애 및 경계선 성격장애와 같은 인격장애뿐만 아니라 최근까지 주로 유전적으로 결정된 것으로 여겨지던 조현병 같은 정신병적 질환에도 해당되는 것으로 보인다(Berthelot, Paccalet, et al., 2015). 아동학대나 방임뿐만 아니라 가혹하거나 애정이 없는 양육과 같은 초기 외상은 자기조절과 정서조절의 정상 발달을 약화시키고 교란시키는 가장 중요한 스트레스 인자로 간주되며, 정신병리를 일으킬 수 있는 기저의 유전적 위험소인을 활성화할 수 있는 보편적인 소질의 역할을 한다.

게다가 보호와 안전의 원천이 되어야 하는 애착대상으로부터 학대를 당하는 애착 트라우마 혹은 배신 트라우마와 같은 특정 종류의 학대는 특히 위태로운 신뢰라는 부정적인 결과를 일으킨다(Allen, 2008; Freyd & Birrell, 2013). 이러한 경험은 아이에게 타인이란 믿을 수 없고, 무언가를 배울 수도 없으며, 어려움이 있거나 괴로운 상황에서 마음을 털어놓을 수도 없는 존재라는 느낌을 남기기 때문에 발달을 심각하게 방해한다. 동시에 이런 아이의 애착체계는 공포와 괴로움에 의해 영구적으로 활성화될 수 있고, 아이는 자기조절 전략을 거의 가지지 못할 수 있다.

애착 트라우마를 경험하고 학대와 방임 속에서 자라 온 아이는 자신과 타인에 대해 생각할 수 있는 능력을 충분히 개발하지 못한 경우가 많다. 또한 이런 아이는 행동에 주로 집중하고, 위험을 감지하기 위해 자동화된 방식의 정신화를 사용하게 되며, 도움 없이는 더 느리지만 성찰적인 정신화 능력을 발달시키기 어렵다. 이 아이는 자신이 무엇을 느끼는지, 또 그걸 안다면 어떻게 사용하여 자기조절을 할 수 있는지를 충분히 알지 못한 경우가 많다(Ostler et al., 2010).

우리는 정신화가 특히 관계 트라우마(relational trauma), 즉 일차관계에서 발생할 수 있는 외상이나 학대에 취약하다고 믿는다(Allen, Lemma, & Fonagy, 2012). 보호자를 신뢰할 수 없는 상황에서 자라는 아이는 끊임없이 과각성 상태를 유지함으로써 적응하는 것으로 생각된다(Ensink, Berthelot, et al., 2014; Fonagy & Allison,

2014). 그 결과 이런 유형의 아이는 다른 사람에 대해 마음을 닫아 버리며, 이는 다른 사람의 동기나 의도에 대해 보통 아이가 보이는 호기심과 대조된다. 게다가 이런 아이는 생존을 위해 위협을 감지하는 것과 관련된 자동화된 방식의 정신화를 주로 사용하는 것이 습관화되며, 그렇기 때문에 이 패턴을 부수고 보다 더 성찰적이고 명시적인 정신화를 사용하는 것은 점점 더 어려운 일이 된다(Ensink, Bégin, Normandin, Godbout, & Fonagy, 2016). 이 아이는 애착관계를 보호하기 위해, 혹은 (악의적일 가능성이 높은) 타인의 의도에 대해 생각하는 것이 두렵기 때문에 정신화를 능동적으로 피한다.

학대경험이 있는 아동은 광범위한 사회인지적 손상 및 정신화의 손상을 보이며 (Cicchetti, Rogosch, Maughan, Toth, & Bruce, 2003; Ensink, Normandin, et al., 2015; Pears & Fisher, 2005), 여기에는 자신 및 애착대상과의 관계를 마음상태의 용어로 생각하는 것에 대한 어려움이 포함된다. 이는 우울뿐만 아니라 외현화 증상과도 연관이 되어 있다(Ensink, Bégin, Normandin, & Fonagy, 2016). 어린 시절의 학대경험이 있는 아동은 다른 아이보다 놀이의 이야기를 정교화하지 못하고 완성하는 경우도 적다. 흥미롭게도, 놀이의 이야기를 정교화하는 능력은 그 아이의 후기 정신화 능력을 예측하며, 학대와 정신화 능력 사이의 관계를 매개한다 (Tessier, Normandin, Ensink, & Fonagy, 2016). 또한 학대경험이 있는 아동은 상징놀이에 보다 적게 참여하며, 양자관계의 놀이를 시작할 가능성 역시 낮다(Valentino, Cicchetti, Toth, & Rogosch, 2011). 이 아이는 내면의 마음상태에 대해 더 적게 언급하고(Shipman & Zeman, 1999), 표정을 통해 표현된 감정을 이해하는 데 어려움을 겪으며, 다른 아이가 괴로움을 겪을 때에도 공감하지 못하는 경향이 있다.

더욱이 학대의 상황에서 낮은 정신화 능력은 아이에게서 해리의 발생 위험도를 높인다(Ensink, Bégin, Normandin, Godbout, & Fonagy, 2016). 학대경험이 있는 아동은 특히 해리에 취약하며(Macfie, Cicchetti, & Toth, 2001), 이는 가장놀이를 통해 현실을 직시하는 능력과 같은 초인지적 통합이나 마음상태를 이해하는 과정이 해리에 관여하기 때문이다(Putnam, 1997; Wieland & Silberg, 2013). 해리는 정서를 감내하고 통합시키며 행동의 결과를 생각하도록 하는 전략의 발달을 약화시키기 때문에(Fonagy, 2004), 부적응적 행동이 나타날 위험도를 높인다.

# 정신화의 문제와 아동기의 정신장애

많은 연구자와 임상가는 아이의 정신건강 문제를 이해하기 위한 정신과적 진단의 가치(혹은 가치 없음)에 대해 저마다의 강한 견해를 가지고 있다(예: Timimi, 2002). 정신화 이론의 맥락에서 Fonagy와 Campbell(2015)는 정신병리에 대한 범주중심적이며 증상주의적 접근이 가진 제한된 설명력을 가졌다고 생각하였다. 그들은 청소년기부터 성인기까지 정신병리의 구조를 조사한 Caspi 등(2014)의 종단연구에서 저자들이 P-요인(p-factor)이라고 부른 한 가지 보편적인 정신병리적 요소에 의해 정신장애가 가장 잘 설명될 수 있었다는 점에 주목하였다. Fonagy와 Campbell는 불가사의하지만 결정적인 P-요인을 인식론적 신뢰로 판단할 수 있다고 제안하며, "(다양한 정신병리에 대한 평생 위험도가 높은 것으로 예측되는) 높은 P-요인 점수를 가진 개인은 인식론적 과각성 상태와 인식론적 불신의 상태인 사람이다."(p. 243)라고 하였다. 이러한 언급은 아주 흥미롭지만, 여기에서 우리는 조금 더 보수적 입장을 취해서 지금까지 경험적 연구가 아동의 다양한 정신장애에서 정신화 문제의 역할에 대해 무엇을 제안했는지에 대해 기술하고자 한다. 이 지식들은 어쩔 수 없이 잠정적이지만 굉장히 빠르게 확장되어 가고 있다.

앞서 지적하였듯이 정신화의 문제는 넓은 범위의 아동기 정신장애에 관여하며, 그러므로 정신화를 강화하는 것은 다양한 증상과 행동을 보이는 아이에게 긍정적인 영향을 줄 수 있다. 그러나 이것은 경계선 성격장애 환자의 사례에서 논쟁이 되었던 예처럼 아동기의 모든 정신건강 문제가 '정신화 장애'로 생각되어야 한다는 뜻이 아니다(Fonagy & Bateman, 2007). 여기서 제시되는 것은 단지 간략한 설명일 뿐이지만, 더 자세히 검토된 문헌도 있다(예: Ensink, Bégin, Normandin, & Fonagy, 2016; Ensink & Mayes, 2010; Sharp, Fonagy, & Goodyer, 2008; Sharp & Venta, 2012).

아동기 장애에서 정신화의 역할을 평가하려는 본래의 목적은 자폐 스펙트럼 장애를 이해하고자 하는 관심에서 출발하였다. 이 영역에서 대부분의 경험적 연구는 더 좁고 더 인지적인 개념의 정신화를 이용하는 것이었으며, 그중에서 특히 마음의 이론(이 책의 제1장 참조)에 관한 것이었다. Baron-Cohen, Leslie와 Frith(1985)는 자폐를 가진 아동이 같은 나이의 비장애 아동이나 다운증후군을 가진 아동보다 틀린-믿음 과제를 통과할 가능성이 적다는 것을 처음으로 제시하였다. 이를 기반으로 Baron-Cohen 등은 자폐 아이가 '정신의 눈 먼 상태(mind-blindness)'라고 제안하였다. 이어지는 연구는 이것이 처음 제시된 것처럼 흑과 백으로 나눌 수 있지는 않다는 것을 보여 주었으며, 그의 후기 연구(예: Baron-Cohen, 2009)에서 Baron-Cohen은 모든 아이가 '공감의 연속선' 위에 있으며, 자폐 아동은 대개 그 연속선의 낮은 쪽에 존재한다고 주장하였다. 이 분야의 상당한 경험적 연구를 검토하면서 Sharp와 Venta(2012)는 "자폐 아동은 발달단계 전반에 걸쳐 정신화 능력이 감소되어 있음을 제시하는 분명한 연구결과가 있다."(p. 38)라는 결론을 내렸다.

불안이나 우울증 같은 내재화 장애를 포함한 다른 흔한 아동기 장애에서 이런 특성은 덜 확실하게 나타난다. 모든 불안한 아이가 정신화의 어려움을 가진 것은 아니지만, 감정에 대한 이해가 적거나, 혹은 감정을 숨기고 변형하는 전략을 가진 아이에게서 우울장애가 나타날 위험이 높다는 근거는 있다(Southam-Gerow & Kendall, 2002). 불안장애에 대한 문헌 검토에서 Sharp와 Venta(2012)는 Banerjee(2008)을 인용하며, 불안을 경험하는 청소년에 대해 "다양한 마음상태가 관여된 사회적 상황을 이해하고 효과적으로 다루는 데에 어려움을 겪는다."(p. 253)라는 관점을 지지할 만한 상당한 경험적 근거가 있다는 결론을 내렸다. 이런 문제는 사회적 기술의 결핍, 그리고 불안의 특성인 타인의 마음에 대한 과각성과 연관이 있을 수 있다. 임상적 경험을 토대로 정서조절 장애와 정신화 사이의 연관성을 고려해 본다면, 아이의 기저불안이 높을 때 아이는 추가적인 각성 없이도 쉽게 비-정신화 상태가 될 것이라는 점을 쉽게 생각해 볼 수 있다(Haslam-Hopwood, Allen, Stein, & Bleiberg, 2006). 정신화의 붕괴가 불안의 원인은 아닐 수 있더라도, 불안으로 인해 고통을 받는 아이에게 더 나은 정신화 능력은 과도한 각성 및 불안상태를 일으키는 촉발요인을 더 잘 이해할수록 돕는 이점이 될 수 있다.

많은 생애 초기 스트레스 요인처럼 외상과 대인관계 갈등은 아동기 우울에 기여할 수 있으며, 자신과 타인에 대한 아이의 정신화 능력은 우울증상의 주된 잠재적 원인인 것처럼 보인다. 이와 관련되어, 만 7세부터 12세 사이의 아이에게서 보이는 자신과 애착대상에 대한 정신화 능력이 우울증상과 역의 연관성을 보인다는 근거가 있다(Ensink, Bégin, Normandin, & Fonagy, 2016). 이는 일반적으로 성인 주요우울장애가 낮은 성찰능력과 연관이 있다는 연구결과와 비슷하며(Fischer-Kern et al., 2013), 또한 낮은 성찰능력은 거절이나 상실의 경험과 연관이 있다는 연구결과와도 유사하다(Staun, Kessler, Buchheim, Kächele, & Taubner, 2010). 우울장애에 대한 취약성은 불안전 애착, 특히 집착형과 회피형 애착유형과 연관이 있으며(Bifulco, Moran, Ball, & Bernazzani, 2002), 우울증상은 정신화의 손상에 의해 유발될 수 있고, 결과적으로 정신화의 더 많은 혼란을 초래할 수 있다(Luyten, Fonagy, Lemma, & Target, 2012). Haslam-Hopwood 등(2006)은 우울증이 있는 아이는 다른 사람을 정신화하고자 하는 동기가 결여되었을 가능성이 높다고 밝혔다(예: "귀찮게 왜?"라고 말함). 그들은 자기몰두(self-absorption)와 사회적 고립이라는 우울증의 특성으로 인해 우울증이 있는 이는 다른 사람의 마음상태와 접촉하지 않으며, 관계에서 자신의 영향을 알지 못할 수도 있다고 지적했다. 게다가 정신화의 왜곡은 잘 알려진 우울증의 특성인 부정적인 인식오류의 기저를 이루며, 타인의 의도를 읽는 데 실패하는 것이 아니라 그 의도 자체를 잘못 읽도록 만들 수 있다(예: "그는 아마도 착하기 때문에 나와 놀아 주는 것일 뿐이야. 그는 이곳에 있고 싶어 하지 않아."라고 말함).

아동기의 외현화 장애는 아이의 낮은 정신화 능력뿐만 아니라 부모의 정신화 능력과도 관련이 있다(Ensink, Bégin, Normandin, & Fonagy, 2016; Ensink, Bégin, Normandin, Godbout, & Fonagy, 2016). 아동기 품행장애 및 반항성 행동장애는 낮은 모성적 마음자세, 즉 엄마가 어린아이와 상호작용할 때 마음상태와 관련된 이야기를 덜 하는 것과 연관이 있다고 알려졌다(Centifanti, Meins, & Fernyhough, 2016; Meins, Centifanti, Fernyhough, & Fishburn, 2013). 게다가 혼란 애착유형 역시 이후의 반항적이고 조종하는 행동의 주요 위험인자였다(Roskam et al., 2011). 부모의 낮은 정신화 능력이 아이의 외현화 행동에 영향을 주는 과정을 살펴보면, 부모는 아이의 행동에서 아이가 자신의 느낌이나 어려움에 대해 무엇을 말하려고 하는지를 이해하려고 노력하기보다 오직 행동에만 초점을 맞추며, 이는 조절의 실패로 이어진다. 게다가 아이의 반항적이고 외현화된 행동에 대한 둔감한 반응이나 아이의 스트레스를 조절하지 못하는 부모의 문제는 갈등을 조장하고 반항적 행동을 증가시킬 수 있다. 결국 아이가 조절에 실패하고 와해되도록 만들며, 이는 다시 부모의 정신화 능력을 감소시키는 것으로 이어진다.

외현화 장애를 보이는 아동에게서 대인관계 문제는 핵심적인 특성이며, Dodge, Laird, Lochman과 Zelli 및 품행문제 예방 연구 그룹(Conduct Problems Prevention

Research Group, 2002)은 이런 아이에게서 정서적 이해와 마음의 이론을 포함하는 광범위한 사회-인지적 결손이 관찰된다는 것을 밝혔다(Hughes & Ensor, 2008). 이런 아이는 또한 상황이 모호할 때 타인에게 적대적인 의도가 있다고 여기는 경향이 있으며, Sharp와 Venta(2012)는 이를 '못된 마음의 이론(theory of nasty minds)'이라고 묘사했다. Sharp, Ha와 Fonagy(2011)는 행동 문제가 있는 아이는 신뢰행동에 있어 변칙적인 모습을 보이며, 특히 감정의 강도가 높아지는 상황에서 그렇다는 점을 보여 주었다. 다른 아이와 비교할 때 이런 아이는 타인에게서 악의적인 의도를 읽는 경향이 있으며, 사회적 학습과정을 위해 타인을 이용하는 것을 막는 일종의 인식론적 과각성을 만들어 낸다.

 냉담하고 감정이 없는 성향, 즉 누군가가 고통을 받거나 괴로워한다는 것을 인지적으로는 알지만 공감반응이 결여된 경우, 그러한 문제와 정신화의 관계를 깊이 알아내는 것은 더욱 어렵다. (자폐 스펙트럼 장애가 있는 사람의 어려움과 일부 중복되는) 공감의 결여 및 냉담함은 부분적으로 유전적이라는 근거가 있고, 이는 사이코패스적 경향의 기저를 이룰 수 있다. 반면, 다른 한편으로 사회적 경험은 공감의 발달을 활성화한다고 알려져 있기 때문에 공감이 결여된 아이는 치료관계의 개입을 통해 이를 발전시킬 기회를 얻을 필요가 있고, 이 개입은 관점을 수용하기, 동일시, 자신의 비공감적 반응에 대해 의문을 가지고 도전하기 등으로 고안된 것이어야 한다. 따돌림이나 사이코패스적 성향을 포함한 가장 심각한 형태의 외현화 문제를 가진 아이는 오히려 다른 사람의 마음을 읽는 데 상당히 능숙하며, 단지 그 능력을 타인을 조종하고 다루기 위해 사용하고, 또한 타인과 긍정적으로 이어져 있거나 애착을 느끼는 데 어려움이 있다는 것을 근거들이 있다. Allen, Fonagy와 Bateman(2008)는 이를 가성-정신화(pseudo-mentalizing)라고 설명하였으며, 이는 타인의 마음을 능숙하게 읽을 수 있는 사람에게서 진정성 있는 호기심이나 공감, 타인의 마음에 대한 존중이 없는 경우를 의미한다. 이러한 가성-정신화는 가혹하고 일관성 없는 훈육을 특징으로 하는 환경에 대한 반응으로 발달할 수 있다(Sharp & Venta, 2012). 어른이 이런 방식으로 타인과 관계를 맺는다면 이를 바꾸기는 어렵다. 하지만 이러한 성향을 가진 아동 및 청소년은 도움을 받을 수 있는지, 그래서 반드시 변화하는 것은 아니더라도, 그들이 가까운 관계를 지키기 위해 이러한 자신의 어려움들을 인식하도록 도울 수 있는지에 대한 결론은 아직 나오지 않았다.

마지막으로, 경계선 성격장애의 특성을 보이는 청소년에 대한 최근 연구를 언급하면 과잉정신화, 즉 마음상태에 대한 과잉해석적 추론을 하는 것은 경계선 성격장애의 매우 특징적인 모습이며, 이 중 많은 이가 생애 초기에 외상과 학대를 경험한 것으로 나타났다(Sharp et al., 2011). 예를 들어, 어린 소녀는 또래친구가 자신을 도우려 할 때, 자신을 이용하기 위한 신뢰를 얻기 위한 것이라고 상상하며 반응할 수 있다. Sharp와 Venta(2012)는 경계선 성격장애를 지닌 젊은이들에게서 보이는 이러한 과잉정신화는 "정신의 눈먼 상태로 인한 결과가 아니며, 오히려 경계선 성격장애가 있는 이들이 특히 감정적으로 고조된 상황에서 마음상태의 통합과 분화에 문제를 보이기 때문에 이런 어려움을 겪는 것이다."(p. 40)라는 결론을 내렸다.

# 결론

우리는 이 장에서 정신화의 붕괴가 수많은 아동기 장애에서 중요한 역할을 한다는 것, 그리고 아이의 정서적 · 심리적 발달을 지원하는 중요한 역할을 하는 부모에 대해서도 염려해야 한다는 점을 명확히 설명하고자 하였다. 부모나 보호자가 아이에 대해 심리적 도움을 찾도록 만드는 모든 문제가 정신화의 붕괴나 결손으로 인한 것은 아닐지라도, 부모와 아이 모두에게서 정신화 능력의 발달은 그런 문제를 보다 효과적으로 마주할 수 있는 내적 자원의 발달을 도울 수 있다. 게다가 정신화가 사라져 버리거나 혹은 임상에서 마주할 가능성이 높은 비−정신화 유형을 알아차리는 것은 임상가에게 굉장히 중요한 일이며, 이를 통해 우리는 효과적인 치료적 개입을 제공하는 도전적인 작업을 시작할 수 있다.

# 제2부
# 치료기법

**제3장 MBT-C의 구조와 목적**

이 책의 제1부에서 다룬 것처럼 충분한 정신화 능력을 발달시키지 못한다면, 아이는 자기조절 능력 및 더 복잡해지는 대인관계를 다루는 기술의 핵심적인 능력을 가지지 못하게 된다. 건강한 신체를 위한 건강한 음식처럼, 중기 아동기에 정신화 능력은 건강한 대인관계를 위해 필수적이며, 역경을 마주했을 때의 회복탄력성을 높이고, 외부 세계의 요구에 대한 내적 자원을 제공한다.

공공 또는 개인 의료기관에서 근무하는 많은 임상가에게 있어 아이와 가족에게 도움이 될 수 있는 상대적으로 간단한 개입을 제공하는 능력은 굉장히 중요하다. 우리는 아동정신건강 영역에서 점점 늘어나는 많은 근거-기반 치료를 가지고 있지만, 대부분은 특정 진단이나 증상을 치료하기 위해 고안되었으며, 문제를 더 효율적으로 다루기 위해 아이와 부모에게 '전략'을 제공하는 행동적 접근에 초점을 맞춘 경우가 많다. 물론 도움이 되는 전략들이지만 아동정신건강 영역에서 일하는 많은 사람은 아마도 이런 전략을 사용하는 데 어려움이 있던 아이 및 보호자와 작업한 경험을 이미 가지고 있을 것이다. 이런 경우, 필수적인 정서조절 기술이나 인식론적 신뢰를 가지고 있지 않은 경우가 대부분이다. 아이를 위한 정신화-기반 치료(Mentalization-Based Treatment for Children: MBT-C)는 다양한 문제를 보이는 아이에게서 회복탄력성을 증진시킬 수 있는 핵심능력에 집중함으로써, 만 5세에서 12세에 해당하는 중기 아동기 아이의 특정 요구에 맞게 적용될 수 있는 포괄적인 치료를 제공하는 것을 목적으로 한다. 회복탄력성의 개념에 대해 Fonagy, Luyten, Allison와 Campbell(2016)은 다음과 같이 적었다.

> 연구에 따르면, 상당한 스트레스 속에서도 계속해서 정신화를 할 수 있는 능력은 소위 안전한 애착의 순환(cycle of attachment security)을 개발하고 확장하며(Fredrickson, 2001), 이 능력은 안정 애착, 자기주도성, 정서조절을 강화하고('개발'), 더 다양하고 적응력 있는 환경을 향할 수 있게 한다('확장'; p. 791).

이것이 MBT-C의 정확한 목적이며, MBT-C는 정신역동치료의 핵심적인 원리를 바탕으로 하여 다양한 정신사회적 치료와 쉽게 통합되어 함께 사용할 수 있도록 만들어진 단기적이고 집중적인 치료적 개입이다. MBT-C의 전반적인 목적은 발달 궤도를 정상으로 되돌리기 위해 정신화와 회복탄력성을 증진시키는 것이며, 아이와 가족이 처음 치료를 받게 된 문제를 해결하고, 지지적 관계를 더 잘 사용하는 방법을 배우도록 준비시키는 것이다. 이 과정에서 MBT-C는 아이의 정서조절 능력을 향상시키고 부모가 아이의 정서적 요구를 최대한 채워 줄 수 있도록 부모를 지원하는 것을 목적으로 한다.

아이와 단기치료를 하는 동시에 부모와 작업하는 것은 MBT-C의 핵심요소이며, 이는 치료가 끝난 이후에도 아이의 발달을 위해 부모가 지속적인 지원을 최대로 할 수 있도록 하기 위함이다. 어떤 아이의 경우에는 MBT-C만으로 충분할 수 있지만, 어떤 아이에게는 이 치료가 성찰하고 조절하는 능력을 발달시키기 위한 출발점에 불과할 수 있으며, 발달의 궤도를 유지하기 위해서는 추가적으로 장기간의 도움이나 치료가 필요할 수도 있다. 다양한 단기치료와 같이, 우리는 변화의 전체과정이 치료기간 동안 일어날 것이라고는 기대하지 않으며, 우리의 목적은 변화과정이 시작되는 것과 이것이 치료가 끝난 이후에도 지속되도록 하는 데 있다(Allen, O'Malley, Freeman, & Bateman, 2012).

우리는 아이가 MBT-C를 통해 최대로 얻을 수 있는 이득에 대한 우리의 견해를 이야기하며 이 장을 시작하려고 한다. 이후 우리는 이 치료의 많은 부분과 관련이 있는 매우 중요한 목적인 아이와의 직접적인 작업 및 부모와의 작업을 설명할 것이다. 그런 다음 우리는 MBT-C의 주요 치료단계에 대한 개괄을 제공할 것이며,

각 단계에 대한 세부 내용은 이후 이어지는 장에서 논의하겠다.

# MBT-C를 통해 도움을 받을 수 있는 아이

　MBT-C는 정서와 행동 문제를 보이는 만 5세부터 12세 사이의 아이를 위해 개발되었다. 이 치료법은 개발의 초기 단계에 있기 때문에 아직은 어떤 아이에게 이 치료가 가장 이득이 되는지에 대한 체계적인 증거를 가지고 있지는 않다. 그렇기 때문에 이 장에서 이야기할 가이드라인은 잠정적일 수밖에 없지만, 우리는 다양한 임상적 상황에서 시행된 실제 임상경험을 근거로 MBT-C를 만들었다. 우리는 임상적으로 유용한 가이드라인을 제시하겠지만, 모든 가이드라인이 그렇듯 보다 더 체계적인 연구와 평가를 위한 기본형의 형태로 제시해야 했으며, 이를 통해 "누구를 위해 어떤 작업을 하는가?"에 대한 우리의 계속적인 이해를 전달하고자 하였다.

　MBT-C는 핵심 발달과정을 증진시키는 것을 목적으로 하기 때문에, 이 치료는 한 종류의 임상유형을 치료하기 위해 개발된 것이라고 할 수는 없다. 제2장에서 우리는 다양한 아동기 장애에서 정신화의 역할에 대한 경험적 연구성과를 살펴보았다. 그 연구와 우리의 임상경험이 이야기하듯이 우리는 MBT-C가 일차적으로 정동장애, 불안장애, 경도에서 중등도의 행동문제, 반응성 적응장애, 혹은 부모의 이혼이나 사망 등 구체적인 삶의 어려움을 겪는 아동에게 적합할 것으로 생각한다. 이후에 논의하겠지만, 어떤 경우 MBT-C는 트라우마나 애착에서 어려움을 겪는 아이에게도 추천될 수 있다. 우리의 경험으로는 애착장애를 보이는 아이도 이 치료로부터 도움을 받을 수 있으며, 이 책에서 소개하는 사례연구를 통해 이를 보여 주고자 하였다. 그러나 보다 심각한 외현화 장애를 가졌거나 심각한 애착장애를 가진 경우, 혹은 신경발달장애를 가진 아동의 경우에는 MBT-C를 추천함에 있어 주의가 필요하며, 이를 포함한 모든 경우에서도 아이의 구체적인 상황에 대해 주의 깊게 고려한 후 권장되는 치료에 대한 정보를 제공해야 한다.

　비-행동적 치료는 일반적으로 외현화 문제를 보이는 아동에게서 낮은 성공률을 보이지만, 우리가 MBT-C를 행동문제를 가진 아동의 치료기법으로서 배제하지 않은 데에는 구체적인 이유가 있다. 다양한 외현화 경향을 보이는 공격적인 아이의 경우, 부모와 임상가는 '시끄러운' 증상에만 집중하는 경우가 많으며, 함께 발생하는 불안이나 우울, 낮은 자존감 같은 내재화 증상을 놓치는 경우가 많다(Goodman, Stroh, & Valdez, 2012). 품행문제를 보이는 많은 아이에게서 충동성, 공격성, 경쟁적이거나 지배적인 면 등 자신의 기질에 대한 이해나 통합을 위한 도움을 받는 경우가 거의 없으며, 우리는 이들이 판단적이지 않고 호기심을 보이는 누군가와 함께 이에 대해 생각해 볼 수 있는 기회를 가질 때 굉장한 이득을 얻을 수 있을 것이라고 생각한다. 그 과정을 통해 치료자는 아이의 자기인식 능력을 발달시킬 수 있을 것이며, 아이의 기질이나 성격의 측면을 통합시키는 더 적응적인 방법을 탐색하여 아이의 자존감과 정서조절 능력을 키울 수 있을 것이다.

우리는 이 치료가 공감의 결여가 기저에 깔린 공격적 행동(예: 냉담하고 냉정한 성향의 아이)을 보이는 아이나 가학적인 면을 보이는 공격성을 동반한 아이에도 효과적일 것이라고는 주장하지 않는다. 하지만 이런 아이에게 공감을 발달시키고 공격적 행동이 타인에게 미치는 부정적인 영향에 대해 알도록 자극해 보는 시도는 가치가 있으며, 이는 얻을 수 있는 것은 많으나 잃는 것은 적을 것이다.

외상이나 상실을 경험한 아이의 경우, 치료자는 단기치료가 적합하거나 효과적일지를 확실히 하기 위해 트라우마의 범위나 심각도를 평가할 필요가 있다. 심각한 학대나 외상, 정서적 방임으로 고통을 받는 아이는 주위의 어른에게 많은 걱정을 불러일으키기 때문에, 치료자는 외상 사건에 대한 자신의 반응이나 그 영향에 대한 우려를 조절하며 아이를 이해하는 것이 어려울 수 있다. 단기치료를 통해 심각하고 오래된 외상의 영향을 제거할 거라는 환상이 있어서는 안 되지만, 그럼에도 관계의 맥락에서 아이의 마음이나 경험에 집중하는 치료에는 이득이 많다. 만성적인 외상을 입은 아이의 경우, 시간이 한정적인 단기치료라는 점은 아이가 치료를 덜 위협적으로 보고 그 과정에 전념할 수 있도록 도울 수도 있다.

마찬가지로, 다수의 이별을 경험했거나 양육이 중단되었던 경험이 있는 아이에게도 단기적인 치료가 적합한지 숙고해 볼 이유가 있다. 대부분의 아이에게서 단기적인 개입 후 치료자와의 이별은 준비된 마무리를 통한 훈습의 기회가 되며, 이 부분에 대해서는 제8장에서 더 자세히 논의할 것이다. 그러나 잦은 거절을 경험한 어떤 아이(예: 여러 입양 가족을 옮겨 다녀야 했던 아이)에게 처음으로 공고한 관계를 형성한 사람과 얼마 안 되어 그 관계를 종결하고 이별하는 경험은 치료적이지 않을 수 있다. 이런 아이와 작업할 때에는 주의 깊은 임상평가를 시행한 후 더 확장된 치료가 필요할 수도 있다는 사실을 유념하여 조심해서 단기치료를 시작하기를 권고한다.

자폐 스펙트럼 장애나 전반적 발달장애 같은 신경발달장애의 경우 역시 MBT-C의 절대적인 비적응증은 아니다. 역설적이게도, 오히려 이런 어려움을 가진 아이는 MBT-C를 통해 이득을 얻을 수 있으며, 약간의 변화도 가능하다. 그러나 우리는 이런 조건이 치료의 목표대상은 아니라는 점을 강조하고 싶으며, 그렇다고 해서 이런 아이들이 진단으로 인하여 치료에서 배타적으로 배제되어야 하는 것은 아니다. 이런 어려움에도 불구하고 이런 아이들 역시 MBT-C로부터 이득을 얻을 수 있을 것이며, 실제로 이들은 자신의 능력이 다르다는 것을 인정하면서 특정 문제나 어려움에 대한 정신화 기술을 개발하는 도움을 필요로 하고 있을 수 있다. 예를 들어, 자폐 스펙트럼 장애가 있는 아이는 배제를 당하는 느낌에 대한 탐색을 위해 도움을 필요로 할 수 있는가에 대해, 혹은 이를 통해 그들은 미래에 자신이 무엇을 받아들여야 하고 무엇을 바꿀 수 있으며 특정 사회성의 결핍을 해결할 방법을 개발하기 위해 그들이 가질 수 있는 현실적인 기대에 대해 생각해 볼 수 있다. 이때 목표를 설정함에 있어, 단기간의 정신치료로는 해결을 기대하기 어려운 핵심문제를 다양하게 가진 아이에게 치료에 대한 현실적인 기대를 갖도록 하는 것은 필수적인 일이다.

앞선 이야기에서 분명히 하였듯이, 순수하게 정신과적 진단에 맞추어 치료권고를 만드는 것은 제한적인 가치를 지닌다. 그 대신에 우리는 MBT-C가 다양한 범위의 임상문제를 가진 아이에게 적합하며, MBT-C는 유연하기 때문에 치료자가 특정 아이에게 적합하도록 조정하여 아이의 기능수준이나 능력의 제한에 맞추어 치료를 할 수 있을 것이라고 제안한다. 제1장과 제2장에서 설명한 것처럼, 인식론적 신뢰의 중요성을 고려할 때, MBT-C의 적합성 중 생각해 보아야 하는 요소는 아이가 다른 사람으로부터 얻은 새로운 지식을 믿고 일반화하며 자신에게 의미가 있다고 생각할 수 있는 능력의 본질과 특성이다(Fonagy & Allison, 2014). 인식론적 신뢰에 대한 기본적인 능력이 있을 때 아이와 부모는 치료자에게 마음을 열고 배울 수 있다. 부모와의 이별이나 큰 상실과 같이 전반적인 기능에 문제가 생길 수

있는 상황을 마주한 아이가 특정 혹은 일시적인 정신화의 붕괴를 경험하는 경우
가 여기에 해당한다.

아이나 부모(혹은 모두)가 상당한 인식론적 불신을 가지고 있을 때 치료자와의
관계 형성에는 더 많은 시간이 필요하지만, 이때 정신화 중심의 개입을 더 사용해
야 하는가에 대해서는 의견이 매우 분분하다. 이는 이 치료가 아이나 부모가 다른
사람으로부터 배우지 못하는 원인인 정신화 문제에 분명하게 중점을 두고 있기
때문이다. 그러나 치료에서 배운 것을 일반화하는 이 과정은 오랜 시간이 걸릴 수
밖에 없으며, 이는 이 불신이 오직 점진적인 형태로만 자신과 다른 사람을 신뢰하
는 방향으로 서서히 변하기 때문이다. 앞 장에서 설명하였듯이, 이는 불안정 애착
의 아이에게서 더 흔하며, 이 경우 다른 사람을 향한 인식론적 경계나 의심에 집중
하는 것이 치료작업의 핵심이 될 수 있다. 부모 역시 이런 의심을 가지고 있다면
치료자는 부모가 치료에 의미 있는 수준으로 참여할 수 있도록 만드는 것이 매우
중요하다.

방임이나 학대와 같은 만성적인 트라우마를 경험한 아이나 와해된 애착유형을
가진 아이는 인식론적 과경계를 보이는 경우가 많다. 진료실에서 이런 아이는 내
재화 문제와 외현화 문제를 함께 보일 수 있다. 경직성과 불안정성 역시 흔하며,
성격장애가 발생할 위험도 높다. 이런 아이 대부분에게 단기 MBT-C는 충분하지
않을 것이다. 그러나 그렇다고 해서 끝이 정해지지 않은 장기작업이 반드시 좋은
선택이라는 뜻은 아니다. Haugvik과 Johns(2006, 2008)는 집중적인 단기치료를 제
안하는 것이 더 복잡한 문제들로 치료를 찾아온 가족에게 도움이 되는 경우가 많
다는 점을 강조했다. 초기에 단기치료를 제안하는 것은 큰 도움이 되지만 이 작업
에 대한 현실적이고 겸손한 목표를 가지는 것 역시 매우 중요하다. 그렇기 때문에
부모가 심각한 정신과적 어려움을 가지고 있는 경우에는 MBT-C 접근이 적절할
지에 대한 신중한 고려가 필요할 수 있다.


# MBT-C의 주요 목표


다양한 임상 형태의 아이들이 MBT-C를 시작하지만, 이 치료에는 공통적이라

고 할 수 있는 목표가 있다. MBT-C의 일반적인 목표는 아이뿐만 아니라 부모에게서 정신화의 과정을 발달시키고 강화하는 것이다. 아이는 이를 통해 점차 감정을 알아차리고 조절하게 되고, 또한 그들의 핵심 문제를 다룰 수 있도록 돕는 명시적인 정신화 기술을 발달시킨다. 이때 트라우마나 부모의 정신질환 혹은 그 외 가족이나 삶의 고난의 주제가 핵심 문제로 여겨질 수 있으며, 혹은 일시적이거나 구체적인 정서적 문제 등 자기 자신에 대한 정신화를 발달시키는 것이 핵심이 될 수도 있다. 아이가 자신만의 이야기를 만들고 보다 통합된 자기감을 발달시키도록 도와서 조금 더 긍정적인 자기이미지를 가지도록 하는 것이 이와 관련이 있다. 아이가 자신과 타인의 반응에 대해 정신화할 수 있는 능력을 가질 때, 이는 정서조절을 촉진하고 자기주체감(feeling of self-agency)을 가지는 데 기여한다.

아이와의 개별적인 작업의 핵심목표는 정서를 인지하고 견디며 조절하는 능력을 발달시키는 것이다. 이 능력은 타인과 조율하고 복잡한 사회적 상황을 이해하는 것뿐 아니라 자기조절, 자기감, 자기주체감을 경험하는 데 굉장히 큰 도움이 된다. 치료실에 오는 아이는 아마도 감정을 너무 적게 경험하고 적게 표현하는 식으로 과도하게 조절된 아이이거나, 감정을 너무 과도하게 경험하고 과하게 표현하는 조절이 잘 되지 않는 아이일 것이다. 아이가 특정 감정을 잘 조절하지 못하거나 과도하게 조절하는 것은 이상한 일이 아니다. 예를 들어, 한 아이가 분리와 관련된 불안을 과도하게 조절할 때에는 애착욕구를 무시하는 것처럼 보일 수 있고, 반대로 공격성에 대해서는 잘 조절하지 못할 수 있다. 이 치료의 목적은 아이가 나이에 맞게 감정을 알아차리고 조절하며 표현하는 능력을 발달시키도록 돕는 것이다.

정서조절을 볼륨 조절 장치에 비유하여 이야기하는 것은 부모의 이해를 돕는 데 도움이 된다. 아이가 정서조절에 대해 제한적인 능력을 가지고 있을 때, 우리는 볼륨 조절 장치를 보다 효과적으로 사용할 수 있는 방법을 배울 필요가 있다고 생각해 볼 수 있다. 볼륨이 너무 작은 경우, 아이와 주위 사람은 아이의 감정을 듣지 못할 수 있다. 또 볼륨이 너무 높은 경우, 소리가 너무 커서 주위 사람은 자신의 생각 등 다른 소리를 듣는 것이 불가능할 수도 있다. 볼륨 조절 장치를 잘 사용하기 위해서, 아이는 먼저 자신이 조절할 수 있는 무엇인가가 존재한다는 것을 알아차려야 한다. 두 번째 단계는 볼륨 조절 장치를 찾는 것이며, 세 번째 단계는 이를 사용하고 조절하며 맞추는 것이다.

외상이나 상실, 다른 특정 자극적인 상황이나 사건으로 인해 정신화 능력의 붕괴를 경험한 아이에게는 사건에 대한 조리 있는 이야기를 만들고, 이와 관련된 생각이나 감정, 경험을 탐험해 보는 것이 부차적인 목적이 될 수 있다. 필수적인 요소는 정서에 대해 정신화하는 것이며(Jurist, 2005), 이는 감정을 조절하는 데 핵심이된다. 이는 외상 사건이나 상실과 관련된 감정에 대해 생각해 보고, 이 감정에 압도되지 않은 채 감정의 존재를 받아들이는 것을 말한다. 이 목적은 트라우마에 대한 통찰을 얻는 것이 아니라, 지금-여기의 시점에서 외상경험과 관련된 감정을 어떻게 참아 내고 조절하는지를 이해하는 것이다.

MBT-C의 또 다른 일반적인 목표는 아이들이 가진 관계를 형성하고 유지하는 능력을 발달시키고 강화하는 것이다. 여기서 정서적인 상호작용에 대한 작업은 관계에서 정서를 경험하고 표현할 수 있게 한다. 이는 스트레스 상황일 때 애착대상으로부터 위로와 돌봄을 찾는 것 역시 포함된다.

아이와의 직접적인 작업과 함께 이루어지는 부모와의 작업의 근본적인 목적은 부모의 성찰하는 능력(Slade, 2005)과 성찰하는 입장을 취하려는 능력(Ensink, Leroux, Normandin, Biberdzic, & Fonagy, 출판 중)을 강화하는 것이다. 이는 아이의 심리적 경험에 대해 생각하는 부모의 능력을 발달시키고, 아이의 마음에 집중하도록 돕는 것을 포함한다. 또한 아이를 자신만의 생각과 감정을 가진 독립된 사람으로 여기며, 아이의 마음에 대해 호기심을 가지고 행동에 대한 의미를 생각하도록 돕는 것 역시 포함된다. 그리고 무엇보다 중요한 요소는 부모가 자신의 정서와 행동을 아이의 관점에서 보는 능력을 발달시키도록 돕는 것인데, 이는 부모의 양육에 매우 중요한 영향을 줄 수 있다. 부모가 자신 및 아이에 대해 명시적인 정신화를 사용할 수 있을 때 부모는 아이의 욕구와 감정에 대해 더 유연하고 조율된 방법으로 반응할 수 있을 것이다.

치료에 의뢰된 아이의 부모는 누구나 그렇듯 어쩔 수 없이 일시적이거나 전반적인 자신만의 정신화 문제를 가지고 있을 것이다. 그러므로 부모로 하여금 자신의 감정이 아이를 대하는 행동에 어떤 영향을 미치는지를 고민해 보도록 돕는 것은 이 작업에서 매우 중요한 부분이다. 예를 들어, 자기 자신의 분노가 너무 압도적이고 조직화되지 않아 아이(또한 아마도 부모 자신)에게 무서울 수 있음을 공감적으로 이해하는 것이나, 혹은 두려움과 불안이 어떻게 자신을 물러나게 하고 간섭적이고 통제적이게 만드는지에 대해 발견하는 것은 아이와의 잠재적으로 해로운 상호작용을 제한하는 데 중요한 영향을 미칠 수 있다. 어린 시절 학대나 방임을 경험한 부모의 경우에는 세대를 건너 반복되는 패턴이 양육에 영향을 줄 수도 있을거라는 실제의 혹은 상상의 염려를 다루기 위한 추가적인 도움이 필요할 수 있다.

인식론적 신뢰에 대한 최근의 연구를 살펴보면, MBT-C의 일반적인 목적에 대해 조금 더 생각해 볼 수 있다. 경계선 성격장애를 가진 성인과의 작업에 대한 연구에서 Fonagy와 Allison(2014)은 치료에서 정신화를 배우는 것이 그 자체만으로는 충분한 치료적 목적이 되지는 않는 것 같다고 적었다. 그 대신 치료 내에서 정신화를 통해 인식론적 신뢰를 형성할 수 있다면, 이는 가치가 있을 것이라고 주장하였다. "우리의 주관성을 이해하는 것, 즉 정신화되는 바로 그 경험은 우리가 사회적 지식을 수용하고 배울 수 있는 필수적인 계기가 되며, 이 사회적 지식은 자신과 사회에 대한 우리의 인식을 바꿀 수 있는 잠재력을 가지고 있다."(p. 372)

이런 생각에 비추어 Fonagy와 Allison(2014)은 모든 의미 있는 치료적 변화의 기저과정에 대해 다음과 같이 묘사하였다.

- 첫째, 부모가 이해받는다고 느낄 수 있는 치료환경을 발달시키는 것은 부모가 가진 인식론적 불신이나 경계를 낮춘다.
- 둘째, 부모가 치료자의 마음 안에서 자신을 발견함으로써 자신의 정신화 능력을 되찾고, 이는 자신에 대한 일관성과 주체감을 증진시킨다.
- 셋째, "사회적 정보를 교환할 수 있는 능력"(p. 377)을 회복하는 것은 치료를 넘어 타인으로부터, 그리고 타인에 대해 배우는 새로운 방법을 발견하도록 이끈다.

이는 저자들이 성격장애를 가진 성인과의 작업에 대해 쓴 것이지만, 우리는 이 생각이 MBT-C에서도 역시 도움이 된다고 생각한다. 부분적으로 부모와 함께 일하는 것이 이 치료에서 중요한 부분인 이유를 명시한 것이기 때문이다. Fonagy와 Campbell(2015)은 성인 환자와의 작업에 대해 다음과 같이 적었다.

치료환경 속에서 인식론적 신뢰를 회복하는 것은 단지 사회적 배움과정의 한 부분에 불과하다. 이러한 학습은 넓은 사회적 환경에서 지원을 받을 수 있도록 도움으로써 지속적이고 의미 있는 변화의 기회를 제공한다(p. 243).

만약 성인에서 이것이 맞는 서술이라면, 보호자에게 지속적으로 의존해야 하는 아이에서는 더욱 맞는 서술일 것이며, 그렇기 때문에 치료실에서 시작된 변화가 아이에게서 지속되도록 하기 위해서는 그런 종류의 환경을 만드는 것이 핵심적이다. 단기치료는 인식론적 신뢰를 완전히 회복시키는 데에 충분하지는 않지만, 이는 아이에게 특정 초기 경험이 타인과 삶에 대한 신뢰에 영향을 줄 수 있다는 것을 알려 줄 수 있으며, 이를 통해 인식론적 해동(epistemic unfreezing)의 과정을 시작시킬 수 있다. 친구 혹은 가족과의 관계에서 신뢰의 부족이 어떻게 나타날 수 있는지를 아이가 느끼도록 하는 것, 예를 들어 항상 리드하고 싶어 하며 버림받기를 두려워하는 것이 다른 아이들 위에 군림하려는 것처럼 보일 수 있음을 알게 하는 것은 도움이 된다. 인식론적 신뢰가 부족할 때 가장 중요한 경험은 어떻게든 용기를 내어 타인을 신뢰하는 경험을 시작하도록 하는 것이다. 아이가 존중과 호기심을 가지고 자신을 대하는 누군가를 만날 때 이런 일이 일어날 수 있다(처음에는 치료자에 의해 일어날 수 있지만, 또한 아이의 삶 속의 다른 어른이나 보호자에 의해 시작될 수 있다). 그러므로 단기치료 속에서도 인식론적 신뢰 및 사회적 배움의 과정은 시작될 수 있다.

## MBT-C의 구조와 체계

탐험을 위해서는 필요할 때 돌아갈 수 있는 안전기지가 필요하다. 아이 및 가족과 함께하는 치료작업에서 우리는 아이가 세계를 탐험하는 것을 돕기 위해 부모가 안전기지가 될 수 있도록 애써야 하며, 아이가 자신과 타인의 마음에 대해 호기심을 가질 수 있도록 초대해야 한다. 이 과정의 수행에서 안전하다는 느낌을 가지기 위해 아이는 자신이 통제할 수 있는 안전한 외부 환경을 필요로 한다(Blake, 2008). 정신화의 어려움을 가진 많은 아이와 부모는 이런 탐험을 할 수 있을 만큼 외부 혹은 내부 세계를 안전하다고 경험하지 못한다. 그렇기 때문에 MBT-C에서 치료자는 안전한 분위기를 만들기 위해 애쓴다. 분명하고 투명하며 예측 가능한 치료적 체계는 이를 달성하기 위해 필요한 가장 중요한 요소이다.

치료의 구체적으로 실현가능한 측면에는 미리 결정된 회기의 횟수와 시간, 날짜, 중점과제 개념화(focus formulation), 병행될 부모와의 작업이 포함된다. MBT-C는 12주 동안 매주 이루어지는 회기를 표준으로 한다. 우리는 치료의 실현가능한 측면이 임상상황 및 아이나 부모가 기술하는 문제의 심각도에 따라 여러 방법으로 조직화될 수 있도록 하기 위해 이를 과도하게 규범하지는 않았다. 중요한 것은 치료적 계약이 부모뿐만 아니라 아이에게도 시작 시점부터 분명하고 일관성이 있어야 한다는 것이다. 이는 안전한 느낌 속에서 함께 협동하여 작업하는 느낌을 생성하고, 가족의 이해나 참여 없이 치료자가 결정한다는 식의 흐름을 피할 수 있도록 한다. 이런 투명함은 제4장에서 충분히 기술될 정신화 자세의 한 부분이며, 치료과정을 공동으로 소유한다는 느낌을 갖도록 돕는다.

이 치료작업의 기본 목적과 기법은 치료의 시작부터 끝까지 지속된다는 점을 고려할 때, 이 치료에서 '단계'의 개념은 다소 인위적일 수 있다. 그럼에도 불구하고 MBT-C는 부분적으로 치료에 대해 예측가능한 형태의 구조를 가지기 때문에, 우리는 주요 단계에 따른 특정 과제를 생각해 볼 수 있다(〈표 3-1〉 참조).

〈표 3-1〉 MBT-C 치료의 단계

---

**평가 단계(3~4번의 회기)**
평가를 위한 회기에는 아이와 부모를 포함한 가족이 함께 참여한다. 평가 단계는 평가에 대한 피드백을 제공하고, MBT-C를 지속할지 여부를 결정하며, 중점과제 개념화와 목표에 대해 토론하는 과정을 포함한다.

---

**1~3회기: 초기 단계**
아이와의 작업: 치료달력과 치료상자를 아이에게 소개하고, 아이가 치료에 참여하도록 하는 것에 집중하며, 아이가 중점과제 개념화와 관련된 놀이를 할 수 있는지 살펴본다.
부모와의 작업: 부모를 치료에 참여시키는 것에 집중하며, 중점과제 개념화에 대해 부모와 함께 작업을 하고, 부모가 성찰적인 양육을 할 수 있도록 돕는다.

---

**4~8회기: 중기 단계**
아이 및 부모와의 작업은 개념화한 중점과제 및 치료에 오게 된 원인과 연관된 정신화 능력을 자극하고 발달시키는 것에 집중한다.

---

---

**8회기 이후: 리뷰회기**

(두 명의 치료자가 있다면) 두 치료자와 부모가 함께 참여하여 치료의 과정을 검토하고, 종결을 하는 것이 좋을지, 그렇지 않으면 추가 회기를 갖거나 다른 대안적 치료를 권유할지에 대한 결정을 내린다.

---

**9~12회기: 종결 단계**

치료가 끝날 때가 다가오면 종결을 준비하고 치료에서 얻은 부분을 지속시키기 위한 최고의 방법을 모색하는 데 집중한다. 만일 치료를 지속하기로 결정했다면, 부모 및 아이와의 작업을 계속 진행한다.

---

종결 이후 3~12개월이 지났을 때: 점검 및 부스터 회기

---

### ◆ 평가 단계(MBT-C를 시작하기 전 3~4번의 회기)

아이 및 가족과의 모든 치료작업은 제기된 문제에 대한 잠정적인 이해, 그리고 제안된 치료가 그 문제가 어떻게 연결되는지에 대한 개념화를 바탕을 이루어져야 한다. 치료자가 작업하는 환경에는 평가를 수행하기 위한 특정 방법이 존재할 것이다. 그렇지만 우리는 제5장에서 아이와 가족이 가진 정신화 프로파일(mentalizing profile)을 만들기 위한 평가모형을 제시하였다. 이 평가의 목적은 아이가 보이는 문제와 정신화의 장애가 관련이 있는지, 또 어떻게 연관이 있는지를 탐색하고, 정신화-기반 치료가 도움이 될지를 알아보는 것이다.

이 책에서 설명할 평가모형에서는 MBT-C 치료자가 아이와 부모 모두의 정신화 능력을 평가하는 방법, 평가를 통해 피드백을 제안하는 방법, 그리고 MBT-C의 지속 여부를 가족과 함께 결정하는 법에 대해 보여 줄 것이다. 만약 치료가 진행된다면, 집중할 내용을 개념화하여 중점과제 개념화 목록을 만들고 이에 대해 아이, 부모, 치료자 모두가 동의하는 치료의 목표를 설정한다.

### ◆ 1~3회기: 초기 단계

이것이 치료에서 독립적인 단계처럼 생각될 수 있지만, MBT-C의 초기 몇 회기 동안 수행되는 대부분은 평가 단계에서 이미 이루어진 것에 기반하며(제5장), 아이와 지속되는 회기에서 사용될 기술(제6장)을 활용한다. 초기 단계의 우선적인

목표는 아이와 함께 치료동맹을 형성하는 것이며, 이는 주로 공감적 조율 및 아이의 내면에 대한 호기심을 통해 진정성 있는 참여를 이끌어 내는 것으로 이루어진다. 제6장에서 보다 자세히 다루겠지만, 놀이는 이런 참여과정에서 중심적인 역할을 하는데, 놀이는 치료작업에서 아이를 사회화하는 놀라운 방법이다. 여기에는 치료달력과 치료상자를 소개하고 개념화된 중점과제와 관련하여 아이가 얼마나 놀 수 있는지를 알아보는 작업이 포함된다. 부모의 치료자는 마음을 헤아리는 양육을 지원하기 시작하며, 이때 부모를 참여시키고 부모와 치료동맹을 형성하는 것 역시 무엇보다 중요하다(제7장). 치료자는 부모가 아이에게 보이는 반응에 대해 다른 생각이 떠오르더라도 이 단계에서는 우선 부모의 경험에 공감적 조율하는 것이 핵심이다.

### ◆ 4~8회기: 중기 단계

대개 4~8회기에 나타나는 치료의 중기 단계에는 아이의 정신화 능력을 발달시키는 핵심작업이 일어나며, 이 과정은 개념화된 중점과제에 대한 많은 치료기법에 기반한다(제6장). 그동안 부모와의 회기는 점점 더 마음을 헤아리는 양육의 다양한 요소를 증진시키는 데 초점을 맞춰야 한다. 만약 부모와 아이 모두와의 작업에서 명시적 정신화를 사용하여 정서를 조절하는 일이 가능해진다면, 공감적 조율에서 더 나아가서 타인의 관점을 이해하고 수용하는 것에 대한 집중이 이루어질 것이다. 어떤 경우에는 미발달된 정신화 능력을 키우거나 명시적 정신화가 붕괴되는 상황을 알아보는 것에 더 집중할 수 있다.

### ◆ 리뷰회기

첫 8회기를 마친 후, 아이 및 부모와 함께하는 리뷰회기가 필요하며, 이를 통해 처음에 집중하기로 했던 치료목표에 대한 검토를 하고, 첫 번째 블록의 12회기로 충분했는지, 조금 더 치료가 필요한지, 그렇지 않으면 종결을 고려해야 할지를 결정한다(제8장). 만일 치료작업이 첫 번째 블록보다 길게 이어질 필요가 있다고 생각된다면, 오픈티켓모형(open-ticket-model)을 사용한 시간-제한적 치료도 가능하다. 이 경우, 12회기의 두 번째 블록이 추가될 수 있으며, 최대 36회기(12회기씩 세 개의 블록)까지 추가될 수 있다. 이런 유연성은 트라우마를 겪었거나 애착장애 등 더 어려운 장애를 보이는 아이에게도 단기적 접근을 가능하게 해 준다. 그러나 우리는 더 복잡한 어려움을 가진 아이라고 해서 더 긴(혹은 끝이 정해지지 않은) 치료를 통해 언제나 반드시 도움을 받을 수 있을 거라고는 생각하지 않는다. 우리 경험에 따르면, 더 복잡한 문제를 가진 아이에게도 단기적이고 집중적인 작업이 도움이 되었으며, 다만 12회기의 블록이 한 번 이상 필요한 경우가 많았다.

### ◆ 9~12회기: 종결 단계

치료가 끝나갈 때의 초점은 종결을 준비하고 치료가 끝난 이후에도 효과를 지속하는 최선의 방법을 탐색하는 것이다. 제8장에 자세히 기술되어 있듯이, 단기치료의 특성을 지닌 MBT-C에서 종결은 치료작업 전반에서 계속 염두에 두어야 하며, 치료달력을 사용하는 것은 아이에게 치료를 받은 횟수와 남은 횟수를 이해시키는 데 도움이 된다. MBT-C의 목적에는 치료가 끝난 후에도 부모와 아이가 치료 바깥의 다른 관계를 사용하는 능력을 향상시키는 것도 있기 때문에, 종결 단계에는 치료에서 배운 것을 다른 지지적인 관계로 전환시키는 것에 집중한다.

### ◆ 점검 및 부스터 회기

단기치료가 어떤 시점에서 끝나든, MBT-C 모형은 점검 및 부스터 회기를 포함하며, 이는 치료가 종결된 후 3~12개월에 언제든 이루어질 수 있다. 이 만남이 언제 이루어지며 어떻게 계획되어야 하는지에 대해서는 제8장에서 논의하겠다.

## 치료를 위한 물리적 환경

아이를 위한 최적의 환경에 대해 분명하게 마련된 규정은 없다. 우리는 치료의 모든 회기가 같은 치료실에서 수행되고, 회기마다 치료실에 너무 많은 변화가 일어나지 않기를 권고한다. 그러나 때로 아이에게 특정 상황이 필요하다고 생각되는 경우에는 장소의 변화가 필요할 수도 있다. 예를 들어, 어떤 경우에는 아이가 신체적인 활동을 더 할 수 있도록 치료자가 사용할 수 있는 야외공간이나 체육관을 사용할 수 있다. 치료의 특정 시점에 환경을 옮기는 것은 활동이 주의력 조절에 문제가 있는 아이에게 도움이 되며, 그 예로는 과다활동을 보이거나 공격적인 경우, 혹은 외부로부터의 조치에 쉽게 압도되며 이를 조절하는 능력이 부족한 경우 등이 있다.

아이의 치료실이 아주 많은 장난감이나 놀이기구로 채워져야 할 필요는 없다. 반대로, 조절의 어려움을 가진 아이는 선택할 수 있는 것이 너무 많은 치료실에 오히려 압도당할 수도 있다. 각성 정도가 너무 높은 경우, 아이는 놀지 못하거나 자신의 경험하는 것에 집중하지 못할 수 있다. 이처럼 어떤 아이는 더 작은 치료실에서 안전하다고 느낄 수 있으며, 반대로 어떤 아이는 갇혀 있는 느낌이 들지 않는 넓은 치료실이 필요할 수도 있다. 이상적인 치료실은 아이가 공을 바구니에 넣거나 미니하키를 하거나 간단한 공 주고받기 등 움직이며 신체적으로 놀 수 있도록 충분한 바닥 공간을 필요로 한다. 치료실 내에 약간의 개인적 물건을 두는 것이 도움이 되는 경우도 있는데, 아이가 치료실의 취향을 통해 치료자의 한 측면을 알아차릴 수 있고, 시설 같은 느낌을 덜 받을 수도 있기 때문이다(Slijper, 2008). 동시에 치료실이 너무 개인적인 공간처럼 보일 경우, 어떤 아이는 불안을 느끼거나 다른 아이에 대한 경쟁심을 느낄 수도 있다.

치료실 내의 재료들을 결정할 때, 치료자는 아이가 놀이를 하며 자신을 드러낼 수 있는 최적의 공간을 만드는 데 집중해야 한다. 감각을 일깨우기 위한 약간의 감각놀이의 재료도 도움이 된다. Stern(1992, 2004)이 지적했듯이, 주의력 조절 혹은 정서조절의 어려움이 있는 아이에게는 특정 재료가 중요한 경우도 많다. 여기에는 모래놀이, 키네틱 샌드, 클레이 점토, 손가락 페인팅, 물, 비눗방울, 다양한 크기와 종류의 공이 포함될 수 있다. 역할놀이와 상상놀이를 위한 인형, 동물 피규어, 자동차, 벽돌, 옷 갈아 입히기 인형이 사용될 수 있으며, 다양한 피부색과 성별, 나이대의 인형은 매우 가치가 있다. 몇 가지의 게임을 치료실 내에 마련하는 것도 좋다. 거의 모든 치료자는 약간의 미술재료를 가지고 있으며, 또한 어떤 치료자는 악기 같은 창의적인 재료를 가지고 있다. 물론 치료자라고 해서 언제나 어면 공간이 가능하고 어떤 재료들을 준비할 수 있는지를 결정할 수 있는 것은 아니지만, 그렇더라도 공간이 어떻게 경험되고 이것이 치료 속 아이의 행동에 어떻게 영향을 미칠 것인가에 대해 아이나 부모와 함께 생각해 보는 것은 도움이 된다. 이것의 목적은 아이가 초대받는다는 느낌을 갖도록 하는 것이며, (분명한 제한 속에서) 그들의 마음에 따라 편히 놀고 자유롭게 자신을 표현하도록 하는 데 있다.

## 치료의 구조로서의 정해진 시간

영국의 아동정신치료자인 Monica Lanyado(2012)는 아동의 정신치료를 다음과 같이 설명하였다.

> 아동을 대상으로 하는 정신치료는 품어 주기(holding)와 놓아주기(letting go) 사이에 있다. 품어 주기와 놓아주기는 상호적인 것이며, 둘 사이의 균형은 삶에서 중요한 주제이다. 언제 또한 어떻게 놓아주어야 하는지와 언제 더 마음에 품어야 하는지를 부모가 배워야 하는 것처럼, 아이도 언제 부모로부터 벗어나는 것이 안전한지 또한 언제 부모의 존재를 내적으로나 외적으로 찾아야 하는지에 대해 배울 필요가 있다(p.117).

시간에 대한 주제는 치료 전반에 걸쳐 다루어지며, 곧 자세히 설명할 치료달력을 사용하여 이를 강조한다. 정해진 시간이라는 점은 가장 긴급한 주제에 대해 작업을 할 수 있는 동기가 되며, 가까운 미래에 가족 스스로가 어려움을 해결할 수 있는 능력을 가질 수 있도록 해야 한다는 점을 상기시킨다. MBT-C의 모든 치료적 개입은 치료가 끝난 이후 부모와 아이가 그들의 어려움을 조금 더 건설적으로 다룰 수 있도록 정신화 능력을 자극하고 향상시키는 데 궁극적인 목표가 있다. 이렇게 하여 종결은 치료의 아주 초기부터 과정 속에 존재하게 된다(제9장 참조).

정해진 시간과 회기의 수에 대해 투명한 태도를 유지하는 것은 아이로 하여금 치료의 종결에 따라 찾아오는 분리를 받아들이기 위한 준비를 할 수 있는 기회를 제공해 준다. 치료에 오는 많은 아이는 살면서 경험한 여러 번의 이별에서 언제나 이를 준비하고 받아들이는 시간을 가졌던 것은 아닐 수 있으며, 작별에 대한 감정을 치료자와 함께 다루어 보는 것은 새로운 경험이 될 수 있다. MBT-C는 과정-중심적이기 때문에 시간이라는 구조는 관계의 역동을 활성화하는 역할을 한다. 예를 들어, 아이가 (물론 부모도) "선생님이 저에게 주는 시간은 충분하지 않아요!"라고 불만을 이야기하면, 이를 이용하여 비-정신화 순간을 야기하는 요소에 대해 탐색해 볼 수 있으며, 일부 아이와 가족의 경우에는 이 불만이 공정함이라는 주제에 대한 탐색의 필요성을 나타내기도 한다.

아이를 위한 발달-지향적인 단기 정신치료를 참고하여(Haugvik & Johns, 2006; Røed Hansen, 2012) MBT-C의 치료자가 정해진 시간에 대해 능동적으로 작업하기 위해 사용하는 것이 바로 치료달력이다. 치료달력의 목적은 이 치료의 소유권이 아이 자신에게 있다는 것을 자극하는 것이며, 성찰하는 자세를 장려하고, 치료의 단기적인 특성에 대한 아이의 이해를 돕는 것이다(Gydal & Knudtzon, 2002).

치료달력은 다양할 수 있지만, 각 회기의 수를 나타내는 원이나 사각형 표시를 포함한 (가능한 한 큰) 종이를 사용한다. 치료자는 첫 회기 동안 이 치료달력을 소개한다. 치료의 구조를 만들어 가는 과정의 한 부분으로 치료자는 치료시간이 끝날 때 이 치료달력에 그림을 그릴 것이며, 이를 통해 그날 있었던 일을 함께 고민해 보고 치료의 진행을 추적해 볼 수 있다고 이야기한다. 치료를 시작할 때 아이가 치료기간에 대한 감을 잡도록 하기 위해 치료달력의 공간에 숫자를 적어 보도록 하는 것은 좋은 생각이다. 아이는 또한 치료달력의 뒤편을 채움으로써 이를 더 개인적으로 만들 수 있으며, 이를 통해 치료달력을 자신이 소유한다는 느낌을 강화할 수 있다.

회기가 끝나기 5~10분 정도 전에 치료자는 아이에게 달력에 무엇을 그릴지에 대해 물어본다. 여기에서 가장 중요한 '규칙'은 아이가 무엇을 그리든 괜찮다는 것이다. 달력은 아이의 소유이며, 아이들은 무엇을 그릴지 결정할 수 있다. 아마도 치료자에게 아이가 특정한 무엇을 그리도록 도와주고 싶은 마음이 드는 때가 있겠지만, 혹은 아이가 그림 그리는 것을 도와주고 싶은 마음이 들지라도, 아이가 이걸 분명하게 요청하지 않는 이상 치료자는 기다려야 한다. 하지만 예를 들어, 아이가 치료달력을 찢으려고 하거나 다른 칸 전부에 그림을 그리려고 할 때, 혹은 이를 망치려고 할 때에 치료자는 치료달력에 대한 책임을 질 필요가 있다.

이 장의 초반에 언급했듯이, MBT-C의 목적 중 한 가지는 아이가 일관성 있는 자신만의 자전적 이야기를 만들어 가도록 돕는 것이다. 치료달력을 사용하여 아이와 치료자는 그들만의 이야기를 함께 만들 수 있으며, 치료과정 중 만들어진 이 자전적 이야기는 시각화될 수 있다. 치료달력은 또한 종결과 예견된 이별을 다룰 때에도 굉장히 강력한 도구가 된다. 치료달력을 함께 봄으로써 아이와 치료자는 몇 번의 회기가 남았는지를 돌아보고 작별을 준비할 수 있다. 치료의 종결과 부스터 회기에서 치료달력은 함께한 작업들을 돌아보고 검토하는 데 사용될 수 있다 (Røed Hansen, 2012).

## 중점과제 개념화

아이를 위한 발달-지향 단기 정신치료(Haugvik & Johns, 2006; Røed Hansen, 2012)로부터 배운 MBT-C의 또 다른 핵심적인 치료구조는 치료를 위한 중심점제 개념화(focus formulation)이며, 이는 평가회기 동안 아이가 언어적 혹은 비언어적으로 전달하는 내용을 주의 깊게 경청하는 것에서 시작된다. 중심과제 개념화는 짧은 어구나 이야기로서 치료의 시작부터 아이와 부모에게 공유되어야 한다. 이는 어떤 면에서 Stern(1985)의 핵심비유(key metaphor) 개념과 비슷하며, 핵심이 되는 관계적·정서적 영역을 표상한다(Johns, 2008). 중점과제 개념화의 주요 목적은 아이에게 치료가 무엇인가를 제공할 것이라는 점을 알리는 것이다. 많은 아이가 부모나 다른 어른에 의하여 치료에 오며, 아이는 자신이 왜 치료에 왔는지 거의 알지 못하거나 단순히 주위 어른을 기쁘게 하기 위해 치료에 온다(Johns, 2008). 한정적인 시간이라는 특성 때문에 아이를 치료에 참여시키는 작업은 더 긴급성을 띠며, 아이를 치료 프로세스에 초대하는 것의 중요성이 커지게 된다. 중점과제를 개념화하기 위하여 아이와 함께 평가한 자료를 사용하는 것은 아이로 하여금 자신이 만남에서 기여한 무엇인가가 치료의 중점과제가 된다는 경험을 통해 치료에 대한 아이의 주도성을 강화할 수 있다.

중점과제 개념화의 또 다른 목적은 부모의 관심을 아이의 중심적인 경험, 생각, 감정에 집중시킴으로써 정신화를 자극하고, 아이에게 마음이 있다는 사실을 주지시키는 것이며, 동시에 아이에게는 자신의 마음상태에 대해 스스로 성찰하도록 자극하는 것이다. 치료자의 개념화는 다른 사람에게 마음이 있다는 것을 주지하는 모델이 되기도 한다. 중점과제는 아이가 표현하는 중심적인 경험, 생각, 감정에 대해 공동주의가 일어나도록 만든다. 치료자는 아이와 부모로부터 무엇인가를 얻었다는 것을 보여 주며, 아이가 치료에 가지고 온 문제에 대한 의미를 발견해 내는 대화로 이들을 초대한다. 중점과제 개념화의 과정은 제5장에 자세히 기술하겠다.

## 한 명 혹은 두 명의 치료자

MBT-C에서는 부모나 보호자, 혹은 필요한 경우 아이와 연계된 확장된 네트워크와 함께 작업하는 것이 핵심적 요소로 여겨진다. 기본적인 형태는 두 명의 치료자가 함께 작업하는 것이며, 한 치료자는 아이와 다른 치료자는 부모와 함께 작업한다. 이상적인 상황은 아이와 부모의 회기가 동시에 이루어지는 것이다. 이는 부모와 아이에게 각각의 공간을 제공하면서도 진료실에 함께 와서 가족이 공동으로 노력하는 것을 통해 무언가를 같이 한다는 감각을 갖도록 한다. 또한 이 경우에는 부모가 아이와 따로 한 번 더 방문할 필요가 없어지기 때문에 실용적인 측면에서 도움이 된다. 두 명의 치료자는 팀으로 일을 하며, 서로의 정신화가 '켜져 있는' 상태로 유지되도록 돕는다. 두 치료자 사이의 이런 협조적 작업은 어떻게 정신화를 하는가를 가족에게 보여 주는 모델이 될 수 있다. 또한 아이가 가진 비밀유지에 대한 염려를 줄일 수 있으며, 특히 나이가 어느 정도 있는 경우 회기에서 나눈 이야기가 부모에게 전해질까 봐 걱정하는 경우에 도움이 된다.

물론 어떤 경우 실용적인 이유나 임상적인 이유로 한 명의 치료자가 작업하는 경우가 있을 수 있다. 많은 임상상황과 진료실에서 치료자는 짝을 지어 작업하는 기회를 갖지 못할 수도 있다. 혹은 두 치료자가 작업하는 것이 가능할 때에도 한 명의 치료자가 혼자 작업하는 것이 선호되는 상황이 있을 수 있다. 어떤 부모는 자신이 모르는 누군가에게 자신의 아이를 믿고 맡기는 것에 대한 어려움을 느끼며, 어떤 부모는 아이의 치료자와 직접 이야기할 수 있을 때 아이의 치료에 조금 더 지지적이 되기도 한다. 아이가 치료공간을 사용하고 치료자를 믿기 위해서 아이는 부모가 이를 허용한다고 느낄 필요가 있다. 만약 이것이 불가능하다면, 충성도와 관련된 갈등이 나타날 수 있다. 이 갈등이 마음상태에 대해 탐색할 수 있는 기회를 제공한다고 할지라도, 이런 종류의 갈등은 치료를 위협하고 치료과정을 방해할 수 있다. 이런 경우, 부모가 자녀와 함께 작업하는 사람에 대해 알고 신뢰관계를 가지는 것이 도움이 될 수 있다. 게다가 아이에 대해 혹은 제시된 문제에 대해 매우 다른 시각을 가진 가족, 또는 강렬한 갈등이 있거나 서로 비난하는 가족의 경우, 같은 치료자와 작업하는 것이 이를 통합하도록 돕는 요소가 될 수 있다. 아이와 직접 작업하는 치료자는 때때로 부모와의 만남에서 아이를 더 생생하게 보여 줄 수 있는데, 이는 부모의 치료자에게는 어려운 일이며, 부모의 치료자는 부모의 마음속 아이에게 훨씬 더 많은 초점을 맞추게 된다.

# 사례의 소개

이 장의 남은 부분은 MBT-C를 설명하기 위한 6개 사례를 소개하겠다. 서론에서 이야기했듯, 여기에 있는 사례는 우리의 임상경험을 합성하여 만든 것으로서 우리가 함께 작업한 실제 아이들을 묘사한 것이 아니다. 우리는 MBT-C에서 볼 수 있는 다양한 아이를 대표한다고 생각하는 사례를 나이와 호소하는 문제에 따라 선택하였다. 이 사례의 아이들은 다양한 범위의 애착전략을 보여 주었으며(일부는 회피형에 더 가까웠고, 다른 일부는 집착형이나 혼란형에 더 가까웠다), 다양한 수준의 정신화 능력을 보여 주었다. 이 아이들은 또한 가족의 환경적 특성 및 보호자가 가진 아이에 대한 정신화 능력에 대해서도 다양한 측면을 보였다.

평가를 위한 장에서는 특히 John의 전체 과정을 따라가며 설명할 것이며, 다른 장들에는 여러 아이에 대한 사례가 함께 포함되어 있다.

### ◆ Anne, 만 6세

Anne은 분노발작, 반항적 행동 및 분리불안 때문에 치료에 의뢰되었다. Anne은 외동딸로 부모는 Anne이 2세 때 이혼하였으며, 지금은 엄마인 H 씨와 살고 있다. Anne의 분노발작은 주로 집에서 일어났으나 최근 Anne의 어머니는 학교로부터 Anne이 학교에서도 자기 뜻대로 되지 않을 때 다른 아이를 밀치거나 때린다는 전화를 받기 시작했다. Anne의 어머니가 Anne을 학교에 내려 주려고 할 때, Anne은 엄마에게 매달리며 떨어지지 않으려고 하는 때가 자주 있었다. Anne은 높은 활동량을 보였고, 어른들은 Anne을 진정시키거나 조용히 시키기가 어렵다는 것을 알았다. H 씨는 때론 너무나 좌절되어 우는 Anne을 아래층에 내버려 두고 혼자 문을 잠근 채 있기도 했다.

### ◆ Mohammed, 만 7세

Mohammed는 6개월 전 심각한 교통사고를 당하면서 다리를 심하게 다쳤다. Mohammed의 부모는 이혼한 상태로 Mohammed는 주로 아빠 D 씨와 지내고 있으며, D 씨는 새로운 교제를 시작했다. 사고 이후, Mohammed는 집과 학교에서 공격적인 분노폭발을 보이기 시작했다. Mohammed는 원하는 대로 하기를 좋아하는 똑똑하고 활동적인 아이였지만, 사고 이후에는 타협하는 것이 특히 어려워졌다고 Mohammed의 아버지는 이야기했다. Mohammed는 수면에 어려움이 있었고, 악몽을 꾼다며 불평했다. D 씨는 Mohammed가 얼마나 '온순(easy)'하고 온화한 아이였는지, 하지만 지금은 얼마나 예민하고 예측이 어려운 행동을 보이는지에 대해 설명했다.

### ◆ Belinda, 만 7세

Belinda의 어머니는 Belinda가 슬퍼 보이는 때가 많다며 치료를 찾았다. Belinda는 엄마인 C 씨 및 할머니와 함께 살고 있으며, 아빠나 이복언니와는 연락을 하지 않는다. 학교에서는 어려움이 없지만, C 씨는 매일 아침 Belinda를 깨우고 옷을 입힌 후 학교 버스에 태우는 것이 어렵다고 말한다. Belinda는 학교를 좋아하지 않는다고 말하며, 엄마나 할머니가 '자신의 기분을 좋게 만들기 위해 노력할 때' 잔혹해지기도 한다. Belinda의 엄마와 할머니는 모두 Belinda에 의해 조종된다고 느끼며, Belinda를 도울 수 있는 방법이 과연 있을지 모르겠다고 말한다.

### ◆ John, 만 8세

John은 심각하게 공격적인 분노발작과 충동조절의 어려움으로 치료에 의뢰되었다. John은 학교뿐만 아니라 집에서도 언어적 · 신체적 행동화를 보인다. John의 공격적인 행동으로 인해 John은 학교에서 고립되었으며, 친구가 없다. John은 만 2세에 부모로부터 분리된 후 위탁가정에서 위탁부모 및 두 누나와 함께 지내고 있다. John의 아빠는 John이 아기일 때 사라졌으며, John의 엄마는 심각하게 지속되는 정신적 질환으로 고통을 받고 있다. John은 가끔 생물학적 엄마를 만나기도 하는데, 그녀는 John의 형제와 함께 살고 있으며 새로운 교제를 시작했다. John은 이전에 두 번이나 다른 위탁가정에서 지낸 경험이 있다.

### ◆ Liza, 만 11세

Liza는 언제나 부끄러움이 많으며, 최근에는 엄마와 떨어지는 모든 순간을 점점 더 힘들어하고 있다. Liza는 학교에 가면 배가 아프고 두통이 있다며 하루에도 몇

번씩 엄마에게 전화를 건다. Liza는 학교에서 위축되어 있으며 친구가 거의 없다. Liza는 엄마, 아빠, 그리고 네 살 많은 오빠와 함께 살고 있다. Liza의 오빠는 집 밖에서 꽤 폭력적으로 행동할 때가 있고, 길거리 범죄에 가담한 적이 있으며, 부모와 자주 다툰다. Liza의 집에는 오빠로 인한 수많은 갈등이 있으며, Liza의 부모는 Liza의 오빠 때문에 자신들이 상당한 스트레스 속에서 지낸다고 설명했다. Liza의 부모는 자신들이 최근 수년간 오빠에 대한 많은 어려움을 겪고 있기 때문에 Liza의 요구를 들어주지 못했을 것에 대해 걱정하고 있으며, Liza의 오빠는 소년비행전담팀의 전문가에게 도움을 받고 있다.

◆ Ruth, 만 12세

Ruth는 2년간 같이 살아온 두 명의 여성 입양부모와 함께 치료에 왔다. Ruth는 교도소에서 출생했으며, Ruth의 생물학적 부모는 아직 교도소에 있다. Ruth는 유년기를 다른 입양가정에서 보냈으나 그 집의 다른 형제자매의 성적 행위를 목격한 후 충격을 받아 현재의 입양가정으로 보내졌다. Ruth는 분노발작을 보이고 먹는 것에 어려움이 있으며 기분 변화가 크다. 가끔은 명령조를 보이며 공격적이기도 하고, 또 때로는 슬프거나 위축되기도 한다.

# 결론

MBT-C는 특정한 진단을 가진 아이를 위한 치료가 아니며, 다양한 문제를 보고하는 아이를 위해 개발되었다. 적합성을 평가하고 치료를 계획할 때, 아이와 가족의 기능에 대한 포괄적인 검토가 필요하며, 증상이나 행동뿐만 아니라 정신화 장애의 특성과 심각도에 집중하고, 특히 전반적인 정신화의 미발달이 있는지 아니면 정신화의 붕괴가 더 구체적이거나 일시적인지에 대해 주의를 기울여야 한다.

MBT-C의 가장 중요한 목적은 정신화 과정을 발달시키고 향상시키는 것이며, 아이가 감정을 알아차리고 조절하도록 돕고, 그들이 마주한 문제에 정신화하도록 돕는 것이다. 이는 아이의 인식론적 불신을 줄일 것이며, 아이는 치료기간과 그 이후에도 조금 더 지지적인 관계를 이용할 수 있게 될 것이다. 부모와의 작업의 목적은 아이의 경험뿐만 아니라 양육과 관련된 부모의 감정 및 가족의 상호작용에 있어 부모의 영향에 대한 그들의 정신화 능력을 향상시키는 것이다. 이 두 가지 요소를 동시에 달성하는 것은 다양한 증상을 보이는 아이에게 의미 있는 도움을 줄 수 있다.

MBT-C의 기본모형에서는 아이를 위한 열두 번의 회기와 부모와의 회기를 동시에 진행하지만, 이는 유연하게 적용될 수 있다. 치료달력과 중점과제 개념화는 아이로 하여금 치료에 참여하고 치료과정에 대한 소유권 및 주도적인 감각을 발달시키도록 돕는 도구가 되며, 일정을 잘 따르도록 도우면서 치료의 일관성을 생성하기도 하다. MBT-C에서 구조와 중점과제는 중요한 치료인자로 여겨진다. 치료의 시작에서부터 치료환경에 대해 모두의 동의를 얻는 것은 치료적 노력은 공유하는 것이라는 느낌을 강화하고, 치료자가 정보나 의사결정에 대한 '특별한 권한'을 가진 것이 아니라는 느낌을 가지도록 돕는다. 가족과 함께 치료의 환경적 측면에 대해 논의함으로써 치료자는 성찰하는 태도를 보여 줄 수 있고, 치료를 위해 적합한 구조 및 중점과제를 정할 수 있다. 그럼에도 불구하고 치료자의 수 등 치료적 구조의 많은 측면은 가족 및 치료자의 선호, 진료환경에서 제공되는 기회에 따라 조정되어야 한다.

## 제4장 MBT-C에서 치료자의 자세

성공적인 정신화는 자신이나 타인의 내적 상태를 언제나 정확히 읽어 내는 능력이 아니며, 오히려 마음상태에 대해 배우는 동안 다른 사람의 생각이나 감정이 밝혀진다면 더 풍요로워지며 또 변화할 것이라고 기대하면서 관계에 접근하는 방식이다. 이런 관점에서 정신화는 능력인 동시에 태도이기도 하다. 이 태도는 다른 사람의 마음상태를 존중하고 알고 싶어 하며, 타인에 대한 지식의 한계를 인정하고, 타인의 감정을 이해하는 것이 건강하고 상호적으로 보람된 관계를 유지하는 데 중요하다는 관점에 대해 성찰하는 것이다(Fearon, Bevington에서 인용).

정신화-기반 치료(MBT)를 처음 접하는 치료자들에게 가르칠 때, 마치 구체적인 기법이 치료적 접근의 핵심이라는 듯이 기법을 중심으로 가르치고 싶은 유혹을 느낀다. 그러나 이 분야에서 일하는 대부분의 사람이 동의하듯이, MBT, 인지행동치료, 정신역동치료, 대인관계치료 등 어떤 치료모델도 아이 및 그 가족과 작업할 때 '적용할' 수 있는 단순한 도구나 기법의 묶음은 아니다. 이 치료모델들은 치료적 작업의 모든 측면을 닿을 수 있는 자세 혹은 함께 있어 주는 방법을 의미한다.

연구자가 아이나 어른에게 받은 치료가 어땠는지 질문할 때, 치료자가 사용한 기법의 종류에 대해 묻는 경우는 거의 없을 것이다. 그들은 인지적 재구조화의 질적 측면이나 치료자의 해석이 정확했는지 여부에 대해서는 묻지 않는다. 그 대신에 그들은 치료자라는 사람에 대해 이야기하며 질문을 시작하곤 한다. "치료자는 어땠나요? 좋은 사람이었나요? 치료자와 있을 때 편안함을 느꼈나요?" 물론 이는 치료자가 사용한 기법이 중요하지 않다는 것을 의미하지는 않으며, 단지 모든 기법은 언제나 관계의 맥락에서 이루어진다는 것과 치료자가 '함께 있어 주는 방법' 역시 우리가 사용하는 구체적인 기법만큼 중요하다는 뜻이다.

MBT에서 치료자의 치료적 자세는 치료의 '실제 작업'이 수행되는 과정에서 단지 배경으로서 존재하는 것이 아니다. 치료적 자세는 MBT가 무엇이며 어떻게 작동하는가 하는 부분의 핵심이 된다. 이것이 우리가 구체적인 MBT-C 모델의 세부 내용을 소개하기 전에 이 자세를 먼저 소개하는 이유이다. 이 자세는 MBT-C에서 매우 중요하다. MBT-C를 통해 함께 작업하는 가족의 정신화 능력을 올리기 위한 목적 때문이기도 하지만, 또한 우리 자신이 이 자세를 보여 줌으로써 이 목표를 달성할 수도 있기 때문이다. 〈표 4-1〉은 MBT-C에서 치료적 자세의 핵심요소를 보여 준다.

이 장에서는 호기심의 중요성, 유머, 타인의 관점을 탐색하는 것에 대한 흥미를 포함한 정신화 자세의 핵심요소를 소개할 것이다. 특히 가장 중요한 부분인 치료자의 정신화 능력이 무너지는 순간을 설명하고, 이 순간을 식별한 후 이를 치료적 목적으로 사용하는 방법에 대해 이야기할 것이다. 우리는 치료자의 정신화 자세를 지원하기 위한 지도감독의 역할에 대해 이야기로 이 장을 마무리할 것이며, 치료자가 정신화 능력을 유지하도록 돕는 것에 명시적으로 집중하는 슈퍼비전에 대해 설명할 것이다.

〈표 4-1〉 MBT-C에서 치료적 자세의 핵심 요소

> - MBT-C 치료자의 치료적 현존(도움을 주려는 기본적인 태도; 진정성이 있고, 판단하지 않고, 진실되며, 수용적이고, 존중하며, 열의를 보이고, 온전히 집중하며, 공감적이고 지지적인 태도; 필요한 경우 기꺼이 자신을 보여 줄 수 있는 태도)
> - 행동이 아닌, 마음에 대한 관심
> - 호기심과 (궁금증을 가진) '알지 못한다는 자세'
> - 잘못된 이해에 대한 관찰(동맹의 파열)

주: MBT-C=Mentalization-Based Treatment for Children.

# MBT-C 치료자의 치료적 현존

7세인 Belinda는 불안, 위축, 학교에서 또래 관계 형성의 어려움으로 MBT-C 치료를 시작하였다. Belinda의 부모는 수년간 논쟁하고 소리를 지르며 서로 비난을 하다가 이혼하였고, 이후 Belinda는 엄마, 외할머니와 살고 있다. Belinda의 부모는 Belinda가 이 장면들을 보지 못하도록 보호했다고 생각했지만, 폭언이 오가는 가운데 Belinda의 요구들이 무시되었다는 점은 분명했고, Belinda의 엄마와 외할머니는 편리하게도 Belinda를 '그저 혼자서만 지내며 친구가 필요하지 않은' 아이로 보았다.

Belinda를 처음 만났을 때 치료자는 Belinda가 눈을 거의 마주치지 않는다는 점에 크게 놀랐다. 첫 번째 개인면담에서 Belinda는 치료자를 따라 놀이치료실에 들어갔지만 그저 멍하니 앉아서 종이에 원을 그렸을 뿐이다. 치료자가 공을 받아보라며 Belinda를 놀이에 초대했을 때, Belinda는 놀란 것처럼 보였지만 이를 받아들였다. Belinda는 신체의 협응능력이 떨어졌으며, 공을 던지던 중 탁자 위에 있던 플라스틱 컵을 바닥에 떨어뜨렸다. 빠르게 치료자를 힐끗 보던 Belinda는 겁에 질린 듯 보였다. 치료자는 Belinda를 향해 웃으며 바닥 가까이에 앉아 컵을 집어 들었다. "걱정하지 않아도 된단다. 깨지지 않았어." 치료자는 이렇게 말하며 Belinda에게 컵을 보여 주었다. 그리고 치료자는 계속 말했다. "너에 대해서는 잘 모르지만, 나는 새로운 곳에 갔을 때 언제나 사람들이 날 어떻게 생각할지에 대해 조금 걱정해. 나는 그 사람들이 날 좋아할지 아닐지 잘 모르겠거든."

Belinda는 약간의 호기심을 가지며 치료자를 쳐다보았다. "그런 느낌을 너도 알고 있니?" 치료자가 물었지만 Belinda는 대답하지 않았다. 그 대신 Belinda는 공을 집었으며 다시 공놀이를 시작했다. 치료자가 속임수를 사용하자 곧 그들은 함께 웃었다. "나이스 캐치!" 꽤 높이 떠오른 공을 Belinda가 잡았을 때 치료자가 말했다. 그리고 치료자가 공을 놓치고 소프트볼이 Belinda의 코에 부딪쳐 튀어나왔을 때, 치료자가 "어이쿠!"라며 장난스럽고 약간은 과장된 태도로 말했다. "다 쳤니?" 치료자가 묻자 Belinda는 아니라며 고개를 저었다.

이 회기의 도입부에서 치료자는 정신화 치료처럼 보이는 것을 많이 하지는 않았다. 치료자는 복잡한 기법을 사용하고 있지 않으며, "컵이 탁자에서 떨어졌을 때 내가 무엇을 생각할 거라고 너는 생각했니?"와 같은 명시적 정신화로 초대하려는 노력 역시 하지 않았다. 그 대신 치료자는 익숙하지 않은 공간을 불안해하는 한 소녀를 처음 만나는 평범한 사람처럼 행동하고 있다.

이런 자연스럽고 인간적인 치료적 현존은 대부분의 치료에서 그렇듯이 MBT-C의 핵심이다. 그러나 언제나 이를 간과하거나 당연하다고 여길 위험이 있기 때문에 우리는 바로 이 기본이 되는 치료적 현존의 중요성을 강조하며 이 장을 시작하고자 한다. Rogers(1957)가 그의 전인적(사람-중심) 치료에 대한 세미나 작업에서 설명했듯이, 이 치료적 현존에는 공감, 진정성, 판단하지 않음, 긍정적인 태도가 포함된다. 치료자는 행동 및 활동을 통해서 흥미롭고 호의적인 어른으로서 Belinda와 상호적인 방법으로 관계를 형성하고자 했고, Belinda가 느끼는 감정을 이해하고자 했다. 치료자는 '빈 스크린(blank screen)'이 아니었고, 감정에 대해 이야기했으며, 그 자신의 개인적 경험과 마음 속 생각을 조금 털어놓기도 하였다. MBT-C 치료자는 아이나 부모의 질문에 대해 대답할 수 있어야 할 뿐만 아니라 신중한 자기노출(judicious self-disclosure)을 할 수 있어야 한다. 경험이 많은 치료자에 대한 조사에 따르면, 오직 소수만이 아이와의 치료에서 자기노출을 활용하며, 이것이 치료의 목표에 도움이 된다는 시각을 가진 이는 거의 없었다(Capobianco & Farber, 2005). 그러나 Taylor(2012)가 기술하였듯이, 정신화의 자세로 작업을 할 때에는 "개인적 영역과 사적 영역 사이에 분명하면서도 조금은 유연한 경계"(p. 93)를 갖는 것이 도움이 되며, 그런 식으로 우리는 진성성을 가지면서도 동시에 공유하기 불편한 정보를 공개하지 않도록 조심할 수 있다. 자신에 대해 개방적으로 이야기하는 것은 특히 치료 초기에 아이가 참여하도록 만드는 데 도움이 되는 경우가 많으며, 치료자가 친밀하고 흥미를 가지고 있으며 판단하지 않는다는 느낌을 만드는 것을 도울 수 있다(Barish, 2009). 이런 방법으로 치료자는 자신만의 마음과 관점을 가진 사람으로 참여할 수 있으며, 함께 작업하는 아이와 가족을 위해 정직과 용기의 모습을 보여 줄 수 있다.

예를 들어, Belinda가 뜻하지 않게 컵을 탁자에서 떨어뜨렸을 때, 처음에 치료자는 컵이 손상되지 않았다는 것을 보여 주면서 자신이 화가 나지 않았고 Belinda

를 혼내지 않을 것이라며 Belinda를 안심시켰다. 치료자는 Belinda가 느낄 수 있을 감정에 대한 공감을 보여 주었을 뿐만 아니라 지지적인 태도로 행동하였다. 치료자는 무심하고 냉담하며 알기 어려운 사람이 아니었으며, 또한 Fonagy와 Bateman(2006)가 조언하였듯이, 아이를 압도할 수 있는 방식으로 감정을 부풀리지도 않았다. 치료자는 (상대적으로) 조절될 수 있는 수준의 (너무 높지도 너무 낮지도 않은) 각성 속에서 안전한 환경을 만들도록 도왔으며, 이 환경 속 방 안에는 각자의 생각과 관점, 과거를 가진 두 사람이 존재하였다. 두 사람 모두는 불안함을 느끼면서 동시에 기대감에 차 있었다.

Fonagy와 Allison(2014)은 성인을 위한 MBT를 "애착관계 속에서의 사회적 학습과 연관된 인식론적 신뢰를 형성"(p. 372)하는 도구라고 설명하였다. 다른 말로 하면, 충분히 안전한 관계 속에서 맺는 치료자와의 관계는 개인에게 "타인으로부터의 배움을 신뢰할 수 있고 일반화하며 자신에게 의미 있는 것으로 생각"(Fonagy & Allison, 2014, p. 373)해 볼 수 있는 기회를 제공한다. 그들은 개인이 치료 자체 속에서 배울 수 있는 특정 내용(예: 그들이 어떤 이유로 새로운 사람을 만날 때마다 두려움을 느꼈는지에 대한 새로운 이해)은 단지 미미한 중요도를 가질 뿐이라고 하였다. 그 대신, 인식론적 경계를 줄이는 것은 경직된 믿음에 변화를 만들고, 이는 '사회적 배움(social learning)'을 위한 능력을 가지게 할 것이며, 이는 세계를 경험하고 상호작용하는 방식이 변화할 가능성을 제공할 수 있다고 강조했다. 그리고 이런 관계 경험은 치료 안에서 일어난 변화가 치료 이후에도 지속되도록 돕는다.

이 모든 이야기는 아마도 MBT-C에서는 성인 치료자의 치료적 현존이 가장 중요한 요소라는 것을 세련된 방식으로 이야기한 것이지만, 또한 우리는 여기에서 개인적 특성이라는 중요성을 과소평가해서는 안 된다. 우리는 모두 다르기 때문에 이것은 단지 고정된 행동의 묶음이 아니다. 그렇기 때문에 어떤 치료자는 농담을 함으로써 진정성을 전달할 수 있겠지만, 반면 다른 어떤 치료자에게 농담은 강제적이고 부자연스러운 일이 될 수 있다. 이러한 개인적 차이는 MBT-C에서 쉽게 수용될 수 있다. 중요한 것은 아이가 진정성 있고 판단하지 않으며 공감적이고 어느 정도의 자기노출에서 편안함을 느끼는 어른과 함께 있다는 느낌을 받는 것이다. 정상적인 아이의 발달에서 즐거움이나 기쁨을 포함하는 긍정적인 정서의 역할에 대한 발달연구 중에서, 아이의 홍미에 대한 치료자의 '열정적인 반응성

(enthusiastic responsiveness)'이 아이와의 작업에서 가장 핵심적인 요소임에도 불구하고 무시되고 있다는 Barish(2009)의 시각을 우리는 공유하고 싶다. 이것이 그 자체만으로 치료를 효과적으로 만드는 것은 아니지만, 이것 없이는 성공의 확률이 확실히 더 낮다.

## 행동이 아닌, 마음에 대한 관심

만 6세인 Anne은 낮은 탁자에 앉아서 앞에 놓인 농장과 야생동물 장난감 세트에 진지하게 몰입하고 있다. 그녀의 치료자는 Anne 옆의 낮은 의자에 앉았기 때문에 Anne에게 가까이 있으면서도 Anne의 공간을 침범하지 않고 있다. 탁자 위에는 양 떼가 우리 안에 모여 있고 Anne은 사자를 손에 쥐고 있다. Anne은 흥분된 목소리로 "선생님은 양을 하세요!"라고 말하며, 사자를 테이블 반대편으로 슬며시 옮기고 낮게 으르렁거리는 소리를 냈다. 그렇게 하는 동안 Anne은 기쁜 얼굴을 하고 치료자를 올려다보았다. Anne의 치료자는 눈을 크게 뜨며 으르렁거리는 소리에 과장되게 놀란 표정을 지었지만, 치료자의 얼굴과 눈빛에는 놀이의 즐거움이 번뜩였다.

치료자는 양들 중 한 마리를 집은 후 "메에에." 소리를 내며 양이 두려움에 뒷걸음치도록 했다. "오, 이런! 못된 사자가 나타났다! 날 먹지 않으면 좋겠어!" Anne의 치료자가 말했다. Anne은 이것을 즐거워하며 그녀의 사자가 위협이 되도록 움직였고, 완전히 포효했다. 치료자는 "아! 나는 너무 무서워! 도와주세요!" 라고 과장해서 외쳤으며, 그때 Anne이 치료자를 힐끔거리며 진짜로 무서워하는지 그런 척하는 건지 확인하는 것을 알아차렸다. 치료자가 놀이를 한다는 것을 확인한 후 Anne은 다시 포효했다.

사자로 양을 위협하는 놀이를 반복하며 Anne이 즐거움을 느끼는 장면에서 치료자는 조금 더 유연해질 수 있음을 보여 주고자 마치 양을 보호하듯이 양 앞에 보호하려고 하는 대상인 개를 꺼냈다([그림 4-1] 참조). 치료자는 "컹컹." 소리를 내며 개의 목소리로 "내가 지켜 줄게."라고 말했다.

이 말을 듣고 Anne은 즉시 개를 때리고 테이블 아래로 튕겨 냈으며, 화가 난 표정으로 치료자에게 몸을 돌렸다. Anne은 "안 돼요!"라고 외치며, "개는 이 놀이에 들어올 수 없어요!"

치료자는 Anne의 반응에 다소 어리둥절하여 뒤로 조금 물러난 채 말했다. "Anne, 미안해. 내가 잘못 생각했나 봐!"

Anne의 기분은 조금 누그러졌지만, Anne은 아직 불만스러워 보였다. 치료자는 과장된 목소리와 함께 눈썹을 찡그리며 "아, 어른들이 잘못할 때 정말 너무너무 짜증나! 나는 너무 화가 나!"라고 말했다.

Anne은 "선생님이 잘못했어요!"라고 반복했다.

치료자는 "맞아."라고 대답하며, 얼굴을 돌리고 무슨 일이 벌어졌는지에 대해 스스로 생각하는 모습을 보여 주었다. "나는 놀이를 망칠 생각은 없었어. 음, 이제 알겠다. 내가 거기에 개를 놓았을 때 Anne이 조금 실망했을 수도 있을 것 같아. 내가 왜 그랬을까?"

[그림 4-1] 앤의 놀이에서 사용된 장난감 동물

출처: Muller(2017).

제1장에서 정신화 능력의 발달적 기원에 대해 논의할 때, 우리는 반복적인 조건적인 반응(contingent responses)과 보여 주는 반영(marked mirroring)을 통해 아기의 정서적 자기에 대한 감각이 형성되며, 이를 통해 미분화된 긴장의 집합이었던 초기 상태가 점진적으로 이차적인 정서 표상 상태로 변해 갈 수 있다고 이야기했다. 예를 들어, 미분화된 부정적인 긴장상태에 대해 '화가 났다'는 것을 알아차리는 게 되는 것과 같다. 우리는 시간이 지나면서 이것이 어떻게 지속적인 정서적 자기(affective self) 상태를 형성하는가에 대해 설명하였다. 이 정서적 자기는 감정을 단순히 잠재적으로 다루기 힘든 미분화된 것으로 경험하지 않도록 하기 때문에 일정 수준의 자기조절을 발달시킨다. Gergely와 Watson(1996, 1999)은 이 과정이 부모의 정서반영에 대한 사회적 바이오피드백 이론(social biofeedback theory)을 통해 점진적으로 일어난다고 설명하였으며, 구체적 단서(ostensive cues)와 조건적인 반응성, 보여 주는 반영의 중요성을 강조하였다.

MBT-C에 의뢰되는 많은 아이는 정서적 자기상태에 대한 2차 표상의 발달이 제한되어 있고, 그 결과 강한 감정을 다루는 능력이 결여되어 있다. 마음이 있는 아이로서 대해 주는 반응을 많이 경험하지 못한 아이는 나이를 먹고 도전적인 행동이 증가함에 따라(수용되지 않은 감정상태를 다루는 방법으로 도전적인 행동이 발달되는 경우가 많다), 어른들에게 보다 행동에 기반한 억압적이고 처벌적인 반응을 유발할 수 있다(예: "만약 이 행동을 또 한다면 2주간 외출 금지야!").

MBT-C에서 역할놀이(pretend play)는 다른 많은 아동 대상의 치료처럼 아이가 치료자의 마음속에서 자신을 발견함으로써 자신을 마음을 가진 사람으로 느끼는 과정을 시작하고 지속하도록 돕는다. MBT-C에 의뢰되는 모든 아이가 역할놀이를 할 수 있는 능력을 가진 것은 아니지만, Anne은 자신의 내적 경험들을 표현하는 수단으로 놀이를 사용할 수 있었으며, 이 놀이가 '진짜가 아니라는 사실(not for real)'을 계속 인지할 수 있었다. Anne의 치료자가 양과 사자의 놀이에 참여하였을 때, Anne은 발달수준에 적합한 형태로 구체적 단서를 이용하였는데, 이는 사회적 바이오피드백 과정에서 부모와 아기가 함께 사용하는 것이다. 이 구체적 단서에는 적합한(관계를 맺기에는 충분하지만, 불편할 만큼 너무 과도하지는 않은) 눈 맞춤, 놀라거나 궁금할 때 눈썹을 올리는 것, (특히 가장을 통해 정서상태를 보여 주기 위한) 목소리의 변화, 생각하고 있음을 보여 주기 위해 고개를 기울이거나 먼 곳을 보는 등의 자세의 변화가 포함된다. 치료자는 (양이 느꼈을 공포와 같은) 그 감정들을 실제로 경험하고 있는 것이 아니라 아이에게 돌려주기 위한 것임을 분명히 하기 위해 목소리를 과장하거나 때때로 천천히 말할 수 있으며, 이는 Gergely와 Watson(1996)이 언급한 '보여 주기 위함이 확실히 티가 나는 태도(saliently marked manner)'이다. 치료자가 처음 "무서워!"라며 두려움의 소리를 냈을 때 Anne은 치료자의 얼굴을 쳐다보았는데, 이것은 Anne과 같은 아이들이 감정표현이 압도적일 때 진짜가 아니라는 특성(as if quality)을 잊고 실제라고 경험할 만큼 취약하다는 것을 보여 준다. 이것이 역할놀이의 가치이며, 모든 세팅은 가상적인 설정임을 보여 주고, 이는 너무 강력하거나 너무 갑작스러운 다양한 감정상태를 탐구해 보도록 돕는다.

치료자가 보호 역할을 맡은 개를 등장시킨 순간처럼 역할놀이의 설정이 무너졌을 때, 치료자의 첫 반응은 Anne의 행동에 집중하는 것이 아니라 Anne이 상호적인 놀이에 참여하는 더 적합한 방법을 배울 수 있도록 돕는 것이었다. 만약 치료자가 Anne의 행동에 더 집중했다면, Anne은 제2장에 서술한 대로 비-정신화의 악순환(nonmentalizing vicious circle)에 빠져들 가능성이 높았을 것이며, Anne은 어쩌면 비-정신화 반응의 하나인 비-정신화 행동을 보였을 것이다. 그렇지만 여기에서 치료자는 Anne에게 왜 그렇게 행동했는지를 묻는 것과 같은 정신화적 반응의 행동을 하지 않으려고 했다. 이는 Bateman과 Fonagy(2006)가 강조했듯이, 아이가 인형을 던지거나 자해를 시도하는 등 특정 행동화를 하고 난 바로 직후에는 왜 그런 식으로 행동했는지에 대해 생각해 보도록 강요하는 것이 거의 절대로 생산적일 수 없기 때문이다.

> 오히려 그들로 하여금 그들이 하고 있는 행동에 스스로 집중하도록 강요하는 것이 바로 정신화의 실패이다. 정신화하는 치료자는 환자가 그런 활동을 할 수 없는 상태라는 것에 대해 알고 있는 상태에서 환자의 행동에 대한 이유를 찾고 생각해 보려고 할 것이다(p. 107).

Anne이 (비-정신화 상태에서 놀이를 멈추며) 개 피규어를 테이블 아래로 던져 버렸을 때, 치료자의 첫 번째 목표는 정서를 조절하도록 돕는 것이었다. 정서를 조절하지 않으면 정신화를 더 많이 사용할 수 있는 상호작용으로 나아갈 가능성이 희박하기 때문이다. Gergely와 Watson(1996)이 강조하였듯이, 부정적 정서상태를 보여 주는 반영은 자기의 발달에서 특히 중요하기 때문에 치료자는 화가 난 감정에 대해 과장된 목소리로 이름을 붙여 줄 수도 있다(이때 Anne에게 직접적으로 화가 났다고 이야기하는 것은 Anne이 더 압도되도록 만들 수 있기 때문에, 조심스럽게 "나는 화가 났어."라고 1인칭으로 말하는 것이 더 나을 수 있다). Anne의 정서상태가 조금 더 조절된다면 치료자는 한 단계 더 나아갈 수 있으며, "나는 이 놀이를 망칠 생각은 없었어."와 같이 마음의 상태에 대한 생각을 이야기해 보고, 왜 치료자가 Anne이 강력한 반응을 일으킬 수 있을 만한 행동을 했는지에 대해 호기심을 갖도록 해볼 수 있다. 치료자는 Anne과 Anne의 마음에 대해 집중하기보다 "내가 왜 그랬을까?"라며 치료자 자신의 마음에 집중함으로써, 놀이에서 왜 그 순간에 개를 보여주려고 했는지에 대해 Anne이 호기심을 갖도록 했다. 이런 과정을 통해 우리는 행동이 아닌 (아이와 치료자 모두의) 마음에 집중할 수 있다.

## 호기심과 (궁금증을 가진) '알지 못한다는 자세'

11세인 Liza의 가족면담에서 치료자는 Liza의 불안에 대해 가족 구성원이 가진 여러 가지 생각을 들어 보고 있었다. Liza의 부모는 늦은 밤에 'Liza는 그때 언제나 자고 있었기 때문'에 자주 있었던 Liza의 오빠에 대한 부모의 논쟁으로 인해 Liza가 불안했을 거라고는 생각하지 않았다고 했다. Liza의 아버지는 Liza가 관심을 받기 위해 불안한 척하는 것이라고 생각했고, Liza의 어머니는 자신도 어렸을 때 불안했기 때문에 '아마도 유전적인 것'이며 자신이 그랬던 것처럼 Liza의 불안도 크면 사라질 것이라고 이야기했다.

가속면담을 하는 동안 치료자는 Liza가 왜 그렇게 불안한지에 대해 치료자 자신은 확실히 알지 못하지만, 이에 대해 모두가 가진 생각을 듣고 싶다고 이야기했다. Liza의 아버지가 Liza는 그저 관심을 받으려고 하는 것 같다고 이야기했을 때, 치료자는 Liza의 어머니에게로 몸을 돌려 왜 Liza의 아버지가 그렇게 생각하는 것 같은지에 대해 물었다. Liza의 어머니는 남편이 Liza가 자신에게 칭얼대는 것을 좋아하지 않으며, 특히 저녁, 자기 전, 남편이 자신과 시간을 보내기를 원할 때 그러는 것 같다고 대답했다. 치료자가 말했다.

"그러면 제가 이해한 것이 맞는지 봅시다. 어머니께서는 아버님이 어머니와 시간을 보내고 싶어 할 것이며, Liza가 두 분의 시간을 방해할 때 아버님이 불만을 가지는 것 같다고 말씀하신 것이 맞나요?"

"맞아요, 바로 그거예요."

Liza의 어머니가 말했다.

치료자는 Liza의 아버지에게 다시 몸을 돌린 후, 어머니의 생각에 대해 어떻게 생각하는지 물었다. Liza의 아버지는 이전보다 조금 더 신중한 목소리로 "그래요, 아마도 그런 것 같아요. 그렇지만 불만을 가지는 것이 저뿐이라고 생각하지 않아요. Liza의 엄마도 불만스러워해요."

"조금 더 이야기해 주시겠어요?"

치료자가 물었다. 그리고 Liza의 아버지가 대답했다.

"아, Liza의 엄마가 하는 어떤 표정이 있어요. 그 표정을 보면 Liza의 엄마가 화났다는 것을 언제나 알 수 있어요."

Liza가 킥킥거렸고, 치료자는 Liza에게 몸을 돌려 아빠가 말한 엄마의 표정을 Liza도 아는지 물었다. Liza는 고개를 끄덕였는데, 부끄러워하는 듯 보였다. 치료자는 그 표정을 보여 줄 수 있는지 Liza에게 물었고, Liza는 얼굴을 찌푸리며 놀란 것 같으면서도 화가 난 것 같은 표정을 지었다. Liza의 부모는 모두 웃었고, 치료자는 어머니에게 몸을 돌려 "Liza가 한 것이 맞나요?"라고 물었다. Liza의 어머니는 Liza에 대해 호기심이 생긴 듯한 모습으로 고개를 끄덕였다. 치료자가 물었다.

"Liza가 저 표정을 안다는 것을 알고 계셨나요?"

어머니는 아니라고 했지만 남편을 바라봤다. 치료자는 이를 눈치채고 말했다.

"어떤 의미인지 저는 잘 모르겠지만, 방금 두 분이 서로 쳐다보신 것 같아요."

부모는 서로를 다시 쳐다봤고, 아버지가 말했다.

"제 생각에 이건 아마도 '이 주제에 대해 더 말하고 싶지 않아.'라는 뜻 같습니다."

치료자는 반대편의 어머니를 바라봤고, 어머니는 치료자를 향해 물었다.

"이게 정말 필요한가요? 제 생각에 우린 Liza의 불안에 대해 이야기하려고 여기에 온 거 같은데요."

치료자는 물어봐 주어서 감사하다고 한 후 머리를 손가락으로 툭툭 치며 말했다.

"맞아요. 아마도 제가 무슨 생각을 하면서 그 질문을 했는지 설명해야 할 것 같습니다. 그렇지 않으면 이것이 별 의미가 없을 수도 있으니까요. 자, 봅시다. 저는 오늘 여러분을 처음 만났어요. 그리고 우리는 Liza가 가끔 불안해지는 것에 대한 서로의 생각들을 이야기해 봤는데, 저녁에 Liza가 칭얼거리고 불안해할 때 벌어지는 일들에 대해 모두가 다른 관점을 가지고 있는 것 같아요. 제 생각에 저는 이 점이 중요하다고 느꼈고, 이 생각이 다다르는 곳을 따라가 보고 싶었던 것 같아요. 하지만 제가 미리 생각해 둔 것이 있는 것은 아닙니다. 여러분이 괜찮다면, 막다른 곳에 다다르더라도 이 생각이 우리를 이끄는 곳으로 계속 따라가 보면 어떨까요?"

이를 이야기하는 동안 치료자는 Liza의 어머니가 Liza의 요구를 들어 주면서도 남편의 기대를 충족시키기 위해 노력하는 것에 대해 이야기할 때 불안해하는 것을 기억해 두었고, 이것이 어쩌면 어머니가 저녁에 Liza를 참아 주는 것이 힘들도록 만들지도 모른다고 생각했다. 치료자는 이것이 부모와 치료자의 치료작업에서 부모가 중요하게 다룰 필요가 있는 민감한 주제일 수 있겠다고 생각했다.

정신화 자세의 핵심을 정의하려고 할 때 많은 저자가 자연스럽게 '알지 못한다는 자세(not knowing)'의 중요성을 강조한다. Bateman과 Fonagy(2006)가 강조했듯이, '알지 못한다는 자세'는 아는 것이 없거나 생각이 없는 치료자를 일컫는 것은 아니다. 정신화 치료자로서의 이론적 지식이나 임상적 전문지식을 무시하는 것은 정상적이지 않으며, 임상환경 내에서 무엇이 일어날 수 있는지에 대한 우리의 가설들을 세우는 것을 자제해서도 안 된다. 물론 이 가설들은 절대적 지식이 아닌 정신이 구성한 것으로 여겨져야 하며, 치료 내에서 아이 및 부모와 함께 탐구되어야 한다. '알지 못한다는 자세'는 다른 사람을 (물론 자기 자신에 대해서도) 안다는 것이 간단한 과정이 아니라는 가정에서 출발하며, 우리는 언제나 다른 사람의 경험을 이해하기 위해 노력해야만 한다는 뜻이다. 궁금증을 가진 상태(being inquisitive)는 MBT-C의 핵심요소로서 적극적으로 의문을 제기하는 과정이다. 이 자세는 체계적 치료의 접근법인 순환 질문의 과정과 분명히 유사하며, 3세대 인지행동치료의 특징인 협동적 탐구(collaborative inquiry) 모형과도 비슷하다. 그렇지만 정신화 자세에서 특징적인 부분은 마음상태와 그 마음이 어떻게 행동에 연결되는지에 대해 특별한 호기심을 가지는 것이다.

Arietta Slade(2008)가 기술했듯이, 정신화 관점에서 부모와의 작업을 이야기할 때, 치료자가 가지는 호기심 어린 태도는 성찰하는 자세의 모델이 되며(p. 223), 다음의 특징들을 포함한다.

- 아이의 경험을 상상하려 애쓰기
- 감정에 대해 이야기하고 그 감정을 행동과 연결시키기
- 시간에 따라 감정이 변화한다는 것을 이해하기
- 우리가 다른 사람의 마음에 대한 느낌을 가질 수는 있지만 절대로 우리 느낌이 맞다고 확신할 수 없으며, 그렇지만 우리는 그것을 알아내기 위해 열린 마음과 호기심을 유지할 수 있다는 점을 명심하기

좋은 정신화의 핵심 특징 중 한 가지는 마음의 불투명함(mind's opacity)으로 누구도 다른 사람의 생각이나 느낌을 확신할 수 없다는 것이다. Aleen, O'Mallley, Freeman과 Bateman(2012)는 이것을 "호기심과 궁금증, 열린 마음에 대한 비판단적 태도"(p. 160)라고 하였다. MBT-C의 치료자는 타인의 마음에서 일어나는 일들에 대해 더 잘 알거나 확실히 안다는 태도를 피하기 위해 노력해야 한다. 만약 MBT-C 치료자가 "당신이 그 말을 했을 때, 당신이 정말 말하려고 했던 것은 분명……."이라고 시작하는 말을 한다면, 그들은 확실히 비-정신화적인 틀 속에 갇혀 있는 것이다!

대부분의 경우, 조언을 하거나 어떻게 하라는 식으로 이야기하는 전문가적 태도를 취하는 것은 정신화를 증진시키지 않는다. 반대로, '알지 못한다는 자세'와 호기심을 자극하고 마음상태를 탐구하려는 동기를 보여 주는 것은 아이와 부모로 하여금 아이가 경험하는 것에 대해 궁금해하도록 돕고, 아이가 부모로부터 분리된 존재라는 것을 이해하도록 촉진할 수 있다. Liza의 치료자가 Liza의 불안에 대

해 가족 구성원이 가진 여러 가지 생각을 탐구하기 시작했을 때, 치료자는 진지하게 고려하고 더 잘 이해해 볼 가치가 있지만 절대적 진실은 아닌 다양한 관점이 있음을 보여 주고 있었다.

이런 방법 속에서 치료자는 '다른 사람의 마음은 불투명하다.'는 이해를 바탕으로 궁금증이 많은 자세를 지닌 채 작업할 수 있으며, 다른 사람이 느끼거나 생각하는 것에 대해 생각해 보도록 누군가를 초대하는 것이 정서조절 능력 및 전반적인 대인관계의 질을 향상시킬 것이라는 이해 속에서 치료를 할 수 있다. Liza의 아버지가 Liza는 관심을 얻기 위해 불안해하며 징징거리는 것이라고 처음 이야기했을 때, 치료자는 이 생각에 직접적으로 도전하지 않았다. 만약 그랬다면, 이는 Liza의 아버지의 생각이 맞았는지에 대한 인지적 논쟁으로 이어졌을 것이다. 치료자는 비록 이것이 Liza가 보인 행동의 실제 이유가 아닐 가능성이 높다고 생각했더라도, 즉 치료자 자신이 다른 의견이 있다고 할지라도, Liza의 어머니에게 Liza가 그렇게 행동하는 이유에 대한 그녀의 생각을 물어봄으로써 치료자가 아버지의 의견을 아버지의 시각으로 받아들인다는 것을 보여 주었고, 우리 각자가 가진 생각에는 아마도 타당한 이유가 있을 것이라는 견해를 은근하게 보여 주었다. 또한 그 생각이 어디에서 왔는지 궁금해하기만 한다면, 그 이유는 이해될 수 있다는 것도 보여 주었다. Liza의 치료자가 자신이 이해한 것이 맞는지에 대해 이야기한 것은 정기적인 확인과정(regular process of checking)이다. 치료자는 아이나 부모가 가지는 감정이나 반응에 대해 어떤 것도 가정하지 않도록 노력해야 하며, 하지만 치료자가 올바르게 이해하고 있는지에 대해 적극적으로 확인하고, 또한 치료자가 틀렸을 때 이를 인정하거나 특정 사건을 중심으로 일어나는 이야기를 '강화'(체계적 치료의 용어로)하기 위하여 확인과정을 사용할 수 있다.

이 사례에서 치료자는 Liza의 불안행동에 대한 가족 구성원이 가진 각자의 관점에 대해 호기심을 보여 줌으로써 부모가 열린 토론에 참여할 수 있도록 촉진했고, 사려 깊고 성찰할 수 있는 분위기를 만들었다. 그러나 어느 순간 대화는 Liza의 어머니가 불편함을 느낄 만한 주제로 이어졌고, Liza의 어머니는 치료자에게 이것에 왜 중요한 이야기인가에 대해 물어왔다. 다시 한번 치료자는 이 상황을 '저항'으로 다루기보다 치료자의 생각과 내적 상태를 상세히 설명하는 기회로 사용했고, 대화를 그 방향으로 이끌어 갈 수 있었다. 치료자는 행동 이면의 의도에 대해 완전히 이해할 필요는 없다는 것을 분명히 하였다(우리의 마음과 의도는 심지어 우리 자신에게도 어느 정도는 불투명하다). 치료자는 이 기회를 사용하여 Liza의 부모와 함께 치료자의 작업방식을 공유했을 뿐만 아니라 가족이 이를 어떻게 경험하는지를 확인하고, 또한 더 협동적인 환경을 만들었다. 치료자는 "자신의 관점에 대해 스스로 알지 못하거나 의심을 하는 것 역시 적절한 것이다."(Fonagy & Bateman, 2006, p. 99)라는 열린 태도(open-minded)를 가지려고 노력했을 뿐만 아니라, 동시에 자신의 마음은 가족이 호기심을 가질 수 있는 대상이라는 점을 보여 주는 열린 태도를 함께 보여 주었다. 치료자는 자신의 머리를 툭툭 건드림으로써 자신이 생각하고 있는 중임을 적극적으로 보여 주었으며, 치료자가 가족과 공유하기를 원했던 자신에 대해 궁금해하며 탐구하는 과정을 직접 보여 주었다.

　호기심과 궁금증의 자세를 유지하는 것은 정신화 치료에서 가장 단순하면서도 가장 도전적인 요소이다. 많은 외상적 경험과 감정의 고조를 겪어 온 아이와 그 가족을 만나는 치료작업의 경우, 체계 자체가 비-정신화적으로 변할 가능성에 대해 결코 간과해서는 안 된다. 그렇기 때문에 MBT-C 치료자는 듣게 되거나 직접 관찰할 수 있는 순진무구해 보이는 상호작용에 대해서도 집중해서 평가해 보아야 한다. 치료자는 일어나고 있는 일을 이해하려고 노력하면서 불확실성이 있더라도 안전한 영역(arena of safe uncertainty; Mason, 1993)으로 들어가고, 관찰한 것과 느낀 것을 이야기함으로써 소리 내어 정신화할 수 있다. 치료자는 아마도 다음과 같이 이야기할 수 있을 것이다. "당신에게는 충분히 이해가 되는 일 같은데 저는 아직 완전히 이해하기가 어렵습니다. 제가 이해해 보기 위해 다시 돌아가서 조금씩 되짚어 볼 수 있을까요?" 속도를 늦추는 것(slowing things down)은 놓칠 수도 있는 새로운 시각을 갖도록 할 수 있는 강력한 방법이다.

　예를 들어, 한 아이가 집과 학교 등 여기저기에서 소변 실수를 하는 것 때문에 치료실을 찾아왔다. 학교는 아이의 그 행동을 더 허용할 수 없다고 느꼈고, 그의 양부모는 아이가 '일부러 소변 실수를 한다'는 가정 아래 모든 보상과 처벌을 사용해 보았지만, 아이의 행동을 조절할 더 나은 방법을 필요로 했다. MBT-C의 치료자는 아이에 대해 아직 학교와 부모라는 체계가 느끼는 정도로는 나쁘게 생각하지 않았기 때문에, 사회복지사 및 양부모와의 첫 만남에서 아이가 경험해 온 것이 증상과 어떻게 연관되는지에 대한 호기심을 보일 수 있었다. 약간의 탐색 후 아이의 사회복지사는 (사무적으로) 아이는 집에 불이 났고 남동생이 불 속에서 사망한 이후 처음 맡겨졌다고 이야기하였다. 치료자는 이야기를 멈추고 자신이 제대로 들은 것이 맞는지 확인하였다. 사회복지사는 잠깐 멈췄다가, 보다 신중한 태도로 맞다고 이야기하였다. "맙소사, 그런 기억을 가지고 있다는 것이 어떤 느낌일까요?" 치료자는 소리를 내어 말했다. 방 안에는 긴 침묵이 흘렀고, 사회복지사는 이전과는 달리 기계적이지 않은 태도로 사건을 설명했다. 어떤 이유에선가 아무도 아이가 겪은 일과 아이의 강박적인 배뇨 사이의 연결성을 생각해 보지 않았던 것이다. 치료실에 앉아 있는 동안 사회복지사와 양부모의 얼굴은 변했고, 아이에 대해 다시 말하기 시작했을 때 그들의 목소리는 달라져 있었다. 그들은 그때 '타인을 내부에서부터 바라보고, 자신을 외부에서 바라보는 상태'라는 정신화의 유용한 정의 중 하나인 상태에 있었다.

몇 주 후 다시 시스템 내 전문가들의 모임에서, 부모는 누구도 그때의 대화에 대해 아이에게 직접적으로 이야기하지 않았고 또 새로운 '전략'을 사용한 것도 아닌데 아이의 유뇨증이 멈췄다고 보고하였다. Sally Provence가 잘 표현한 것처럼, 때로는 "아무것도 하지 않아도 된다. 그저 거기에 서서 주의를 기울이기만 하라." (Slade, 2008, p. 225에서 인용)라는 말로도 충분한 경우가 있다.[1]

## 잘못된 이해에 대한 모니터링

12세인 Ruth의 MBT-C는 종결까지 단 한 번의 회기만을 남겨 두고 있었다. 이 기간 동안 Ruth는 치료자와 가까운 관계가 되었고, 종결까지 두 번 남은 회기에서 Ruth가 개발한 게임을 하고 있었다. 치료자의 차례가 되었을 때, Ruth는 자신의 스마트폰을 꺼내서 촬영하기 시작했다. 치료자는 갑자기 불안함을 느꼈고, Ruth에게 이곳은 사적인 공간이기 때문에 촬영은 적절

---

1　분명히 하자면, MBT-C 역시 '기적의 치료' 같은 것이 아니며, 다른 효과적인 치료들이 그렇듯이, 변화의 과정은 느리고 복잡하며 점진적이다.

하지 않다고 이야기했다. Ruth는 이해한다며 사과했고 놀이를 이어 갔다.

　그 회기가 끝났을 때, 치료자는 무슨 일이 벌어졌던 것인지에 대해 계속 생각하고 있는 자신을 발견했다. 치료자는 자신의 동료와 이야기를 나누었고, 동료는 왜 Ruth가 바로 그 순간에 촬영하기로 결심했는지에 대해 생각해 보았는지 물었다. 치료자는 이에 대해 생각했고, 그것이 다가오는 종결과 관련이 있는지, 그리고 Ruth가 치료자와의 연결을 '움켜잡기(hold on)' 위한 방법을 원했던 것은 아니었을지 여부에 대해 고민했다. 치료자는 Ruth가 치료에 오는 것을 좋아한다는 것을 알고 있었고, 종결에 대해 확고한 태도를 유지하는 것이 편치 않았다. 동시에 치료자는 Ruth가 많이 좋아졌으며 지금 치료를 종결하는 것이 적절하다는 것 역시 알고 있었다. 치료자는 Ruth와의 치료가 즐거웠고, Ruth를 그리워할 것이었다.

　치료자는 슈퍼비전(혹은 동료와의 자문) 시간을 이용하여 Ruth에게 보였던 자신의 반응에 대해 돌아보고, 무엇이 그 순간에 Ruth로 하여금 촬영하고 싶도록 만들었을지에 대해 호기심을 가지게 되면서, Ruth가 촬영하지 못하도록 막은 것이 실수였다고 느꼈다. 물론 치료자는 평소 규칙을 따랐을 뿐이지만, 이번 경우에는 치료자의 불안이 Ruth의 마음속에 일어나는 일을 간과하도록 만든 것 같았다. 그래서 그다음 주, Ruth를 만나는 마지막 회기에서 치료자는 지난 시간에 있었던 일을 되짚으며 사과했고, 그 순간에 촬영하고 싶어 했던 이유가 궁금하며, 자신의 반응이 약간 성급했던 것 같다고 이야기했다. 이 사과는 평소와 달리 두 사람 사이에서 열린 대화를 이끌었고, 두 사람은 친해지고 좋아하기 시작한 사람과 헤어져야만 하는 것이 어떤 느낌인지에 대해 이야기를 나눌 수 있었다. 그런 다음 치료자는 다시 돌아가서 함께한 시간에 대해 어떤 기록을 만들 수 있을지 이야기해 보고 싶다고 했다. 치료자와 Ruth는 함께했던 중요한 것 중 일부를 사진으로 찍기로 했으며, Ruth는 그 사진을 집으로 가져가겠지만 온라인에는 올리지 않기로 했다. 가장 중심이 되었던 사진은 치료자와 Ruth가 자주 했던 게임을 들고 함께 서서 찍은 '셀카(selfie)'였다.

　잘 알지 못한다는 자세로 작업을 할 때 치료자는 (사실 생각보다 꽤 자주) 정확히 이해할 수 없는 경우가 많다는 사실에 대해 계속 열린 자세를 취해야 한다. 이는 "내가 이걸 제대로 이해했는지 보자."와 같은 단순한 확인작업으로 빠르게 이루어질 수도 있다. 여기서 더 중요한 것은 자신의 잘못된 이해를 인정함으로써 정직과 열린 태도를 보여 주는 것이다. 치료자는 가족에게 잘못된 이해는 사건이나 행동과 관련된 상황, 경험, 감정에 대해 다시 논의를 할 수 있는 좋은 기회라는 점을 전달하기 위해 애를 쓴다.

Ruth의 치료자가 촬영하지 못하도록 한 것을 실수라고 할 수는 없다. 치료실 내에서 할 수 있는 것과 할 수 없는 것에 대한 특정 규칙을 가지는 것은 분명히 적절하며, 치료자로서 우리에게는 유튜브나 SNS에서 회기를 촬영한 영상을 보고 싶지 않은 충분한 이유가 있다. 그러나 정신화의 관점에서 본다면 우리는 상호작용 속에서 일어난 이 일이 치료자가 가진 잘못된 이해나 실수라고 생각해 볼 수 있다. 왜냐하면 치료자는 Ruth가 왜 촬영하고 싶어 했는지에 대해 호기심을 가지기 이전에 Ruth의 행동 이면에 있는 의도를 오해하고 영상을 지우고 스마트폰을 치우라며 재빠르게 Ruth의 행동을 제한하였기 때문이다.

만약 우리 모두가 불안수준이 올라갈 때 정신화하는 것이 어려울 수 있다는 점 기억한다면, 그 상황에서 치료자가 비-정신화적 반응에 빠진 것 역시 충분히 이해될 수 있다. 카메라를 본 순간 치료자는 아마도 경계와 비밀유지에 대한 전문가로서의 불안을 느꼈을 것이며, 또한 종결의 어려움에 대해 치료자가 느끼는 불안도 자극이 되었을 것이다. 또한 Ruth가 의미 있는 관계라고 생각하는 치료자와의 이별로부터 겪게 될 깊은 상실감에 대한 생각 역시 치료자를 불안하게 하였을 것이다. 우리 모두가 그렇듯, 치료자는 다행히 이에 대해 성찰해 볼 시간과 공간을 가짐으로써, 또한 그의 동료가 그 상황을 어떻게 다루어야만 했는지 조언하는 대신 Ruth가 카메라를 꺼냈을 때의 마음에 대해 궁금해하도록 도움으로써 도움을 받았다. 그렇게 함으로써 치료자는 자신의 감정을 더 잘 조절할 수 있었고 자신의 감정적 반응에 대해 더 호기심을 가질 수 있었다. 그의 감정적 반응은 부분적으로 Ruth와의 특별한 관계 때문이었고, 또 부분적으로는 '사람들이 내가 아이와 '그냥 놀고 있다'고 생각하면 어쩌지?'라고 생각하는 전문가적 능력에 대한 개인적인 의구심과 연관이 있었다.

치료자의 정신화 능력이 돌아오면서, Ruth의 치료자는 자신의 잘못된 이해를 인정하고 Ruth에게 보인 성급한 반응에 대해 사과할 준비를 했다. 진정성이 있는 사과는 정신화 자세의 굉장히 강력한 요소가 되는데, 이는 우리가 정신화할 수 없을 때 우리 모두는 틀릴 수 있다는 것을 인정하고 이에 대해 성찰해 볼 수 있다는 것을 보여 주는 방법이 되기 때문이다. Schore와 그의 동료들(1994, 2003)은 관계의 파열과 회복(rupture and repair) 모형을 소개하면서 이것이 초기 부모-자녀 관계 발달의 중심이라는 점을 보여 주었고, Safran, Muran과 동료들(2000)은 이것이 성인과의 작업에서 치료동맹을 형성하는 데 중심이 된다고 하였다.

지난 회기에서 치료자가 잘못한 점을 인정하고 되돌아가서 Ruth의 마음속에서 일어난 일을 이해해 보고 싶다고 함으로써, 치료자는 Ruth의 삶에서 핵심적이었던 상실의 경험이 단순히 반복되는 것을 막고, 이에 대해 생각해 보고 이야기해 볼 수 있는 안전한 공간을 형성하였다. 치료자는 왜 Ruth가 촬영하고 싶어 했는지에 대해 치료자가 가진 생각을 Ruth와 나눌 수 있었고, 특히 이를 잘 알지 못한다는 자세 속에서 단순한 그의 한 가설로서 이야기했다. 치료자는 또한 치료자의 감정 반응 및 이것이 어떻게 치료자로 하여금 통제하려는 반응("나는 좀 곤혹스럽고 불편하다고 느껴서 멈추고 싶었고, 그래서 그만하라고 이야기한 것 같다.")으로 이어졌는지에 대해 Ruth와 함께 고민해 볼 수 있었다.

누군가는 Ruth가 치료실에서 사진을 찍도록 허용하는 것이 정말로 필요했는지 의문을 가질 수 있다. 분명히 여기에는 목적론적인 측면("증명할 수 있는 사진이 있다면 나는 당신을 기억할 수 있어요.")이 있지만, Bateman과 Fonagy (2006)가 강조하였듯이, 경계선 성격장애를 가진 성인 환자와의 작업에서 가끔은 "마음에 존재하는 것이 현실에서도 나타나야 한다."라는 측면에서 본다면 필요한 일이었을 수 있다. 상징화 능력이 있는 아이 역시 취약하기 때문에 정신화 치료자는 행동하는 치료자가 되어야 하는 때가 있으며, 아이를 기억할 것이고 아이 역시 치료자를 기억할 수 있다는 점을 느끼게 할 구체적인 방법을 찾아야 할 수 있다. Ruth는 생각과 감정을 알아차리고 이것이 행동과 어떻게 연결되는지를 성찰해 볼 수 있는 분명한 능력을 이미 가지고 있는 아이였다. 치료자가 처음 촬영을 중단하도록 했을 때, Ruth는 마치 영향을 받지 않은 것처럼 자신을 조절하고 계속 놀이를 이어 갈 수 있었다(사실 우리는 Ruth가 회피형 애착유형을 가진 많은 아이처럼 과도한 조절을 했다고 말할 수도 있다). 그렇지만 Ruth와 달리 보호자로부터 분리된 개인으로 여겨지지 않았던 아이와의 작업의 경우, 잘못된 이해나 실수, 동맹의 파열은 훨씬 더 극적으로 일어난다. 이런 경우, 치료자가 아이로부터 자극을 받는다고 느끼며 아이를 거절하는 것이 드문 일은 아니다. 이때, 그 순간에는 어려울 수 있지만 정신화 치료자는 어떤 잘못된 이해나 실수에 대해서도 책임을 지려고 하며, '잘 알지 못한 다는 자세'로 돌아가서 이런 상황을 다루어야 한다. 치료자는 상호작용에 대한 책임을 가짐으로써 아이의 경험을 수용해 주고, 또한 잘 알지 못한다는 점을 인정함으로써 치료자는 마음의 불투명함을 일반화하고 이에 대한 이해를 보여 줄 수 있다.

다음의 사례에서처럼 정신화 치료자는 자신이 실제로 한 행동에 대해 실제로 이해하지 못한 상태라고 할지라도 우선 실수에 대한 책임을 져야 하는 경우도 많다.

만 7세인 Mohammed는 학교에서 다른 친구의 눈을 연필로 찌르려고 하는 행동으로 인해 정학을 당한 후 이제 막 MBT-C를 시작한 상태였다. Mohammed의 아버지는 일하던 도중 아이를 집으로 데려가라는 연락을 받았으며, 일어난 일에 대해 굉장히 화가 난 상태에서 좋지 않은 기분으로 치료실에 도착하였다. Mohammed의 아버지는 처음부터 회기에 참여하겠다고 주장했으나, 치료자는 먼저 Mohammed와 단둘이 시간을 가지기를 요청하였다. 치료자는 조금 이후에 Mohammed의 아버지를 참여시키기로 하였다.

치료자는 Mohammed와 회기를 시작하였으나 Mohammed는 있었던 일에 대해 언급하지 않았고, 다른 인형들이 한 인형을 괴롭히는 게임을 시작했다. 괴롭힘을 당한 인형은 다른 인형들을 발로 차며 꺼지라고 이야기했다. 치료자는 감정을 실어서 "이 인형은 모두가 눈앞에서 사라지기를 바라는 것 같네!"고 이야기했다. Mohammed는 갑자기 뒤를 돌아서 인형을 치료자의 얼굴에 던졌고, 동시에 소리를 지르며 "저는 선생님이 미워요. 선생님이 밉다고요!"라고 소리를 질렀다.

치료자는 이를 예측하지 못했고, 즉시 뒤로 물러서며 Mohammed로부터 떨어져 시선을 피했다. 그렇게 하면서 치료자는 "Mohammed, 정말 미안하다. 나는 내가 뭘 한 건지 알 수 없구나. 하지만 나는 네가 화가 났다는 것은 알 것 같다. 내가 너를 정말 화나게 했구나. 정말 미안해."라고 말했다. 그 순간, Mohammed 는 울기 시작했다.

Mohammed의 치료자는 이와 같이 사과를 했지만, 자신이 한 말 중에서 무엇이 Mohammed에게 이런 폭력적인 반응을 일으켰는지 알지 못했다. 정신화의 관점에서 첫 단계는 우선 단순명료하게 치료자가 한 무엇인가가 아이에게 영향을 주었다는 것을 인정하는 것이며, 이에 대해 진정성 있게 사과하는 것이다. 치료자의 목소리는 이 점을 분명히 보여 주었으며, 시선을 피함으로써 치료자는 그 상황에 고조된 감정을 줄이려고 했다. Mohammed의 마음속에서 이런 반응을 일으킨 것이 무엇이었는지 알아보는 것이 마음상태에 대한 호기심이란 점에서 정신화적 반응이라고 생각할 수 있지만, 감정이 이렇게 고조된 상태일 때에는 명시적인 정신화가 거의 상실된다는 점을 상기할 때, 그 방법은 완전히 비효율적이었을 것이다. MBT-C에서 가장 우선적인 것은 감정의 온도를 조절하도록 돕는 것이며, 이 시점에서 치료자의 사과는 단순히 두 사람 사이에서 뭔가 문제가 있었고 이를 치료자가 의도하지는 않았다는 것을 인정하는 것이었다.

Mohammed의 치료자가 실제 상호작용으로 돌아오기까지는 시간이 걸렸고, Mohammed의 강력한 감정을 불러일으킨 것이 무엇이었는지 완전히 이해할 수 없었다. 그렇지만 치료자는 단순하게 그 상황으로 돌아가서 행동 이면의 의도를 이해하고 싶다는 바람을 보여 주었고, 잘못된 이해가 상황이나 경험, 감정에 대해 더 많이 배울 수 있는 기회를 제공한다는 자세를 몸소 보여 주었다. 아동 MBT 치료자인 동료 Dickon Bevington은 개인적인 대화에서, 자신은 치료하는 청소년과의 첫 회기에서 자신이 거의 확실하게 잘못 이해하거나 실수를 저지를 것이라는 이야기를 꺼낸다고 했다. 그는 또한 청소년에게 만약 가능하다면 자신이 어떤 잘못을 했을 때 자신이 그것을 언제나 알 수 있는 것은 아니므로 이를 말해 달라는 부탁을 한다고 했다(마음의 불투명함; 우리는 누군가를 화나게 만들 때 어떤 말이나 행동 때문이었는지 언제나 아는 것은 아니다). 그리고 그는 "나는 내가 저지를 다음 실수들이 마음을 상하게 하지 않기를 바라며, 또한 함께 상황을 돌아보고 실수와 오해, 분노와 상처를 일으킨 것들을 다루는 방법에 대해 배우는 기회가 될 수 있기를 바란다."라고 덧붙인다고 했다.

# 정신화 자세를 돕기 위한 슈퍼비전(혹은 자문)

MBT-C에서 우리는 감정과 생각에 대해 이야기하고 탐구하는 방법을 아이와 부모에게 가르침으로써 서로 더 이어질 수 있도록 하며, 이를 통해 아이와 부모가 자기 자신과 서로를 더 잘 이해하도록 돕는다. 이런 MBT-C를 사용하는 치료자는 (필연적으로) 정신화의 일시적 붕괴를 경험할 수밖에 없으며, 이때 이를 알아차리는 것은 능동적인 정신화를 유지하는 것만큼 중요하다. 치료자는 다양한 치료환경에서 작업할 수 있는데, 큰 집단 속에서 작업하는 경우도 있고, 단 한 명의 동료와 작업하거나 혹은 혼자 작업하는 경우도 있다. 그렇지만 치료환경과 상관없이 가장 중요한 요소는 호기심과 잘 알지 못한다는 태도 속에서 마음상태에 대해 탐구해 볼 수 있는 안전한 환경을 만드는 것이다. 우리가 치료자로서 안전하고 지지를 받는다고 느낄 때, 우리는 대개 더 쉽게 도움을 요청할 수 있으며, 어려운 내담자와의 작업에서 경험한 것에 대해 자유롭게 이야기할 수 있다(Muller, 2009). 그렇지만 안전한 느낌을 유지하는 것이 언제나 쉬운 일은 아니다. 우리는 이상적이지는 않은 조건을 가진 기관에서 일을 할 수 있다. 게다가 다양한 환자가 우리의 성찰하는 능력에 도전할 것이고, 어떤 아이나 가족은 치료자의 정신화 능력에 영향을 줄 수 있는 마음속의 감정이나 갈등을 자극하기도 할 것이다.

치료자가 성찰하는 능력을 유지하고 그 자리를 지키기 위해 사용하는 주된 도구 중 하나는 슈퍼비전이다. 슈퍼비전을 통해 치료자는 심리적으로 안전한 공간 속에서 의문, 불안, 생각, 분노에 대해 이야기할 수 있으며, 무엇보다 자신의 작업과 환자의 진전에 기뻐할 수 있다. 치료자의 추정이나 믿음에 대한 성찰적인 질문은 치료자와 아이, 그리고 부모 사이에 존재하는 묵시적인 부분을 이해하도록 돕는다. 슈퍼비전 속에서 이를 명시적인 것으로 만들 때 직접적으로 관찰할 수 없었던 부분이 드러날 수 있다. 또한 관계에 영향을 줄 수 있는 문화적인 측면이나 가족의 혹은 개인적인 주제 역시 다루어질 수 있다.

대부분의 치료자가 상대적으로 높은 스트레스의 조건에서 작업을 하고 있으며, 치료에서 일어나는 대부분의 일이 잠긴 문 뒤에서 물리적으로 고립된 채 일어난다는 것을 고려하면, 정신화 태도를 유지하는 것은 치료자에게 굉장히 힘든 일일 것이다. Bevington과 Fuggle(2012)에 따르면, 거기에는 "목적론적 사고(해야 하는 일에 몰두)나 정신적 동등성(치료자가 느끼거나 생각하는 것이 실제라는 믿음)과 같은 비-정신화적 상태에 빠지려는 성향"(p. 176)이 존재한다. 이런 (정상적인) 어려움에 비추어, Bevington과 Fuggle은 믿을 수 있고 지지적인 대상과의 만남을 통해 정신화 능력을 되찾을 수 있는 우리의 자연적인 능력을 이용한 슈퍼비전을 위한 특정 체계를 제안하였다. 이 방법은 슈퍼비전이 단순히 극적인 사건에 대한 서술이 되거나 치료자보다 '더 나은' 슈퍼바이저의 이해를 보여 주는 것이 되는 위험을 피하도록 돕는다. 특히 단순히 '더 나은' 이해를 보여 주는 것은 아이에 관한 굉장한 통찰력을 보일 때조차도 치료자의 정신화를 낮출 가능성이 높다.

슈퍼비전이 치료자의 정신화 자세를 유지(혹은 재활성화)하는 것에 중점을 두기 위해서 Bevington과 Fuggle(2012)은 다음과 같이 '함께 생각하기(Thinking Together)'라고 불리는 4단계의 과정을 제안하였다.

- 1단계: 과제 설정

  회기의 세부적 이야기로 시작하기보다, 슈퍼바이저는 치료자가 "이 대화를 통해 얻고 싶은 것이 무엇인가?"에 대해 짧게 고민해 보도록 장려한다. 이 질문은 단기치료와 마찬가지로 슈퍼비전에서 초점을 유지하는 데 도움이 될 수 있다.

- 2단계: 사례의 설명

  치료자는 지나치게 길게 이야기하지 않기 위해 노력하며, 사례와 현재 상황에 대해 충분히 설명한다. 슈퍼바이저는 치료자가 과거력이나 배경, 회기 내에서 일어난 일에 대해 너무 길게 이야기하거나 과도하게 세부적인 이야기를 설명하는 것을 피하고 '핵심 뼈대'에 집중할 수 있도록 돕는다.

- 3단계: 특정 순간에 정신화하기

  이것은 '함께 생각하기'의 핵심으로서 슈퍼바이저는 치료자가 슈퍼비전에 가져온 주제와 자신의 사례에 대해 능동적으로 성찰할 수 있도록 돕는다. 이 단계에서 슈퍼비전의 목적은 '정답'을 찾는 것이 아니며, 아이와 치료자 사이의 관계에서 일어난 과정에 대해 정신화해 보는 것이다. 자신에 대해 비판적이되는 것과 자신 혹은 타인을 안심시키는 것 사이의 균형이 중요하다. 모든 임상가는 자신만의 스타일을 가지고 있다. 그렇기 때문에 호기심 속에서 유연하고 창의적이며 열린 태도를 유지하는 것이 힘들 수 있으며, 특정 입장이나 특정 치료모형에 갇히게 될 수 있다. 동료로부터 질문을 받으면서도 안전함을 느낄 수 있는 공간은 우리가 열린 태도로 우리의 작업에 접근하도록 돕는다.

- 4단계: 목적으로 되돌아가기

그 순간에 대해 적극적으로 정신화를 하고 (바라는 대로) 치료자가 정신화 자세를 되찾았다면, 슈퍼비전을 시작할 때 세웠던 과제로 되돌아가는 것이 중요하다. 이는 되찾은 정신화 능력을 적극적으로 사용하여 당면한 문제를 해결해 볼 수 있기 때문이다. 그러므로 이것은 치료의 과정과 유사하며, 정신화의 증진은 그것으로 끝이 아니라 우리가 마주한 문제에 대해 더 창의적이고 유연한 접근을 개발하도록 돕는 도구가 되어 준다. 이를 통해 결국 우리는 그 문제를 더 잘 다룰 수 있게 된다.

정신치료의 과정에 대해 이해하려 할 때, 우리는 우리의 개인적 경험이 관찰하고 이해하고 반응하는 모든 것에 영향을 미친다는 점을 명심해야 한다. 우리는 문화나 과거의 경험에 따라 주변의 것들을 이해하고 해석하는 우리만의 방법을 가지고 있다. 또한 우리는 다른 사람과의 상호작용에서 실제로 나타나는 자신만의 독특한 감수성 및 이와 관련된 우리 자신의 역사를 가지고 있다. 이러한 미묘함은 말로 표현하기 어려울 때가 많다. 녹화된 영상 자료를 사용한다면 이런 상호작용을 볼 수 있으며, 그뿐만 아니라 치료자의 명시적인 인지 바깥에 존재하는 암묵적인 역동 역시 관찰할 수 있다. 이런 이유로 우리는 자주는 아니더라도 치료를 녹화한 영상 자료를 통해 슈퍼비전을 받기를 추천한다. 이 방법이 아니면 알아차리기 힘든 중요한 과정을 살펴볼 수 있기 때문이다.

만약 가능하다면, 치료 회기 후에 잠시 앉아서 그 순간의 생각과 감정을 생각해 볼 수 있도록 회기 시간을 조정하는 것이 정말 도움이 된다. 기록지에 치료내용을 요약해서 적는 것 이상으로 우리가 느낀 감정과 신체적 경험을 고찰해 보는 것은 가치가 있다. 정말 많은 정보는 '감춰져' 있는 경우가 많고, 종종 치료자는 이를 느끼기도 한다. 이 정보는 아이와 부모의 상호작용이 가진 특성을 보는 데 도움이 된다. 예를 들어, 치료자는 회기 중 분명한 이유 없이 갑자기 굉장한 졸음을 느끼거나 혹은 그렇게 느낄 만한 분명한 논리적 이유가 없음에도 부모가 한 말로 인해 갑자기 짜증이 나는 것을 알아차릴 수 있다. 이러한 그러한 감정적 경험이나 ('체화된 역전'이라고 부를 수 있는) 신체적 경험에 대해 성찰해 보는 것은 그 순간에는 충분히 정신화할 수 없었던 상호작용의 중요한 요소에 빛을 비춰 줄 수 있다.

# 결론

이번 장에서 우리는 MBT-C의 바탕이 되는 네 가지 치료적 요소인 치료자의 치료적 현존, 행동이 아닌 마음에 대한 관심, 호기심과 (궁금증을 가진) 알지 못한다는 자세, 잘못된 이해를 모니터하기에 대해 설명하였다. 또한 다른 치료들에 대한 설명과 함께 이 자세의 요소들에 대해 이야기하였다. 예를 들어, 이 요소에는 양자관계-발달중심-정신치료(dyadic development psychotherapy; Hughes, 2004)에서 강조하는 놀이성, 수용성, 호기심, 공감과 상당히 공통적인 부분이 있다. 그중에서 우리는 내적 마음상태를 이해하기 위한 치료자의 호기심에 중점을 두는 것이 정신화 자세의 특수한 부분이라고 생각한다.

이를 보완하기 위해 Allen, Fonagy와 Bateman(2008, p. 166)은 정신화하지 못하는 치료자가 가지는 몇 가지 특성을 제시하였다.

- 영리하고 똑똑하며 통찰력이 있다는 것을 보이기 위해 애쓰는 것
- 복잡하고 긴 설명을 제시하는 것
- 잘 알지 못할 때 권위 있는 대답을 만드는 것
- 다른 사람의 생각을 알고 있다고 가정하는 것
- 자신에 생각에 대해 융통성 없는 태도를 가지는 것
- 행동 이면에 있는 내적 상태보다 행동과 행위에만 집중하는 것

이는 제2장에서 설명된 비-정신화적 형태이다. 아마도 대부분의 것이 이 장에서 사용된 임상사례들에서 치료자들이 한 번 이상 행한 것이라는 점을 알아차렸을 것이다. 우리 모두(환자나 부모, 치료자나 아이)가 때론 불안하거나 스트레스를 받는 상황에 있을 때, 혹은 감정이 고조된 상태 등 특정 순간에는 정신화 능력을

잃을 수 있기 때문이다. 이 모든 것이 정상적인 것이며, 임상작업에서 피할 수 없는 부분이기도 하다. 그러나 정신화 치료자는 그런 비-정신화 자세에 빠졌을 때 이를 알아차리기 위해 노력해야 하며, (가능하다면) 이런 정신화의 일시적 붕괴를 인지하면서 정신화를 회복하기 위해 노력해야 한다. 때때로 우리는 스스로 이것을 해낼 수 있지만, 가끔은 슈퍼비전을 필요로 하며, 특히 우리의 감정적 고조를 조절하도록 돕는 안전한 관계의 지도감독은 핵심적인 역할을 할 수 있다.

정신화 자세를 찾았다가 잃고 또 되찾는 것은 MBT-C 치료작업의 근간이 되는 자세로서 임상작업의 중심이 된다. 치료자가 항상 정신화를 해야 한다는 것이 굉장히 벅찬 과제처럼 보이겠지만, 이는 가능하지도 않고 또한 핵심적이지도 않다는 것 역시 매우 중요하다. 그 누구도 항상 언제나 정신화 자세를 유지할 수는 없다. 이 장의 후반부에서 우리는 치료자가 정신화 능력을 되살리기 위해 할 수 있는 몇 가지 방법을 논의하였다. 그렇지만 우리는 정신화가 어렵게 느껴질 때 명심해야 할 네 가지 요점을 다시 정리하는 것으로 이 장을 마치고자 한다.

- 당신의 정신화를 강화하는 것이 곧 타인의 정신화를 강화하는 것이다.
- 자신이 비-정신화적으로 개입하고 있음을 인지하였다면, 당신은 이미 정신화를 하고 있다.
- (당신에게서 혹은 아이나 부모에게서) 정신화가 멈춘 순간은 변화의 가능성이자 새로운 배울 수 있는 기회가 된다.
- 아이가 관계의 상황 속에서 정신화 능력을 발달시킨다는 것을 우리가 알고 있듯이, 우리 치료자 역시 정신화 능력을 제대로 유지하기 위한 목적으로 관계를 통한 학습의 형태인 슈퍼비전을 이용할 수 있다.

## 제5장 MBT-C에서의 평가과정

이번 장에서 우리는 평가 및 개념화를 위한 임상적 접근법을 설명할 것이며, 또한 아이를 위한 정신화-기반 치료(MBT-C)의 맥락에서 치료목표와 치료에서의 중점과제를 찾아가는 과정을 설명할 것이다. 이 치료가 가장 효과적일 아이를 알아내고 분명한 개념화를 만드는 데 이 단계가 중요하며, 개념화는 가족으로 하여금 문제를 이해하고 이 치료가 어떻게 도움이 될 것인지를 알 수 있게 도울 것이다. 분명하고 현실적인 중점과제와 목표는 아이 및 가족과의 협조적인 작업을 시작하는 데 매우 중요하며, 정신화 과정을 촉진하는 기회가 되기도 한다. 특히 아이 및 부모의 정신화 능력에 대해 평가를 하고, 이 부분이 아이의 어려움과 어떻게 연결되는지에 대해 개념화해 보는 것은 매우 중요하다. 각기 다른 평가 단계가 어떻게 연결되어 있는지를 분명하게 보여 주기 위해 우리는 John과 그의 양부모에 대한 평가사례를 제시해 보겠다.

## 평가과정의 구조

MBT-C에서 평가를 위한 많은 방법이 있지만, 다양한 도움 요청에 치료자가 유연하게 반응하는 것은 굉장히 중요하다. 보통 평가 단계는 가족회기로 시작하며,

136

(두 치료자가 함께 작업한다면) 아이와 부모의 치료자가 함께 참여하고, 이후 아이와 부모의 회기가 독립적으로 각각 2~3번씩 진행된다. 아이와 부모의 분리된 회기 이후, 치료자, 아이, 부모는 평가결과에 대해 논의할 수 있는 리뷰와 피드백 세션을 가지면서, MBT-C를 계속 진행할지 여부에 대해 함께 결정한다(〈표 5-1〉 참조). 이 평가에는 정신과적 평가나 교육에 대한 평가가 동반되어야 할 수도 있으며, 아이의 삶에서 중요한 역할을 하는 외부 기관과 연락해야 하는 경우도 있다.

치료를 시작하는 아이 및 그 부모와 함께하는 만남에서는 다음에 기술된 MBT-C의 중요한 원칙에 대해 이야기해야 한다.

- MBT-C는 단순히 아이 '안에' 문제가 있다고 가정하지 않는다.
- 어떤 사람의 문제는 보통 핵심적이 대인관계에서 비롯된다.
- 문제를 해결하기 위해 가족 전체와의 작업이 필요할 수 있다.

이 원칙들이 수정될 필요가 있는 상황도 있다. 예를 들어, (부모의 갈등이나 정신건강문제 등) 부모는 자신의 무엇인가가 아이의 문제에 기여하고 있지만 이를 아이 앞에서 논의하는 것이 어렵다고 느끼는 경우가 있다.

구체적인 형태가 무엇이든 MBT-C에서 평가의 종합적인 목표는 아이와 부모 혹은 가족의 정신화 프로파일(mentalizing profile)을 작성하는 것이며, 또한 이것이 아이를 치료에 오게 만든 문제와 어떤 연관성이 있는지를 탐색하는 것이다. 평가의 끝에 아이에게 MBT-C를 시행하기로 한다면, 평가과정은 또한 목표를 세우고 치료의 중점과제에 대한 합의를 도출하는 데 사용된다(〈표 5-1〉 참조). 동시에 평가과정은 그 자체로 치료적이며, 임상가에게 아이와 가족이 이 독특한 작업방식을 얼마나 이용할 수 있는지에 대해 평가할 수 있는 기회를 제공한다.

〈표 5-1〉 MBT-C에서의 평가에 대한 개요

**아이 및 가족 혹은 보호자와의 첫 회기**

(아이와 보호자의 치료자가 따로 있다면) 치료자들은 이들이 치료에 온 이유를 알아보고 또한 각자가 이 문제를 어떻게 바라보는지 듣기 위해 아이 및 보호자를 함께 만난다. 이 회기에서 치료자는 가족의 정신화 프로파일에 대한 초기 평가를 시행하고, 어떤 식으로 상호작용이 일어나는지 느껴 본다.

- 부모 혹은 보호자와의 회기(2~3회)

아이의 치료자와 보호자의 치료자가 따로 작업한다면, 아이의 평가 세션에 병행하여 부모의 치료자와 부모의 만남이 이루어진다. 치료자는 이를 통해 부모와 치료동맹을 형성할 기회를 가지며, 아이와 아이가 보이는 문제에 대한 부모의 시각을 더 잘 이해할 수 있다. 이 회기 동안 치료자는 부모의 성찰하는 능력(강점과 약점)에 대한 초기 평가를 시행하고, 이 능력이 아이의 문제와 어떻게 연관되는지 개념화한다.

- 아이와의 회기(2~3회)

아이와 보호자의 치료자가 따로 작업한다면, 아이의 치료자는 아이를 만나 치료동맹을 형성하기 시작하며 아이의 관점에 대한 이해를 넓혀 간다. 치료자는 아이의 정신화 능력(강점과 약점)에 대한 초기 평가를 시행하며, 이것이 아이의 문제와 어떻게 연관되는지 개념화한다.

- 리뷰와 피드백 회기

두 치료자 및 부모와 아이 모두가 함께 참여하는 회기에서 평가가 어떻게 이루어졌는지 검토한다. 치료자는 개념화를 가족과 공유한다. 이 기준에 따라 MBT-C를 진행할지 여부에 대해 함께 결정하며, 진행하기로 결정한다면 치료목표 및 중점과제에 대해 합의한다.

# 아이 및 가족과의 첫 회기

첫 회기에서 만 8세인 John은 그의 양부모 F 씨 부부와 함께 왔다. John은 심각한 공격성을 보이는 분노폭발 및 애착대상으로부터의 외상으로 인해 치료에 의뢰되었으며, 이번이 John의 첫 번째 치료였다. John의 가족과 치료를 하게 될 두 명의 치료자는 그들을 대기실에서 함께 만나 상담실로 안내했다. 치료자는 첫 회기에서 하는 작업에 대해 짧게 설명했다. 부모와 작업할 치료자는 사회복지사로부터 최근 시작된 John의 분노발작에 대해 그들이 많이 염려하고 있다는 이야기를 들었다고 말했다. 하지만 치료자는 이에 대해 더 묻기 전에 서로를 소개하면서 회기를 시작해도 괜찮을지 물었다. 모두는 고개를 끄덕였고, 치료자는 자신에게는 자기소개를 하는 약간 특이한 방법이 있다고 덧붙였다. 치료자는 모두가 방의 한가운데 있는 바구니에서 방 안에 있는 사람들을 표현한다고 생각되는 동물을 하나씩 고르는 자고 제안했다. 그리고 모두가 이에 대해 괜찮다고 생각하는지 물었다. 모두는 호기심과 약간의 우려가 섞인 표정으로 이에 동의했다.

John에게 어떤 동물을 고를 것인지 물었을 때, John은 먼저 자신을 표현하는 동물로 침팬지를 선택했다. 치료자는 이 선택에 호기심을 가지며, 방 안의 사람들에게 어떤 생각이 드는지 물었다. John의 어머니는 John이 가끔 원숭이처럼 까불거리기 때문에 고른 것 같다고 추측했다. John과 그의 아버지는 이를 듣고 인정한다는 듯이 웃음을 터트렸다. 치료자가 이에 대해 John에게 확인하자, John은 고개를 끄덕였으나 침팬지는 또한 뾰족한 이빨을 가지고 있다고 덧붙였다. 치료자는 소리를 내어 그것이 왜 중요한지 John에게 물었고, John의 아버지는 침팬지는 자신이 안전하지 않다고 느낄 때가 많기 때문에 자신을 지키기 위해 그런 것 같다고 대답했다. John은 생각에 잠겨 골몰하며 그의 아버지를 바라본 후, 그의 양부모를 위한 동물들을 선택하겠다고 했다. John이 선택하기 전에 치료자는 각 부모에게 John이 어떤 동물을 고를지 추측해 보되, 지금은 말은 하지 말라고 제안했다. 부모가 추측을 마쳤을 때, John은 모두에게 아버지를 표현하는 동물로 고릴라를 골랐다고 말했다. 치료자는 아버지에게 기대했던 동물이 맞는지 물었고, 아버지는 웃으면서 아니었다고 말한 후 자신은 코끼리를 생각했다고 했다. 치료자는 John이 왜 고릴라를 골랐는지 추측해 봐도 괜찮을지 묻고, 고릴라와 침팬지는 모두 원숭이과에 속하지만 다른 가족인 것 같다고 이야기했다. John은 감정을 담으며 "그들은 모두 영장류이고 각자의 가족을 가지고 있어요." 라고 말했다. F 씨는 이에 대해 따뜻하고 진정성 있는 반응을 보이며 John의 어깨에 손을 얹었다. "딱 우리처럼."

가족과의 첫 회기를 시작할 때, 치료자는 가족이 도움을 원하도록 만든 것이 무엇인지를 정말로 이해하고 싶으며, 모두의 관점과 경험에 대해 듣고 싶다는 것을 전달하고, 또한 판단하지 않는 태도로 그들을 존중하며 이야기를 들을 것임을 설명한다. 여기에서의 목적은 정신화적 접근의 요소를 가족에게 소개하는 것으로, 이는 MBT-C의 핵심요소를 설명하는 것이기도 하며, 또한 가족 구성원과 치료자가 상호작용하는 방법을 통해 정신화의 자세를 직접 시연하는 것이기도 하다. 치료자는 첫 만남에서 가족과 아이가 치료를 찾도록 한 이유에 대한 공통된 이해를 발견하는 것을 목표로 하며, 가족 구성원 각자가 각기 다른 관점을 가지고 있음을 보여 준다. 이후 치료자는 이 부분을 치료에 대한 가족 구성원의 희망 및 기대와 연결시킨다. 치료자는 가족 전체를 함께 만남으로써 가족 안에서 일어나는 애착 관계의 질적인 면을 관찰 수 있으며, 가족의 정신화하는 능력에 대한 강점과 약점을 알아낼 수 있고, 가족의 정신화 능력이 취약해지는 영역을 식별할 수 있다. 이 모든 것은 가족이 가진 정신화 능력의 강점 및 약점과 그들이 도움을 찾게 된 주제 사이의 연관성에 대한 예비 개념화를 작성하는 데 쓰인다.

가족 구성원이 서로에 대해 말하는 것을 들음으로써 많은 것을 배울 수도 있지만, 부모와 아이 사이의 비언어적인 관계 패턴을 관찰하는 것에서도 많은 것을 배울 수 있다(Ensink, Leroux, Normandin, Biberdzic, & Fonagy, 출판 중; Fonagy, 2015; Shai & Fonagy, 2014). Stern(1985)은 이를 '함께 있는 방법(ways of being together)'이라고 지칭했다. 예를 들어, 부모가 아이와의 상호작용 속에서 무엇을 하는지, 정서적으로 준비가 되어 있는지, 그리고 아이의 내적 경험에 대해 듣거나 상상할 수 있는지 등은 면담에서 아이에 대해 기술하는 부모의 능력에 비견될 만큼 굉장히 중요하다. 이와 같은 비언어적이고 암묵적인 관계패턴에 대한 정보(Lyons-Ruth et al., 1998)는 첫 가족회기에서 관찰해야 할 중요한 부분이다.

가족과의 첫 회기는 보통 어느 정도 구조화되며, 가족을 위한 체계적인 정신화 치료(Asen & Fonagy, 2012a; Keaveny et al., 2012) 환경에서 비롯된 다음과 같은 요소들을 포함하고 있다.

- 가족소개
- 각 가족 구성원들이 치료를 찾게 된 어려움에 대해 어떻게 보고 있는지, 또한 그들이 지금까지 이 문제를 다루기 위해 어떤 노력을 해 왔는지 명료하게 알아보는 작업
- 가족활동 혹은 가족놀이
- 치료에 참여 및 검토 후 이어서 벌어질 일들을 설명하기

◆ 가족소개

먼저 모든 가족 구성원에게 각자 자신이 누구인지 소개한 후 자신에 대해(예: 무엇을 좋아하고 어떤 사람인지 등) 조금 더 이야기하도록 요청한다. 아이가 왜 치료에 오게 되었는지에 대해 바로 직접적으로 이야기하지 않고 이런 방식으로 시작하는 것은 아이의 문제에 대해 너무 빨리 집중하게 되는 것을 막을 수 있다. 이는 또한 즐거운 방식으로 가족관계가 드러나는 기회를 제공하며, 시작부터 치료자가 여러 가지 다른 관점에 흥미가 있다는 것(즉, 우리가 바깥에서 어떻게 보일지에 대한 것과 또 우리 내부에서는 타인을 어떻게 바라볼지에 대해 흥미가 있다는 것)을 보여 주기도 한다. 치료자는 계속해서 가족의 정신화 능력에 대한 평가를 도울 수 있는 마음에 대한 다음의 질문을 염두에 두고, 가족의 소개를 듣는다.

- 가족 구성원은 서로의 성격적 특성이나 마음상태, 어떻게 관계를 맺는지에 대해 설명할 수 있는가? 아니면 설명이 경직되거나 행동에만 초점을 맞추고 있지는 않은가?
- 그 설명에 담긴 감정의 특성은 무엇인가? 그들은 부정적이거나 과도하게 이상화를 하는가? 뉘앙스는 어떠한가?
- 가족 구성원은 다른 사람이 자신에 대해 설명한 내용을 듣고 어떻게 반응하는가?

이런 대화를 통한 가족소개 이후에(혹은 이 소개 대신에) 치료자는 가족 구성원에게 각자를 표현하는 동물을 고르라고 요청할 수 있고, 이 선택에 대해 토의해 보기를 제안함으로써 가족 구성원이 서로와 자신을 얼마나 다르게 보는지에 대한 묵시적인 정보를 얻을 수 있다(Muller & Midgley, 2015). John과 양부모의 사례와 같이 때론 놀이를 하는 것처럼 소개가 이루어질 수 있으며, 가족은 다른 구성원이 자신 혹은 서로를 소개하는 방식이나 가지고 있던 이미지를 듣고 놀랄 수 있다. 이 과정은 '문제'에만 과도하게 집중하지 않도록 도우며, 다른 사람의 관점을 알아 가는 것의 가치를 알도록 돕는다.

◆ 문제에 대해 알아보기

 (소개를 요청받은 치료자를 포함한) 치료실 내의 모두가 자신을 소개한 후, 가족 구성원은 무엇이 치료를 찾도록 했는지에 대해 질문을 받고, 문제에 대한 각자의 생각을 표현할 기회를 갖는다. 치료의 시작부터 모든 사람은 각자 다른 관점을 가진다는 생각에 집중하고, 치료자는 누가 옳고 누가 틀렸는지를 확인하는 것에 관심이 없으며, 오히려 각자의 위치에서 이것이 어떻게 보이는지를 이해하는 데 관심이 있다는 것에 중점을 둔다. 이때 탐색해야 할 영역은 다음과 같다(Asen & Fonagy, 2012a).

- 어려움이 발생하게 된 과정 및 환경에 집중하기: 문제의 특성 및 발생과정, 가족이 설명하는 맥락, 가족이 어떻게 이 문제를 다루고자 노력했으며, 어떻게 서로를 이해하려고 했는지, 문제가 가족과 타인에 미친 영향, 이전 치료 및 도움요청의 과거력
- 차이에 대한 탐색: 어려움에 대해 가족 구성원이 어떤 다른 생각들을 가지고 있는지 혹은 무엇이 그 문제를 일으켰는지에 대해 어떤 서로 다른 이해를 가지고 있는지에 대한 파악

 아이와 작업할 때, 부모는 아이의 문제에 대해 이야기하지만 아이는 자신의 문제에 대해 이야기하기 어려워하는 경우가 많다. 그러나 어린아이에게도 역시 그들이 가진 관점을 표현하도록 요청해야 하며, 때로는 아이가 치료를 찾게 된 문제에 대해 자신만의 관점을 가지고 있다는 것을 보여 주는 것이 부모에게 놀라운 일이 되기도 한다. 이것의 목적은 아이에게 존재하는 문제에 대해 언제 또 어떤 상황에서 시작되었는지, 언제 지금과 같은 모습이 되었고 무슨 일이 일어났는지, 그리고 문제의 의미나 그동안의 과정에 대해 모두가 가지고 있는 생각에 대한 선명한 그림을 얻기 위해서이다. 물론 아이가 가진 문제가 가장 중요한 주제로 다루어진다고 할지라도, 우리는 또한 아이가 가진 문제를 대인관계 문제 혹은 체계의 문제라는 관점으로 보기 위해 노력해야 하며, 치료에서는 대인관계의 특성을 강조하고 문제를 함께 다루는 방법을 찾기 위해 노력할 것임을 설명해야 한다.

## ◆ 가족활동 혹은 가족놀이

만약 장소가 적합하다면 첫 회기는 가족놀이 혹은 구조화된 과제를 포함할 수 있고, 이는 치료자가 공통의 과제를 수행할 때의 가족이 어떻게 서로 상호작용하는지를 이해할 수 있는 기회가 된다. 치료자는 가족의 강점과 난점에 이야기해 볼 수 있고 혹은 무엇인가 함께하는 것을 통해 보여 줄 수도 있는데, 이 치료에서는 항상 말하기와 행동하기를 함께 시도해 본다고 소개할 수 있다. 제안되는 활동은 '구불구불 선 긋기(the squiggle) 게임'과 같은 상호작용 과제이며(Ensink, Leroux, et al., 출판 중; Winnicott, 1996), 부모와 아이는 구불구불하게 그은 선을 이용하여 함께 이야기를 만들 수 있다. 구불구불 선 긋기 게임은 한 사람이 먼저 시작하는 선을 긋고, 다른 사람이 여기에 선을 추가하며 그림을 만들어 가는 게임이다. 이 게임은 부모가 아이의 경험에 대한 관심을 표현하는지, 아이의 내적 세계를 상상할 수 있는지, 아이의 정서적 소통에 수용적인지를 관찰할 수 있는 기회가 되며, 이를 통해 아이에게 개인적으로 중요한 부분을 담은 이야기를 정교하게 만들고 함께 구성할 수 있다. 말하자면, 이 게임은 아이의 경험을 상상하고 그것에 의미를 부여하며 처음에는 구불구불한 선에 지나지 않았던 것을 아이와 함께 의미 있는 이야기로 만들어 나가는 부모의 능력에 대한 시험이라고 할 수 있다. 혹은 치료자는 상대적으로 자유로운 과제를 제시할 수도 있으며, 그 예로는 그림 그리기나 클레이 혹은 레고로 무엇인가 만들기, 아니면 가족이 꿈꾸는 집이나 가족 동물원을 만들어 보도록 요청하기 등이 있다.

이런 활동을 하는 또 다른 이유는 놀이를 기반으로 한 환경에서 가족 구성원이 서로 어떻게 관계를 맺는지 보기 위함이다. 과제를 하는 과정은 실제 만들어진 결과만큼 중요하다. 어떤 가족, 특히 첫 상호작용이 상당히 혼란스럽거나 자연스럽게 시작하지 못하는 경우, 치료자는 모두에게 좋은 경험이 될 수 있는 조금 더 구조화된 놀이나 과제가 필요하다고 느낄 수 있다. 그럴 때 치료자는 블록을 사용한 빌딩 만들기 등 조금 더 구조화된 과제를 선택할 수 있다.

아이와 가족이 너무 불안해하지 않고 동의를 한다면, 가족이 과제나 놀이를 하는 장면을 영상으로 촬영하는 것이 도움이 될 수 있다. 이때, 이후 부모와의 회기에서 영상을 함께 보며 가족에서 일어나는 소통 및 가족관계를 조금 더 잘 이해해

볼 수 있다고 설명할 수 있다.

### ◆ 첫 회기에 대한 검토 후 이어서 벌어질 일들을 설명하기

첫 회기는 보통 치료자가 치료에 대한 각자의 경험을 확인하는 것으로 끝난다. 또한 치료자는 다른 사람의 말을 들으면서 서로 무엇을 느꼈는지를 이야기하고, 서로가 전달하려고 하는 것에 대해 이해했는지 혹은 중요한 것을 놓치지는 않았는지 확인한다. 그리고 치료자는 가족이 평가과정을 진행하며 더 설명해 보고 싶은 것이 있는지 상의할 수 있다. 이것 역시 정신화-기반 치료가 무엇인지, 앞으로 무슨 일이 생길 것인지에 대해 설명할 수 있는 기회가 된다.

정신화의 개념을 어떤 방식으로 설명하는가는 아이와 부모의 이해 정도, 연령에 달려 있으며, '정신화'라는 용어를 사용하는 것이 꼭 필요한지 혹은 도움이 될지에 대해서는 여러 가지 관점이 있다. 치료자가 이 용어를 사용하기로 선택하는 경우에는 추상적이 되거나 너무 많은 말을 하게 될 위험이 있다. 우리의 경험으로는 치료실 안에서 발생한 일이나 경험한 이야기 혹은 아이와 가족이 함께 알고 있는 내용을 사용하여 설명할 때 가장 효과적이었다(만약 아이들이 픽사의 애니메이션 〈인사이드 아웃(Inside Out)〉을 봤다면, 이 영화는 정신화가 무엇인지 설명할 수 있는 아주 좋은 방법이 될 수 있다). 모든 사람이 각자의 스타일을 가지고 있지만, 다음과 같은 내용으로 이야기를 시작하는 것이 도움이 될 수 있다.

> 함께한 만남에서 여러분은 아마 제가 '정신화'라는 낯선 용어를 사용하는 것을 들으셨을 거예요. 우리는 여러분이 치료에 오게 된 이유를 해결하는 데 정말 도움이 될 만한 것이 무엇인지 알기 위해 이 단어를 사용합니다. 정신화란 사람들이 말을 하거나 어떤 행동을 할 때 그 사람의 마음속에 무슨 일이 벌어지고 있는가에 대해 흥미를 가지려고 노력하는 것이에요. 예를 들어, 제가 지금 이야기를 하는 동안 여러분은 어쩌면 '저 사람은 왜 나에게 이런 이야기를 하지?'라고 생각해 보실 수 있습니다. 이것을 바로 정신화라고 하며, 이는 여러분이 제가 말하는 것 이면에 있는 저의 의도를 알아내려고 노력하기 때문이에요. 제가 왜 이 이야기를 하는지 알게 되면 많은 것을 훨씬 잘 이해할 수 있습니다. 그러나 만약

제 의도를 모르거나 잘못 생각하게 되면 이는 많은 문제를 일으킬 수도 있습니다.

(이미 눈빛이 흐릿해지지 않았다면) 이 부분에서 치료실 내에서 일어났던 일과 연관을 지어 설명하거나 치료자 자신의 경험에 대해 이야기하는 것이 굉장히 도움이 된다. 예를 들어, 좋은 정신화를 하는 것이 얼마나 도움이 되는지에 대한 이야기를 해 볼 수 있으며, 다음과 같이 아이에게 이야기해 볼 수 있다.

혹시 아빠가 오늘 너에게 "우리가 널 혼자 두었을 때 네가 정말 힘들었을 거야."라고 이야기하셨고, 그때 네가 울컥 눈물을 흘리며 아버지를 안으려고 했던 것을 기억하니? 그때가 아빠께서 정신화를 잘하신 순간이야. 아빠는 네가 병원에서 혼자 남겨진 그 순간에 어떻게 느꼈을지를 생각하셨던 것이고, 선생님 생각에는 그래서 아빠가 그 말씀을 하셨을 때 네 마음이 따뜻해졌던 것 같다.

혹은 정신화가 잘못되었을 때 어떤 일이 벌어질 수 있는지, 이것을 교정하는 것이 왜 도움이 되는지를 이야기할 수 있다. 예를 들어, 아이에게 다음과 같이 이야기하는 것이다.

오늘 아빠가 너를 여기에 데려온 이유가 네가 선생님에게 잘못 행동했기 때문이라고 이야기하셨을 때 네가 아빠에게 화가 났다고 이야기한 것이 기억나니? 그래서 네가 부루퉁했었고. 그것 때문에 아빠가 짜증을 냈던 거 말이야. 하지만 우리가 다시 그 일에 대해 이야기했을 때, 아빠는 네가 걱정되어서 너를 여기에 데리고 오신 거라고 하셨잖아. 그러고 나서 조금 이해가 되었는지, 선생님 생각에는 너의 느낌이 바뀐 것 같았는데, 그렇지 않니? 그런 것이 정신화의 힘이야.

정신화가 무엇인지, 그리고 이것이 도움을 받기 위해 찾아온 문제에 어떻게 연결되는지를 설명하고 나면, 평가를 계속 진행할지 여부를 결정하게 된다. 때때로 어떤 가족들은 평가를 지속할지 여부에 대한 결정을 하기 전에 집으로 돌아가서 생각하기를 원할 수 있다. 이 단계에서 아이들이 다음 회기부터 부모와 분리되어 치료자를 만나는 것에 동의하기 위해서, 또한 부모가 이것에 대해 편안함을 느끼기 위해서는 충분한 수준의 신뢰를 형성해야 하는 경우가 많다. 만약 그렇지 않다면, 평가의 구조는 변형될 수 있다. 중요한 것은 과정을 정확히 따라가는 것이 아니며 MBT-C에서 평가의 목적을 염두에 두고 개별 사례에 따라 이를 어떻게 성취해 갈 것인지를 결정하는 것이다.

학교의 교사나 다른 사람들에게 연락을 하고 아이에 대한 그들의 생각이나 관찰을 듣는 것 역시 도움이 된다. 특히 트라우마나 애착문제를 가진 경우에는 학교와 집에서 보이는 아이의 행동이 다를 때가 많다. 결과적으로 아이에 대한 학교의 반응은 다를 수 있고, 이런 정보는 평가에 도움이 된다.

## 아이에 대한 평가회기

아이의 평가는 보통 2~3번의 회기를 통해 이루어진다. 이 회기의 목적은 아이의 기능, 능력, 성격, 관계를 맺는 방식에 대한 프로파일을 만드는 것이며, 아이들의 정신화 능력이 어떻게 제기된 문제나 어려움과 연결되는지를 이해하는 것이다. 또한 치료자는 아이의 정신화가 발달되지 않은 영역이나 정신화가 붕괴되는 영역에 주의를 기울여야 한다. 그리고 이 평가회기의 목적은 필요한 정보만을 얻어 내는 것이 아니며, 아이와 함께 작업동맹 및 관계를 형성하는 것도 포함된다. 미리 정해진 공식을 따르는 것보다 치료자는 자신의 창의성과 임상적 지식을 사용하여 아이와 관계를 맺을 방법을 찾고, 즐겁게 관계를 형성할 활동을 선택하며, 자신과 타인에 대해 정신화하는 기회를 만든다.

치료자는 구조화된 활동이나 자유로운 놀이를 사용할 수 있다. 치료자가 더 구조화된 과제를 주면, 이를 통하여 제한을 받아들이고 지시를 따르는 아이의 능력에 대한 정보를 얻을 수 있다. 또한 자유로운 놀이는 아이가 놀이 속에서 시작, 중간, 끝이 존재하는 이야기를 만들 수 있는 능력이 있는지 볼 수 있는 기회가 되며 (Kernberg, Chazan, & Normandin, 1998; Tessier, Normandin, Ensink, & Fonagy, 2016), 그뿐만 아니라 외상이나 놀이를 방해할 만큼 억제된 부분이 있는지에 대해서도 확인할 수 있는 기회가 된다.

투사적 과제 역시 평가에 사용될 수 있다. 예를 들어, 아이들에게 그림을 보여주며 이야기를 만들어 보라고 하는 주제통각검사(Murray, 1943) 혹은 이야기 완성과제(Hodges, Steele, Hillman, Henderson, & Kaniuk, 2003)가 있다. 아이에게 다양한 감정을 그려 보라고 하거나 그림을 완성시켜 보라고 하는 것처럼 그림을 사용하는 것도 유용할 수 있다. MBT의 치료선상에서 회기가 진행되는 동안 치료자는 임상적 판단을 통해 놀이에 참여하고 적극적으로 반응하기 위해 노력한다.

개별 면담에서 치료자는 치료에 오게 된 이유에 대한 아이의 생각에 호기심을 보일 수 있으며, 혹은 아이가 자신의 문제를 어떻게 표현하는지에 대해 알아볼 수 있다. 아이가 말로 자신의 문제를 표현할 수 있다면, 아이를 MBT-C에 집중하도록 만드는 것이 더 쉬운 일이 된다. 아이는 자신에게 문제가 있으며 그것이 무엇인지에 대해 어느 정도 알고 있음을 보이는 "나는 언제나 불안해요." 혹은 "나는 친구가 없어요. 아무도 나와 놀고 싶어 하지 않아요."와 같은 말을 할 수 있다. 평가 단계의 마지막은 치료자와 아이가 함께 성취 가능성이 있는 목표를 세우는 것이며, 그런 다음 치료의 중점과제를 개념화하는 것이다.

문제를 이해하는 것 외에도 치료자는 아이에게서 '타오르는 불꽃(vital spark)'을 찾기 위해 노력해야만 한다(Winnicott, 1971b). 이것은 치료를 도울 수 있는 강점이나 작은 열정 같은 것이다. 이는 아이가 좋아하는 것이나 잘하는 것, 호기심을 갖는 것이 될 수 있다. 이 '타오르는 불꽃'은 치료 중에 어려운 순간을 맞이했을 때 돌아오거나 동기를 유지하는 원천으로서 도움이 될 수 있다.

### ◆ 주의집중력 혹은 기본적인 자기조절에 대한 평가

John과 가진 첫 개별 평가회기에서 John의 주의집중력은 지속시간이 길지 않았으며 동기의 수준에 따라 달라지는 것처럼 보였다. 예를 들어, John이 놀이를 고를 때, John은 그 놀이를 시작하고 잠깐은 지속할 수 있었지만 일반적으로 집중력을 빠르게 잃었기 때문에 그 놀이를 끝마칠 수 없었다. 치료자가 제안한 활동을 할 때에는 집중하는 것을 더욱 어려워했으며, 쉽게 주의가 분산되었다. John은 치료자가 무엇인가를 지시할 때 치료자를 무시하기도 했는데, 이는 John이 학교와 집에서 보이는 지시를 따르지 않는 행동과 유사해 보였다.

회기 중 치료자는 John이 듣지 않는 것처럼 느껴질 때가 많았으며, John은 해리상태에 빠지거나 단순히 연결이 끊어진 것처럼 보이기도 했다. John이 충동을 조절하는 능력에 어려움을 가지고 있다는 것 역시 점차 명백해졌다. 또한 John은 과각성 상태에 있었기 때문에 소리에 굉장히 민감하게 반응했다. 치료자는 John이 옆방에서 나는 다른 사람의 대화를 엿듣는 것을 알아차렸으며, 멀리서 들리는 문 닫는 소리에도 주의가 빠르게 분산되는 것을 알았다. 게다가 John은 자신 내부에서 나오는 혼란스러운 감정에 의해 몇 번이고 반복해서 방해를 받았으며, 이는 놀이를 통해 표현되거나 처리되지 못하고 실제로 놀이를 방해했다. John은 평화롭게 놀 수 있었지만 갑작스럽게 큰 충돌을 만들기도 했다. 그럴 때면 물건들이 치료실 안을 날아다니고 부서지기도 했지만 John은 무슨 일이 일어나는지 정말 전혀 모른다는 듯 보이기도 했고, 이것을 조절할 능력이 없어 보이기도 했다. 이런 상황에서 John과의 연결을 만드는 것은 어려웠으며, 무슨 일이 일어나고 있는지 물어보는 시도 역시 가능하지 않았다. 치료자는 학교에서 John이 (학교 교사가 보기에) 갑작스럽게 발생하는 폭력적인 분노폭발을 보일 때, 여기서 일어난 일과 비슷한 일이 일어났을 것을 알 수 있었다. John은 이후에도 이에 대해 말할 수 없었다.

John의 미세운동 능력에 대한 평가에서, 치료자는 John이 그림을 그리고 색칠을 하는 동안 크레용을 핀셋처럼 잡으며, 실제로 굉장히 좋은 미세운동 협응능력을 가지고 있다는 것을 알 수 있었다. 하지만 John은 아직 자신의 이름에서 'J'를 쓸 수 없었고, 알파벳 J의 아래쪽 구부러진 부분의 방향을 반대로 그렸다.

아이의 주의집중력 및 자기조절 능력에 대한 평가는 MBT-C에서 매우 중요한 부분이다. 만약 아이가 태어났을 때부터 충분히 좋은 시작을 할 수 있었다면 아이는 자신의 신체와 피부에 대한 감각을 발달시킬 수 있었을 것이고, 피부는 신체의 자연스러운 경계가 되어 내부와 외부에 대한 감각을 형성하도록 도울 것이다 (Stern, 1992). 안고 포옹하며 신체적으로 안정감을 주는 것이 부모-아기의 상호작용에서 핵심적인 부분이며, 또한 다른 사람의 신체와 피부를 편안하다고 느끼는 기초가 된다. 자기에 대한 최초의 감각은 만지거나 만져지는 것, 듣고 보고 웃고 맛보는 것과 같은 감각자극 경험을 중심으로 결정화되며(Stern, 1985), 정서적 자기의 중심을 형성한다(Panksepp & Biven, 2012). 그리고 이것은 체화된 자기에 대한 감각 및 자신 내부를 어떻게 느끼는지에 대해 영향을 미친다(Ensink, Berthelot, Biberdzic, & Normandin, 2016). 반영은 아이로 하여금 내부에서 느껴지는 것에 주의를 기울이도록 돕는다. 그렇지만 John처럼 초기의 방임을 경험한 아이의 경우에는 자신의 신체가 이야기하는 것에 대해 주의를 기울이거나 호기심을 가지는 것에 익숙하지 않을 수 있다. 이런 아이는 고통에 대한 역치가 높으며(예: 델 수도 있다는 것을 모른 채 뜨거운 핫초코를 마시는 것), 혹은 신체의 신호를 잘 느끼지 못할 수 있다(예: 배가 고프거나 화장실에 가야 할 때 이를 알아차리는 데 어려움이 있을 수 있다; Skårderud & Fonagy, 2012).

아이가 어려운 환경(예: 고아이거나 정신적 문제가 있는 부모와 함께 지낼 때)에서 자라거나 감정을 말로 표현하는 능력을 발달시킬 만한 도움이 부족한 환경에서 자랄 때, 아이는 특히 고통스럽거나 힘들 때 신체적으로 혹은 신체를 사용한 행동을 통해 감정을 표현하곤 한다. 예를 들어, 장기적인 시설생활은 초기 자극의 감소 및 박탈과 연관된 위험한 결과를 보이며, 이는 감각·인지·언어 발달에 뚜렷한 부정적 영향을 준다(Johnson, 2000, 2002). 이런 아이는 쉽게 감정이 고조되거나 과경계하는 성향을 보일 수 있으며, 이는 주의집중력과 감정을 조절하는 것을 어렵게 한다. 이런 아이는 외부세계에서 오는 신호에 더 집중하고 있는 것처럼 보인다. 그러므로 치료자는 소리나 빛, 촉감이나 온도에 대한 일반적이지 않은 반응을 살필 수 있어야 하며, 그뿐만 아니라 공간에서 움직일 때의 방해 정도, 대근육과 소근육 능력에 대해서도 살피려고 해야 한다. 학령기까지 대부분의 아이는 중요한 정보에만 집중할 수 있는 정도의 능력을 겨우 발달시키게 되며, 주변 환경에 대해서는 단순하게 주의를 기울이지 않는 식으로 주의를 빼앗기지 않을 수 있다. 그렇기 때문에 아이가 과하게 예민하거나 주위의 모든 것에 쉽게 주위가 분산되는 것처럼 보인다면 이는 임상적으로 매우 중요하다. 내부에서 오는 충동을 조절하는 능력이 있다는 것은 이를 신체적 행동으로 표현하지 않고 정신화를 할 수 있는 여력이 있다는 뜻이며, 이는 명시적 정신화의 핵심적인 바탕이 된다(Zevalkink,

Verheugt-Pleiter, & Fonagy, 2012). 다시 이야기하면, 아이가 명시적인 정신화를 하기 위해서는 감정에 대해 바로 행동으로 옮기지 않고 참아 내는 능력이 있어야만 한다.

아이의 기본적인 주의집중력 및 자기조절 능력에 대해 알아볼 때, 치료자는 다음과 같은 질문들을 염두에 두고 있어야 한다.

- 아이에게 집중할 수 있는 능력이 있는가?
- 아이는 다른 사람 및 치료자의 이야기를 들을 수 있는가?
- 아이가 '자신의 신체 안에서 이를 느끼며 살고' 있는가?
- 아이가 소리, 빛, 촉감, 온도, 움직임, 대근육 · 소근육 능력에 있어 정상적인 감각운동 조절 능력을 가지고 있는가?
- 아이가 과경계 상태인가?

## ◆ 아이에게서 정서조절 능력을 평가하기

평가회기에서 John과 치료자는 클레이를 가지고 놀았는데, John이 만들던 사자가 테이블에 붙어 버렸다. John은 그 사자를 테이블에서 잘 떼어 보려고 했지만, 결국 사자는 잘려 버렸다. John은 얼굴이 붉게 달아올랐고, 비속어를 내뱉었다. 하지만 이런 좌절에도 불구하고 John은 자신의 마음을 조절할 수 있었으며, 어쩔 수 없다는 것을 받아들일 수 있었다. John은 클레이를 가지고 노는 동안 물장난을 치며 즐거워했지만, 처음에는 치료자와 눈을 맞추며 물놀이를 계속해도 되는지에 대한 허락을 구하고 기다렸다.

John이 어떤 주제에 대해 정서적 반응을 보였을 때, 치료자는 John이 그 주제가 마음을 건드린 이유나 마음 내부에서 일어나는 일에 대해 말하기 어려워한다는 것을 알았다. 그 대신 John은 일어서거나 다른 주제에 대해 이야기하기를 원함으로써 자신의 정서적 반응을 보여 주었다. 치료자가 John의 행동을 언급하며 자신의 마음을 모른다는 것이 굉장히 괴로울 수 있겠다고 말했지만, John은 반응

을 보이지 않았다. 잠시 후 John은 테이블 구석에 놓인 조개껍데기를 보며 이것
은 분명 나쁜 조개껍데기였을 거라고 짧게 이야기했다. 치료자가 John에게 나쁜
행동을 해서 구석에 서 있어야 했던 적이 있었는지 묻자, John은 슬픈 듯 고개를
끄덕였다.

이 짧은 상호작용 동안 John은 놀이 속에서 좌절감, 슬픔, 기쁨 등 다양한 범위
의 감정을 보여 주었다. John은 이 감정을 표현할 수 있었고, 치료자와의 연결을
유지할 수 있었으며, 어떤 감정에도 압도되는 것처럼 보이지는 않았다. 또한 John
은 일부 감정을 스스로 조절할 수 있었다. 예를 들어, 좌절스러웠을 때 잠깐 일어
서거나 하고 싶은 것을 말하기도 했다. 그러나 John은 자신의 삶에서 중요한 대상
과의 관계에 대한 감정을 알아차리고 표현하는 것은 할 수 없는 것 같았다. 이런
관계에서 John은 언어보다 행동을 통해 감정을 표현했으며, 내부에서 느껴지는
것을 언어로 표현하지는 못했다. 그럼에도 불구하고 John은 내부에서 뭔가를 느
끼는 자신과 연결되어 있었으며, 동시에 치료자와의 연결도 유지할 수 있었다. 치
료자는 John의 첫 회기와 비교해 볼 때, John과 그의 양부모, 치료자가 모두 동의
하기만 한다면 MBT-C를 시작할 수 있는 모든 준비가 된 것 같다고 적었다.

어떤 아이는 자신을 표현하는 데 더 많은 어려움을 겪는다. 그럴 때 치료자는 아
이의 정서적 세계에 대한 정보를 얻을 수 있는 다른 방법을 찾아야 한다. 다양한
종류의 감정이 그려져 있는 그림책을 아이와 함께 읽거나 아이에게 책 속의 곰이
나 물고기, 등장인물인 아이가 느꼈을 감정에 대해 물어보는 것이 한 방법이 될 수
있다. 그렇지만 가장 중요한 부분은 아이가 놀이를 하는 동안 지켜보는 것이며,
아이의 정서조절 능력을 보여 줄 수 있는 조짐들에 대한 질문을 스스로에게 던져
보는 것이다.

- 아이가 놀이나 만남에서 어떤 감정을 보여 주는가?
- 아이가 환상을 사용하며 놀이를 할 수 있고, 이 놀이나 환상은 아이의 감정과
  연결되어 있는가?
- 아이는 어떤 감정을 알아차리거나 알고 있는가?
- 아이가 어떤 감정을 표현하기 어려워하는가?

- 아이는 회기 내에서 느껴지는 불편한 감정을 어떻게 다루는가?
- 회기 동안 과거의 문제 행동이나 어려운 감정에 대한 무엇인가가 나타나는가?
- 아이는 어쩔 수 없는 것을 받아들일 수 있는가?
- 아이는 도움을 요청하거나 도움을 받아들일 수 있는가?
- 아이는 기분이 상했을 때 위로를 받을 수 있는가? 혹은 긍정적인 말을 수용할 수 있는가?

### ◆ 정신화가 일시적으로 붕괴되었을 때의 명시적 정신화 능력

평가회기 동안 John은 계속 클레이를 가지고 놀기를 원했다. John은 자신의 생모를 위해 하트 모양의 그릇을 만들었고, 그 이유는 생모가 자신을 정말 많이 사랑하기 때문이라고 말했다. 그런 후 John은 (생모와 함께 살고 있는) 남동생을 위해 도널드 덕 모양의 그릇을 만들기를 원했지만, 이것을 만들던 도중 하트 모양이 생모와 남동생 모두를 위한 것이겠다는 생각을 하기 시작했다. 남은 클레이를 바라보며 John은 자연스럽게 자신을 위한 그릇을 만들겠다는 생각을 떠올렸다. 그는 도널드 덕 그릇을 남동생이 아닌 자신을 위해 만들고 싶어 했다.

치료자는 마음속으로 남동생이 생모와 함께 산다는 것에 대해 아마도 John이 질투를 느낄 것이며, 이것이 힘들 것이라고 조용히 생각했다. John은 자신을 위해 만드는 그릇은 강해야만 한다고 치료자에게 이야기했다. John은 그릇의 가장자리를 단단하게 보강했다. 그리고 치료자에게 말했다. "이 그릇은 물을 담을 수 있어야 해요. 그게 정말 중요해요."

치료자는 John이 왜 강해지고 싶어 하는지, 계속 화가 나지 않으려면 감정을 마음 안에 간직할 수 있어야 하기 때문인 것은 아닌지 궁금하다며 소리를 내서 말했다. John은 고개를 끄덕이며, 자신이 항상 화가 나 있으면 양부모님이 자신을 데리고 있기를 원하지 않을까 봐 걱정이 된다고 말했다. 치료자는 이 이야기가 얼마나 '진정성이 있는지(authentic)' 확신할 수 없었는데, John이 마치 그 이야기를 누군가가 John에게 했으며 그것을 반복해서 따라 하는 것처럼 말을 했기 때문이다. 그렇지만 이 역시 John이 스스로 부모가 자신을 버릴 수도 있다는 두려움이 자극한 정서가 무서워서 감정 없이 말을 한 것일 수도 있다고 생각했다.

평가 단계에서 아이가 가진 명시적 정신화의 능력 및 표상을 사용하는 능력을 알기 위해서 치료자는 아이가 자신이나 타인에 대해 묘사할 때 마음상태에 대한 용어를 사용할 수 있는지에 대해 관찰해야 한다. 치료자는 또한 아이가 자신이나 타인에 대한 안정적인 표상을 가지고 있다는 징후를 보이는지에 대해서도 주의를 기울여야 한다. 가능하다면 소아애착면접(Child, Attachment Interview; Shmueli-Goetz, Target, Fonagy, & Datta, 2008)이나 소아청소년 성찰능력척도(Child and Adolescent Reflective Functioning Scale; Ensink, Normandin, et al., 2015; Ensink, Target, Oandasan, & Duval, 2015)가 사용될 수 있으며, 이는 정신화 능력뿐만 아니라 자신과 타인에 대한 표상을 가지고 있는지에 대한 정보를 얻을 수 있는 기회를 제공한다. 일반적인 경험 원칙에 따르면, 중기 아동기에 있는 아이의 경우에는 자기 자신과 타인에 대해 행동보다 마음상태의 언어를 통해 생각할 수 있어야 한다. 만약 아이가 마음상태에 대한 용어를 사용할 수 있다면, 아이는 치료에서 유용하게 쓰일 수 있는 도구를 이미 가지고 있다는 뜻이며, 단기치료에서 아이의 특정 문제가 더 쉽게 다루어질 수 있을 것임을 의미한다. 시간과 자원이 한정적일 때는 소아애착면접의 질문을 사용할 수 있으며, 치료자는 자기 자신 및 애착대상과의 관계를 묘사할 수 있는 단어를 세 가지씩 고르도록 요청하고, 고른 단어에 대한 예시를 물어볼 수 있다(예: "너는 '분노'를 고른 것 같다. 네가 언제 분노를 느끼는지에 대해 조금 더 이야기해 줄 수 있겠니?"). 치료자는 아이가 명시적 정신화를 사용할 능력이 있는지, 아니면 오직 행동에 대해서만 생각할 수 있는지를 알기 위해 노력해야 한다. 여기에는 아이에게 마음상태에 대해 알아차릴 수 있는 기본적인 능력이 있는지, 혹은 마음상태에 대해 생각할 수 있는 더 발달된 능력이 있는지, 그리고 이를 다른 마음상태 및 내재된 감정과 연관 지을 수 있는 능력이 있는지에 대한 관점이 포함된다(Ensink, Target, et al., 2015; Vrouva, Target, & Ensink 2012).

치료자는 또한 정신화가 일시적으로 붕괴되는 상황에 대해서도 민감해야 하며, 이는 치료자가 아이로 하여금 이를 알아차리고 특정 상황에 사용할 수 있는 정신화 전략을 발달시키도록 도와야 하기 때문이다. John이 고릴라와 침팬지를 사용하여 만든 이야기를 고려할 때 그가 정신화할 수 있는 잠재력을 가지고 있다는 것은 확실했지만, 아직 자발적으로 마음상태의 언어를 사용하여 자신이 어떻게 느끼는지를 이야기할 수는 없었다. John은 또한 만 8세인 다른 아이들이 할 수 있는 것과 달리 자신의 어려움이나 처한 곤경에 대해 이야기하지 못했다. 그렇지만 치료자는 이 능력이 약간의 도움으로 발달될 수 있겠다고 느꼈고, John과 함께 작업을 계속 하면 John이 상대적으로 쉽게 자신의 감정을 명명하고 마음상태에 대한 언어를 사용하는 것에 능숙해질 것이라고 생각했다. 또한 치료자는 아이가 가진 자신과 타인에 대한 표상을 보아야 한다. 예를 들어, 만약 John이 자신에 대해 전반적으로 부정적인 표상을 가지고 있었다면 치료자는 이에 대해 걱정을 했을 것이다. 보통의 아이는 정상 발달의 상황에서 대개 자신에 대해 굉장히 좋은 표상을 가지기 때문이다(Target, Fonagy, & Shmueli-Goetz, 2003). 게다가 만약 부모가 과도하게 이상화되거나 한쪽 부모는 이상화되어 있고 다른 부모는 극단적으로 부정적인 모습으로 표상화되었다면, 치료자는 이로 인한 우려를 느끼고 기록해 두었을 것이다.

앞선 사례에서 John은 클레이를 통해 자신과 타인에 대한 표상을 만들 수 있었고, 정신화 능력의 일부를 보여 주었다. 그러나 이 능력은 John의 애착체계가 활성화되자 사라지는 듯 보였는데, 예컨대 치료자가 John에게 만약 화를 낸다면 양부모와 함께 지내지 못할까 봐 걱정이 되었는지 물었던 순간이 그랬다. John이 정신화를 하고 있는 것처럼 보이긴 했지만, John이 걱정에 대해 이야기할 때 보인 감정의 깊이는 John이 가장상태(pretend mode)에 있음을 시사했다. 이는 John의 말이 실제로 깊이 있는 John의 진짜 감정과 연결되어 있지는 않았다는 뜻이다. 이것은 또한 John이 자신의 분노를 조절하지 못할까 봐 두려워하고 있다는 것을 치료자에게 보여 주는 신호이다. John은 조절에 실패할지도 모른다고 느끼며 불안해졌고, 그래서 아마도 이에 대해 이야기하는 것을 피하고 싶었을 것이다. 이때 John은 너무 압도적인 감정 때문에 언어를 사용하려고 노력하면서 동시에 감정으로부터 자신을 끊어 내려고 했다. 치료자는 John이 양부모가 자신과 살고 싶어 하지 않을 수도 있다는 염려에 대해 말할 때, 치료자 자신도 그 이야기에 다소 무관심했다는 것을 알아차릴 수 있었다. 이것은 치료자가 보통 다른 아이와 그런 감정적인 주제에 대해 이야기할 때 보이던 일반적인 반응과 다르다는 것을 알았기 때문이다. John은 마치 감정이 없는 것 같았고 이는 진정성 있게 들리지 않았기에 치료자 역시 무감각해진 것 같았다. 때가 되면 치료자는 John에게 "분노와 같은 감정을 조절하는 방법을 모를 때 점점 사랑하게 되는 가족으로부터 거절당하거나 그 가족을 잃을 수도 있다는 생각을 하는 것은 굉장히 무서운 일이겠다."라고 설명함으로써 John을 도울 수 있을 것이다.

〈표 5-2〉는 평가 동안 치료자가 만날 수 있는 아이의 행동을 넓은 범위에서 묘사한 것으로, 치료자가 관찰할 수 있는 전형적인 감정반응과 이 반응이 제2장에서 묘사한 다양한 전-정신화 모드에 어떻게 연결되는지를 설명한 것이다.

<표 5-2> 전-정신화 모드의 사고

| 전-정신화 모드 | 아이에게서 관찰되는 모습 | 치료자가 느끼는 것 |
|---|---|---|
| 정신적 동일시<br>(인사이드-아웃 사고) | 놀이는 거칠고 혼란스러우며 파괴적이다. 아이는 모든 것을 알고 있다는 확신을 가진 것처럼 행동한다. | 혼란스럽고 길을 잃은 것 같은 느낌이 든다. 제한을 설정하려는 경향이 생긴다. |
| 가장상태<br>(방 안의 코끼리 사고) | 아이는 경직되거나 단조로운 형태의 놀이를 한다. 아이는 감정과 연결되어 있지 않으며, 감정이 적거나 일관적이지 않다. | 지루하거나 자동적으로 행동할 수 있다. 차단을 당하고 연결되지 않은 것처럼 느낀다. 자신이 방황한다고 느끼거나 이상한 감정을 억제하려고 한다. |
| 목적론적 사고<br>(빠른 해결 사고) | 아이는 빠른 해결을 원한다. 아이는 '지금!' 당신이 무엇인가 하기를 요구한다. | 뭔가를 하고 싶은 강한 충동을 느낀다. 강한 압력을 느끼거나 조절당한다고 느낀다. 임상적 조언을 주거나 대응 전략을 알려 주기 시작한다. |

# 부모와의 평가회기

치료자는 이 회기에서 John의 양부모에게 당신들에 대해 더 알고 싶으며, 당신들이 이 문제를 바라보는 관점에 대해 더 알아 가고 싶다고 이야기했다. 또한 치료자는 가족 전체가 참여했던 지난 회기에서 함께했던 활동을 촬영했으며, 이 시간 혹은 다음 시간에 촬영한 것을 검토해 볼 수 있을 것이라고 이야기했다.

F 씨 부부는 재빠르게 건강한 음식의 중요성에 대해 이야기하기 시작했다. John은 최근 그의 생모 집에 다녀와서 사탕과 과자를 먹은 이야기를 F 씨 부부에게 했다. 위탁가정으로 돌아온 후 John은 건강한 음식을 먹기 어려워했고, 생모를 방문했을 때 먹은 음식들에 대한 이야기를 과도하게 해서 F 씨 부부는 짜증이 났다. F 씨 부부는 John에게 생모의 집에서 먹은 음식이 사실 건강하지는 않은 음식이고, 체중이 걱정되니 생모의 집에서 사탕을 너무 많이 먹지는 말라고 했다. 그러나 F 씨 부부가 말하기를, 부부가 그 이야기를 한 이후 John은 더 이상 생모를 방문했을 때 무엇을 먹었는지에 대해 말하지 않았고, 부부는 John이 여전히 많은 사탕을 먹고 있을 것이라고 추측했다. John의 어머니는 이것에 대한 좌절감을 이야기했고, John이 왜 자신의 조언을 듣지 않는지 이해할 수 없다고 했다. "이건 마치 John이 우리를 슬프게 만들려고 일부러 하는 것 같아요."라고 John의 어머니가 말했다. 치료자는 부부의 좌절감을 듣고 공감했다. 그리고 건강한 음식을 먹는다는 것이 F 씨 부부에게 굉장히 중요한 일인 것처럼 들린다고 말했다. 조금 더 탐색을 하자, John의 어머니가 어린 시절 과체중으로 어려움을 겪었으며, 그녀처럼 John이 따돌림을 당할까 봐 걱정을 하고 있다는 것이 분명하게 드러났다. 과거의 경험을 기억해 내면서 어머니의 목소리는 조금 더 부드러워졌다.

그 시점에 치료자는 F 씨 부부에게 John이 불량식품을 먹는 이유가 John의 어머니가 어렸을 때와 비슷할지 혹은 다른 이유가 있을지에 대해 생각해 보자고 제안했다. F 씨 부부는 John이 무엇을 먹는가에 대한 질문이 어떻게 어떤 '부모'를 선택하는지의 문제처럼 여겨졌는지 생각하기 시작했다. John의 상황이 안타깝게 느껴지면서 F 씨 부부는 건강하지 않은 음식에 대한 이야기를 멈추어야겠다고 생각했으며, John이 엄마를 만나서 행복해하는 것과 이에 대해 열정적으로 이야기하는 것에 긍정적인 반응을 보여 주어야겠다고 생각했다. 치료자는 John이 이 일을 어떻게 느낄 것이라고 생각하는지 부부에게 물었다. John의 아버지는 John이 처음에 진짜인지 의심할 수도 있겠다고 생각했다. 그는 John이 마치 F 씨 부부가 한 말을 믿지 못하는 듯 얼마나 자주 "진짜예요? 정말이에요?"라고 묻는지 기억했다. 그러나 부부는 만약 지속해서 그렇게 대한다면 John이 아마 자신의 감정에 대해 더 안전하다고 느끼며 말할 수 있을 것 같다고 생각했다. 부부는 John에게 말을 하는 방법을 바꿔 보기로 했고, 두 가족의 차이에 대해 강조하는 대신, 그 차이를 즐겨 보기로 했다. 특히 John의 어머니는 인정하기는 쉽지 않지만 이것이 John의 문제가 아니라 자신의 문제라는 것을 깨달았다.

보통 부모 혹은 보호자와 만나는 2~3번의 회기는 아이가 자신의 치료자를 만나는 동안 진행되며, 이 회기에서 치료자는 부모나 보호자가 치료를 찾게 된 문제에 대한 것뿐 아니라 그들의 정신화 능력 및 어려움에 대해서도 평가를 한다(Muller & Bakker, 2009; Muller & ten Kate, 2008). 이때 아이를 마음을 가진 독립된 사람으로 보는 능력 및 (부모로서) 아이의 행동에 대한 자신의 내적 마음상태를 이해하는 능력에 대해서도 평가를 한다. 초기 회기에서 치료자는 부모가 아이의 행동 및 마음상태에 대해 생각하는 방식, 또 이해하고 설명하려고 노력하며 이를 다루려는 방식을 관찰하고 경청한다. 치료자는 또한 부모의 정서적 반응 및 이를 들여다보는 능력에도 관심을 가져야 한다. 초기 평가에 기초하여 치료자는 부모의 현재 성찰하는 능력에 맞는 좋은 방법을 찾을 수 있다.

성인애착면접(Adult Attachment Interview; George, Kaplan, & Main, 1996) 혹은 부모발달면접(Parent Development Interview; Slade, Aber, Bresgi, Berger, & Kaplan, 2004) 등 부모 및 보호자의 정신화 능력을 평가하기 위한 몇 가지 구조화되고 신뢰할 만한 도구가 있다. 그러나 이런 구조화된 면접을 사용할 수 없거나 시간이 부족한 경우, 이 면접도구의 일부 질문을 더 임상적인 방법으로 유용하게 사용해 볼 수 있다. 예를 들어, 부모를 평가하는 만남에서 치료자는 부모에게 "자녀와의 관계를 반영하는 단어를 세 가지 골라 보시겠어요? 이 단어들과 관련되어 떠오르는 기억이나 사건이 있으신가요?"라고 물을 수 있다. 혹은 "최근 1∼2주 내에 부모로서 화가 났던 순간이 있다면 이야기해 주시겠어요? 어떤 상황이 당신을 그렇게 화가 나도록 만들었나요? 또 당신은 화가 나는 감정을 어떻게 다루셨나요?"라고 물을 수도 있다. 또한 적절한 순간에 치료자는 부모에게 "당신이 양육을 받아온 경험이 부모가 되는 것에 어떤 영향을 미쳤을까요?"라고 물어볼 수도 있다. 이 마지막 질문은 "요람의 유령(ghosts in nursery)"(Fraiberg, Adelson, & Shapiro, 1975) 혹은 "요람의 천사(angels in the nursery)"(Lieberman, Padrón, Van Hom, & Harris, 2005)가 존재할 가능성을 알아보도록 돕는다. 이는 부모가 가진 과거의 트라우마나 긍정적인 경험이 아이를 돌보는 방법에 영향을 미친다는 개념이다. 방임이나 학대를 당한 경험이 있는 부모의 경우, 자신의 발달이나 자녀 양육에 미친 그 경험의 영향에 대해 정신화할 수 있는 능력이 관계의 기능 및 자녀의 발달에 특히 중요하다(Ensink, Berthelot, Bernazzani, Normandin, & Fonagy, 2014). John의 양어머니 경우처럼, 때때로 이러한 주제가 자연스럽게 나타나기도 한다. 혹은 그렇지 않을 때에는 이것에 대해 직접적으로 묻는 것이 도움이 되는 경우도 있으며, 이때 이 주제가 자녀의 치료에 있어서 왜 중요한지에 대해 분명히 설명할 필요가 있다.

MBT-C의 모든 측면에서 그렇듯이, 치료자는 공감, 호기심, 다른 관점에 대한 관심 등 정신화 자세의 핵심 특성을 사용하기 위해 노력한다. 건강한 음식에 대해 충고를 했지만 John이 듣지 않았을 때 John의 어머니가 느낀 좌절감에 대해 이야기할 때, 치료자는 이에 도전하지 않았으며, 무엇이 맞고 틀린지에 집중하거나 혹은 행동 그 자체에 초점을 맞추는 것을 피했다. 치료자가 John의 어머니의 좌절감에 공감을 보였을 때, John의 어머니는 안전하다고 느끼고 어린 시절 경험에 대해 말할 수 있었다. 치료자에게 John의 어머니의 부드러운 목소리는 그녀의 각성상태가 낮아졌으며 이로 인해 그녀의 정신화 능력이 조금 더 '켜져 있음(online)'을 보이는 표시였다. 치료자는 명시적 정신화를 일으키기 위해 "John에게 생모와 무엇을 먹었는지 물었을 때, 이를 어떻게 느꼈을 것이라고 생각하세요? John이 안 좋은 음식을 먹는 것은 어머니의 어린 시절과 얼마나 비슷하고 또 어떤 부분이 다를까요?"와 같은 질문을 사용하기 시작했다. 이러한 질문을 통해, 치료자는 John의 부모로 하여금 John의 마음과 경험에 대해 궁금증을 가지도록 격려할 수 있다. 예를 들어, John의 양부모는 음식에 대해 말할 때 아마도 John이 마치 어떤 부모가 최고인지 말하는 것처럼 느꼈을 것이라고 상상할 수 있었다. 여기서 '아마도 그러했겠다'는 부분이 중요하다. 이런 관점으로 바라보는 것이 가끔 보이는 John의 행동하는 방식을 더 잘 이해하도록 도와줄 수 있음에도 불구하고, John의 부모는 이에 대해 절대적인 확신을 가지고 이야기하지 않았다. 이런 안전한 불확실성이나 마음의 불투명성을 이해하는 특성은 부모가 가진 마음에 대해 생각하고 성찰하는 능력(Meins et al., 2003)을 보여 주는 지표로서 도움이 된다. 특히 아이의 어려운 행동을 마주한 순간에도 그럴 수 있다면, 이는 부모가 더 높은 성찰능력을 가졌다는 지표가 된다. Asen과 Fonagy(2012b)는 부모의 정신화 능력을 평가하기 위한 체크리스트로서 자신에게 다음과 같은 질문을 던져 보기를 권유했다.

- 부모는 다른 부모나 아이에게 급하게 이야기를 하고 싶어 하는가?
- 부모가 자신의 감정이나 생각에 대해 언급하는가?
- 부모가 가족 중 다른 사람의 감정이나 생각에 대해 이야기하는가?
- 부모가 다른 사람의 관점을 고려하는가?
- 부모가 때로는 "내 생각이 틀렸을 수도 있지만, 나는 이렇게 생각해."라고 이야기하는가(불투명성)?
- 부모에게 놀이적인 면이 있는가? 유머를 사용하는가?
- 피하고 싶어 하거나 격양되는 것처럼 보이는 특별한 감정이나 생각이 있는가?
- 부모가 자신의 행동에 대해 이야기할 때, 의도에 대해서도 이야기하는가?

부모의 과거 경험에 따라 아이의 경험에 대해 정신화할 수 있는 능력은 크게 다를 수 있으며, 일부 영역에 대해서는 정신화할 수 있지만 다른 영역에서는 취약성을 보이며 붕괴되는 일도 있을 수 있다. 예를 들어, 부모는 치료자의 질문에 응하는 동안 지금-여기의 측면에서는 명시적 정신화를 잘 해내며, 혹은 자신의 이야기를 하는 동안 이에 대해서는 성찰을 잘할 수도 있다. 감정에 이름을 붙이고, 참고, 조절하는 능력이나 아이의 경험에 공감하는 능력은 자신의 경험에 대해 성찰하는 능력에 근거한다. 그렇기 때문에 부모가 잘 알고 익숙한 감정이라면, 부모는 이 감정에 대해 일관되고 조직화된 의미 있는 방식으로 알아차리고 대응할 수 있을 것이다.

불안전 애착의 과거력을 가진 부모는 아이의 감정에 의해 쉽게 정서조절이 어려운 상태가 되기 때문에 아이의 경험을 상징화하고 이해하는 데 어려움을 겪을 수 있다. 어린 시절 트라우마를 가진 부모를 가장 효과적으로 도와주기 위해서는 일반적으로는 좋은 성찰능력을 가지고 있는 부모일지라도 정신화가 붕괴되는 순간이나 어려운 순간을 발견하기 위해 특별히 집중할 필요가 있다. 성찰기능이 발달하지 않아서 아이가 보이는 행동의 이면을 들여다볼 수 없는 부모의 경우, 치료자는 부모의 발달과정에서 예측할 수 없고 부적절하며 혼란스럽고 모순적인 조절전략의 사용을 발견할 수 있을 것이다.

John을 입양한 부모와의 평가회기에서 그들은 치료자가 제공하는 공간을 사용하여 John의 경험을 탐색할 수 있고, 자신의 요구 및 바람과 John의 요구 및 바람을 구분할 수 있는 것처럼 보였다. 이를 통해 그들은 John에게 안전하면서도 안정적인 느낌을 제공할 수 있는 최선의 방법을 고민해 볼 수 있었다. 엄밀히 말하자면, 그들의 정신화 능력은 기본적으로 좋았지만, 우리 모두와 마찬가지로 그들의 정신화 능력은 특정 영역이나 상황에서 취약해지고 붕괴되기도 했다. 그런 순간에 John의 어머니는 정신적 동등성 상태(psychic equivalence mode)에 있는 것처럼 보였다. 즉, John의 어머니는 John에 대해 그녀가 생각하는 것이 실제의 현실과 일치한다고 확신하고 있었다. 치료자가 이를 알아차리고 이에 대해 도전하기보다 공감했을 때, John의 어머니가 가진 John에 대해 궁금해하고 John의 입장에서 상상하는 능력은 빠르게 회복되었다.

도움을 필요로 하는 가족들이 언제나 이와 비슷하지는 않다. Fonagy와 Campbell (2015)은 아이에게 있어 치료적 변화는 환자가 자신의 사회적 환경을 활용하거나 혹은 더 나아가 변화시킬 수 있게 되어 인식론적 과경계 상태를 완화하고 정신화 능력을 강화시킬 수 있을 때 지속될 수 있다고 했다(p. 245). 그러나 가정에서 안전한 공간이 없는 경우, 아이에 대한 치료를 생각하기 이전에 우선 위협적인 상황으로부터 아이를 보호하거나 혹은 가족기능을 지원하는 것이 먼저 필요할 수 있다.

# 사례 개념화를 위한 인상 모으기

최종 평가회기에서 치료자는 John과 양부모의 참여에 감사를 표하며 지금까지 진행된 과정에 대한 그들의 생각과 느낌을 물었다. 세 사람 모두는 기대했던 것과 다르다는 데에 동의했다. 치료자가 기대했던 것이 무엇이었는지 묻자, 그들은 치료자가 조금 더 '의사' 역할을 하며 무엇이 틀렸는지 말해 줄 것이라는 기대를 했었다고 대답했다. 치료자는 가족이 보여 주고 이야기해 준 모든 것에 대해 오래 생각해 봤다고 말하며, 이에 대해 공유하고 싶은 짧은 이야기를 만들었다고 했다. John은 기쁜 표정을 보이며, 마치 침대에서 이야기 듣기를 기다리는 것처럼 엄마에게 몸을 기댔다.

치료자는 이야기를 시작했다. "옛날에 침팬지 한 마리가 있었어요. 그 침팬지는 어렸을 때 엄마 침팬지의 가족과 함께 한동안 살았는데, 엄마가 더 이상 돌볼 수가 없었기 때문에 아주 어릴 때 가족을 떠나야 했어요. 침팬지는 가족 간에 이루어지는 말과 의식을 다 배우지 못했기 때문에 이는 슬픈 일이었어요. 여러 곳에서 머물고 여행하던 어린 침팬지는 고릴라 가족에게 오게 되었습니다. 침팬지는 그곳을 집처럼 느끼기도 했지만, 때로는 자리를 잡지 못했고, 고릴라 가족이 자신을 받아줄지에 대한 걱정을 하기도 했습니다. 침팬지는 자신의 생각이나 감정을 표현할 말을 찾지 못하는 경우가 많았어요. 때때로 침팬지는 엄마 침팬지가 그리웠고, 또 이방인으로 오랫동안 타인과 함께 생활했기 때문에 굉장한 외로움을 느끼기도 했어요. 침팬지는 슬플 때, 자신이 조금 강해진 것처럼 느끼도록 해 주는 분노를 자주 경험했어요. 고릴라 가족이 진짜 가족처럼 느껴질 때도 있었지만, 가끔은 그렇지 않기도 했지요. 무엇보다 그는 침팬지였으니까요. 그래서 침팬지는 더 강해지고 더 이상 화를 내지 않기 위해 자신만의 말과 의식을 찾기로 결심했어요. 그래서 고릴라 가족과 함께 사는 동안, 가끔 침팬지 가족을 찾아가기로 결정했답니다. 고릴라 가족은 작은 침팬지를 사랑했고, 작은 침팬지가 침팬지로 살아간다는 것에 대해 더 배우기를 원했습니다([그림 5-1] 참조).

이야기가 끝났을 때, John의 양부모는 John을 바라보았고, John은 미소를 보였다. 치료자는 그 상호작용에 주목하며, John의 어머니가 자신의 생각을 John에게 말해 줄 수 있을지 궁금하다고 했다. John의 어머니는 "우리가 John을 정말 많이 사랑하고, John이 정말 사랑스럽다는 것을 알고 있다는 것뿐이에요. 물론 때로는 우리를 미치게도 하지만!" 이로써 치료자와 John의 가족은 다시 계획했던 것에 대해 생각해 보았고, John이 12회기의 두 번째 MBT-C 블록을 시작하고 양부모도 참여하는 것에 대해 모두 함께 동의하였으며, 이번에는 매주가 아닌 격주로 시행하기로 하였다.

[그림 5-1] John이 가족을 상징하기 위해 사용한 동물 피규어

출처: Moller(2017).

평가 단계의 마지막 회기는 보통 부모 및 아이와 함께하며, 이 시간은 모두가 이해할 수 있도록 치료자가 자신의 생각을 공유할 수 있는 기회이다. 이때 공유되는 개념화에는 다음의 내용이 포함되는 것이 이상적이다.

- 아이와 가족이 가진 정신화의 강점
- 정신화가 미발달된 부분 혹은 붕괴되는 영역
- 가족이 도움을 요청한 문제와 앞의 두 사항이 어떻게 연결되는지에 대한 잠

정적 가설
- MBT-C가 이 문제에 있어 적절한 개입인지에 대한 권고

정신화에 대한 프로파일을 작성할 때, 치료자는 자신에게 "이 사람이 가진 최선의 정신화 수준은 어느 정도이며, 언제 가능한가?" 그리고 "정신화의 실패가 나타날 때 이 사람은 얼마나 어려움을 겪으며, 또 언제 이와 같은 실패가 나타나는가?"와 같은 질문을 해 보는 것이 좋다. 이를 염두에 둘 때 정신화의 문제를 '정신화의 미발달을 한쪽 끝으로 하고 특정한 순간에 나타나거나 일시적으로 나타나는 정신화의 실패를 다른 쪽 끝으로 하는 스펙트럼' 위에 있는 것으로 이해할 수 있다.

청소년의 자해문제와 관련된 상황에 대해 Rossouw(2012)가 자세히 설명한 것처럼, 개념화를 함께 만들고 작성하는 것은 특히 유용한 것 같다. Rossouw는 이 개념화의 목표가 "정신화 및 관계에 대한 언어로 현재의 어려움을 설명하는 것이며, 또한 청소년 및 가족이 이해받는 느낌을 가질 수 있는 이미지를 제시하는 것"(p. 137)이라고 설명했다. 또한 이 개념화는 계획을 구체화하고 치료가 초점을 맞추어야 하는 부분을 제시하며, 가족이 도움을 받고자 하는 문제와 정신화 능력 사이의 연결을 제공해 준다. 이 개념화를 아이 및 부모와 공유하는 것이 항상 쉬운 일은 아니기 때문에, 이때 과도하게 전문적인 언어를 사용하지 않도록 주의해야 한다. John의 사례에서 묘사되었듯이 사례 개념화의 경우 이야기 형태로 제공될 수 있으며, 문제의 암시적인 특징과 명시적인 특징이 담긴 비유를 포함할 수도 있고, 간단한 한두 개의 문장으로 구성될 수도 있다.

John의 사례에서 치료자의 평가결과를 보면 양부모는 John을 생각과 감정을 가진 한 소년으로 바라볼 수 있는 능력이 충분하였고, John의 행동을 이해할 수 있었다. 물론 정신화 능력이 붕괴되는 영역이 있었다. 하지만 이는 자신의 과거에서 비롯된 문제에서 비롯된 것일 가능성이 높았고(예: John이 음식이나 체중 증가에 신경을 쓰지 않는 것에 대한 양어머니의 반응), 또한 그들은 평가 단계에서 제공된 치료적 공간을 사용하여 자신의 마음상태에 대해 고민함으로써 John에게 속한 부분과 자신에게 속한 부분을 구분할 수 있었다. 이 과정을 통해 양부모는 John이 가진 소속감에 대한 갈등을 다른 방식으로 이해해 볼 수 있었고, 이에 따라 John의 행동에 대한 반응을 바꿔 볼 수 있었다.

마찬가지로 John의 개인에 대한 평가회기에서 John은 적절한 상황이 주어진다면 정서와 주의집중력을 조절할 수 있는 충분한 능력을 보여 주었다. 예를 들어, 세 번의 회기 동안 John은 감정을 조절하는 능력을 보여 주었으며, 이를 위해 치료적 관계를 사용하기도 하였다. 또한 John은 자신의 행동과 타인의 반응을 이해하기 위해 정신화할 수 있는 잠재력을 보였으며, 충분히 이야기를 정교화한 것은 아니었지만 간단한 상징놀이에 참여할 수 있었고, 침팬지와 고릴라를 비유적으로 사용할 수 있었다. 그렇지만 여러 영역에서 John의 정신화 능력이 덜 발달하였다는 것 역시 분명해 보였다. John은 자신 및 중요한 관계에 대해 묘사할 때 명시적 정신화를 거의 사용하지 않았다. 게다가 원래 가지고 있던 정신화 능력은 불안하거나 두려움을 느낄 때 쉽게 붕괴되었다. John이 보이는 정신화의 붕괴와 같은 취약성은 아마도 그의 어린 시절과 관련이 있을 것이며, John은 아마도 고통스러울 때 이에 대한 민감한 반응을 보여 주고 마음에 대해 생각(mind-mindedness)해 주는 경험이나 정서조절 능력의 발달과 관련 있는 정서를 보여 주는 반영(marked affect mirroring)과 같은 경험을 충분히 받지 못했을 것으로 생각되었다(Fonagy, Steele, Steele, Moran, & Higgitt, 1991; Slade, 2005). 보호자가 자주 바뀌는 상황 속에서 John은 성찰적인 양육을 거의 경험해 보지 못했을 것이고, 또한 아이의 내적 경험을 상상하며 행동을 이해해 보려는 보호자를 거의 만나지 못했을 것이다. 또한 John은 자신의 감정이나 염려에 관심을 가지고 이해해 보려고 하며 자기조절 능력을 발달시켜 주려는 지원 역시 거의 받지 못했을 것이다. 요약하면, John은 자신의 마음에 대해 누군가가 긍정적인 관심을 가지는 경험을 거의 하지 못했으며, 그를 통해 자신과 타인에 대한 정신화 능력을 발달시키는 경험 역시 부족했을 것이다(Ensink, Bégin, Normandin, & Fonagy, 2016). 이를 의뢰된 이유와 연결시켜 보았을 때, John의 폭력성이나 사회적 고립은 이러한 취약성의 결과로 이해될 수 있으며, 양부모와의 병행치료를 포함한 MBT-C는 John의 이러한 능력을 강화할 수 있을 것으로 판단되었고, 이를 통해 John이 치료적 관계 속에서 인식론적 신뢰를 점차 회복할 수 있을 것으로 생각되었다.

# 중점과제 개념화의 사용

중점과제는 아이와 부모 모두가 이해하기 쉬워야 한다. 중점과제의 주제는 자존감, 조절능력, 자율성, 의존성 및 발달에 대한 추동인 경우가 많다. 중점과제 개념화의 목적은 탐구하는 상태가 되는 것, 혹은 감정을 조절하면서도 극적이지 않고 때론 놀이적으로 구성하는 것이다. 중점과제는 문제의 개념화와는 다른 것으로, 소망이나 호기심, 자원에 중점을 둔 치료작업을 가리킨다(Haugvik & Johns, 2008; Røed Hansen, 2012). 치료자는 짧은 문장이나 짧은 이야기로 중점과제를 개념화해야 한다. 중점과제가 짧다면 치료자는 자신이 생각한 바를 조금 더 설명해야 할 필요가 있을 것이며, 평가회기 동안에 관찰된 역동이 더 많이 담긴다면 그 자체적으로 설명력을 높일 수 있을 것이다.

가족과 중점과제 개념화를 공유하는 것은 평가 단계에서 가장 중요한 부분이며, 평가 단계를 마치고 치료를 소개하는 단계라고 할 수 있다. 중점과제 개념화를 제시할 때, 제안하게 된 배경에 대한 치료자의 생각을 설명하는 것이 도움이 되며, 이로써 상대방을 생각하고, 궁금해하며, 다른 관점에서 상대방을 고려하는 모습을 직접 시연할 수 있다. 예를 들어, 다음과 같이 말해 볼 수 있다.

> 우리는 여러분에 대해 많이 생각했고, 무엇이 적절한 중점과제가 될 수 있을지를 고민해 보았습니다. 저는 여러분이 이야기를 들려준 방식에 대해 생각해 보았고, 많은 궁금증이 생겼어요.

중점과제를 개념화할 때, 피해야 하는 몇 가지 중점과제의 함정이 있다. 중점과제의 목적은 호기심과 정신화를 촉진하는 것이다. 그렇지만 일부 개념화는 오히려 반대의 효과를 가져올 수도 있다. 다른 치료모델과 달리, MBT-C의 중점과제는 구체화될 필요가 없으며, 쉽게 측정되도록 할 필요가 없다. 사실, 필요가 없는 정도가 아니라 그렇게 하지 않는 것이 좋다. 이는 '집에서 싸움 덜하기' '더 용감해지기' '걱정 덜하기'와 같은 예처럼, 원치 않는 행동이나 증상의 감소를 기반으로 한 실패하기 쉬운 중점과제를 만드는 것을 피하기 위함이다. 이와 반대로, 중점과제의 목적은 호기심을 자극하고 더 성찰하도록 돕는 것이다. 우리는 행동뿐만 아니

라 내적 과정의 이해를 목표로 하기 때문에, 중점과제는 이를 염두에 두고 개념화되어야 한다.

John에 대해 생각해 보면, 치료자는 "고릴라 가족 안에서 어린 침팬지가 행복해지기 위하여 필요한 것이 무엇일까요?"라는 개념화된 중점과제를 제안했다. 때로는 제안한 중점과제가 아이나 가족에게 맞지 않는다고 느껴질 수 있다. 중점과제는 상의될 수 있는 하나의 선택지로 제시되는 것이 중요하다. 이는 당신이 꼭 옳지는 않고, 항상 전문가인 것은 아니며, 아이나 부모가 당신을 바로잡을 수도 있고 다른 중점과제를 제안할 수도 있다는 메시지를 전하기 위함이다. 때로는 뒤로 돌아가 처음부터 다시 시작해야 하는 경우도 있다. 중점과제가 무엇이 되어야 할지에 대해 함께 고민해 보는 것은 건설적인 치료과제가 될 수 있다.

예를 들어, John의 양부모와 사례 개념화에 대해 논의했을 때 치료자는 자신이 제안한 중점과제가 John의 행동(및 감정) 중 변하기를 원하는 부분에 많이 집중되어 있다는 것을 알아차렸다. 이는 John의 문제행동에 대한 부모의 압력을 반영한 것이었을 수 있다. 아마도 '침팬지와 고릴라에 대해 더 알아 가기'나 '침팬지를 자랑스럽거나 행복해지게 만드는 방법 알아내기'와 같이 더 탐구적인 내용이었다면 이 중점과제는 마음에 대한 관심 및 호기심을 더 자극했을 것이며, 이는 우리가 느끼는 것과 행동 사이의 연결을 탐구하는 데 더 도움이 되었을 것이다.

## 목표의 설정

요즘에는 아이에게 치료를 제공할 때, 치료 전후의 표준화된 평가뿐 아니라 Law와 Wolpert(2014)가 제시한 목표-기반 성과측정법(Goal Based Outcome Measures) 등을 사용하여 개인치료의 목표를 설정하고 평가하는 것 역시 점점 일반적인 일이 되고 있다. 구체적인 목표를 설정하는 것은 아이와 부모가 가진 산더미 같은 문제 속에서 주요 문제에 집중하도록 도와준다. 구체적인 목표를 향한 진전은 실현가능성을 시각적으로 확인하도록 돕고, 큰 동기를 부여하며, 성취감을 불러일으키는 동시에 더 큰 변화를 자극하기도 한다. 여기에서 말하는 이러한 구체적인 목표설정이 이전에 언급한 '행동을 중심으로 하지 않는 중점과제 개념화가 중요하다는 개념'과 상반된다고 느껴질 수 있다. 그렇지만 우리의 경험으로는 목표를 설정하는 것과 치료의 중점과제를 개념화하는 것은 공존할 수 있으며, 목표설정과 중점과제 개념화는 모두 효과적인 MBT-C에 중요하다. 또한 이 전략은 아이와 가족이 표준화된 성과측정법으로는 쉽게 포착할 수 없는 목표를 설정할 수 있도록 한다. 이러한 목표로는 자신감이나 회복탄력성, 대처 기술을 발달시키는 것 등 기저 요소와 연관된 것이 될 수 있으며, 이는 아이와 가족이 스스로 치료목표를 설정하도록 요구를 받을 때 자주 나타나는 내용이다(Jacob, Edbrooke-Childs, Law, & Wolpert, 2015).

초기 평가 이후 목표의 설정은 명확하고 현실적이며 계속적인 평가과정을 촉진하는 것이야 한다. 치료자 및 가족이 공유된 목표를 위해 함께 협력하기로 한다면, 목표달성의 가능성은 높아지고, 가족은 치료에 대해 더 큰 동기를 가지게 될 것이다. 게다가 구체적이고 개인적인 치료목표는 치료과정에 대한 평가뿐만 아니라 추가적인 치료에 대한 결정을 내릴 때에도 도움이 된다. 설정된 목표가 회기 내의 치료작업에서 중점과제가 될 필요는 없지만, 이는 아이와 부모에게 치료가 의미 있는 영향을 미치고 있는지를 나타내는 중요한 지표로 활용될 수 있다.

MBT-C는 문제에 초점을 맞출 수는 있지만 증상에 우선적으로 초점을 맞추지는 않으며, 그보다는 정신화와 정서조절의 발달을 강조한다. 그리고 이 점이 목표설정 과정에 영향을 미친다. 목표를 구성할 때, 순전히 행동적이고 증상적인 수준보다는 관계적 측면이나 조절에 대한 목표를 구성하는 것을 권장한다. 우선 목표가 너무 구체적이면 정신화를 증진시키는 목표와 일치하지 않게 될 수 있다. 반면, 목표가 너무 불특정한 것이면 경과를 평가하고 필요한 추적관찰을 하기 어려우며, 가족은 이 치료작업이 처음 치료를 찾게 된 문제와 어떻게 관련이 있는지 분명하게 알지 못할 수 있다.

평가 단계에서 부모와 아이 모두가 함께 충분한 대화의 시간을 가지는 것은 중요하며, 왜 치료를 찾았는지, 그리고 치료에서 어떤 결과를 기대하는지에 대해 이야기할 수 있어야 한다. 아이에게는 치료자가 특정 문제를 알고 있고 이를 도와주려고 노력할 의지가 있다는 것을 분명히 해야 한다. 평가한 내용을 공유할 때에 치료자는 아이와 부모 모두가 이해할 수 있는 수준에서 그 가족이 정신화, 조절의 어려움, 그리고 가족역동의 관점에서 그 문제를 어떻게 이해하고 있는지에 대한 내용의 일부를 함께 공유해야 한다.

가능하다면 우리는 아이와 부모, 치료자가 함께 설정한 치료목표를 사용하기를 권고한다. 부모와 아이가 목표를 따로 정하는 경우, 연구에 따르면 부모는 조금 더 구체적인 문제를 다루고 싶어 하는 경향을 보이며, 반면 아이는 자신의 성장이나 독립과 연관된 목표를 세우는 경우가 많다(Jacob et al., 2015). 함께 동의할 수 있는 목표를 설정하는 과정은 각자가 가진 다른 관점에 대한 논의로 이끌기 때문에, 그 자체로 정신화를 촉진하며, 치료자와 가족 구성원이 함께 공유된 목표를 달성하려는 노력과정에서 다른 사람의 관점들을 수용할 수 있게 된다. 공동으로 합의된 이 목표는 리뷰회기와 치료종결, 그리고 부스터 회기 중에도 다시 고려될 수 있어야 하고, 그래야만 한다. 우리가 경험한 바로는 목표를 합의하기 위한 과정은 목표 그 자체만큼 중요하며, 이에 대한 논의를 하는 것은 이후 단계에서 치료의 중단이 발생할 가능성을 줄일 수 있다.

# 결론

이번 장에서 우리는 MBT-C의 평가과정을 설명하였다. 아이와 부모에 대한 종합적인 평가를 시행하는 것은 다음과 같은 이유에서 언제나 중요하다.

- 문제의 심각도와 특징, 발달과정, 원인이 되는 핵심요소 및 이 문제가 계속되도록 만드는 요소를 분명하게 이해할 수 있는 개념화를 위해
- 아이의 기능이 한 영역에 국한되어 영향을 받는지 아니면 전반적으로 많은 영역에 영향을 받는지에 대해 고려하기 위해
- 아이와 부모가 가진 정신화 능력에 대한 강점과 약점을 알아보고, 정신화의 실패가 가지는 중요성에 대해 이해하기 위해
- 어떤 치료목표가 현실적이고 잠재적으로 더 생산적인지를 고려하기 위해 혹은 중심과제로 삼아야 하는 주제에 대해 고려하기 위해
- 아이와 부모가 문제를 인지하고 있는지, 그리고 이 문제에 대해 생각하고 행동할 동기가 충분한지, 치료자를 믿는지, 그래서 좋은 치료동맹을 발달시킬

수 있을지에 대해 알기 위해

평가 후 치료자는 이를 기반으로 MBT-C를 진행할지 여부를 적절하게 결정할 수 있으며, 치료를 하게 된다면 이를 통해 치료작업의 잠재적인 중점과제에 대한 아이디어를 구체화할 수 있다.

# 제6장 MBT-C에서 아이와의 치료작업

　이번 장에서 우리는 MBT-C에서 진행되는 아이와의 치료작업의 주요 특성을 설명할 것이며, 여기에는 아이와의 회기에서 사용될 수 있는 몇 가지 기법에 대한 설명을 포함할 것이다. 우리가 이 책을 통해 분명히 하고자 하는 바는 기법은 목적을 위한 수단일 뿐이며 그 자체가 목적이 아니라는 것이다. 기법의 효율성은 치료적 관계의 질에 달려 있으며, 또한 기법을 생생하고 적절하게 사용하는 능력, 치료실 내의 '감정적 온도'를 느끼는 민감성, 그리고 아이의 기능수준에 달려 있다. 제4장에서 우리는 정신화 자세 및 이 자세가 MBT-C에서 가지는 역할에 대해 설명하였다. 이 자세는 나머지 작업을 수행할 수 있는 토대가 된다.

　우리는 이번 장에서 치료자가 일반적인 치료의 목적을 위해 사용할 수 있는 다양한 기법을 설명하기 전에 MBT-C에서 놀이가 가지는 중심적 역할을 이야기해 보고자 한다. 여기서 설명되는 모든 기법은 MBT-C에 의뢰된 모든 아이에게 사용될 수 있겠지만, 우리는 아이의 정신화 능력의 '기반요소 쌓기(building blocks)'를 형성하도록 돕는 기법에서 시작하여 아이의 발달단계에 따라 설명하며, 이후에 명시적 정신화에 더 초점을 맞춘 기법이나 치료자의 정신화 능력이 일시적으로 붕괴되었을 때 사용할 수 있는 기법에 대해 설명한다. 마지막으로, 외상을 가진 아이와의 MBT-C에서 사용할 수 있는 기법을 설명하고, 특히 외상경험을 중심으로 일관성 있는 이야기를 만들어 나가도록 돕는 기법을 설명하겠다.

# 놀이를 중심으로 이루어지는 MBT-C

놀이는 강력한 매개로서 관계를 탐색하고 감정의 세계를 배우며 어린아이가 자신의 심적 목소리를 찾는 길을 제공해 준다. 놀이는 일상생활 속 모든 경험이 반복되고 변화되며 완성되어 가는 사회적 배움의 한 형태이며, 이런 방법을 통해 아이의 행동의 레퍼토리가 통합된다.

- 놀이는 부정적인 정서를 조절하고 스트레스를 줄인다.
- 놀이는 커다란 삶의 사건을 대사(metabolize)하도록 돕는다.
- 놀이는 새로운 정보를 정서적으로, 또 인지적으로 통합시킨다.
- 놀이는 새로운 행동과 해결책을 시도해 볼 수 있는 공간을 제공한다.
- 놀이는 환상을 자극하고 창의성을 향상시킨다.
- 놀이는 공감의 발달을 촉진한다.
- 놀이는 정신화의 발달을 촉진한다(Tessier, Normandin, Ensink, & Fonagy, 2016).

Winnicott(1971a)은 아이가 과도기적 공간(transitional space)을 경험할 필요가 있다고 이야기했다. 이 공간은 아이가 부모로부터 물리적으로나 정서적으로 분리되면서도 동시에 연결되어 있음을 깨닫는 과정에서 형성되는 은유적 공간이다. 놀이는 이 과정을 위한 가장 비옥한 토양을 제공하며, 그렇기 때문에 놀이는 언제나 정신역동치료나 다른 아이를 대상으로 하는 놀이-중심 치료에 핵심적인 요소가 된다(Kegerreis & Midgley, 2014). 정신화 능력의 발달에 대한 초기 작업에서 설명되었듯이(Fonagy & Target, 1996b), 아이는 놀이를 하는 동안 자신의 내부에서 느껴지는 것과 이와 관련된 것 혹은 외부에 있는 것 사이의 구분을 배운다. Fonagy와 Target(1998)은 "놀이적인 자세(playful stance)를 취할 수 있는 능력은 정신화 발달의 중대한 단계이다."(p. 108)라고 했다. 그러나 이 과정에서 중요한 요소는 아이가 탐색의 과정에서 안전하다고 느낄 수 있도록 돕고, 그 순간의 내부와 외부의 감정세계를 해석해 줄 수 있는 성인의 가용성(availability)이다.

아이가 놀이를 할 때, 아이가 자신이나 다른 사람의 마음상태를 더 잘 알 수 있도록 돕는 다양한 범위의 개입이 사용될 수 있다(Muñoz Specht, Ensink, Normandin,

& Midgley, 2016). 가장 기본적인 수준의 개입으로는 단순히 놀이과정 묘사하기 (describing the play process)가 있다. 이 기법의 목적은 치료회기 동안 아이가 자신이 하고 있는 놀이에 더 주의를 기울이고 자각하도록 돕는 것이다. 이것은 아이가 보여 주는 모든 정보(행동, 정서, 주제)를 치료자가 요약하고 통합하는 능동적인 과정이다. 어떤 아이에게 이 개입은 자신의 행동에 대한 자각을 형성하도록 도울 수 있고, 혹은 단순히 자신이 하고 있는 것이 다른 사람에게 어떻게 보이는가를 알려 주는 것일 수도 있으며, 혹은 치료자가 아이의 활동에 대해 호기심을 가지고 있다는 점을 알려 주는 것일 수도 있다. 다음 단계로 치료자는 마음상태에 대한 아이의 행동을 묘사하거나 이름을 붙여 줄 수 있다. 이 개입은 문제가 될 가능성이 있는 부분을 비추기 위하여 사용되며, 아직 말할 준비가 되어 있지 않은 아이에게 강제적으로 말하도록 강요하지 않음으로써 아이가 과열되지 않도록 하고, 그러면서도 아이의 놀이에 대해 정신화할 수 있도록 돕는다.

### ◆ 놀이 속의 이야기를 발달시키기

만 12세인 Ruth는 수동적이고 억제된 성격으로 치료자에게 거의 말을 하지 않았다. Ruth는 조용히 앉은 채 거의 겁에 질린 것처럼 보였으며, 관심을 표현하거나 할 일을 정하는 것은 불가능해 보였다. 치료자는 Ruth의 불편함을 관찰하면서도 이것에 주의를 기울이지는 않으려고 했다. 그 대신에 치료자는 잠재적으로 더 활동적이 될 수 있는 방법을 보여 주고 Ruth의 불편함을 풀어 주려고 했다. 치료자는 Ruth에게 놀이나 만들기를 하고 싶은지 물어보면서 부드럽게 무엇을 해야 할지 고르는 것이 어려워 보인다고 덧붙였다.

Ruth는 거의 대부분 눈빛으로만 대답을 하거나 혹은 치료자가 말하는 것을 이해하고 있음을 보여 주며 '예' 혹은 '아니요' 같은 간단한 대답만 했지만, 이번에는 조용히 뭔가를 만들고 싶다고 이야기했다. 치료자는 놀라우면서도 기뻤으나 목소리를 Ruth에게 맞게 낮추어 Ruth가 놀라지 않도록 했다. 치료자는 무언가 만드는 것은 아이가 자신이 주도하고 있다고 스스로 믿을 수 있는 과제라고 생각했고, 치료자가 해야 하는 역할은 Ruth가 주도하는 행동을 관찰하는 것이며, 그것이 가장 중요한 일이라고 느꼈다. 치료자는 Ruth에게 그림을 그리거나 색칠을 하거나 아니면 클레이를 만들고 싶은지 물었다. 치료자는 Ruth에게 선택지를 제시해서 Ruth가 제일 좋아 보이는 것을 고르고 해 볼 수 있게 해야 한다고 느꼈고, 동시에 압도당할 만큼 너무 많은 선택지를 제시하지는 말아야겠다고 생각했다. Ruth는 그림을 그리고 싶다고 대답했다. 치료자는 Ruth가 원하는 것이 무엇인지 알게 되어 기쁘다는 것을 표현했다.

치료자는 벽장에서 종이와 물감을 꺼내며 Ruth에게 팔레트에 물감을 짜는 것을 도와줄 수 있는지 물었다. Ruth는 알겠다고 대답했고, 치료자는 팔레트에 물감을 잘 짜내는 Ruth의 능숙함을 언급하며 칭찬했다. 이후 Ruth는 하얀 종이가 올려진 이젤 뒤에 서서, 무엇을 그려야 하는지 모르겠다는 뜻을 내비쳤다. 치료자는 능숙하게 머릿속에 무엇이 떠오르는지 물었다. Ruth는 모르겠다고 대답했다. 치료자는 이것이 Ruth가 무언가에 대한 '소유권'을 가지려고 하는 중요한 순간이라는 것을 인지했으며, 이것이 실패로 끝이 날 것을 염려했다. 동시에 치료자는 Ruth를 도울 수 있는 가장 좋은 방법은 무엇일지에 대해 고민했으며, Ruth가 마음에 떠오르는 것을 그릴 수 있을 때까지 불안을 견디도록 돕기로 했다. 치료자는 자신이 어린아이를 돌보듯 조금 더 적극적으로 도와야 한다고 생각했으며, 하지만 너무 빨리 통제함으로써 Ruth의 능력을 믿지 못했다는 의미를 전달하여 새로운 것이 나타날 수 있는 순간을 부주의하게 망치지 않아야 한다고 느꼈다. 치료자는 Ruth가 그리고 싶은 것이 무엇인지 모르겠다는 추리게임을 해 보기로 마음 먹었다. "나무일까? 집을 그리려나? 강아지를 산책시키는 Ruth를 그리려나?" Ruth는 세 번째 생각을 좋아했고 조금 안정되는 듯 보였다. Ruth는 놀랍게도 붓에 물감을 묻힌 후 자신감 있는 모습으로 그림을 그리기 시작했다.

놀이를 하는 동안 치료자는 아이가 말하는 이야기를 이해하기 위한 목적으로 질문을 통해 놀이 속의 이야기를 발달시킬 필요가 있다. 이 기술은 회기 동안 아이가 보여 주는 놀이 상황을 이해하고, 일어난 일을 치료자가 납득하기 위한 첫 단계에 해당한다. 게다가 이 기술은 나타나는 재료에 대한 부드러운 탐색 및 세부사항과 묘사를 물어봄으로써 아이가 이야기를 더 정교화할 수 있도록 돕는다. Bateman 과 Fonagy(2012)가 강조하였듯, 이런 탐색과 명료화는 단순히 사실을 확고히 하기 위한 것만이 아니며 다른 생각과 관점으로 놀이할 수 있는 능력을 촉진한다.

앞에서 소개된 사례에서 치료자는 Ruth를 지지해 주었고, 아이가 안전하다고 느끼고 자신을 더 자유롭게 표현할 수 있도록 도움으로써 아이가 주도성을 가질 수 있는 환경을 조성하였다. 치료자는 Ruth가 수동적인 위치에서 벗어나서, 예컨 대 자신이 하고 싶은 것을 결정하는 것처럼 더 능동적이 될 수 있다는 것을 발견 하도록 돕고, 또한 결국 Ruth가 관계 속에서 단순히 타인이 이끌어 주기를 기다리 고 따라가는 것이 아니라 자신이 원하는 것을 표현하는 능동적인 위치를 가질 수 있도록 도왔다. 치료자는 아이에게 무엇이 적합할지를 상상하고 또 아이가 원할 수 있는 선택지를 제공함으로써 부모가 어린아이의 주도성을 키울 수 있는 방법 이 무엇인지에 대해 발달적 관점에서 생각했다. 이 치료자는 Ruth의 주도성에 대 한 표현뿐만 아니라 창의성을 긍정하고, 이에 맞추려고 노력하며, 또한 부주의하 게 Ruth가 압도되지 않도록 조심함으로써 Ruth가 이 과정이 자신의 것이라고 느 낄 수 있게 도왔다. 치료자는 Ruth의 반응에 따라 알맞은 강도의 반응을 보임으로 써 Ruth를 지지하고 격려했다. 치료자는 안전한 공간과 관계를 만들어서 Ruth가 자신의 내적 세계에 대한 치료자의 관심을 무해한 것으로 경험하도록 노력했다. 동시에 치료자는 또한 Ruth가 자신을 드러내고 치료자를 이용할 수 있도록 '준비 가 된 상태(at the service)'에서 기다릴 수 있었고, Ruth가 오로지 치료자를 기쁘게 하기 위한 것이라고 느끼지 않으면서 자신의 열정에도 압도되지 않도록 할 수 있 었다. 요약하면, 치료자는 Ruth가 더 능동적이고 주도적인 자신을 발견하고 드러 낼 수 있는 잠재적 공간(potential space)을 만들어 낼 수 있었다.

### ◆ 놀이에 대한 정신화

6세인 Anne의 치료가 끝날 무렵, Anne의 관심은 반복적인 자동차 놀이에서 모래놀이상자에 있는 피규어 세트로 옮겨 갔다([그림 6-1] 참조). 피규어는 모래 놀이상자에서 Anne이나 치료자를 불러 놀이터에 들어온 야생동물을 어떻게 돌 봐야 하는지 등 다양한 문제에 대해 상담을 요청했다. 치료자와 Anne은 연극

을 통해 서로 다른 동물이 함께 있는 것이 어떤 것인지, 동물이 어떤 욕망과 욕구를 가지고 있는지, 동물이 어떻게 생각하고 느끼는지 탐구해 보았다. 악어, 호랑이, 늑대 등 일부 야생동물이 여전히 근처에 살고 있지만, 그들은 우리 안에 있어 자유롭게 돌아다니지 못했고 다른 동물들에게 위협이 되지 않았다. 치료자는 작은 쥐의 모습을 통해 이에 대한 걱정을 이야기했다. "이제 울타리가 있어서 안전한 거 확실하니?" 그러자 Anne은 "네, 안전해요."라고 치료자를 안심시켰다.

Anne은 동물들이 먹을 음식을 준비하고 방을 탐색하며 음식과 숟가락으로 사용할 수 있는 물건을 찾았다. Anne은 다양한 방식으로 동물을 돌보는 역할을 하는 새로운 정체성을 보여 주었으며, 동물 및 그들 사이의 관계에 대한 애정과 염려, 관심의 발달을 보여 주었다. 치료자는 야생동물이 가끔 울타리 밖으로 나오고 싶어 하는 것은 아닌지 궁금해하며 그들이 갇혀 있다고 느끼지는 않는지 물었다.

"울타리를 좋아하지 않는 것 같아요. 하지만 밖으로 나가면 쥐들이 무서워할 거예요." 치료자는 이를 수용하면서도 야생동물과 농장의 동물이 모두 움직일 수 있는 공간을 확보하여 농장의 동물이 안전하게 지낼 수 있는 방법을 찾아 보자고 했다.

[그림 6-1] Anne의 놀이에서의 동물 피규어

출처: Muller(2017).

아이가 조금 더 정교한 상징놀이에 참여할 수 있다면, 치료자는 놀이 맥락의 내러티브에 대한 정신화(mentalizing the narrative in the play context)에 집중할 수 있다(Muñoz specht et al., 2016). 이 기법은 아이가 보여 주는 놀이를 언어로 옮기면서 조금씩 더 정교화하고 명료화하는 것을 포함하며, 이야기와 관련된 생각을 발전시키도록 돕는다. 어떤 어른이 놀이의 이야기를 언어로 옮기며 말을 덧붙이는 역할을 맡아 준다면, 이는 아이로 하여금 놀이에 대해 더 깊이 생각하고 통합하도록 돕는 강력한 수단이 될 수 있다. 또한 이는 아이와 치료자 사이의 관계가 건설적이 되고, 생각을 공유하며, 아이가 말하고자 하는 것이 가장 잘 담긴 이야기를 탐구하고 이해하기 위해 서로를 경청하는 관계가 되었음을 나타낸다. 이 과정은 놀이 맥락의 등장인물이나 관계에 대한 정신화와 연관된 경우가 많다(Muñoz specht et al., 2016). 이 과정에서 치료자는 놀이에 등장하는 등장인물의 마음상태와 이들 사이 관계에 대해 아이가 생각해 보도록 도움으로써 놀이적인 상황 속에서 위협적이지 않은 방법으로 아이의 정신화 능력을 향상시키기 위해 노력한다. 이 기법은 '궁금해하는(wondering)' 접근법을 사용함으로써 아이가 무시당하는 느낌을 받거나 혹은 놀이 속 등장인물의 생각에 대한 치료자의 관점을 강압적으로 수용하지 않도록 주의 깊게 사용되어야 한다. 이 기법이 주의 깊게 사용된다면, 치료자는 생각과 감정, 행동 사이의 연결을 소개하고 새로운 관점을 보여 줄 수 있다. 이 기법은 또한 아이가 자신의 내적 세계를 표현하고 또한 타인의 내적 세계를 이해하도록 돕는다. 상징적인 놀이는 명시적 혹은 암묵적으로 어려운 감정을 탐색하는 강력한 매개가 되며, 아이가 관계의 세계를 이해하고 다루는 방법을 표현할 수 있는 기회를 제공한다.

Anne의 놀이에서 우리는 Anne이 악어의 화가 난 감정과 쥐의 취약한 감정처럼 좋은 감정과 나쁜 감정을 통합하기 위해 분투하는 것을 관찰할 수 있다. Anne의 치료자는 상징적인 놀이를 통해서 표현을 촉진하고 두 감정을 견디도록 도우면서, 서로 다른 두 감정이 '함께 공존(live together)'할 수 있음에 대해 부드럽게 탐색하도록 할 수 있었다. 아이의 상상을 따라가면서, 또한 동물이 느꼈을 감정을 궁금해하고 이를 언어로 바꾸어 줌으로써, 치료자는 아이의 마음속에 더 풍부하고 유연한 내적 표상이 출현하도록 도왔다. 가장 중요한 부분은 치료자가 아이의 놀이능력 및 놀이를 통해 내부의 창조성을 표현하고 소통하는 능력을 발달시키도록 도왔다는 점이다. 치료자는 자신의 마음속에 다양한 피규어를 구성하고 재구성해 봄으로써 Anne으로 하여금 동물의 생각과 감정, 행동을 탐색하며 마음에 대해 생각해 보도록 도왔다.

놀이를 중요하게 생각한다는 것은 우리가 마음속에서 치료자로서의 놀이적인 태도 (playfulness as therapist)를 잃지 않았다는 것을 의미한다. 놀이적인 태도는 자유롭게 열린 마음으로 생각하고 느끼며 상상하는 내적 성향이다. 놀이적인 태도는 어떤 문제나 주제에 대해 다양한 관점에서 접근할 수 있도록 하며 또한 다양한 방법으로 아이와 연결될 수 있도록 한다. 이는 표준적인 사고나 관찰 방식을 버리고 개방적이고 호기심이 많은 상태가 되는 것을 의미한다(Gluckers & Van Lier, 2011). 때로는 뒤로 물러서서, 어른이 관찰하는 상태에서 아이가 놀도록 허용하고 이야기가 펼쳐지기를 기다리는 것이 치료적일 수 있다. 놀이적인 태도는 자유롭고 창의적인 상태이다. MBT-C의 놀이는 대부분의 경우 아이가 이끌어 가지만, 치료자는 이 놀이적인 요소를 도입하여 아이가 덜 억제된 상태에서 더 자유로울 수 있도록 도울 수 있다. 아동치료자는 "단지 노는 것(just playing)"(Hurry, 1998)이 되거나 혹은 자신의 생각을 놀이에 집어넣고 있는 것일까 봐 염려하는 경우가 많다. 그러나 놀이는 그 자체로 치료적일 수 있으며, 그런 이유로 Barish(2009)는 아이와 작업하는 치료자에게 "아이와 함께 편안하게 지내면서 활기차고 장난스럽게, 때로는 조금 우스꽝스럽게"(p. 83) 행동해 보라고 권장하였다. 물론 치료자가 놀이적인 태도를 도입했을 때, 회기 후 치료에 대해 성찰해 보는 과정은 특히 중요하다. 예를 들어, 치료자는 자신이 놀이의 주제나 등장인물을 소개함으로써 아이가 중요한 문제를 세밀하게 풀어 나갈 수 있도록 의미 있는 기여를 했는지에 대해 생각해 볼 수 있다. 이는 보통 계획적이고 의식적으로 수행되지만, 때로는 자연스럽게 일어날 수도 있다. 때때로 치료자는 적절한 순간에 놀이적인 태도와 우스꽝스러움, 즐거움이 허용되고 즐길 수 있다는 것을 보여 줄 수도 있다. 따라서 우리는 치료자라면 어느 정도 자기감독을 연습해야 한다고 생각한다. 치료자가 회기 후 자신의 개입에 대해 불편함을 느꼈거나 평소보다 더 적극적이었다는 것을 알아차렸을 때, 혹은 아이의 주제를 따라가기보다 새로운 주제를 이끌었다는 것을 알게 되었을 때, 자기감독은 특히 중요할 수 있다.

◆ **상징놀이에 참여하지 못하는 아이**

8세인 John은 화가 난 표정으로 치료실에 들어 왔다. John은 왜 화가 났는지를 치료자에게 말하 고 싶지 않았고, 말할 수도 없는 상태였다. 이전 회기에서 John 항상 클레이를 가지고 놀 때 진정 이 되었기 때문에, 치료자는 John에게 클레이를 사용할 것인지 물어보았고, John은 동의했다. 치 료자와 John이 각각 클레이 조각을 가지고 있을 때, 치료자는 John에게 클레이 를 탁자에 내리쳐서 좀 더 다루기 쉽게 만들고 싶은지 물었다. 치료자는 (John에 게 직접 말하지는 않지만) John이 클레이 던지기를 통해 분노를 표출할 수 있도록 도와줄 수 있을 것이라고 생각했다. 이는 John의 분노가 인지되고 받아들여질 수 있다는 암묵적인 메시지로, 치료자가 함께 일부 감정을 표현하는 방법을 찾을 수 있다는 신호였다.

John은 절망과 안도가 섞인 한숨을 깊게 내쉬고, 클레이를 힘껏 내리치며 치 료자를 바라보았다. 자신이 치료자를 겁주지는 않았는지 확인하면서, John은 분 노를 이런 식으로 표현해도 되는지를 확인하는 것 같았다. John이 클레이를 던 지는 것을 즐기는 반응을 보이자, 한 발 더 나아가, 치료자는 탁자 위로 올라가서 높은 곳에서 던지는 것은 어떨지 제안했다. John은 처음에 치료자가 농담을 한다 고 생각하지만, 미소를 본 후 흥분하며 탁자 위로 올라갔다. 치료자는 보통 이런 것을 하지 않지만, 오늘은 John이 클레이를 아주 멀리서 던져 보는 게 좋겠다는 인상을 받았다고 설명했다.

John은 완전히 집중하며 온 힘을 다하여 클레이를 던졌다. 클레이가 땅에 떨 어지면 방귀소리 같은 큰 소리가 났고 John은 크게 웃었다. 치료자도 함께 웃었 다. John의 얼굴이 편안해지기 시작했고, 치료자에게 마음을 열고 유대감을 느끼 는 것 같았다. 치료자는 John에게 클레이를 던지는 바닥에 누가 누워 있었으면 좋겠느냐고 물었다. John은 자신의 감정을 학교에서 일어난 불만스러운 사건과 연결시켜 말했다. "Luke가 하루 종일 저를 괴롭히고 돼지라고 놀렸어요. 싸우지 않으려고 노력했지만 결국 싸우게 되었는데 선생님은 Luke가 아니라 저에게 화를 냈어요. 말도 안 돼요!"

치료자는 John이 자신의 감정을 이야기해 준 것에 기뻐하며, 다시 클레이를 주고 말했다. "그러게, 그 애는 클레이를 맞을 만한 것 같다. 클레이를 전부 그 애에게 다 던져 버리고 싶을 수도 있겠다."

John은 계속해서 클레이를 던지더니 테이블 위에 올라가 원숭이처럼 가슴을 두드렸고, 자신이 강하다고 느끼며 통제력 역시 느꼈다. 또한 매우 기뻐 보였다.

치료자는 "누구에게도 상처를 주지 않거나 문제를 일으키지 않으리라는 점을 알고 있을 때에는 모든 것을 털어놓는 게 좋을 수도 있는 것 같아. 사람들이 함정을 파거나 화나게 하고, 곤란하게 만들 때 정말 짜증이 나지 않니? 최선을 다해도 결국 나만 곤란해지고 그들은 빠져나갈 때가 특히!"라고 말했다.

John은 고개를 끄덕였고, 편안해 보였다. John은 더럽힌 것을 치우기 시작하면서 깊은 생각과 함께 덧붙였다. "음, 선생님은 어쩌면 저를 자랑스러워하실 수도 있을 것 같아요. Luke의 얼굴을 때려 주고 싶었는데 잘 참고 밀치기만 했으니까요!"

물론 치료에 의뢰된 모든 아이가 상징놀이를 할 수 있는 것은 아니다. 아이는 나이를 먹을수록 놀이에 흥미를 잃어 가지만 그림을 그리거나 점토를 사용할 수 있게 된다. 더 나이가 많은 아이에게는 규칙과 패배에 대한 주제에 접근하기 위해 보드게임이 이용될 수 있으며, 일부 아이에게는 하키와 같은 신체놀이가 통제 및 조절을 연습하는 데 유용할 수 있다. 놀이가 너무 거칠어질 때에는 치료자나 환자가 다치게 될 수도 있기 때문에, 이런 놀이는 모든 사람이 안전할 수 있는 방법에 대해 생각해 볼 수 있는 기회를 제공한다. 아이가 역할놀이(pretend paly)에 참여하지 않거나 할 수 없는 경우, 신체를 사용하거나 움직임을 포함하는 활동이 도움이 될 수 있다. 일반적인 활동놀이에는 공을 사용하는 놀이(예: 공 주고받기)나 칼싸움, 함께 음악 연주하기, 함께 체육관에서 운동하기가 포함될 수 있다.

앞에서 소개한 사례에서 치료자는 John이 분노를 표현할 때 거절당할 것을 굉장히 두려워한다는 것과 분노를 조절하기 위해 분투하고 있다는 것을 알고 있었다. John은 우리 모두가 분노를 느낀다는 것, 때로는 분노가 장애물을 극복하는 데 도움이 된다는 것, 그리고 누군가로부터 상처를 받았을 때 대처하고 또 자신을 보호하는 데 분노가 중요하다는 것을 이해함으로써, 분노가 정상적이라는 것에 대해 배울 기회를 거의 갖지 못했다. 하지만 치료자는 이런 부분에 대해 눈을 감거나 통제를 당하기보다, 이를 효과적으로 사용하는 방법을 가르쳐 줄 필요가 있었다. 더욱이 John에게는 얼마나 화가 났고, 이 화를 어떻게 견디고 받아들일 수 있는지에 대해 자유롭게 이야기해 볼 수 있는 기회가 거의 없었을 것이다. 치료자는 John에게 분노란 자연스러운 감정이며 수용될 수 있다는 것을 가르침으로써 분노를 덜 두려워하도록 만들고, 또한 분노를 조절할 수 있는 정상적인 감정으로 느끼도록 하는 것이 중요하다고 생각했다. 치료자는 John에게 점토를 바닥에 던지라고 제안함으로써 John의 분노가 두렵지 않다는 것을 전달했고, John이 치료실에서 치료자와 함께 이 분노를 표현하도록 했다. 치료자는 John으로 하여금 신체적 분노와 좌절을 약간은 거칠지만 동시에 조절된 방식으로 표현할 수 있도록 했다. 치료자는 John이 두려워하고 금지되어서 받아들일 수 없다고 생각했던 감정을 표현하도록 돕고자 이 활동을 함께 했고(심지어 격려하기도 했다), 그래서 John으로 하여금 이 감정을 덜 두려워하고 덜 위험한 것으로 느끼게 했다. 이 과정을 통해 치료자는 John의 감정이 '거대한 분노의 감정'일 때조차 두렵지 않으며, 그 감정은 다른 사람들에게 상처를 주지 않고도 표현될 수 있고, 또한 이런 방식으로 느끼는 것이 인간다운 것임을 전달했다. 치료자는 이런 식으로 John이 그의 감정을 덜 두려워하고, 그의 감정을 허용되고 받아들여지는 것으로 여길 수 있으며, 이에 대해 생각해 볼 수 있다는 감각을 가지기를 바랐다. 또한 이것이 자기수용 및 자기조절의 바탕이 되기를 바랐다.

클레이나 모래놀이상자는 억제적이거나 참여를 꺼리는 아이와의 관계형성에 도움이 된다. 이러한 활동은 모두 아주 세밀한 운동기술을 요구하지 않으면서도 리듬, 힘, 일정한 절차를 통해 할 수 있다는 공통점이 있다. 아이가 공을 던질 때 치료자는 소리를 통해 강도나 방향을 묘사(혹은 반영)할 수 있다. 함께 음악을 연주한다면, 치료자는 다양한 소리의 크기나 리듬, 템포를 실험해 보도록 이끌 수 있다. 감각을 자극하는 활동(예: 모래, 물, 클레이, 물감이 어떤 느낌인지 만져 보도록 격려하기)은 상징적인 놀이를 할 수 없는 아이에게 도움이 된다.

### ◆ 아이의 수준에 맞추어 개입하기

10회기에서 Anne은 인형과 동물 피규어를 가지고 테이블에서 놀며, 이번 회기 동안 핵심적인 주제였던 내용을 정교화하고 있다. Anne은 이전에 했던 놀이를 다시 했는데, 새끼 사자가 치료자의 인형으로부터 달아나다가 갑자기 돌아와서 때리는 것이다. 치료자는 열두 번의 세션이 점점 끝나 가고 있다는 것을 염두에 두며, 오늘은 새끼 사자가 인형을 좋아하는지 아니면 화가 났는지 잘 모르겠다고 소리를 내어 혼잣말을 한다. Anne은 그녀에게 조용히 하라고 하면서 계속 놀자고 한다. 치료사는 Anne이 동요하고 있는 것을 알아차렸지만, 계속해서 오늘 왜 새끼 사자가 이렇게 짜증을 내는지 묻는다. Anne은 점점 짜증을 내다가 결국 새끼 사자를 방구석으로 던지며 치료자에게 "선생님 싫어요!"라고 말한다. 치료자가 뭔가를 하기도 전에 Anne은 문으로 뛰어가서 울면서 대기실로 달아나 버린다.

이전 장에서 우리는 감정상태가 고조될 때 아이의 정신화 능력이 '꺼져 있는 상태(offline)'로 전환될 수 있으며, 그런 상황에서 아이는 명시적인 정신화 능력을 발휘할 수 없다는 점을 이해하는 것이 중요하다고 하였다. Verheugt-Pleiter(2008b)는 이를 "아이가 가진 정신의 기능수준을 인식한 후 같은 수준에서 만나는 것"(p. 57)이라고 표현했으며, 치료자는 때때로 너무 추상적인 수준에서 말하는 경향이 있다는 점을 인정해야 한다고 하였다. 예를 들어, 아이는 치료자가 자신에게 상처를 주기 위해 그런 말을 했다고 확신하고 있을 때, 치료자는 단지 치료자가 그런 말을 한 이유에 대해 아이가 궁금해 하고 있을 것이라고 착각하기도 한다.

과각성 상태가 정신화를 붕괴시킬 수 있으며, 이런 일은 마음상태에 대해 성찰할 수 있는 능력이 발달된 아이에게서조차 일어날 수 있기 때문에, 아이와 함께 치료실에서 작업하는 치료자는 계속해서 아이의 '감정의 온도(emotional temperature)'를 확인하고, 치료자의 개입이 적절한 수준에서 이루어질 수 있도록 노력해야 한다. 우리의 의지와 달리 우리는 잘못 판단하게 되는 경우가 많으며, 이때 우리가 할 수 있는 일은 실수를 인정하고 회복하기 위해 노력하는 것이다. 예를 들어, 앞선 사례에서 Anne의 치료자는 이 치료가 종결을 향하고 있는 것을 염두에 두고 있었고, 그래서 회기를 시작하면서 이 치료에서 함께 정한 중점과 제였던 '야생동물의 거친 감정에 대해 이해하고 돌보기'를 상기시켰다. 하지만 치료자는 Anne의 치료가 잘 가고 있는지에 대한 불안함 때문에 치료실에서 Anne의 감정상태를 파악하지 못했고, "선생님은 오늘 새끼 사자가 왜 이런 기분인지 궁금하다."라며 Anne이 동요하는 상태에서 명시적인 정신화를 해 보도록 초대했다. (이 단계에서 우리는 추측밖에 할 수 있는 것이 없지만) Anne은 조절하고 성찰하는 활동이 불가능한 상태였다. 이는 (숙련된 치료자를 포함한) 초보 MBT-C 치료자가 저지를 수 있는 흔한 실수이며, 치료자는 아이의 정신화 능력이 '꺼져 있는 상태'에 있을 때에도 "네가 그렇게 했을 때 엄마는 어떤 생각을 했을까?" 혹은 "왜 지금 그런 감정을 느끼는 것 같니?"와 같은 명시적 정신화를 위한 질문을 할 수 있다.

'어떤 개입을 언제 사용할까?'에 대해 생각할 때, Bateman과 Fonagy(2006)는 성인을 위한 MBT의 논의에서 그 복잡성과 환자가 느끼는 감정의 깊이, 그리고 강도에 따라 달라지는 개입의 스펙트럼을 소개하였다. 이 스펙트럼은 "가장 단순하고 표면적이며 최소한의 강도"로서 공감과 지지를 제공하는 것에서부터, 대부분의 경우 가장 복잡하고 감정적으로도 가장 강한 수준인 "관계에 대해 정신화하기" (p. 111)까지 이어진다. 비슷한 방식으로, Jacobsen, Ha와 Sharp(2015)는 위탁가정 아동과의 작업을 묘사하면서, 치료실에서 감정적인 강도가 높을 때에는 지지적이고 공감적인 것에서부터 시작하고, 아이가 더욱 차분해지면 자신과 다른 사람의 마음에 대해 성찰하도록 돕는 방식의 '계단식 정신화(mentalizing staircase)'에 대해 이야기했다. Taylor(2012)는 "과각성 상태의 경우에는 지지와 공감과 같은 간단한 정신화 노력으로 응답하고, 낮은 각성 상태의 경우에는 사고를 탐색하고 해석하는 것과 같은 높은 정신화 상태로 응답해야 한다."(p. 166)라고 표현하였다. 치료자로서 우리가 어떤 때에는 이를 잘못 판단하고, 특정 순간에는 잘못된 수준에서 반응하게 될 것은 거의 확실하다. 이를 피할 수는 없지만, 중요한 것은 우리가 이런 행동을 한 것에 대해 인식하려고 노력하고, 이에 대해 사과하며, 또다시 시도하는 것이다. 의심스러울 때는 항상 제4장에서 설명된 정신화 태도의 기본적인 측면으로 돌아가는 것이 최선이며, 여기에는 "우와, 내가 방금 무엇을 했을까?"

와 같은 호기심, "너의 행동에 대한 엄마의 마음에 대해 선생님이 물었을 때 네가 얼마나 화가 났을지 이제 이해가 된다."와 같은 공감, 또한 시간이 지난 후 "지금은 더 차분해진 것 같다. 우리 방금 전으로 돌아가서 무슨 일이 있었는지 생각해 볼 수 있을까?"라고 묻는 잘못된 이해를 이해해 보려는 시도(try to understand the misunderstanding)가 포함된다.

## ◆ 정신화를 돕기 위한 기반의 구축

앞서 논의했듯이, 주의력과 정서의 조절은 정신화를 촉진하고 자신과 다른 사람의 생각과 감정을 고려하여 이를 대인관계 속에서 사용하는 데 필수적이다. 심리치료에 의뢰된 많은 학령기 아이는 이 능력이 덜 발달했거나 이 능력을 쉽게 잃는 경향을 가지고 있다. 아이가 쉽게 정서적으로 조절되지 않는 상태에 빠지거나 충동성을 보이고, 혹은 자신과 관계에 대해 마음의 언어를 사용하여 생각하는 능력을 가지고 있지 않다면, 기본적인 자기조절, 주의집중력 통제, 정서조절에 대한 능력을 키우도록 도움으로써 정신화의 기반을 구축하는 것에 집중하는 것이 치료적일 수 있다. 일부 아이는 치료작업의 대부분이 여기에 초점을 맞추어 이루어질 것이고, 어떤 아이는 자신과 다른 사람의 마음상태에 대해 더 통제되고 성찰적인 탐색을 하는 명시적인 정신화를 동시에 활용하는 것이 가능할 것이다. 치료작업은 항상 치료자가 평가한 아이의 조절 및 정신화 능력에 의해 이루어져야 하며, 전반적인 수준과 순간적인 상태가 함께 평가되어야 하고, 치료작업에는 다음의 요소가 포함되어야 한다.

- 함께 주의를 기울이며 조율되는 작업을 통해 연결을 촉진하기
- 반영해 주고 조건적으로 조화를 이루기
- 상호작용 속에서 리듬과 패턴을 형성하기
- 지금-여기에서 일어나는 일을 묘사하고 이름을 붙임으로써 주의집중력 통제 및 자기인식 능력 강화하기
- 행동이 외부 세계에 미치는 영향을 알려 줌으로써 의도성 증진시키기
- 과장하거나 속도를 늦춤으로써 정서를 조절하기

• 한계를 설정한 놀이를 통해 정서 및 주의집중력 조절하기
• 감정상태를 명료화하고 이름 붙이기
• 게임 및 놀이 활동 사용하기


◆ 조율과 반영, 그리고 조건적으로 조화를 이루기

MBT-C 치료자와의 세션에서 Anne은 검을 사용하여 칼싸움을 했다. 치료자는 "빰, 빰, 빰!" 소리를 내며 따라 한다. Anne은 웃으면서 세게 쳤다. 치료사는 Anne이 정말 세게 치고 있으며, 큰 소리가 난다고 말했다! 그 후 Anne은 주전자를 찾아서 물을 떠오려고 했다. Anne은 스스로 하려고 하고, 주전자를 가득 채웠다. 치료자는 주전자가 아주 가득 찼다고 하며, 조금 덜어 낼 필요가 있지 않을지 물었다. Anne은 "아니요!"라고 말하고, 조심히 다닐 것이라고 강조했다. Anne은 조심히 움직였고, 치료자는 Anne이 정말로 강하며, 매우 조심스럽게 걷는다고 이야기했다. 그런 다음 Anne은 병원 놀이 세트에서 장난감 주사기를 찾았고, 물을 넣어서 뿌리려고 했다. Anne이 인형의 유모차에 물을 뿌리려고 할 때 치료자는 안 된다고 했지만, Anne은 어쨌든 거기에 약간의 물을 뿌렸다.

치료자는 "그거 아니? 모래놀이상자에는 물을 뿌릴 수 있어. 여기 두 개의 모래놀이상자가 있네!"라고 말했다.

Anne은 마른 모래놀이상자에 물을 뿌리고 싶어 했지만, 치료자는 젖은 모래놀이상자에 뿌릴 것을 제안하여 Anne은 그 지시에 따랐다.

Anne과 치료자는 이를 반복했다. Anne은 작은 주사기에 물을 넣고 (확인하기 어렵지만) 치료자가 가득 찼다고 말하면 Anne은 모래에 뿌렸다. 때로는 너무 세게 뿌려서 선반 위의 장난감에 물이 튀고, Anne은 행복하게 웃었다. 치료자는 Anne이 물을 채우기 위해 주사기를 뽑을 때, 효과음을 냈다(펑 하는 소리가 나고, 치료자는 "펑!" 하고 외쳤다). 처음에 Anne은 이를 보며 웃었고, 이후 주사기를 뽑고 물을 뿌릴 때 함께 소리를 냈다. Anne과 치료자는 물과 모래놀이상자가 놓인 테

이블 사이를 오가며 계속 걸었다. Anne이 장난감 선반 전체에 물을 뿌리면, 치료자는 웃으며 정말 멀리까지 뿌렸다고 말했다.

혼란스럽거나 와해된 아이 혹은 자신의 신체에서 안정을 느끼지 못하는 아이는 정신화를 위한 기본적인 바탕이 발달하지 않았을 수 있다. 그럴 때 아이는 자신이 무엇을 하고 있으며 왜 하고 있는지를 모르는 것처럼 보일 수 있고, 이런 아이와 연결을 형성하려는 것은 치료자에게 도전적일 수 있다. 또한 치료자는 치료실의 무엇인가가 손상되지 않도록 하는 '경찰관'으로 변할 위험 역시 있다. 이런 경우의 첫 단계는 아이와 연결을 형성하는 것이며, 아주 짧은 순간일지라도 아이에게 이곳이 안전한 장소임을 알려 주고, 아이가 자신이 경험하는 것에 주의를 기울일 수 있도록 도우려 노력하는 것이다. 치료자가 부드러운 목소리로 안정시키는 소리를 내거나 애정이 가득한 표정을 짓는 등 비언어적 방법으로 아이와 조건적인 조화를 만드는 것은 굉장히 중요한 치료적 개입이 될 수 있다. 이러한 개입은 이 아이로 하여금 정신화 발달의 시작점인 정보에 집중하고 처리하며 감정을 조절하는 능력을 가지도록 도울 수 있다.

Anne과 비슷한 아이를 치료할 때, 치료과정의 많은 부분은 실제 말로 개입하는 것보다 함께 시간을 보내는 패턴을 만들어 내는 것'에 집중된다(Verheugt-Pleiter, 2008a, p. 113). 이는 리듬, 예측가능성, 함께 주의를 기울이며 함께 있는 느낌을 형성하는 것이다. 앞에서 설명한 Anne과의 회기에서 치료자는 따라 하고 맞춰 가며 비언어적인 수준에서 연결을 만들기 위해 노력했다. 동시에 치료자는 Anne이 자신의 신체와 힘에 대해 더 인식할 수 있게 하려고 했다. 치료자는 아이의 관심을 내부로 향하게 하여 자기인식을 향상시키고자 노력했다. 이는 지금-여기에서 일어나는 일을 묘사하고 이름 붙이는 작업을 통해 이루어질 수 있다. 예를 들어, "정말 세게 쳤다! 너는 온 힘을 다하고 있구나!"처럼 신체상태와 행동을 언급할 수 있다. 이 작업은 반영과 같은 비언어적 조율의 많은 요소를 포함한다. 치료자는 Anne이 하고 있는 행동에 초점을 맞추면서 Anne의 놀이에 참여한다. 검을 휘두르거나 물을 쏟고, 하키 퍽을 던지는 것과 같은 Anne의 행동에 대해 치료자가 반응하는 방식은 정서조절 소개하기로 볼 수 있다. 이를 통해 Anne은 행동과 표현이 조절될 수 있으며, 자신도 행동을 조절할 수 있고, 따라서 자신의 행동이 외부 세계에 미치는 영향을 조절할 수 있다는 것을 알아 가게 된다. 치료자는 "정말 세게 쳤다! 그러니까 큰 소리가 나네!"와 같이 아이의 행동과 외부 세계에 미치는 영향을 연결한다. 이는 행동의 의도성이라는 암시적인 개념에 대해 작업하는 시작 지점이 된다. 이때 동시에 치료자는 놀이가 자신의 통제를 벗어날 것을 염려하며 자신의 각성상태를 조절하려고 한다. 이를 통해 치료자는 또한 놀이적인 태도 속에서 암시적으로 아이의 감정수준을 조절하려고 시도하게 되며, 느리지만 확실하게 규칙과 제한에 대해 소개한다. 치료자는 유연한 방식으로 제한의 개념에 대해 부드럽게 소개하며, Anne이 따르지 않을 때 처벌적으로 대하지 않고 Anne이 따를 수 있을 때까지 물을 뿌리면 좋은 장소에 대해 반복해서 안내한다. 이는 나이가 더 어린 아이를 대할 때와 유사한 방식이다.

치료실에서 한계를 설정하고 그 속에서 놀이를 하는 것은 다양한 방법으로 아이의 조절능력을 발달시키고 연습시킨다. 집이나 학교에서 Anne의 놀이는 혼란 속에서 파괴적으로 끝나는 경우가 많았다. 치료 초기에 Anne는 충동적으로 치료실 바닥에 많은 물을 쏟고 자신이 엉망으로 만든 것에 대해 걱정하곤 했다. 치료자는 Anne이 통제력을 유지하면서 놀 수 있다는 감각을 얻도록 돕고 싶었다. 치료자는 또한 Anne이 자신의 행동을 인식하도록 하고, 선택지가 있다는 것을 암시함으로써 정서를 조절하고자 했다. 치료에서 Anne처럼 잠시도 가만히 있지 못하는 아이에게 한계를 받아들이고 내적 통제를 할 수 있는 능력을 발달시키는 것은 중요한 과제이다. 이런 아이는 조절능력을 발달시키지 못했기 때문에 학교나 다른 곳에서 처벌을 받고 거절당하는 경우가 많다. 이런 경우, 도움을 받지 못하고 오히려 부정적인 상황이 반복되며, 결국 자존감에 영향을 받게 된다. 한계를 설정하는 협상을 해 보고 이와 연관된 정서를 조절하기 위해 노력해 보는 것이 치료작업의 중요한 측면이 될 수 있으며, 이는 놀이적인 태도 속에서 수행될 수 있다.

치료자는 또한 모래놀이상자 구석에 둔 '학교'를 사용해서 Anne이 어려움을 겪는 상황을 생각해 볼 기회를 적극적으로 만들고 있다. 자신을 자유롭게 표현해도 되는 상황도 있지만 어렵더라도 규칙을 따르는 것을 배우는 것이 더 중요한 상황이나 환경도 있다는 것을 생각하며 치료자와 Anne은 함께 놀고 있다. Anne은 치료자와 함께 이 연습에 반응하고 참여하고 있는 것으로 보인다. 치료자는 어쩌면 이런 놀이적인 형태로 연습을 하는 것에 대해 양가적인 감정을 느끼고, 전통적인 놀이치료를 하지 않는 것에 대한 염려를 가질 수 있다. 그러나 놀이 속에서 아이가 꼼짝 못 하는 상황을 연습하고 정교화해 보는 것은 아이가 겪는 어려움을 상세히 살펴보고 이해하며 창의적으로 생각해 보도록 돕는 데 유용하다. 이는 치료자가 마음에 대한 영상을 살펴보는 것처럼 연속된 사건의 각 단계를 상상하고 문제를 명확히 그릴 수 있을 때까지 문제를 분해하고 마음에 대한 세부 분석을 수행한다는 것을 의미한다. 치료자는 아이에게 "이것이 요즘 일어나고 있는 일이니?" 혹은 "요즘 무슨 일이 일어나는지 보여 줄래?"라고 물어볼 수 있고, 치료자와 아이는 물리적인 흐름을 따라가 볼 수 있다. 예를 들어, 학교에 도착해서 외투를 거는 것부터 시작해서, 과자를 먹는 시늉을 하고, 아이를 따돌리는 친구들이 나타나서 아이를 자극하고 괴롭히는 순간을 지나, 아이가 폭발해서 교장실로 불려 가는 장면까지 따라가 볼 수 있다. 각 부분을 거치면서 "그래서 그 순간에 너에게는 무슨 일이 벌어지고 있었니?" 혹은 "그 아이가 그렇게 말했을 때 그 아이의 생각이 무엇이었던 것 같니?"와 같은 질문을 통해 자신과 타인의 마음상태에 대해 탐색할 수 있을지도 모른다. 어떤 아이와는 함께 만화를 그려 보는 식으로 수행될 수 있다.

이런 방식으로 놀이를 활용하는 것은 더 복잡한 놀이활동으로 나아가는 중요한 발판이 될 수 있다. Anne이 사자와 농장동물들과 더 상징적으로 놀기 시작하면서 치료자는 이를 창의적으로 사용할 수 있었다. 예를 들어, 치료자는 '사자를 학교에 데려가 볼 수 있었고' 사자가 물거나 으르렁거리고 싶을 때 심호흡을 하는 연습을 할 수도 있었다. 또한 학교에 가고 싶지만 누군가를 물게 될까 봐 두려워하는 호랑이를 위해 만화책으로 된 작은 매뉴얼을 만들 수 있었다. 이 책에는 새끼 호랑이가 학교에서 만날 수 있는 어려움을 단계별로 다루고, 이 어려움을 극복하기 위한 전략이 담겨 있었다.

치료자는 제1장에서 언급된 부모-자녀 상호작용의 맥락 속 보여 주는 반영의 일부인 구체적 단서(ostensive cues)를 사용할 수도 있다. 예를 들어, 아이의 이름을 부르면서 직접적인 눈 맞춤을 하거나 아이를 향해 머리를 기울이며 목소리의 억양을 약간 바꾸는 등의 행동을 통하여 치료자가 하려는 이야기에 대해 주의를 집중하도록 만드는 것이 여기에 해당한다. 외상경험을 한 아이의 경우, 직접적으로 눈을 마주치는 것보다는 아이의 이름을 부르고 투쟁 혹은 도피 반응(fight-or-flight response)을 활성화하지 않으며 대화를 하는 것이 중요할 수 있다. 경우에 따라서는 아이가 집중할 수 있는 활동을 제공하는 것이 도움이 되며, 이는 아이가 함께하는 활동에 주의를 기울이면서도 관계 속으로 천천히 들어올 수 있도록 관계의 깊이를 조금 낮추는 역할을 할 수 있다.

이런 방식의 소통을 통해 치료자는 아이의 정서를 과장하거나 속도를 늦추는 방식으로 보정하여 표현할 수 있으며, 이는 아이의 정서를 닮은 것일 뿐만 아니라 동시에 조절을 돕기도 한다. 중요한 부분은 치료자가 아이의 상황에 대해 매번 완벽하고 정확해야 하는 것이 아니라, 아이로 하여금 치료자가 아이의 경험에 관심이 있음을 느끼고, 아이를 따라가고 감정적으로 연결을 유지하고 있으며, 아이의 마음에 대해 치료자가 진정성 있는 흥미를 보인다는 점을 아이가 경험하는 것이다.

이때 이 과정은 비언어적인 수준에서 일어나며, 특히 자신의 내적 상태를 설명하는 데 도움이 되는 정서적 어휘가 부족한 아이에게서 더욱 그렇다. 치료자는 상상력과 기지를 발휘하여 이런 상태의 아이에게 접근하고 관계를 맺는 방법을 찾아야 할 때가 많다. 이는 특히 통제력을 쉽게 잃고 공격적이 되거나 놀이를 하지 못하는 아이에게서 중요하며, 이런 아이와의 작업은 분노의 강도를 조절할 수 없다는 생각으로부터 아이 자신과 타인을 보호하는 안전장치가 되기도 한다. 또한 거의 말을 할 수 없을 정도로 심한 외상이나 상실을 경험한 아이와 작업하며, 아이로 하여금 점차 '이것이 나야. 나는 마음, 소망, 생각을 가지고 있어.'라는 주관적 상태에 주의를 기울이고 경험하도록 돕는 경우에도 이런 부분은 마찬가지로 중요할 수 있다. 이 경우에 아이는 또한 '저기에는 나에게 관심이 있고 나와 연결되고 싶어 하는 누군가가 있어.'처럼 타인에 대해서 궁금하게 될 수도 있다.

### ◆ 감정상태를 명료화하고 이름 붙이기

치료자는 치료 초기에 Anne에게 감정에 대한 어휘를 발전시키기 위한 도움이 필요하다고 느꼈고, 이를 위한 특정 활동을 진행하기로 했다. 치료자는 Anne에게 소파 뒤에 숨어 있는 소년의 사진이 담긴 카드를 보여 주며 짧은 이야기를 만들어 달라고 했다. "오! 소파 뒤에 아이가 숨어 있어요." Anne이 말했다. 치료자는 Anne이 그 이야기를 더 정교하게 만들어 보도록 독려하며, 그 소년이 왜 거기에 앉아 있는지, 그리고 무슨 기분인지 알아보자고 했다.

Anne은 소년이 숨어 있다고 추측하지만, 어떤 감정일지는 말할 수 없다고 했다. "이 아이는 무서워서 숨은 걸까, 아니면 슬픈 걸까? 혹은 누군가에게 장난을 치려고 숨었을까?" 치료자가 물었다.

Anne은 처음에 모르겠다고 말했지만, 치료자가 소년의 표정을 보자고 하자 슬픈 것 같다고 추측하며 "맞아요. 눈에는 슬픈 표정이 있어요."라고 덧붙였다.

치료자는 이 말이 인상적이었고, Anne은 그 후에 언제 슬펐는지에 대해서, 놀이공원에서 엄마와 헤어진 경험에 대해서 이야기하기 시작했다. 치료자의 독려를 받으며 Anne은 그 일이 어떻게 일어났는지 상세히 설명했다. 치료자는 Anne이 엄마를 찾지 못했을 때 어떤 기분을 느꼈는지 궁금해했고, Anne은 그것이 자신의 잘못 때문이었다고 말했다. "놀이터에서 놀고 싶었고, 거기에 계속 있고 싶었어요."

치료자는 Anne이 느꼈던 감정에 대한 공감을 표현했다. "그래서 큰 소리를 내며 울어 버렸어요. 그때 어떤 여자분이 제게 무슨 일이 있었는지 물어봤어요. 그리고 제가 '엄마가 어디 있는지 모르겠어요.'라고 말한 후 함께 엄마를 찾기 시작했고 곧 엄마를 찾을 수 있었어요." 치료자는 Anne이 엄마의 얼굴을 봤을 때 어떤 기분이었는지 기억하는지 물었고, Anne은 행복한 기분이었다고 말했다.

"엄마는 언제 보였니?"

"엄마는 행복해 보였지만, 조금 화난 것 같기도 했어요." Anne이 대답했다.

[그림 6-2] Anne과의 치료에서 사용한 소파 뒤에 숨어 있는 아이 그림 카드

출처: 네덜란드 헤이그의 Ruth zuillot 그림. 허락을 받아 게재함.

앞에서 설명한 대로 느린 속도로 이루어지는 조건적인 조화(contingent coordination)의 과정을 바탕으로 MBT-C 치료자는 행동과 감정 사이의 연결을 만들려고 시도하고, 감정상태를 명료화하며 이름을 붙여 볼 수 있다. 치료자는 아이에게 간단히 무엇을 원하는지 말해 보도록 요청하는 것으로 이를 시작할 수 있다(예: "오늘은 목이 마를 때 또 어떤 장난감으로 놀고 싶은지에 대해 나에게 말해 줄 수 있을까?"). 이런 식으로 치료자는 아이가 자신의 의지와 감정을 표현하고, 관계 속에서 자신이 필요로 하는 것을 요구할 수 있는 능력이 발달하도록 돕는다. 아이가 좋아하는 것을 표현하고 특정 장난감을 요구하기 시작하면, 치료자는 "이것 봐. 너는 네가 무엇을 원하는지 정확히 알고 있구나!"라며 말하며 이를 강조하여 표현할 수 있다. 또한 치료자는 놀이를 통해서 아이가 감정을 표현할 수 있다는 것을 알도록 도울 수 있다(예: 인형과 놀면서 "아기 인형이 어두워서 무섭다고 말하면, 우리는 아기가 울지 않도록 복도에 불을 켜 줄 수 있을 거야!"라고 말하는 것).

일부 경우에는 치료자가 아이의 감정을 명명하도록 돕기 위해 보다 구조적인 방법을 사용하는 것이 도움이 될 수 있다. Asen과 Fonagy(2012a)는 이를 정신화-강화 활동(mentalization-enhancement activities)이라고 불렀고, 가족회기에서 사용할 수 있는 '감정 맞혀 보기' 게임을 예로 들었다. 또는 Anne의 치료자가 그림카드를 사용해서 감정에 대한 대화를 시작한 것처럼 그림책이나 그림 그리기 활동을 활용할 수 있다. Anne은 감정에 대한 이야기를 자발적으로 시작하지는 않았지만, 치료자가 추측을 해 보라고 이야기했을 때 소파 뒤에 숨은 아이에 대한 감정을 잘 추측해 볼 수 있었다. 치료자의 격려에 따라 Anne은 그림 속 소년의 모습과 감정을 연결할 수 있었으며, 이는 Anne이 감정표현에 대한 어느 정도의 이해를 가지고 있음을 보여 주었다. 이후 Anne은 치료자에게 자신이 슬픔을 느끼는 순간에 대해 이야기할 수 있었다. 치료자는 이야기하는 동안 Anne의 감정적 참여를 눈치챘다. Anne은 이야기하는 동안 슬픔과 두려움을 표현했고, 이야기가 끝날 때 Anne의 얼굴에는 미소가 떠올랐다. Anne은 심지어 한 사람이 동시에 두 가지 감정을 함께 가질 수 있음을 알고 있다는 것을 보여 주었다. 치료자가 Anne의 이야기를 듣고 대답을 하며 반응을 보였을 때, Anne은 또한 자신의 의지로 감정적인 표현을 보였다.

[그림 6-2]처럼 사진을 사용하여 감정에 대해 이야기하는 것을 도울 수 있으며,

이는 특히 감정에 이름을 붙이는 데 더 많은 지원이 필요한 아이에게 도움이 된다. 많은 아이가 그림을 보며 무슨 일이 일어나고 있는지에 대한 짧은 이야기를 만들 수 있다. 그렇지만 Anne과의 작업에서 치료자는 Anne이 그림 속 인물에 대해 상상하지 못할 것 같다는 인상을 받았다(그림에서 무슨 일이 일어나고 있는지 추측해 보라는 질문에 대해 매우 짧은 문장으로만 대답하거나 "모르겠어요."라고 대답을 했다). 그래서 치료자는 Anne의 실제 생활에 대해 직접 물어보기로 결정했고, Anne은 이에 조금 더 열성적으로 반응했다.

어떤 아이에게는 이런 놀이가 감정상태를 명료화하고 이름 붙이는 기회가 될 수 있다.

7세 Mohammed는 초기 회기에서 경찰차와 인형을 가지고 놀고 있었다. Mohammed는 탁자 위에서 인형과 경찰차를 두드리며 크게 소리를 질렀다. 치료자는 말을 걸었지만, Mohammed는 이를 무시했다. Mohammed는 계속해서 인형과 경찰차를 두드렸고, 치료자는 부드럽게 그의 팔을 만지고 눈을 마주치며 접촉을 분명히 하려고 했다. "쾅쾅거리는 소리와 비명소리가 많이 들리네. 누가 이렇게 큰 소리를 지르고 있을까?"라고 치료자가 물었다.

"저예요." Mohammed가 대답했다.

그러자 치료자는 놀이를 이어가며 말했다. "괜찮니? 아프거나 다치진 않았니? 무섭니? 아니면 도움이 필요해서 그런 건가?"

"네." Mohammed가 한숨을 내쉬며 잠깐 치료자를 바라보았다.

치료자는 Mohammed의 표정을 반영하고 있다는 점을 분명히 했다. "무슨 일이 일어났는지 알려 줄래?" 치료자가 차분하고 느린 목소리로, Mohammed가 부딪치며 소리를 지른 후 손에 쥐고 있던 인형과 경찰차를 쳐다보았다. 치료자는 "음… 많은 사람이 소리를 지르는데, 그 소리들이 혼란스럽고 무서운 것 같아요."라고 덧붙였다(그리고 손으로 귀를 가리며 표정을 보여 준다).

Mohammed는 약간 미소를 지으며 다음에 어떻게 해야 할지 고민하는 것 같았다. 치료자는 이를 언급했다. "마음속 감정이 커지면 소리도 커지는 걸까?"

Mohammed는 웃음을 보이고, 일어나서 방 안을 뛰어다니다가 다시 앉은 후 다시 놀이를 이어 가려고 했다.

치료자가 물었다. "다음에 무슨 일이 일어나는지 궁금하다. 경찰은 무엇을 하고 있지? 구급차를 불러야 할까?"

이 예에서 치료자는 Mohammed가 조절능력을 잃고 있는 것을 알아차렸다. Mohammed가 실제로 경험한 자동차 사고와 연결된 강한 감정이 놀이 속에서 나타났기 때문이다. 치료자는 Mohammed와의 연결이 끊어진 느낌이 들었고, Mohammed가 '치료실 안에' 있는 것 같지 않았으며, Mohammed는 자신이 얼마나 크게 소리를 지르고 있는지 알지 못하는 것 같았다. Mohammed는 사고를 재현하는 반복적인 트라우마 놀이에 사로잡혀 있었고, 놀이 속에서 이 경험을 정교화하여 정신적으로 처리하거나 대사시키는 것이 어려워 보였다. Mohammed는 그 놀이가 일으키는 강력한 트라우마와 관련된 감정으로 인해 해리된 것처럼 보였다. 치료자는 아이의 이름을 부르고 부드럽게 팔을 만지며 Mohammed를 치료실 안으로 다시 데리고 오며 해리과정을 중단시키려고 했다. 치료자는 놀이에 대한 언어적인 해설을 통해서 단순히 가장 충격적이었던 감정의 반복이 아니라 아이가 트라우마에 대한 의미 있는 담론을 만들어 내고 이를 처리하도록 도왔다. 치료자는 이 시점에서 두려움의 감정을 구체적으로 명명하지는 않았으며, 이는 아이가 준비가 되어 있는지 확실하지 않았고 또한 아이가 놀이를 중단할 것이 염려되었기 때문이었다. 하지만 이후에 아이가 트라우마 관련 놀이를 다시 한다면, 치료자는 아이가 느낀 두려움의 감정에 대해 이야기할 것이다. 놀이에 대한 언어적인 해설은 치료자로 하여금 아이의 외상경험을 더 상세하게 설명하도록 도우며 이를 언어로 표현하고 이야기로 만들어 가는 것을 도울 수 있게 한다. 시작과 중간, 끝이 있는 이 이야기는 필수 요소를 모두 포함할 때까지 (예: 구급차가 누군가를 병원으로 데리고 갔는지 여부) 점점 더 상세하게 구성될 수 있으며, 이는 Mohammed가 사고의 가장 충격적인 순간 및 그 순간의 참을 수 없는 감정 속에 갇혀 있지 않도록 해 준다.

◆ 정신화의 붕괴 및 명시적 정신화에 대한 작업

우리는 제2장에서 정신화 능력이 이미 확립되어 있더라도 때때로 이 능력이 아이에게서 일시적으로 혹은 만성적으로 붕괴될 수 있다는 것을 설명하였다. 이는 보통 높아진 감정상태의 스트레스나 흥분 상황에서 발생하며, 더 통제된, 명시적인 정신화에서 주로 비-정신화(non-mentalizing) 기능 상태로 전환하는 형태를 취한다. Zevalkink, Verheugt-Pleiter와 Fonagy(2012)는 이에 대해 다음과 같이 말했다.

> MBT-C에서 치료적인 요소는 ① 정신화의 상실이 발생할 때 이를 알아차리는 것과, ② 아이가 비-정신화 상태에서 너무 오래 머무는 것을 허용하지 않고, 비-정신화 상태를 직면시키면서, 이를 사회적(애착) 맥락 속에서 자신과 다른 사람에 대해 생각할 수 있는 더 적응적인 상태로 교체하는 것이다(p. 143).

여기에서 우리는 치료자가 이 과정을 지원하기 위해 사용할 수 있도록 다음과 같은 몇 가지 기법에 대해 설명할 것이다.

- 정신화의 붕괴나 조절 불능에 대한 지지와 공감 제공하기
- 정지와 되감기 그리고 탐구하기
- 이야기와 놀이에서 생각, 감정, 바람, 의도와 같은 마음상태를 찾아내고 수용하기
- 치료의 안팎에 있는 관계에 대한 정신화를 통해 자신과 타인 사이의 차이 및 다양한 관점을 수용하는 능력을 발달시키기
- 힘든 삶의 경험이나 외상사건을 정신화된 이야기로 이해하기

◆ 정신화의 붕괴나 조절 불능에 대한 지지와 공감 제공하기

11세인 Liza는 오늘 아침에 넘어지는 사고가 있었다며 회기에 왔다. 아무도 보지 못했지만 다행히 구급차가 왔고, Liza는 "저는 괜찮았고 구급차가 필요하지 않

았기 때문에 구급차를 그냥 병원으로 돌려보냈어요."라고 설명했다.

　치료자는 이전에도, Liza가 분명히 사실이 아닌 일을 말하거나, 말이나 현실에 대처하는 방식과 내적인 감정을 연결시키지 못할 때 이를 어떻게 다루어야 할지 고민한 바 있다. 치료자는 이런 순간에 Liza에게 진정한 공감을 표현하기가 어렵다는 것을 알았지만, 이번에는 Liza의 감정을 인정해 주기로 결정하고 다음과 같이 말했다. "아주 깜짝 놀랐겠구나. 우와, 말해 줘서 정말 고마워."

　그러나 이것은 아무 영향도 미치지 않는 것 같았고, 치료자는 반응을 과장하여 구급차에 대한 농담을 해 보기로 했다. "구급차, 경찰, 소방대까지 모두 너를 구하기 위해 왔었나 봐!"

　Liza와 치료자는 함께 웃고, Liza가 말했다. "정말로 많이 아파서 구급차가 와야 할 것 같았어요."

　이는 훨씬 더 진정성이 있는 것 같았고, 치료자는 더 공감적으로 대응하여 "그렇구나. 정말로 아파서 진짜로 심각한 일이라고 생각했을 것 같다. 어쩌면 감정이 클수록 이야기가 좀 더 커지는 것 같기도 하네?"라고 말했다. Liza는 미소를 지었는데, 그때 순간적으로 연결된 듯한 느낌이 생겼다.

　이 사례에서 Liza는 아침에 넘어진 일로 애착욕구가 활성화된 채 회기에 온 것 같았다. 그러나 회피형 애착유형의 아이가 그렇듯이, Liza 역시 상황에 대해 과도하게 인지적인 방식으로 설명함으로써 이 애착욕구를 최소화하였으며, 이 이야기에는 감정이 담겨 있지 않았다. 이후 Liza는 자신이 도망갈 수 있는 현실과 가장(pretend)이 뒤섞인 세계 속으로 빠져들었다. 치료자는 회기 속에서 이것이 자신과 아이의 상호작용 속에서 어떻게 나타나는지를 알아차렸고, 자신이 무관심하게 굴며 덜 관여하고 있음을 느꼈다. 자신의 마음을 들여다본 후 치료자는 Liza가 가장상태에 있다고 생각할 수 있었으며, "그래서 너는 구급차가 왔다가 그냥 돌아간 이유가 무엇이라고 생각하니?"라며 인지적 수준에서 참여하기보다 이야기의 이면에 담긴 감정을 이해해 주고 Liza의 정신화 능력을 되돌리기 위해 노력할 수 있었다. 처음에는 잘 되지 않았지만, 치료자는 이 상황에 약간의 유머를 도입하였다. 여기서 유머를 사용하는 것은 다소 위험한 일이었을 수 있지만 더 진정성 있는 연결을 만드는 데 도움이 되기도 하며, 이 사례에서는 아이가 경험하고 있는 실제 감정에 대한 인식으로 이어질 수 있었다.

아이가 정서적으로 조절이 되지 않는 것 같은 순간에는 지지적이며 공감적인 개입이 특히 중요하다. 이때 개입의 목적은 과도하거나 혹은 (이 사례처럼) 감소된 정서적 각성을 조절하는 것이다. 이러한 개입은 아이의 인식론적 불신의 수준을 감소시키도록 돕는 추가적인 중요성을 가지고 있다. 이런 방식으로 감정이 이해되고 지지받는 경험이 반복되면, 아이는 점차 안전하다는 신뢰를 가지게 될 수 있고 결국 다른 사람들이 제공하는 것을 받아들이기 시작할 수 있다.

### ◆ 정지와 되감기

Liza는 회기에서 카드 놀이를 하고 있었다. 놀이 도중에, Liza는 자신이 잊고 사용하지 않은 규칙을 치료자가 적용한 것을 깨닫고, 평소의 소심한 성격에 비해 단호한 어조로 "잠깐, 제 차례에는 그걸 안 했는데요!"라고 말했다.

이로 인해 함께 놀이를 하며 가까워진 분위기가 즉시 변했고, Liza는 카드를 탁자 위에 던졌다. 이 변화에 대해 치료자는 "잠깐 멈춰 볼까? 무슨 일이 있었던 걸까? 방금까지 우리는 같이 놀이를 하고 있었는데, 갑자기 긴장감이 도는 것 같아."라고 했다.

Liza는 대답을 하지는 않지만, 방 안의 감정적인 온도는 다시 안정되는 듯했다.

"다시 돌아가서 무슨 일이 있었는지 생각해 볼 수 있을까?"라고 치료자가 다시 물었고, 이번에는 Liza가 고개를 끄덕였다.

일어난 일을 단계별로 되짚은 후, 치료자는 갑자기 어떤 생각을 떠올리며, "혹시 내가 일부러 Liza를 빼놓고 한 거라고 생각했을 수도 있겠다."라고 말했다.

Liza는 다시 끄덕이며, "네, 정말로 그렇게 느꼈어요."라고 말했다. 이제 치료자는 Liza가 왜 화가 났는지에 대한 이유를 설명해 준 것에 고마움을 표현하며, "일부러 Liza를 속였다고 생각하면 기분이 정말 안 좋았겠다."라며 감정을 담아 말했다.

그때 Liza는 놀이를 계속 진행하자고 했고, 그들은 계속 놀이를 했다. 잠시 후, 놀이를 하면서 치료자는 "Liza, 궁금한 게 있는데, 혹시 내가 규칙을 상기시켜 주지 않은 다른 이유가 더 있을 수도 있다고 생각하니?"라고 물었다.

Liza는 어깨를 으쓱하며 "어쩌면 그냥 까먹은 것일지도요?"라고 말했다.

"그래, 내 생각엔 그 말이 맞는 것 같다." 치료자는 그렇게 말하며, "적어도 내 생각에 나는 일부러 그런 건 아니었거든. 하지만 정말 미안해."라고 덧붙였다.

나중에 다시 이 일에 대해 이야기하며, 치료자는 이런 일이 Liza의 삶의 다른 곳에서 일어나는지, 그리고 이곳에서 일어난 일이 집이나 학교에서 일어나는 것과 어떤 연관이 있을지에 대해 이야기할 수 있었다. 이를 통해 다른 사람들은 규칙을 알지만 Liza에게 알려 주지 않는 상황에서 Liza가 바보 같아지는 느낌, 그리고 그로 인해 노력해서 얻은 것을 빼앗기는 듯한 상황에 처해 함정에 빠진 것처럼 느꼈고, 자신은 언제나 지기만 한다고 생각했던 Liza의 마음을 이해해 볼 수 있었다.

일단 치료자가 아이의 정신화가 붕괴된 것을 확인한 후 정신화 능력을 다시 켜져 있는 상태로 돌리는 데 도움이 될 수 있는 지지적이고 공감적인 반응을 제공하고 나면, 이후에는 더 통제되고 성찰적인 사고를 사용하여 이런 경험을 탐구하고 학습하는 것이 가능해진다. 이를 위해 Bateman과 Fonagy(2012)가 '멈추고 되감기'라고 부른 기법을 사용하여 속도를 늦추는 것이 유용할 수 있다. Bateman과 Fonagy는 이 전략의 목적에 대해 "정신화가 상실되었을 때 이를 되살리는 것, 혹은 감정적인 스트레스에 직면할 때에도 정신화 능력이 갑자기 붕괴되지 않을 수 있는 강인하고 유연한 정신화 능력의 형성을 촉진하는 것, 그래서 치료의 전체적인 목표인 정신화의 증진을 이어 가도록 하는 것이다."(p. 132)라고 기술하였다. 이렇게 함으로써 치료자는 비-정신화적인 상호작용을 중단할 수 있고, 정신화의 붕괴로 이어진 사건을 재구성하기 위한 질문을 하기 전에 일어나는 일의 속도를 늦추는 작업을 할 수 있다.

앞의 사례에서 치료자가 "당연히 나는 일부러 그런 것이 아니야. 나는 너를 돕기 위해 여기에 있어."라고 설명했다면 이는 도움이 되지 않았을 것이다. 그것이 사실이라고 할지라도 그렇게 말하는 것은 Liza가 다른 사람의 마음에 대해 궁금해하고 다른 관점을 고려할 능력을 이미 가지고 있다고 가정하는 것과 같다. 이때, 정신적 동일시 상태에 있는 아이는 자신이 생각하는 것이 바로 진실이라고 확신한다. Liza에게 도움이 되는 것은 "내가 일부러 너를 속였다고 생각했다면 정말 끔찍한 느낌이었겠다."와 같은 말처럼 치료자가 아이가 가진 내적 현실과 아이가 경험하는 것의 현실성을 수용하고 공감을 표현하는 것이다. 이런 방식으로 자신의 경험이 인정받는다고 느낄 때 신뢰는 서서히 형성되기 시작한다. 치료자는 치료실 내의 감정적 온도가 변했다는 것을 알아차린 직후 놀이를 멈추었으며, 두 사람 사이에서 일어난 일을 관찰하고 생각할 수 있도록 도우려고 시도했다. 회기의 후반부에 두 사람은 다른 관계 속에서 이런 일이 어떻게 일어나는지에 대해서도 함께 탐구할 수 있었다.

멈추고, 되감아 보고, 탐구해 보는 과정은 정신화의 붕괴를 다루는 강력한 도구이다. 이런 방식을 통해 치료자는 가능한 가설을 제공하고 Liza가 느꼈을 감정 및 Liza가 다른 사람의 감정이나 생각에 대해 무슨 생각을 하는지에 대한 궁금증을 표현할 수 있으며, 때로는 다른 가능성을 소개해 볼 수 있고, 이 작업은 다른 관점을 수용하는 과정을 촉진할 수 있다. 지금-여기 상황에 대해 이야기하는 것은 또한 치료 외의 상황에서 느끼는 감정에 대한 새로운 표상을 생성하는 데에도 도움이 될 수 있다.

### ◆ 관계에 대한 정신화

Ruth는 방의 구석에 앉아 있었다. 큰 곰 인형과 함께 놀면서, Ruth는 치료자를 완전히 무시했다. 침묵이 계속되자, 치료자는 "오늘은 말이 없네."라고 소리를 내어 말하고, 다음에 무슨 일이 일어날지 지켜보았다. Ruth는 잠을 자는 척을 한 후 "정말 심심하다."라고 불평했다.

치료자는 혼란스러운 표정으로 "음, 이건 정말 혼란스럽네."라고 말했다.

"뭐가요?" Ruth가 물었다.

"음." 치료자가 대답했다. "지난주에 우리는 카드놀이를 하며 재미있게 놀았는데, 끝날 때쯤에 Ruth가 심술을 부리는 것 같았거든. 아마 우리가 재미있게 놀다가 중간에 끝내야 했던 거 때문에 아직 삐친 건 아닐까 싶기도 하다."

Ruth는 "조용히 하세요! 선생님은 이해 못 해요!"라고 했다.

치료자는 Ruth에게 자신이 무엇을 잘못 이해했는지 알아보기 위해 다시 시간을 되돌려 보자고 요청했다. Ruth는 처음에는 망설이지만, 잠시 후, 지난 회기 이후에 치료자가 오직 돈을 받기 때문에 자신과 놀아 준다는 사실을 깨달았다고 했다. "어떻게 그런 생각을 하게 되었니?" 치료자가 물었다. 그리고 Ruth는 치료자가 지난 회기를 끝내기 전에 시계를 여러 번 보는 것을 봤다고 말했다.

Ruth와 치료자는 이에 대해 오랜 시간 동안 이야기하면서 왜 Ruth가 그 행동을 그렇게 해석했는지 이해하려고 노력했다. 치료자는 함께 있으면서 즐거워하는 사람이 시간을 정확히 지키는 것에 더 관심이 있는 것처럼 보인다면 참 마음이 아픈 일이겠다고 말했다. 그리고 이것이 오늘 Ruth가 참여하는 데 주저하는 이유일지도 모르겠다고 했다. Ruth는 어깨를 으쓱했지만 태도는 많이 누그러져 있었다. 치료자는 계속해서 지난 시간 마지막에 자신이 불안했다는 것을 인정하고, Ruth가 즐겁게 놀고 있다는 것을 알았기 때문에 이를 너무 갑자기 끝내고 싶지 않았다는 자신의 입장을 설명했다. Ruth는 여전히 확신이 서지는 않지만, 치료자가 시계를 보았던 이유가 다른 이유일 수 있고, 자신을 그저 쫓아내고 싶어 한 것은 아니었을 수 있겠다고 했다. Ruth는 무릎 위에 있던 곰 인형을 튕기며 방 안을 돌아다니다가 이를 치료자에게 던졌다. 치료자는 "이건 시간 낭비 그만하고 이제 재미있게 놀자는 뜻일까?"라고 물었다.

Ruth는 웃으며 "아무 말도 하지 말고 그냥 놀아요! 오늘은 색칠놀이를 해요!"라고 말했다.

치료자는 색칠놀이에 특별한 점이 있는지 묻는다. Ruth는 "그걸 하면 내가 진정할 수 있어요. 여기에서는 시간이 너무 빨리 가서 노는 시간이 너무 짧다는 게 싫어요. 더 시간 낭비하지 말고 빨리 놀아요."라고 답했다.

Bateman과 Fonagy(2012)는 관계에 대한 정신화의 목표를 다음과 같이 설명했다.

환자가 다른 사람의 마음이나 치료자의 마음에 주의를 기울이게 돕고, 환자가
느끼는 자기 자신과 다른 사람이 느끼는 자신이 어떻게 다른지를 비교하고, 다양
한 마음속에 존재하는 다양한 생각을 이해하도록 돕는 것이다(p. 139).

전이에 대한 해석작업과 일부 유사성이 있지만, 여기에서의 목적은 반복적인 관계
형태에 대한 통찰력을 제공하는 것이 아니라 정신화 능력을 회복하는 것이 대인관
계에 어떻게 도움이 될 수 있는지를 경험하는 추가적인 기회를 만드는 것에 있다.

Ruth의 경우, 상실의 경험 및 어른에게 뭔가를 원하는 경험이 치료를 시작한 지
수 주 후부터 나타났다. Ruth는 치료를 즐기는 듯 보였지만, 이는 애착체계를 활
성화시켰으며, 이는 상실의 느낌과 자신은 항상 '손해만 본다'는 느낌을 상기시켰
다. 치료자는 회기 속 지금-여기에서 아이가 꺼내는 것에 함께 머무르며 다시 한
번 '멈추고 되감기' 과정을 사용했고, 이를 넘어서 관계에 대한 정신화를 시도했다.
초기의 지지적이고 공감적인 반응이 과각성 상태를 낮추고 Ruth가 정서를 더 잘
조절할 수 있게 되었을 때, 치료자는 Ruth가 명시적 정신화를 사용하도록 초대했
고, 치료자가 시계를 확인한 것을 설명하는 다른 가능성 있는 이유에 대해 생각해
보도록 격려했다. 그리고 어느 특정 순간에 치료자는 그 행동에 대한 자신이 가진
다른 관점의 이유를 공유했다. 이처럼 천천히 진행되는 과정 속에서 Ruth는 정신
화 능력을 되찾을 수 있었으며, 치료자가 초대하는 시도에 응답할 수 있었다.

이 상호작용은 파열과 회복(rupture and repair) 과정의 좋은 예이며, 이 과정
은 다양한 치료접근법에서 변화의 핵심과정으로 인식되고 있다(Safran, Muran, &
Eubanks-Carter, 2011). MBT-C의 상황에서는 관계 속에서 감정을 다루는 이 새로
운 과정이 출현할 수 있다. 치료자는 순간에 일어나는 일을 바라봄으로써 이를 분
명히 하고 이 파열을 다룰 수 있는 선택지들을 제시할 수 있다. 게다가 이는 아이
가 자신을 외부로부터 바라보면서도 동시에 개방적이고 호기심이 많은 치료자의
내적 경험을 함께할 수 있도록 돕는다. Tronick(2007)이 지적했듯이, 의사소통의
실패와 '혼란스러움'은 자기의 발달의 핵심이며, 부정적인 것들이 관계 속에서 회
복되는 경험은 자기조절 능력의 증가를 일으킨다. MBT-C 치료자는 관계 속에서
파열과 회복 과정을 사용하여 정신화를 시연하고 아이가 정신화에 참여하도록 도
울 수 있다.

## ◆ 가장상태 속에 있는 아이와의 작업

Liza는 앉아서 어머니가 말을 잘 듣지 않으면 스페인으로 가는 가족휴가에 데려가지 않겠다며 협박을 했다고 이야기했다. Liza는 마치 날씨에 대해 말하는 것처럼 별 상관 없다는 투로 감정 없이 말했다. 치료자는 Liza에게 공감하려고 시도하며, 그런 상황이 정말 끔찍할 것이라고 했다. Liza는 소리 내어 웃으면서 치료자에게 신경 쓰지 않는다고 했다. Liza에게는 자신만의 계획이 있었다. 친구들과 함께 휴가를 가고 싶었고, 저축한 돈을 전부 가지고 디즈니랜드와 가수 Ariana Grande의 콘서트에 가고 싶다고 했다. 치료자는 "와! Liza만의 꿈이 있구나!"라고 말했다.

Liza는 이건 꿈이 아니며, 진짜로 친구들과 미국으로 캠핑을 가고 싶다고 했다. 치료자는 Liza가 어머니로부터 거절받은 감정을 잘라 내며 피하고 있다고 느꼈다. 그래서 치료자는 Liza의 상상을 인정해 주고, 오히려 더욱 과장함으로써 무언가를 느끼도록 시도해 보았다. 치료자는 다시, "와, 정말 많은 계획을 가지고 있네. 디즈니랜드, Ariana Grande, 또 뭐가 있을까?"라고 했다.

Liza는 "나는 미국을 좋아해요. 정말로 거기에 가고 싶어요. 스페인은 별로 좋아하지 않아서 엄마나 다른 사람들과 휴가를 가지지 않아도 괜찮을 것 같아요."라고 했다.

"그렇구나," 치료자가 말했다. "어쩌면 너는 그 집에서 나와서 완전히 자신만의 집을 얻고 싶을지도 모르겠다."

Liza는 약간 충격을 받은 듯, "하지만 난 아직 열한 살인데요. 그런 건 허용되지 않아요!"라고 했다.

이제 Liza의 관심은 확실히 치료자에게 집중되어 있었다. 치료자는 더 부드러운 목소리로 말했다. "있지. 엄마가 말을 잘 안 들으면 놔두고 가겠다고 협박한 건 정말 끔찍한 것 같아. 선생님은 이것이 Liza의 마음을 괴롭히지는 않았을지 궁금하다."

Liza는 갑자기 눈물을 흘렸다. 그리고 "엄마는 내가 얼마나 열심히 노력했는지

몰라요."라고 진심으로 말했다. 치료자는 주변 사람들이 Liza가 문제를 해결하기
위해 기울이는 노력을 알아주지 않는 것이 얼마나 끔찍한지에 대해 공감해 주었다.

　때때로 아이는 아프거나 압도적인 감정을 피하고 잘라 내는 한 방편으로 가장상
태에 빠져들기도 한다. 예를 들어, 이런 상태에서 아이는 고통스러운 무언가를 신
경 쓰지 않는 척하거나 방어적으로 거대한 환상을 만들 수 있다. 이런 경우 치료
자와 아이는 실제 문제를 다루고 처리할 수 없는 상황에 갇힐 수 있다. 앞서 언급
한 사례에서 치료자는 Liza와 연결될 방법을 찾았고, 감정을 피하기 위해 아이가
사용하던 가장상태를 중단시키고 지금−여기로 돌아오게 하였다. 치료자는 놀이
적인 과장과 공감을 섞어서 이를 수행했다. 아이가 감정적으로 연결되지 않고 가
장상태 속에 있을 때, 치료자는 다양한 방법으로 아이가 치료실로 돌아와서 감정
과 의식적 활동을 연결할 수 있도록 돕는 시도를 할 수 있다. Liza는 자신이 했던
말을 그대로 따라 하며 장난스럽게 과장하는 치료자에게 약간 놀랐고, 이는 Liza
가 치료자를 통해 자신을 외부로부터 바라볼 수 있는 기회를 제공해 주었다. 다시
말해, 치료자는 Liza가 어떻게 가장상태를 사용했는지 알도록 하기 위해 자신이
가장상태를 사용하였다. 물론 이는 공고한 치료동맹이 있을 때만 주의하여 사용
해야 하는 높은 위험을 수반하는 개입이다. 이런 개입을 통해 아이가 치료자와의
연결을 회복하고 난 이후에는 반드시 공감적인 명료화로 이어져야 한다.

　가장상태는 또한 의미 있는 무엇과도 연결되지 않는 공허하고 반복적인 놀이로
나타날 수 있고, 그 예로는 단순히 장난감을 줄지어 놓거나 반복적인 형태를 그리
거나 종이 전체에 장식 꽃을 그리는 것 등이 있다. 이런 놀이는 어떤 감정이나 생
각에 대해 생각하지 않기 위해 '가리는' 기능을 가진 것으로 보인다. 이런 경우, 치
료자는 그림이나 놀이에 특정한 것을 추가하도록 제안하거나 무엇인가가 일어나
게 함으로써 연결을 유지하도록 노력해야 한다. 예를 들어, 치료자는 아이와 함께
지저분한 그림을 그리거나 '지저분하게 만드는' 것을 함께함으로써 아이가 교착상
태에서 벗어나 참여하도록 돕는 방법을 사용할 수 있다. 치료자는 또한 아이의 그
림기법에 대한 언급이나 어떤 행동을 하는 방식에 관심을 가짐으로써 아이가 치
료실로 돌아오게 할 수 있고, 이것이 무엇을 표현하는 것인지 상상해 보거나 혹은
조금씩 치료자와 함께 상상하는 쪽으로 끌어당길 수 있다.

# 외상사건에 대한 정신화적인 이야기 만들기

　　Ruth는 이전 위탁가정에서 성행위를 목격했고 양부모로부터 적절한 보호를 받지 못했다. 이번 회기에서 치료자는 Ruth에게 이전 회기에서 이야기했던 것, 즉 위탁가정에서 두 명의 소년이 성관계를 갖는 모습을 목격한 때로 돌아가 보자고 했다. Ruth는 이것을 확인해 주면서 치료자에게서 눈을 돌리며 조용한 목소리로 "네, 그들은 '그것'을 하고 있었어요."라고 말했다.

　　치료자는 똑같이 조용한 목소리로 "머릿속으로는 무엇을 봤는지 알지만, 이를 소리 내어 말하는 것은 어려운 일일 수 있지."라고 했다.

　　Ruth가 불안한 표정으로 "네."라고 속삭인다. 치료자는 생각과 감정이 너무 많으면 소리를 내어 말하는 것이 어려울 수 있다고 했다. Ruth가 확실하게 "네."라고 대답하며 손으로 얼굴을 가렸다. "아, 정말 너무해."

　　치료자는 "정말 너무해."를 반복하면서 Ruth의 감정상태를 자연스럽게 반영했고, 그러면서도 공감과 우려를 섞어서 자신이 그 경험에 대해 깊게 생각하고 있음을 알렸다. Ruth는 의자에 불편한 자세로 조용히 앉아 있었다. 치료자는 Ruth가 몇 가지 감정과 생각을 적어 본다면 더 편해지지는 않을지 물어보았다. "Ruth는 어떤 감정을 느끼는지 알고 있는 것 같은데, 이걸 선생님하고 이야기하기에는 부끄러운 것 같다. 선생님이 이해한 것이 맞니?"

　　Ruth는 고개를 끄덕였다. 치료자는 감정을 그려 보자고 제안한다. 처음에 Ruth는 이 과제를 피하려는 듯 망설이다가 시작하기 적당한 색의 종이를 찾았다. 치료자는 이런 어려운 감정은 기분 좋은 감정은 아니니까 잘 그려지지 않을 수 있겠다고 했다. Ruth는 빨간 종이를 사용하기로 했다. 그리고 큰 눈과 입을 벌린 얼굴을 그리고 말풍선에 '혼란스럽고 두려워요'라고 썼다.

　　치료자는 "혼란스럽고 두렵다……. 그래. Ruth의 그림에는 그 감정이 담겨 있는 것 같다."고 반복해서 이야기했다.

　　잠시 침묵 후 치료자는 "선생님은 이 불안의 감정이 무엇일지 이해해 보려고 노력하고 있어."라고 말했고, Ruth는 갑자기 '화가 나'라는 단어를 쓴 후 그래서 빨간색을 선택했다고 설명했다. 그런 다음 다시 침묵했고, 치료자는 "그리고 다른 감정들…… 혼란스럽고 두렵고 화가 났었나 보다."라고 차분하게 말했다.

치료자는 Ruth를 이해해 보기 위해 자신의 감정을 이야기해 봐도 좋을지 물었다. "너는 '두려워'라고 썼네. 네가 무엇을 두려워했는지 알고 있니? 아이들은 보통 자신이 본 것을 두려워하는데. 그 일이 자신에게도 일어날까 봐 걱정하는 경우도 많지." 그러자 Ruth는 의자에서 안절부절못했다. "불안한가 보다." 치료자가 말했다.

Ruth가 글을 쓰면서 소리 내어 읽었다. "무슨 일이 일어날지 두려워요."

"무슨 뜻이니?" 치료자가 물었다.

"무슨 일이 일어날지 두려워요." Ruth가 더 큰 목소리로 반복했다.

치료자는 "때때로 아이들은 자신을 돌보는 어른들이 이야기를 듣고 화를 낼까 봐 두려워하기도 하지."라고 대답했다.

Ruth는 이전 양부모에게 이 사실을 말했을 때 화를 냈다고 말하며, 3년 전처럼 또 다른 위탁가정에 맡겨질까 봐 두려웠다고 했다. "여기에서 또 다른 곳으로." 치료자가 분명하게 말했다.

Ruth는 "그리고 제 형제들도 그랬어요."라고 덧붙였다.

치료자는 공감적인 태도로 Ruth가 여러 번 이사를 다녔고, 그것이 고통스러웠겠다고 대답했다. Ruth는 이런 일이 다시 일어날까 봐 두렵다고 말했고, 울기 시작했다.

이 사례에서 Ruth는 치료자와 연결을 유지할 수 있었으며, 치료자의 도움을 통해 자신이 본 것에 대한 감정을 표현할 수 있는 능력을 보여 주었다. 그리고 Ruth는 새 위탁가정을 또다시 잃을 수 있다는 더 깊은 트라우마에 대한 염려를 이야기할 수 있었다. Ruth는 이렇게 감정을 언어로 표현함으로써 일어난 일에 대해 혼란스러움을 덜 느낄 수 있는 가능성의 문을 열었다.

Ruth와 같은 아이에게 치료는 자신의 삶 및 외상경험을 이해할 수 있는 새로운 이야기를 만드는 기회가 되며, 아이는 이를 통해 자신을 자전적 자아감에 통합시킬 수 있다. 아이는 부모의 임신, 자신의 출생, 트라우마 및 이전 상황에 대한 다양한 환상을 가질 수 있고, 이런 모습은 특히 입양되거나 위탁가정에 있는 아이 혹은 외상을 입은 아이에게서 나타난다. 이런 경우에 아이의 생각이나 부모에 대한 생각은 의식과 무의식 모두에서 공존할 수 없을 수도 있다. 동시에 어려운 일이 많았거나 외상을 경험한 아이는 자신의 이야기를 언어로 옮기기 위한 기회나 도움을 받지 못했기 때문에 이런 경험을 감정적으로 통합하는 데 어려움을 겪을 수 있다. 이 아이가 자신의 삶과 자신의 가족에 대해 일관된 이야기를 만들 수 있도록 돕는 것 은 아이의 현재 관계뿐만 아니라 과거의 관계에서의 경험에 대해서도 탐색하도록 돕는다.

입양되거나 위탁가정의 아이와 작업을 하는 경우, 함께 주의를 기울이고 정서를 조절하는 능력을 형성한 후에 치료자는 "이제 집에서 산다고 느끼니?" "집이란 단 어가 너에게는 어떤 의미니?" "어떤 경우에 가족에게 함께 속해 있다고 느끼니?" "가족이란 단어는 너에게 어떤 의미를 가지니?" "너의 친부모님에 대해 얼마나 자 주 생각하니?" "너는 그분들을 어떻게 부르니?" 등의 질문을 사용해 볼 수 있다 (Muller, Gerits, & siecker, 2012). 아이 역시 외상경험에 대해 "그런 일이 저에게 왜 일어난 거예요?" "제 친부모님은 아직도 저를 사랑할까요?"와 같은 질문을 할 수 있다. 이 질문에 대해 탐색해 봄으로써 아이는 자신과 타인에 대한 감각을 발견할 수 있고, 이는 명시적 정신화 능력을 증가시킬 뿐만 아니라 또한 '나를 나답게 만 드는 것'에 대한 일관된 이야기를 만들 수 있게 돕는다. 이는 또한 공격적인 태도 뒤에 숨겨진 애도나 슬픔의 감정에 의미를 부여하는 방법이 될 수 있다.

## 결론

요약하면, MBT-C는 치료자가 아이의 수준에 맞추어 작업할 수 있는 유동적인 지지대를 제공하는 것이며, 또한 아이와 연결되려는 진심과 호기심으로 반응을 보여 주는 치료자의 존재로부터 아이가 새로운 발달적 경험을 제공받는 치료이 다. 발달적, 인지적, 정서적으로 아이가 있는 곳에 가서 아이를 만난다는 것이 모 든 MBT-C 기법의 핵심이다. 특히 자신과 타인의 마음에 대해 배울 기회를 거의 가지지 못했던 아이에게, 자신이 누구이고 자신의 마음이 어떻게 작동하는지를 발견할 수 있는 잠재적 공간을 제공하는 치료자와의 관계는 자신과 타인을 새로운 방식으로 바라볼 수 있는 기회의 문을 열어 준다. 정신치료라는 여정은 발달과 굉장히 유사하게도 유동적이고 끊임없이 변화하는 길로 이루어져 있다. MBT-C와 같은 관계-중심의 접근을 택한 정신치료자에게 가장 중요한 기술은 호기심과 진 정성을 유지하는 능력이며, 이를 통하여 아이가 감정, 생각, 행동을 자유롭게 표현 할 수 있으면서 동시에 이를 내부와 외부에서 살펴볼 수 있는 기회를 제공하는 것이다.

# 제7장

# MBT-C에서 부모와의 작업

제1장에서 우리는 마음을 헤아리는 양육(reflective parenting stance)의 모습과 특성에 대해 설명했으며, 이것이 부모가 아이의 관점을 상상하는 방식과 성찰하는 부모로서 아이와 상호작용하는 부모의 능력 속에서 어떻게 나타나는지 기술하였다. 또한 우리는 부모가 이런 성찰적인 자세를 보일 때, 이것이 아이의 감정적 발달, 애착의 안정성, 성장을 돕는다는 경험적 연구에 대해 역시 설명하였다. 제2장에서 우리는 정신화의 실패와 붕괴에 대해 서술하고, 보통 때에는 높은 성찰능력을 유지할 수 있는 부모조차도 가정에서의 압박 혹은 자신의 능력을 넘어서는 문제나 상황을 직면할 때 경험할 수 있는 '비-정신화의 악순환'의 예에 대해 전반적으로 설명하였다.

이번 장에서 우리는 MBT-C에서 아이와의 작업과 병행하여 이루어지는 부모와의 작업에 초점을 맞춘다. 제3장에서 설명하였듯이, 부모나 보호자와의 정기적인 만남은 MBT-C의 일부분으로서 언제나 미리 계획되어야 하며, 가능하다면 아이의 치료와 동시에 이루어지되 독립된 치료자에 의해 진행되는 것이 좋다. 우리가 소개할 접근법은 우리의 경험 및 다른 동료가 정교화한 부모와의 작업모델을 기반으로 하였다(예: Asen & Fonagy, 2012a, 2012b; Cooper & Redfern, 2016; Etezady & Davis, 2012; Rexwinkel & Verheught-Pleiter, 2008; Suchman, Pajulo, & Mayes, 2013). 우리는 특히 Slade(2005, 2008)의 선구적인 작업에서 영감을 받았다.

우리는 부모와 함께 작업할 때 '타당한 유연성'이 굉장히 중요하다고 생각한다 (Slade, 2008). Slade(2008)가 서술한 타당한 유연성은 부모와의 작업을 할 때 고정되고 미리 결정된 구조를 유지하는 보통의 순수한 접근방식이 불가능하다는 점을 인지하는 것을 뜻한다. 때로는 부모를 조금 더 자주(혹은 덜) 만나야 하는 경우도 많으며, 회기 사이에 전화나 다른 방법을 통해 연락해야 하는 경우도 많다. 부모가 함께 오는 경우에만 만나게 될 수도 있고, 혹은 부모가 따로 오는 것이 더 도움이 되는 경우도 있다. 아이와 부모가 함께 참여하는 회기를 가질 수도 있으며, 아이 없이 부모만 오는 것이 필요한 경우도 있다. 이런 변동성은 부모와의 작업이 혼란스러운 것으로 보이게 만들 수 있지만, 치료자가 이 작업의 기본적인 목적과 목표를 잊지 않는다면 Slade는 이것이 타당한 유연성일 수 있으며, 이는 연속되는 위기에 대한 혼란스러운 반응이 아니라고 이야기했다(물론, 때때로 이 작업은 그렇게 느껴질 수 있다). 또한 부모에 대해 생각한다는 것은 부모의 위기나 요구에 대해 유연하고 반응적이어야 함을 의미하며, 이는 심지어 이것이 치료자나 팀이 생각하는 주된 목표와 아주 다른 경우에도 그렇다. 특히 압도적인 상황 앞에서 취약해진 부모와 작업할 때에 이런 유연성은 필수적이다.

우리가 이 장에서 명확히 하고자 하는 것처럼, MBT-C에서 부모와의 작업은 단순히 아이의 치료를 지원하기 위한 것만이 아니며, 통합적인 개입의 중요한 일부분으로 여겨진다. 이상적인 경우, 부모와의 회기는 단지 아이에 대해 이야기하는 임시적인 기회가 아닌, 일정한 작업으로 함께 생각할 수 있는 공간이 될 수 있도록 충분히 정기적으로 이루어져야 한다. 부모와의 작업에 대한 MBT-C의 일반적인 목표는 다음과 같은 특정 목표에 대해 부모의 성찰적인 자세를 발달시키는 것이다.

- 아이의 행동보다 아이의 경험과 아이의 마음을 바라볼 수 있는 능력을 발달시키고 회복하도록 돕는 것
- 특히 부모가 정신화 능력을 잃을 수 있는 갈등의 상황에서 아이가 가진 정서조절 능력이나 정신화 능력을 감소시킬 수 있는 자신의 감정과 행동을 인식하도록 돕는 것
- 아이가 안전하고 이해받는다고 느끼며, 동기부여, 자기조절, 기본적인 자아인식, 그리고 정신화를 촉진하는 부모-아이의 상호작용을 장려하는 것

비행기 탑승 시 안전지침은 긴급상황에서 부모가 산소마스크를 먼저 착용한 후 자녀에게 도움을 주어야 한다는 점을 상기시킨다. 마찬가지로 아이가 치료에 의뢰되었을 때에도 부모의 요구를 무시하지 않는 것이 중요하다. 이는 부모가 아이를 돕는 데 중요한 역할을 하기 때문일 뿐만 아니라 아이가 대부분의 시간을 보내는 환경이 아이가 치료에서 얻은 변화가 계속되도록 도울 때에만 그 변화가 지속되기 때문이다. Fonagy와 Allison(2014)은 인식론적 신뢰의 관점으로 치료적 변화를 재구성하였고, 치료 속에서 분명한 정신화의 출현은 변화과정의 시작일 뿐이라는 점을 강조하였다. 성인의 치료에 대해 그들은 다음과 같이 적었다.

> 과거에는 환자의 사회환경을 수정하는 것은 치료의 범위를 벗어나는 것으로 생각되었다. 그러나 효과적인 치료는 치료실의 감정적 분위기를 유지하는 것만큼이나 해가 되지 않는 사회환경을 유지하는 데 달려 있다(p. 378).

성인의 치료에 대한 이 언급이 사실이라면, 아이와의 작업에서는 이런 관점이 더욱 필요할 수 있다. 부모가 관계의 스트레스 속에서도 정신화 능력을 향상시킬 수 있도록 돕는 것이 아이의 정신화 능력이 발달하도록 돕는 것이다. 이번 장에서 우리는 MBT-C의 치료자가 어떻게 부모의 이런 능력을 증진시키는가에 대해 설명하고, 그럼으로써 아이가 자신의 삶에서 중요한 어른으로부터 배울 수 있는 능력을 다시 발달시키도록 돕는 방법을 보여 주고자 한다.

우리는 기본적으로 대부분의 부모가 금전적인 스트레스나 심리적인 문제, 어린 시절의 관계 속 외상이나 방임과 같은 어려운 상황에서도 아이를 위해 할 수 있는 한 최선의 부모가 되어 옳은 행동을 하고자 하는 소망을 가지고 있다고 가정한다. 그렇지만 많은 부모가 자신의 과거 패턴을 반복하지 않기 위해 최선을 다하고 있음에도 불구하고 이로 인한 어려움을 겪으며, 아이의 성장과 번영에 도움이 될 수 있도록 자신이 바라는 부모가 되어 자녀에 대해 생각하고 관계를 맺는 법을 얻고자 한다. 양육은 분명히 가장 중요하고 도전적인 인류의 노력 중 하나이며, 동시에 가장 보람 있고 의미 있는 일 중 하나이다. 그렇지만 치료에 의뢰되는 아이의 부모는 아이와 관계를 맺고 아이를 발달시키는 과정에서 도움을 자주 요청한다. 이는 특히 부모가 어린 시절에 그런 관계를 경험하지 못했을 때, 그래서 자신을 이끌어 줄 마음속 본보기가 존재하지 않는 경우에 더욱 그럴 수 있다.

더 도전적인 부분은, 정서나 행동문제를 가진 아이의 부모는 정신화에 더 많은 어려움을 겪을 수 있다는 점이다. 아이의 이런 문제는 부모에게 분노나 무력감 같은 불편하고 참기 힘든 정서를 일으키고, 이것이 부모가 가진 정신화 능력을 방해할 수 있다. 아이의 기질은 부모나 형제와 다를 수 있으며, 그렇기 때문에 부모는 아이가 세상을 어떻게 경험하는지를 알아차리고 이해하는 데 어려움을 겪을 수 있다. 이런 이유로 인해 부모는 때때로 아이가 나쁜 아이이거나 혹은 주위 사람을 자극하기 위해서 일부러 짓궂은 행동을 한다고 느낄 수 있다.

문제가 많고 외현화를 보이는 아이는 사려 깊고 사랑이 많은 부모조차 힘들게 만들고, 특히 한쪽 부모가 양육에 더 크게 관여하거나 혹은 아이의 어려움에 반응하는 방법에 대해 부모의 의견이 다른 경우에 부부의 관계를 약화시킬 수 있다. 자녀에 대한 부정적인 감정을 가지는 것 자체가 금기로 여겨질 수 있기 때문에, 이를 인정하는 것은 어려울 수 있다. 죄책감과 같은 '금기된 감정'은 부정될 수 있고, 이는 정신화 및 문제의 건설적인 해결을 방해할 수 있다. 그렇기 때문에 부모와의 작업이 가지는 중요한 목표 중 한 가지는 그들이 자신의 감정을 정신화하여 아이에 대한 자신의 반응을 더 잘 이해하도록 돕고, 더 유연하고 개방적이 되도록 하는 것이다.

## 부모와의 작업에서의 정신화 자세

Belinda의 어머니인 C 씨는 딸과의 관계에서 겪고 있는 어려움에 대해 치료자와 개별상담을 하러 왔다. 그녀는 치료자에게 Belinda와 효과적인 대화방법이 필요하다고 말하면서 특히 아침에 Belinda를 학교에 보내기 힘들 때, Belinda와 함께 '미쳐 버릴 것' 같다는 두려움을 자주 느낀다고 털어놓았다. 치료자는 C 씨가 미칠 것 같다고 느낄 때 얼마나 끔찍한 느낌일지에 대해 공감했다. C 씨는 동의를 하면서도 그녀에게 시급히 필요한 것은 동정이 아니라 Belinda와 함께할 수 있는 전략이라고 했다. 치료자는 이를 받아들이고 사과를 하면서 회기가 끝날 때까지 아침 상황을 처리할 수 있는 더 나은 아이디어를 얻는 것이 중요하다는 것에 동의했다. 치료자는 C 씨가 최근에 힘들었던 순간 중 하나를 이야기하면 도움이 될 수 있을지도 모르겠다고 한 후, 이에 대해 생각해 보고 다음번에 적용할 수 있는 아이디어를 생각해 보자고 제안했다. C 씨는 "그것이 도움이 될 것 같아요."라고 말하며, 그날 아침의 힘들었던 사건에 대해 치료자에게 이야기하기 시작했다.

치료자는 이야기를 들으면서 때때로 속도를 늦추고 C 씨에게 한 번에 한 단계씩 이야기해 달라고 요청했고, 그 순간에 어떤 일이 있었는지 확인했다. 때로는 "네, 힘들었겠어요!" 또는 "네, 자녀가 그렇게 할 때 힘들다고 하시는 부모님이 참 많죠."와 같이 그녀를 지지하는 발언을 하며 이야기에 개입했다. 계속해서 그날 무슨 일이 있었는지 이야기하며 조금씩 이해가 되기 시작하자 C 씨는 차분하고 편안해졌고, 그녀의 목소리에서 고집과 불안도 점점 줄어갔다. 그러면서 치료자는 C 씨에게 당시 딸에게 무슨 일이 있었다고 생각하는지에 대해 약간의 호기심을 표현하기 시작했다. "그래서 당신이 그렇게 말했을 때 Belinda가 어떻게 반응했나요?" 또는 "당신이 그렇게 말했을 때 Belinda는 어떻게 느꼈을까요?"라고 질문했다. C 씨는 조금씩 더 성찰하기 시작했고, 치료자와 함께 그날 아침의 사건에 대해 계속 생각해 볼 수 있었다.

제4장에서 우리는 치료자의 정신화 자세가 가진 중요성에 대해 언급했다. 여기에는 치료자의 기본적인 요소(즉, 기본적인 치료에 대한 소개, 진실성, 판단하지 않음, 진정성, 수용성), 행동이 아닌 마음에 대한 관심, 호기심과 잘 모른다는 탐구적인 태도, 그리고 잘못된 이해를 모니터링하는 것의 중요성이 포함되어 있다. 아이와의 치료작업에서와 마찬가지로 이것들은 부모와의 작업에서도 중요하지만, 이 중에서 정신화 자세의 일부 측면은 부모와의 작업에서 특히 중요하거나 더 특별한 의미를 가질 수 있다.

무엇보다 많은 부모가 아이를 '더 성찰적으로' 만들고자 치료에 데리고 오는 것은 아니라는 점을 인정해야 한다. 아이가 고집이 세거나, 밤에 자지 않거나, 또래와 잘 어울리지 못하거나, 자주 울거나, 아침마다 일어나서 학교에 가는 데 어려움이 있는 아이와 분투하고 있는 부모에게 이는 가장 높은 우선순위가 아닐 수 있다. 당연하게도 대부분의 경우에서 부모는 아이의 행동을 변화시키거나 스트레스를 줄이기 위해서, 혹은 적어도 상황을 더 잘 다루기 위한 실질적이고 전문적인 조언을 찾고 있는 경우가 많다. C 씨가 아침에 딸을 보내는 것이 어렵다는 이야기와 함께 회기를 시작했을 때, C 씨는 치료자가 보이는 그녀의 감정에 대한 단순한 공감에 짜증이 난 것처럼 보였다. 치료자는 이를 심각하게 받아들이고 잘못에 대한 사과가 필요하다는 것을 빠르게 이해하였다. 이는 공감한 것이 잘못이라는 뜻은 아니며, 하지만 그 순간에 C 씨에게 필요로 했던 것을 치료자가 제공하지 않았다는 뜻이다. 치료자는 자신이 C 씨의 이야기를 듣고 있으며, 치료에 찾아온 이상 집안의 문제가 달라질 수 있다는 점을 C 씨가 느낄 수 있도록 도울 필요가 있었다. 치료자는 특정 사건에 초점을 맞추도록 제안을 하면서 먼저 C 씨의 정서를 조절하고 그녀와 함께하기 위해 노력했으며, '우리'라는 단어를 사용하여 두 사람이 함께 해결책을 마련하기 위해 협동할 것임을 분명히 했다. C 씨는 자신의 걱정이 심각하게 받아들여진다는 것을 느끼면서 차분해질 수 있었고, 이 단계에서 조금 더 성찰적인 분위기가 형성되었다.

Slade(2008)는 정신화 관점에서 부모와의 작업의 첫 번째 목표는 놀 수 있는 공간을 만드는 것이며, 놀 수 있는 공간은 부모가 "마음상태에 대해 정신화하고, 상상하고, 이름을 붙이며 놀이를 할 수 있는 충분히 안전한"(p. 221) 공간이라고 하였다. 이 공간을 만드는 작업은 자녀를 지지하는 데 있어 부모의 중요성을 알리고 부모로서의 경험에 대한 존중을 부모에게 전달하는 것에 달려 있다. 역설적으로, 부모가 아이의 행동 때문에 어려움을 겪고 있다면 우리는 때때로 행동에 초점을 맞추는 것으로 시작해야 할 수 있다. 이는 부모가 마음상태에 대해 궁금해할 수 있을 만큼 충분히 안전하다고 느끼고, 우리가 부모의 이야기를 듣고 있다고 느끼게 하는 환경을 형성하는 바탕이 된다. 치료자는 회기 내에서 부모에 대해 멈추고, 생각하고, 정신화하는 과정을 보여 줄 수 있다. 부모의 염려와 고생은 진지하게 받아들여지고 이해받아야 할 필요가 있다. Pally와 Popek(2012)가 말했듯이, 치료자는 "부모의 강점에 대한 강조(emphasizing)와 약점에 대한 공감(empathizing) 사이의 미묘한 균형(p. 53쪽, 원문에서 강조함)"을 유지해야 한다. 약점에 대한 공감의 경우, 부모가 아이에게 미치는 영향에 대한 우려가 있을 때에도 부모의 '나쁜'

양육이라고 생각되는 부분을 직면시키지 말아야 하는 때가 있음을 의미한다. 예를 들어, 한 부모가 우리에게 "아이가 날 무례하게 쳐다보았기 때문에 나는 일주일간 외출을 금지시켰어요"고 말할 때 우리는 어머니가 아이의 행동을 올바르게 해석했는지 혹은 그 처벌이 적절했는지에 대한 생각을 가질 수 있다. 그러나 우리는 아이가 부모를 존중하지 않는다고 느낄 때 부모가 얼마나 끔찍한 마음이었을지에 대해 먼저 공감적인 반응을 보여야 할 수도 있다. 이런 반응은 부모의 경험을 인정해 주고, 부모로 하여금 치료자가 자신의 이야기를 듣고 이해하며 지지해 준다고 느끼도록 도울 수 있다. 그런 다음 이후 어느 시점에 우리는 이 사건으로 돌아와서 아이가 보인 '무례한' 눈길에 대해 다른 가능한 설명을 생각해 보고, 부모가 보일 수 있는 다른 대안적인 반응에 대해 탐색하는 작업을 함께 할 수 있다.

이 사례에는 MBT-C에서 부모와 함께 작업하는 치료자가 어떻게 '잘 알지 못한다는 자세'를 유지할 수 있는지, 특히 부모가 조언을 요청할 때나 부모의 생산적이지 않은 양육의 이야기를 할 때의 문제가 담겨 있다. 이런 상황에서 우리 치료자는 조언을 하거나 아이의 발달에 필요한 것에 대한 '전문가'의 견해를 제시하고 싶은 유혹을 느낄 수 있다. 제4장에서 설명한 것처럼, '잘 알지 못한다는 자세'는 아무것도 모른다는 것과 같지 않다. 물론 치료자로서 우리는 전문지식과 생각을 가지고 있으며, 지식을 알리고 조언하는 것은 MBT-C의 부모와의 작업에서 완전히 유효한 측면이다. 하지만 이것은 부모의 정신화가 켜져 있는 상태여서 다른 관점을 수용할 수 있거나, 혹은 이것에 대해 생각하고 탐색하며 수용하거나 거절할 수 있는 경우에 가능한 일이다. 만약 부모의 정신화가 꺼져 있는 상태에 있고, 즉시 해결책을 제시하라고 요구하는 목적론적 상태(teleological mode)에 있거나 아이가 그렇게 행동한 이유를 정확히 안다고 이야기하는 정신적 동일시 상태에 있다면, 그런 조언이 도움이 될 가능성은 크지 않다. Rexwinkel과 Verheugt-Pleiter(2008)는 부모가 비-정신화 상태에 있을 때, "부모는 자녀의 양육에 대한 조언을 글자 그대로 따르는 경우가 많은데, 이는 그들이 조언에 대한 필요를 크게 느끼지만 그것을 의도한 바대로 적용할 수 있는 환경을 가지지 못했기 때문이다."(p. 74)라고 설명하였다. 따라서 부모와 작업하는 MBT-C의 치료자는 문제를 해결해 주려는 상태로 뛰어들고 싶은 유혹에 저항하면서, 동시에 정답을 찾고 싶어 하는 부모의 바람을 수용하는 것이 필요하다(Pally & Popek, 2012).

많은 부모는 부모로서 자신의 실패를 치료자가 지적할 것이라는 두려움 속에서 치료를 찾으며(Slade, 2008), 이미 무엇인가에 대한 죄책감을 가지고 있을 수도 있다. 우리는 그런 선입견이 옳다고 느끼지 않도록 할 필요가 있으며, 아이의 마음이나 행동에 대해 궁금함을 가지고 경험할 수 있는 성찰적인 자세를 가지도록 돕고, 이를 통하여 부모로 하여금 아이와 더 건강한 관계를 형성하고 부모가 되는 과정의 실질적인 문제에 대한 창의적인 해결법을 찾도록 돕는다.

MBT-C에 존재하는 또 다른 위험성으로는 우리가 오직 생각과 감정에만 관심을 가지며 행동은 중요하지 않다고 여기는 것처럼 보일 수 있다는 것이다. 이는 정신화 자세의 중요성에 대해 설명할 때 우리가 의미한 바는 아니다. 부모가 치료를 찾도록 만든 어려움에 대해 도움이 된다고 느끼지 않는다면, 결국 이는 성공적이지 못할 것이다. 이를 확실히 기억해 두기 위하여 우리는 Haugvik(2013)이 제안한 아이디어가 도움이 될 수 있다고 생각한다. 그는 회기의 끝에 부모에게 "오늘의 대화에서 가장 중요하다고 느낀 것은 무엇인가요?"와 "이 회기에서 아이와 연관된 부분 중 가장 중요하다고 느낀 것은 무엇인가요?"(p. 507)라는 두 가지 질문을 한다고 했다. Haugvik은 이 질문이 부모로 하여금 부모와 함께한 작업이 의미가 있다는 것을 확인하는 기회를 제공하는 것 외에도, 그날 회기에서 있었던 일을 자신의 관점과 자녀의 관점에서 생각해 보도록 격려함으로써 부모의 정신화 능력을 자극하는 방법이기도 하다고 했다. 그리고 물론, 이 질문에 대한 답변이 "아무 것도 없다."라면 이것은 치료자에게 매우 중요한 피드백이 될 것이며, 치료자는 이 실패를 받아들이고 다음 시간에는 같은 일이 다시 생기지 않도록 부모와 함께 작업하고자 해야 한다.

## 장점에 대해 작업하기, 관찰을 장려하기, 놀이를 촉진하기

Mohammed의 아버지인 D 씨가 그의 새로운 동반자인 L 씨와 함께 두 번째 부모 회기에 참석했다. Mohammed의 사고 이후, L 씨는 주 보호자였으며, D 씨는 규율을 담당하는 역할을 맡았다. 그래서 이전 회기에서 치료자는 D 씨에게 매주 반나절 동안 Mohammed와 함께 앉아 노는 시간을 가져 보자고 제안했다. 치

료자는 D 씨에게 단순히 놀이를 따르고 이끌거나 게임을 '교육적'으로 만들지 않는 것이 좋겠다고 권유했다. 치료자는 D 씨에게 놀이시간 동안 최대한 가까이에서 아이를 관찰해 보고 그 시간이 어떻게 진행되었는지와 이를 통해 무엇을 알아차렸는지 말해 달라고 요청했다.

L 씨는 장난스럽게 D 씨에게 아이와 놀 시간을 만들어 보라고 몇 번이나 이야기했다고 말했고, 결국 D 씨는 주말이 되어서야 Mohammed와 함께 레고를 만들어 놀았다고 했다. D 씨는 "저의 아버지는 저와 함께 앉아서 놀아 준 적이 없었어요!"라며 웃으며 말했고, 아이와 논 경험에 대해 묻는 치료자에게 처음에는 좀 이상했지만 나중에는 즐거웠다고 했다. D 씨와 Mohammed는 두 대의 우주선을 만들었고, 그런 다음 방에서 경주를 했다고 설명했다. "Mohammed가 과학과 우주 여행에 대해 얼마나 많이 알고 있는지 몰랐어요. 진짜 전문가라니까요." 그는 놀이가 약간 과열되었던 것 같기도 하다고 말하며, 특히 우주선이 가구에 충돌했을 때에는 지난주에 치료자가 말한 것을 기억하고 Mohammed에게 멈추라고 말하지 않기 위해 노력했다고 했다.

"그것이 Mohammed에게 어떻게 영향을 미쳤을까요?"라고 치료자가 묻자 D 씨는 아이가 그것을 즐겼던 것 같다고 말했다. "요즘에는 혼내는 일이 많았기 때문에 아마도 아이는 굉장히 좋았을 것 같아요. 솔직히 말해서 저도 좋았어요." 치료자는 D 씨가 Mohammed에게 어떤 영향을 주었는지에 대해 민감하게 알아차린 것을 칭찬하며, 그날 L 씨 역시 그 차이를 알아차렸는지 물었다. L 씨는 놀이 후 저녁시간이 실제로 평화로웠다고 했다. 왜 그런 변화가 있었다고 생각하는지 물어보자, L 씨는 "음, 집안의 분위기가 약간 바뀌었고, 아마도 우주선 충돌 놀이와 차량 사고가 그렇게 다르지는 않으니까 Mohammed가 놀이를 통해 걱정을 해소한 것이 아닐까 싶어요."라고 대답했다.

D 씨는 그 놀이와 차량 사고가 연결되어 있다고는 전혀 생각하지 못했다며 놀란 표정을 지었고, 치료자에게 Mohammed의 놀이가 그와 연관이 있을지에 대해 진심으로 궁금하다며 물어왔다.

MBT-C에서 부모와의 작업은 가능한 한 강점에 기반해서 접근해야 하며, 부모가 잘하고 있는 부분을 확인하고 인정해 주는 것에서 시작해야 한다. 회기에서 부모가 아이를 이해하려고 할 때 이를 장려하는 것은 부모가 편안함 속에서 이해받는다고 느끼도록 돕고, 상호적인 협력과 탐색을 위한 분위기를 형성한다. 이는 부모가 자녀의 내적 세계에 대한 호기심을 더욱 발전시키도록 만들 수 있다. 예를 들어, 하루 종일 일한 후에 아들의 숙제를 돕기 위해 몇 시간을 보내는 한부모 가정의 어머니와 작업하는 경우, 때로는 논쟁의 여지가 있겠지만, 어머니의 노력과 성실성에 대한 언급으로 시작하는 것은 도움이 될 수 있다. 이런 방식으로 시작하는 것은 치료자와 함께 생각하는 것에 대해 더 수용적으로 만들 수 있을 뿐 아니라 자신의 강점을 확인하고 능력이 있다고 느끼며, 자원이 풍부한 자신의 측면을 사용하도록 도울 수 있다. 그렇게 했을 때 어머니는 엄마로서의 자신의 능력을 발견하고 발달시키도록 돕는 치료자와의 작업에 함께할 수 있다. 예를 들어, 아들에 대해 더 사려 깊게 생각해 볼 수 있고, 혹은 두 사람이 그렇게 자주 논쟁하게 되는 이유에 대해 탐색해 볼 수 있게 된다.

부모의 치료자는 적극적으로 부모를 지지하는 입장을 취하고, 부모와 나란히 또는 '뒤에서' 작업하며 부모의 관점에서 보도록 노력한다(Lieberman, Padrón, Van horn, & Harris, 2005). 치료자는 부모에게 도움이 될 때에는 정보를 공유하는 것에 망설이지 말고 적극적인 역할을 한다. 치료자는 치료작업이 부모의 근접발달영역 (zone of proximal development; Vygostsky, 1978)에 해당하여 부모가 수용적으로 받아들이고 사용할 수 있을 것인지를 염두에 두고 작업해야 한다. 이는 부모가 그 순간에 할 수 있는 것을 제공하려고 노력하거나 혹은 부모가 기능하고 있는 수준보다 단지 한발 앞선 곳에서 개입하여 부모가 이를 달성할 수 있도록 돕는 것을 의미한다. 치료자는 부모의 장점을 바탕으로 개입하는 데 주의를 기울이고, 부모가 자신의 노력이나 고민이 확실히 인정받는다는 느낌을 가질 수 있도록 한다. 치료자는 또한 성공적인 정신화를 강조하며, 정신화의 성공이 자녀와의 관계에 어떤 차이를 만들 수 있는지 이해하도록 한다.

앞의 사례에서 치료자는 D 씨가 Mohammed의 경험에 대해 호기심을 보이고 놀이적인 태도로 함께 보낸 시간을 Mohammed가 어떻게 느꼈을지에 대해 생각하는 순간에 적극적인 '표시(mark)'를 한다. 치료자는 D 씨가 주로 아들의 공격적인 분노발작에 대해 훈육하는 역할을 했던 시기에, 두 사람이 다른 종류의 상호작용을 해 보기를 바라며 함께 놀이시간을 가질 것을 제안했다. 이전 장에서 설명하였듯이, 이런 식으로 함께하는 놀이는 또한 Mohammed가 자신의 정신화 능력을 개발하고, 관계를 구축하며, L 씨가 민감하게 알아차린 것과 같이 고통스럽고 슬펐던 경험을 다시 돌아보는 기회를 제공하였다. 이 놀이활동에 대한 짧은 리뷰를 마칠 때 D 씨는 아들의 마음에 대한 진정성 있는 호기심을 보였고, 이는 지속적인 치료작업을 위한 좋은 전조가 되었다.

　D 씨에게 지시하지 말고 단순히 Mohammed가 이끄는 대로 따라가도록 제안함으로써, 치료자는 또한 D 씨가 아이의 경험에 대한 호기심을 가질 수 있도록 초대하려고 했다. 이렇게 함으로써 D 씨는 그동안 알아차리지 못했던 아이의 측면을 볼 수 있었고, 또한 아버지로서 다른 방식의 상호작용을 가진다는 것이 어떤 것인지에 대해 생각해 볼 수 있었다. 이는 D 씨가 자신의 어린 시절에 부모로부터 받지 못했던 부분이었다. MBT−C 치료자가 부모에게 자기관찰 과정을 일으키는 효과적인 방법은 부모가 발달적인 관점을 가지도록 돕는 것이다. 즉, 관계에 대해 보다 복잡한 방식으로 생각하고 받아들이고 느끼는 것을 배우는 과정을 통해서 부모가 성숙과 경험의 역할에 대해 생각하고 호기심을 가지도록 장려하는 것이다.

　Cooper와 Redfern(2016)이 성찰적인 양육에 대해 부모를 위해 쓴 책에서 저자들은 아이가 경험하는 것에 맞추며 관계를 개선하려는 부모에게 도움이 되는 것을 부모 앱(Parent APP)이라고 부르며 설명하였다. 이는 스마트폰에 다운로드하는 앱은 아니며(적어도 아직은 없다), 부모들이 취해야 하는 태도를 뜻하는 약자로서 다음의 세 가지의 구성요소로 이루어져 있다.

- 집중하기(Attention): 아이의 행동에 호기심을 가지기 위해서 부모는 먼저 주의를 기울이고, 한발 물러나서 아이를 관찰하고 들으며, 아이에 대해 궁금해해야 한다.
- 관점 받아들이기(Perspective−taking): 아이가 부모와 같은 방식으로 세상을 보고 있다고 가정하기 전에, 부모는 한발 뒤로 물러나서 아이가 세상을 어떻게 보고 있을지에 대해 상상해 보아야 한다. Cooper와 Redfern(2016)이 말했듯이, "아이의 행동이 이상하게 보일 수 있지만, 거기에는 완전히 합리적인 이

유가 있을 수도 있다."(p. 76)

- 공감하기(Providing empathy): 이것은 상상을 통해 아이 옆에 함께 서는 것이며, 당신이 아이의 경험에 연결될 수 있다는 것을 보여 주는 것이다.

앞선 사례에서 치료자는 D 씨가 이러한 자세를 가지도록 촉진하는 작업을 시도하였다. 부모가 아이에게 주의를 기울이도록 돕기 위해 창의적인 방법을 찾는 과정은 그 자체로 호기심을 자극한다. Cooper와 Redfern(2016)은 "아기 혹은 아이가 무엇을 하고 있는지, 무엇을 생각하고 느끼는지에 주의를 기울이는 것은 그 무엇보다 중요하다."(p. 71)라고 했는데, 이는 아이의 행동을 관찰하고 궁금해하는 것이 아이를 더 잘 이해하기 위한 첫걸음이기 때문이다. 일단 부모가 아이에 대해 호기심을 가지고 나면 부모는 덜 비판적이 되며, 일어나고 있는 일에 대해 자신이 다 알고 있다는 확신이 줄어들 가능성이 높아진다. 이 단계에서 치료자는 부모가 다른 관점으로 상황을 돌아보도록 장려할 수 있다. 이는 반드시 아이의 관점을 포함해야만 하는 것은 아니다. 예를 들어, 어떤 부모에게는 "만일 당신의 가장 친한 친구나 당신의 부모가 여기에 있다면, 지금 일어나고 있는 일에 대해 그들이 무엇이라고 말했을 것 같으세요?"라고 질문해 보는 것도 효과적일 수 있다. 자신의 관점으로부터 빠져나와서 상황을 다른 관점으로 보도록 요청하는 것은 그 자체적으로 치료적인 경우가 많다. 그런 다음에는 부모가 이를 좋아하지 않거나 아이의 행동에 동의하지 못하더라도 아이에게 공감하는 것이 더 쉬워질 수 있다.

다른 관점에 대해 생각해 보도록 만드는 다른 방법은 부모의 어린 시절의 경험을 탐색해 보는 것이다. D 씨는 자발적으로 자신의 아버지는 자신과 그런 식으로 놀아준 적이 없다고 언급하였다. 이것이 적절한지 혹은 필요한지에 대해 일부 논란이 있지만, 부모와의 작업에서 부모가 받은 양육 경험을 적극적으로 탐색해 보는 것은 자기인식과 자기관찰을 향상시키는 과정의 일부일 수 있다(Whitefield & Midgley, 2015). MBT-C에는 부모에게 어린 시절의 경험에 대해 말해 보도록 요청하는 내용은 포함되어 있지 않지만, 부모가 자발적으로 자신이 받은 양육경험을 언급하거나 혹은 치료자가 이런 경험에 대해 물어보는 순간이 있을 수 있다. 이는 부모가 부모로서의 자신에 대해 생각해 보는 첫 기회일 수 있으며, 이 역할에서 어떤 롤모델을 가지고 있는지에 대해 생각해 보는 기회일 수 있다. 이는 그들이 무엇과 싸우고 있으며, 어떤 부모가 되고 싶은지를 분명히 표현하도록 도울 수 있을 뿐만 아니라, 이어지는 세대에서 자신의 삶에 대한 이야기 중 일부로서 이를 생각해 보도록 도울 수 있다(Siegel & Hartzell, 2014). 애착형성에 어려움이 있었거나 트라우마가 있었던 부모의 경우에는 부모로서 회복탄력성을 지니기 위해 그들이 들인 노력에 대한 통찰력 있고 연민 어린 관점을 가진 치료자가 도움이 되는 경우가 많다. 이 경우, 부모의 양육에 대해 의문을 가지도록 만드는 "요람의 유령(ghosts in the nursery)"(Fraiberg, Adelson, & Shapiro, 1975)과 그들을 돕는 "요람의 천사"(Lieberman et al., 2005)에 대해 이야기해 볼 수 있다. 또한 특히 부모가 아이의 경험에 대해 과다하게 동일시하고 있는 경우, 부모 자신이 어릴 때와 지금의 자녀가 어떻게 다른지에 대해 생각해 볼 기회를 제공해 볼 수 있다. 그렇지만 그런 토론을 하는 동안에도 치료의 초점은 지금-여기에서 부모의 성찰적 기능을 지원하는 데 있다.

## 강한 감정에 대한 유발요인을 찾기

지난주에 Anne의 어머니인 H 씨는 집에서 저녁시간이 얼마나 힘든지 설명하며 부모 치료자에게 "직접 보신다면 제가 무슨 말을 하는지 아실 거예요."라고 말했다. 치료자는 설명할 수 없는 상황을 치료자가 직접 보는 것에 대한 H 씨의 생각에 호기심을 보이고 이를 더 탐색해 보았으며, 만약 도움이 된다면 H 씨가 가정에서 한 끼 식사를 영상으로 촬영하여 다음 회기에서 함께 검토할 수 있는 것도 좋겠다고 제안했다. H 씨는 이것이 정말로 도움이 될 것이라고 말했다.

그다음 주, Anne의 어머니는 아이와의 식사하는 모습을 녹화한 영상을 가져왔고, 치료자는 그녀에게 보여 주고 싶은 내용이 담긴 짧은 부분을 선택하도록 제안했다. 치료자는 중요한 일이 발생한 것 같은 순간이라면 언제나 누구든지 영상을 일시 정지하는 것을 허용하자고 했고, H 씨는 이에 동의했다. 둘은 함께 앉아 영상을 시청하다가 원하는 순간마다 일시 정지했다. 처음에 H 씨는 일시 정지하며, "보세요. 얘는 항상 저런다니까요!" 또는 "쟤가 얼마나 무례한지 보이세요?"와 같은 의견을 내놓았다. 치료자는 상황의 어려움에 공감하며, 그런 순간 그가 부모라면 자신조차도 평안을 유지하기 어려울 것 같다고 덧붙였다.

치료자는 H 씨의 감정변화를 관찰하고 이에 대해 생각해 보자며 일시정지를 하고 의문을 제기했다. H 씨는 Anne이 시간 내내 자신의 주의를 끌려고 시도하고 있음을 알아채고, "이게 항상 저를 화나게 해요."라고 했다. 둘은 돌아가서 일어난 일의 순서를 다시 되감아 보았고, 치료자는 처음에 Anne이 H 씨에게 보여 주고 싶은 관심사를 가지고 있었다는 것을 알게 되었다. Anne은 어머니의 관심을 즉시 받지 못하면서 목소리가 짜증스러워졌고, 그런 후 H 씨가 화를 냈다. "맞아요. 항상 이런 식으로 진행돼요!"라고 H 씨가 말했다.

치료자는 H 씨가 자신의 반응을 탐색하도록 도운 후, 엄마가 어떤 표정을 하면 Anne이 엄마가 화가 났다고 생각할 거라고 보는지 물었다. H 씨는 잘 모르겠다며, 아마도 상당히 지친 얼굴일 것이라고 말했다. 치료자는 "아마도 그때는 직장에서 돌아온 후였을 테니, 아주 지친 상태였을 것 같아요."라고 말했다.

H 씨는 영상을 다시 돌려보며 "있잖아요, 저는 그때 정말로 Anne과 이야기할 기운이 없었어요. 하지만 Anne은 그냥 저에게 무언가를 보여 주고 싶었을지도 모르겠어요."라고 했다. 치료자는 이에 대해 조금 더 이야기했고, 잠시 후 H 씨에게 Anne이 어떤 어머니의 얼굴을 보고 싶어 할 것 같은지에 대해 물었다. H 씨는 잘 모르겠다며 그렇게 지친 순간에는 무슨 말을 해야 할지 모르겠다고 했다. H 씨는 치료자가 무언가를 제안해 줄 수 있을지 물어 왔다. 치료자는 어떤 부모는 너무 지쳐서 말을 하기도 힘들 때 그저 자녀와 닿아 있기 위해 스킨십을 시도하기도 한다고 대답했다. 또한 때로는 말보다 스킨십이 더 중요할 때도 있다고 설명했다. H 씨는 이를 시도해 보는 것에 동의하며, 이는 그녀 자신의 어머니가 일반적으로 대처했던 방식과는 매우 다르다고 덧붙였다.

다음 회기에서 Anne의 어머니는 함박웃음을 지으며 치료자에게 기적이 일어났다고 말했다. Anne이 자신을 봐 주기를 요구하기 시작할 때, H 씨는 아이의 팔을 만지며 연결을 유지하려고 했다. 그리고 그녀는 Anne에게 음식을 준비하고 나서 식탁에 앉으면 이야기를 듣고 싶다고 했다. Anne은 더 이상 징징거리지 않았고, 관심을 달라고 다시 떼를 쓰고 싶어졌을 때 참고 기다리기도 했다. 이에 H 씨는 Anne의 머리를 쓰다듬으며 기다려 주어서 고맙다고 했고, 둘은 서로 연결되었음을 느꼈다고 했다.

부모와 작업을 할 때, 부모와 아이가 상호작용에서 가장 많은 어려움을 겪는 전투지인 "험한 길(bumpy roads)"(Malberg, 2015)이나 "핫스폿(hot spots)"(Slade, 2008)을 식별하는 것은 굉장히 중요하다. 부모는 "내 아이는 항상 _____ 행동을 해요." 혹은 "보통 _____ 라는 일이 일어나요."라며 일반화하여 이야기하는 경우가 많지만, 핵심을 살펴보고 그들이 어렵다고 느낀 특정 사건을 탐구해 보는 것은 치료자와 부모로 하여금 정신화가 언제 어떻게 붕괴되는지에 대해 이해할 수 있는 길을 열어 준다. 이런 특정 사건은 우리가 제2장에서 설명한 비-정신화의 악순환을 보여 주는 예로 나타나는 경우가 많으며, 이런 사건에서 부모와 아이는 서로에게 비-정신화 상태를 일으키는 패턴에 들어간다. 특정 일화를 구체적으로 조사하는 것은 '항상' 혹은 일반적으로 일어나는 일에 대해 이야기하는 것보다 보통 더 치료적으로 생산적이다.

이런 '핫스폿'의 순간을 검토해 보는 첫 단계는 부모와 치료자가 함께 일어난 일에 대해 재구성을 해 보는 순차적인 과정에 대한 미세분석으로 시작되는 경우가 많다. 치료자가 관심을 보인 채 "그다음에는 무슨 일이 있었나요?" 또는 "제가 이것을 잘 이해했는지 확인해 봅시다."라며 세심하게 살펴보기를 요청하면, 치료자와 부모는 상호작용 속에서 감정과 행동의 변화를 명확하고 상세히 설명하며, 정확히 어떤 것이 대인관계의 붕괴를 촉발하고 악화시켰는지에 대한 장면별로 느리게 볼 수 있는 영상을 보게 된다. 기억이 흐려질 정도로 자주 너무 감정적이 되었던 상호작용을 느린 화면으로 보는 것은 부모가 생각을 통해 외부에서 자신의 행동을 관찰하며 아이의 반응에 대해 생각해 보도록 돕고, 이를 통해 '아무런 이유 없이 일어나는' 행동이나 붕괴에 대해 이해해 볼 수 있는 기반을 마련한다. 또한 이는 상호작용 속 모든 이에게 무슨 일이 일어났는가에 대해 호기심을 가지도록 초대하는 발판이 될 수 있다.

이런 식으로 부모에게 '멈추고 되감기(stop and rewind)'를 요청함으로써, 치료자는 부모가 가족 내에서 반복되는 비-정신화의 악순환 이면에서 일어나는 일의 순서를 이해하도록 돕는다(제6장 참조). 이는 부모가 자신의 행동을 조절하도록 돕고, 부모가 아이의 조절 불능이 악화되도록 만드는 방식으로 반응하려고 할 때 이를 붙잡을 수 있도록 돕는 첫 단계이다. 치료자는 또한 무엇이 일어났는지에 대한 부모의 관점과 생각을 묻고, 호기심과 탐구적인 입장에서 다른 관점으로 이를 생각해 보도록 요청할 수 있다. 또한 이런 방식을 통해 치료자는 각각의 사람이 특정 방식으로 행동하는 이유에 대해 함께 생각하고, 정신화하는 방법과 정신화가 붕괴되는 곳에 주목하는 방법을 보여 줄 수 있다.

치료의 외부에서 일어난 사건을 언어로 설명할 때에는 멈추고 되감기 기법을 함께 사용할 수 있지만, 어떤 경우에는 영상 자료를 함께 사용하는 것이 효과적일 수 있다. 영상 자료는 현재 많은 치료 개입에서 널리 사용되며, 특히 부모-영아 정신치료(parent-infant psychotherapy)나 고위험군 부모-자녀를 위한 애착-기반 치료(attachment-based interventions with high-risk parent-child dyads)에서 흔히 사용된다. 물론 그렇다고 해서 모든 부모에게 적합한 전략은 아닐 수 있다. 부모가 취약하거나 부적절한 양육에 대해 죄책감 혹은 편집증이 있는 경우, 부모의 자신감을 회복시키기 위한 작업이나 즉각적인 어려움을 돕는 것이 우선적일 수 있으며, 영상은 너무 많은 것을 노출시키는 위협적인 일일 수 있다. 또한 영상은 부모가 자신을 뽐내거나 아이의 행동이 얼마나 끔찍한지 보여 줌으로써 아이에게 모욕을 주기 위해 사용될 위험도 있다. 이런 식으로 사용되는 경우에도 이것이 도움이 되기는 어렵다.

영상은 부모에게 자신과 타인에 대한 관찰능력을 향상시키고 긍정적인 정신화의 예를 알아차리도록 분명하게 돕는 수단으로 사용될 수 있다. 이는 부모의 성찰 능력을 향상시킬 뿐만 아니라 치료자와 부모 사이에 상호적인 협동이 일어나고 있다는 느낌을 가지도록 할 수도 있다. 정신화가 붕괴되는 어려운 상호작용의 순간 역시 영상을 통해 검토될 수 있다. 영상은 특히 감정적인 상태에서 정신화가 불가능한 것처럼 느껴지는 굉장히 어려운 상황일 때, 더 먼 거리에서 자신을 바라보는 매우 귀중한 기회를 제공할 수도 있다.

치료자는 영상을 보는 동안, 예컨대 "아이가 그런 행동을 통해 무엇을 말하려고 했다고 생각하나요?" 또는 "아이가 그렇게 행동할 때, 당신은 무엇을 느꼈나요?"와 같은 질문을 할 수 있다. 이런 방법을 통해 치료자는 부모가 자신과 타인 사이를 오가며 정신화를 해 보도록 도울 수 있다. 이 질문은 무엇을 알 수 있고 무엇을 알 수 없는지에 대해 이해하도록 도우며, 마음의 불투명성(opacity of minds)이라는 개념을 구체적으로 설명한다.

MBT-C에서 우리는 다음과 같은 목적으로 영상을 사용한다.

- 부모가 잘하고 있는 것이 무엇이며, 그것이 어떻게 아이와의 관계를 지지하고 있는지를 이해하도록 도움으로써 긍정적인 정신화의 예를 강조하기 위하여
- '핫스폿' 상호작용을 멀리서 바라보는 기회를 제공하고, 감정적이지 않은 상태에서 영상을 보는 동안 자연스럽게 활성화되는 더 성찰적이고 관찰적인 입장을 통해 자신과 타인에 대한 인식을 향상시키기 위하여
- (특히 부모가 인식하지 못할 정도의 분노 혹은 부정적인 정서와 같은) 감정과 감정의 영향에 대한 인식을 높이기 위하여
- 아이의 행동 이면에 담긴 아이의 경험에 대한 호기심을 높임으로써 아이의 조절을 도울 수 있는 반응을 하기 위한 기반을 마련하기 위하여
- 아이가 스스로를 조절할 수 없게 만드는 상호작용의 과정을 순서대로 관찰하고 이해하도록 하기 위하여

일부 부모에게는 영상의 사용이 불가능하거나 환영받는 일이 아닐 수 있다. 이런 경우, 자기인식과 자기조절(모니터링과 성찰)의 발달을 촉진하기 위한 일기(journal)나 자기관찰 기록일지(self-monitoring log)가 유용할 수 있다. 특히 정신화 능력을 쉽게 잃는 부모와 작업할 때, 부모가 가진 자기 자신을 모니터링하는 능력을 계속 활성화하고 더 인지적이고 성찰적인 부분을 사용하도록 돕는 기록일지가 도움이 된다. 부모에게 힘든 순간이나 아이와 갈등 바로 직후, 강한 감정이 자녀와 자신에 대한 지각에 영향을 미치는 것이 느껴지는 바로 그 순간에 일지를 쓰도록 격려하는 것이 유용하다. 고통스럽고 무력한 상호작용 속에서 부모로서의 자신이나 자녀에 대해 떠오른 부끄럽거나 금지된 생각과 감정을 공유하기 위해서는 좋은 치료적 동맹과 기본적인 신뢰가 필요하다. 그렇지만 이러한 항목을 회기 중에 함께 살펴보는 것은 안전하고 제한된 환경에서 자기관찰 작업을 촉진하도록 도우며, 부모가 자기 자신을 모니터링하는 능력을 발달시키도록 도울 수 있다.

# 갈등을 가진 부모와의 작업

Belinda의 주요 양육자인 C 씨와 할머니는 아이의 무례한 말뜻에 대해 이야기하고 있었다. 할머니는 C 씨가 Belinda가 보는 TV 프로그램에 대해 신경 쓰지 않기 때문에 그런 것이라고 했다. 이에 C 씨는 분노한 채 할머니에게 그건 낡은 사고방식이고 통제적이라며 소리쳤다. 할머니도 소리치며 딸이 자신의 권위를 저해한다고 비난했다. 치료자는 멈추라고 손을 들어 보였고, 그들이 이를 무시하자 일어서서 손으로 진정하라는 신호를 보냈다. 확고한 목소리로 두 사람의 말을 막으며 치료자는 말했다. "여기서 멈추는 것이 좋겠어요. 두 분이 서로 소리 지르는 것은 어떤 도움도 되지 않을 것 같아요."

두 사람은 소리 지르기를 멈췄지만, 여전히 긴장은 높은 상태였다. 할머니는 "이게 소리 지르는 거라고 생각하신다면, Belinda의 엄마가 집에서 진짜로 소리치는 걸 들어보셔야 해요. 오죽하면 Belinda는 화장실로 가서 문을 잠그거든요."라고 말했다.

"그걸 알게 돼서 다행이네요."라고 치료자가 말했다. "그리고 아마 우리는 나중에 이 지점으로 돌아와서 두 분이 다툴 때 Belinda가 어떤 기분일지 생각해 볼 필요가 있을지도 모르겠어요. 왜냐하면 저에게는 두 분이 소리를 지르는 것처럼 느껴지는데, 그럴 때는 진짜로 생각하기가 어려워요. 그리고 제가 제대로 생각하지 못한다면 아마 도움을 제대로 줄 수 없을 거예요."라고 덧붙였다.

C 씨와 할머니는 서로를 바라보았고, 방 안의 긴장이 조금 풀어졌다. "그러니까, 두 분은 이제 괜찮으신 거죠?" 치료자가 덧붙이며 말했다. "목소리가 높아지면 제가 이렇게 끼어들어서 멈추어도 괜찮을까요?"

C 씨와 할머니는 머리를 끄덕였다. "고맙습니다." 치료자가 이어서 말했다. "그리고 집에서 벌어지는 일에 비하면 이건 소리 지르는 것도 아니었다고 저에게 설명해 주신 것에도 감사드려요. …… C 씨도 그렇게 생각하시나요?"

C 씨는 다시 머리를 끄덕이며 그렇다고 말했다. 집에서 서로 소리 지를 때가 많은데, 그럴 때면 이웃에서 괜찮은지 확인하기 위해 찾아오기도 한다고 했다.

"그건 정말 중요한 이야기 같네요." 치료자는 말했다. "그리고 그것이 두 분이 원하시는 것은 아니죠?"라고 물었다.

C 씨와 할머니는 고개를 저었다. "그리고 이건 Belinda가 원하는 것도 아닐 것 같아요."

이번에는 C 씨와 할머니 모두 고개를 끄덕였다. C 씨는 눈물을 흘릴 것 같았다.

갈등은 인간에게 내재되어 있기 때문에 가족 내에도 당연히 존재하지만, 이혼이나 원가족의 해체는 아이에게 상실과 유기, 미래의 재정적 문제, 가족 자원의 분배에 대한 깊은 불안과 분노를 일으킨다. 또한 이혼 중인 부모에게는 비-정신화의 강제적인 패턴을 활성화한다(Nyberg & hertzmann, 2014). 물론 단지 이혼 상황만이 이런 갈등을 만드는 것은 아니다. 앞서 언급한 사례에서 보이는 것처럼, 부모 및 아이를 돌보는 가족 구성원은 자녀의 양육에 대한 갈등을 통해 자신의 두려움과 괴로움을 표현하는 경우도 많다. 부모가 두려워하거나 분노에 차거나 혼란스러움을 느낄 때, 부모의 정신화 능력은 손상될 수 있다. 이번에 우리는 MBT-C의 부모와의 회기에서 갈등을 가진 부모와 함께 작업하는 방법에 대해 생각해 볼 것이다. 여기에는 우리의 예시처럼 세대 간 갈등이나 부부 내 갈등이 포함된다.

가족의 갈등상황에서 제기되는 주요 질문 중 한 가지는 부모나 보호자가 아이 및 그들 자신의 행동이 가진 의미를 찾는 과정에 얼마나 참여할 준비가 되어 있는가에 대한 것이다. 이는 각각의 사례마다 정해질 치료환경에 영향을 줄 것이다. 즉, 치료자는 부모나 보호자 사이에 존재하는 갈등의 개별적인 원인 및 아이에 대한 영향을 탐색하기 위해 처음부터 따로 만나는 것과 혹은 함께 만나는 것 중 한쪽을 택해야 할 수 있다. 예를 들어, 비-정신화 패턴이 자주 발생했던 별거나 이혼 중인 부모와의 작업에서는 두 사람의 관계가 지배적인 문제가 될 수 있기 때문에 두 사람을 함께 만나는 것이 적절하지 않을 수 있다. 그렇지만 초기 평가의 상황에서 상호작용을 관찰하고 평가하는 것 역시 언제나 중요하다. 때로는 별거나 이혼 중인 부모가 함께 와서 아이에 대한 공통의 관점을 만드는 것이 중요할 수 있다. 언제나 주요 목표는 부모가 서로와 아이에 대해 정신화하는 법을 배우고, 아이에게 부모가 잘 듣고 보고 있다는 더 일관적이고 예측가능한 관계경험을 줄 수 있는 최적의 환경을 찾는 것이다.

　부모와의 회기에서 첫 단계는 이러한 경험을 부모에게 제공하는 것이다. 예를 들어, 부모와의 회기에서 감정이 과열되고 화가 난 부모가 서로에게 소리를 지르고 위협적인 자세를 보일 때 차분하게 있는 것은 어려운 일일 수 있다. 이때 할머니가 C 씨에게 말했던 "너는 아이에게 상처를 줘."와 같은 어떤 말의 의미에 대해 토론을 해 보려고 시도하는 것은 거의 도움이 되지 않는다. 치료실 내에서 갈등이 크고 각성된 상태라면, 치료자인 우리 자신의 정신화 능력이 억제될 가능성이 있으므로 치료자가 압도되기 전에 상호작용을 중단하려고 시도하는 것이 중요하며, 때로는 가족과 함께 작업하는 MBT 치료자가 농담처럼 이야기하는 "정신화 손길(mentalizing hand)"(Asen & Fonagy, 2012a)의 사용이 필요할 때가 있다. 이 과정에서 치료자가 치료실 내에서 치료자로서 자신의 경험을 사용하여 왜 그들을 멈추고 '진정시키려고' 하는지에 대해 설명하는 것이 도움이 될 수 있다. 이를 통해 행동이 타인에게 영향을 미치고, 타인은 자신이 보는 것과 다르게 그 행동을 경험할 수 있다는 개념을 소개할 수 있다.

　부모에게 조금 진정하도록 요청하고 방 안에서 일어나는 일에 대해 생각할 수 있는 능력을 되돌림으로써 우리는 느끼면서 동시에 생각하기를 보여 주려는 시도를 한다. 후향적으로 이와 같은 상호작용에 대해 검토할 때, 치료자는 우리가 스스로를 조절하지 못하는 상태일 때 무슨 일이 일어나는지에 대한 교육을 해 볼 수도 있고, 혹은 이런 검토를 통해 부모가 이 패턴을 인식하고 이를 부모가 반복하고 싶어 하는지에 대해 체크해 보도록 도울 수도 있다. 보통 부모는 이러한 상호작용이 지속되기를 원치 않으므로, 이는 부모가 함께 작업하고 싶어 하는 영역에서 공통의 목표와 함께 치료적 동맹을 강화하는 바탕이 될 수 있다.

　앞선 예시와 같이 회기 중에 감정의 온도가 높아질 때마다 이를 인지하는 것은 중요하며, 또한 상황이 조금 진정되면 참여자로 하여금 무엇이 일어났는지 생각해 보도록 하는 것 역시 중요하다. 멈추고 되감기 기법은 상호작용의 온도를 식히면서 상황이 달아오르기 전후로 나타난 연속된 생각과 감정의 과정에 대해 생각해 볼 수 있도록 하며 정신화해 볼 수 있도록 돕는다. 앞선 사례에서 할머니는 Belinda가 집 안에서 누군가 소리 지를 때 어떻게 반응하는지에 대한 문제를 제기했다. 여기서 보이듯이, 때때로 부모가 논쟁을 하는 동안 아이는 부모의 마음에서 쉽게 잊힌다. 따라서 할머니와 엄마가 논쟁하는 동안 Belinda가 경험했을 만한 것에 대해 생각해 볼 수 있는 공간과 기회를 가지는 것은 중요하며, 그뿐만 아니라 늦추고, 멈추고, 그들 사이에 무슨 일이 일어났는지에 대해 궁금해하는 것은 굉장히 도움이 될 수 있다. 그러나 부모나 보호자의 갈등이 만성적이고 지속적인 경우에는 MBT-C가 충분하지 않을 수 있고, 이때에는 커플치료로 의뢰하는 것이 필요할 수 있다(Hertzmann & Abse, 2010). 때로는 커플치료를 MBT-C와 함께 진행할 수 있고, 이 경우 MBT-C의 부모와의 작업은 아이의 치료를 방해하지 않으면서 아이의 요구에 반응하기 위한 부모의 역할에 집중하도록 도울 수 있다.

## 위탁가정 부모와의 작업

John의 양부모는 자신들이 John을 계속 맡게 될 경우 벌어질 일에 대해 걱정하며 이야기를 하고 있었다. John의 친아버지는 법원에 방문면회를 신청했고, 양부모는 그 이후 John의 행동이 악화되었다고 했다. "그들은 John이 마음의 평화를 갖기를 원하지 않는 것 같아요. 이해가 안 돼요. 이 아이를 미치게 할 텐데도요." 치료자는 양부모에게 John과 이 문제에 대해 이야기해 본 적이 있는지 물었다. F 씨는 "노력은 해 봤어요."라고 말하며, "하지만 John은 저에게 꺼지라고, 본인 일이나 신경 쓰라고 말했어요. 사실 John은 친엄마를 만나지 못하게 하면 다시는 저와 말하지 않겠다고 했어요."라고 했다.

이들은 John의 사회복지사에게 이 걱정에 대해 이야기했을 때, 사회복지사가 자신들을 상당히 비판하며 John에게 무엇이 최선인지 모른다는 식으로 말했다고 설명했다. John의 어머니는 "일주일만 John과 살아 보고, 그런 다음 누가 더 잘 아는지 이야기해 보자고 말하고 싶었어요."라고 했다.

위탁가정의 부모와의 MBT-C 작업은 다른 부모와의 작업과 비슷한 면도 있지만 특정한 주제가 나타나기도 한다. 먼저, 제2장에서 설명한 것처럼, 위탁보호 체계에 들어온 많은 아이는 어렸을 때 그들의 마음에서 무슨 일이 일어나고 있는지에 대해 인지하거나 생각해 본 후 보여 주는 반영이나 조건적인 반영을 해 주는 부모로부터의 경험을 가지지 못한다. 이런 아이는 자신의 의도가 잘못 해석되거나 행동에 부정적인 의도가 있다고 오해받거나 극도로 비일관적인 애착욕구의 충족을 경험해 왔을 수 있다. 그 결과, 이런 아이는 의존욕구를 피하려고 할 수 있고, 매우 통제적이고 지배적인 태도로 인해 어른으로부터 거절을 당했을 수 있으며, 혹은 심지어 두려운 아이가 되었을 수 있다. 혹은 과각성 상태에 빠지는 경향이 있을 수 있고, '관심을 끌기 위한 것' 같은 행동을 보일 수 있으며, 혹은 무차별적인 애착을 보이기도 한다(Taylor, 2012). 이 책의 John과 Ruth처럼 이런 상황의 아이는 자기 자신에 대한 부정적인 시각을 가질 가능성이 높으며, 자신은 사랑받을 수 없고 수치스러운 존재이며 거절당하는 것이 당연하다고 믿는 경우도 많다.

연구에 따르면, 위탁가정의 부모는 성찰하는 능력에 변동성을 가질 수 있으며, 특히 효과적인 위탁양육에 가장 중요한 부분에서 한계를 보일 수도 있다(Bunday, Dallos, Morgan, & McKenzie, 2015). 따라서 위탁가정에서 보호자와 아동이 서로를 이해하는 데 어려움을 겪는 것은 놀라운 일이 아니다. 또한 위탁가정의 부모는 아이가 보여 주는 매우 거부적인 행동을 다루고 정서적인 반응을 보이는 데 어려움을 겪을 수 있다(Muller, Gerits, & Siecker, 2012). 일부 보호자는 아이가 어린 시절에 받지 못했을 것이라고 생각되는 사랑과 관심을 보상하려는 바람 때문에, 혹은 아이의 공격성이나 분노에 대한 두려움으로 인해 한계를 설정하는 데 어려움을 겪을 수 있다. 또 다른 경우, 보호자는 아이와의 감정적인 교류를 포기하고 행동적 수준에서 아이를 다룰 수 있으며, 이는 종종 결국 힘의 대결이 되거나 비행과 훈육의 순환으로 이어질 수 있다(Jacobsen, Ha, & Sharp, 2015). 또한 앞선 사례의 John의 경우에서 보이듯이 이런 복잡한 역학관계는 사회복지 체계 속에서 쉽게 재현되어 보호자와 아이, 사회사업가가 서로에게 화를 내며 비난하는 일이 발생할 수도 있다. 이런 상황에서 위탁가정의 부모는 이런 체계가 영구적으로 도와주는 것도 아니면서 예기치 않은 요구를 하는 것을 견뎌야 하는 경우도 많다. 체계는 이런 부모를 지원하도록 설계되었지만, 종종 오히려 보호자와 아이의 요구에 대해 비-정신화 반응을 악화시키는 도구로 변하기도 한다. 결과적으로, 위탁가정의 부모는 좌절감과 분노, 당혹스러움, 깊은 고통을 느끼게 될 수 있다.

위탁가정의 부모를 지지하기 위한 가장 좋은 방법이 무엇인가에 대해 고민하면서 Cooper와 Redfern(2016)은 "강화된 부모 앱"(p. 126)의 필요성을 이야기했다. Cooper와 Redfern은 좀 더 '관점 수용(perspective-taking)'에 초점을 맞춘 양육자 세에 대해 언급했으며, (적어도 순간적으로) John이 그러했듯이, 아이가 부모를 불성실하고 나쁜 사람으로 보거나 부모를 불신하며 적대적으로 대할 때 이것이 부모에게 얼마나 힘든 일인지를 설명했다. 따라서 부모의 치료자는 특히 위탁가정의 부모가 아이의 관점에서 세상을 보는 것을 돕기 위해 많은 노력을 해야 하며, 많은 경우, 특히 부모가 관련 지식을 가지고 있지 않다면 어린 시절의 학대와 방임이 아이가 세상을 보는 시각에 어떤 영향을 미치는지에 대해, 또 애착과 트라우마에 대해 어느 정도의 교육을 해야 할 수 있다.

문제행동의 관리는 위탁가정의 부모가 분투하는 영역 중에 하나이며, 이때 부모는 문제행동에 대한 강한 감정을 조절하는 데 어려움을 겪는 경우가 많다. 부모는 때때로 타임아웃이나 보상체계와 같은 행동적 접근법을 취하는 것과 아이의 시각에서 바라보며 단순히 공감하는 것 사이에 갇혀 있을 수 있으며, 이럴 때 그들은 때때로 무엇이든 아이가 원하는 대로 행동하도록 자유롭게 허용해 주어야 할 것 같은 느낌을 받을 수 있다.

Golding과 Hughes의 작업(예: Golding, 2015; Hughes, 2000)을 참고로 삼아서, Cooper와 Redfern(2016)은 '두 손(two hands)' 개념이 정신화 치료와 호환될 수 있다고 제안했다. '두 손' 접근법은 한 손으로는 행동을 조절하고, 다른 한 손으로는 그들을 이해하려고 하는 것이다. 예를 들어, John이 위탁부모에게 무례한 모습을 보이며 "꺼져!"라고 말했을 때, F 씨에게 이런 방식으로 말하는 것에 대해 '반응을 할 것인지 말 것인지' '어떻게 반응할 것인지'를 생각하면서도 동시에 John이 '왜 그런 식으로 이야기했을지'에 대해 호기심을 유지하도록 도울 수 있다. Cooper와 Redfern은 "상대방이 이해받고 연결되어 있다는 느낌을 받도록 만들 때 영향을 미치기가 더 쉬우며, 이는 아이를 훈육할 때 정말 중요하다."(p. 107)라고 하였다.

위탁가정의 부모와 작업하는 치료자는 부모와의 만남 외에도 학교 교사, 사회사업가, 함께 작업하는 다른 전문가와 연락을 취해야 할 수 있다. 이 작업의 목표는 아이와 부모에게 새로운 형태의 행동을 제안함으로써 "체계에 대한 정신화"(Bevington, Fuggle, & Fonagy, 2015)를 돕는 것이며, 트라우마의 관점 및 발달적 관점으로 호기심을 가지도록 초대하는 것이다. 개인과 마찬가지로 아이를 돌보기 위한 전문가 집단의 구성원 역시 압력을 받을 때에는 성찰적 능력을 유지하지 못할 수 있다. 만약 전문가 집단이 이런 압력을 견뎌 내지 못한다면, 그들은 생각하기보다 행동을 취할 수 있으며, 아이의 시각을 염두에 두지 않고 성급한 결정을 내리게 되는 경우도 많다(Emanuel, 2002; Taylor, 2012). 이런 식의 비-정신화 상태나 목적론적 상태에 있을 때에는 '뭔가를 해야 한다'는 강력한 압력을 느낄 수 있다. 물론 행동이 필요한 상황일 수 있지만 치료자는 속도 늦추기, 멈추고 되감기와 같은 정신화 기법을 사용할 필요가 있으며, 아이 주변 집단의 구성원과 함께 진정하고 다시 더 정신화적인 상호작용을 하도록 도움으로써 아이의 시각을 고려하여 세심하게 조치가 이루어지도록 도울 필요가 있다(Wood, Brasnett, Lassri, Fearon, & Midgley, 2015).

## 부모와의 작업 종결

H 씨와의 회기가 끝나 갈 때 즈음, H 씨는 자신의 사생활 및 직장에서의 태도가 상당히 개선되었으며, 자신의 통제능력을 훨씬 더 확신할 수 있고, 변화시키지는 못할지라도 딸인 Anne을 이해할 수 있는 자신감을 가진 양육자로서 자신을 볼 수 있게 되었다. 그러나 리뷰회기에서 치료자가 그녀의 진전을 반영하며 치료의 종결에 대해 생각해 볼 시기라고 이야기했을 때 H 씨는 괴로워했다. H 씨는 치료자의 지원 없이 해내는 상상은 할 수 없고, 치료자가 자신의 능력을 과대평가한다고 했다. 그녀는 때로는 학교에 Anne을 데리러 가지 않고 그냥 학교에 내버려 두고 싶다고 말하며 Anne의 문제에 혼자서 대처할 용기가 없다고 했다.

치료자가 방금 일어난 일에 대해 이야기하려고 했을 때 H 씨는 울기 시작했고, 필요할 때 모두가 자신을 떠나가는 것 같으며, 아마도 자신이 도움을 받을 자격이 없어서 그런 것일지도 모르겠다고 했다. 그녀는 자신이 청소년기에 어머니를 잃었고, Anne이 힘든 시기일 때 남편이 떠났으며, 이제는 치료자까지 그녀를 떠

나려고 하는데 혼자서 어떻게 대처할지 전혀 감이 오지 않는다고 했다. 아픈 상
처를 입은 후인데 혼자서 잘 해낼 수 있을지 믿지 못하는 H 씨의 불안에 대해 치
료자가 공감하자, H 씨는 차분해졌다. 두 사람은 H 씨가 종결을 마주할 때 취약
해지도록 만드는 지난 경험에 대해 시간을 들여 함께 생각했다. 그리고 H 씨는
치료자를 볼 수 없다는 것에 슬퍼할 것이지만, 혼자서도 해낼 수 있다는 것을 알
고 있다고 말했다. H 씨는 이제 자신이 뭔가 잘못했기 때문에 Anne에게 문제가
생긴 것이 아니라는 것을 알고 있으며, 자신이 할 수 있는 일은 최선을 다하는 것
뿐이라는 것 역시 안다고 했다. 그리고 최선을 다하더라도 모든 것을 고칠 수 없
을 수도 있다는 것, 그리고 Anne과 함께 견뎌 나갈 수밖에 없다는 것을 알고 있
다고 했다. 치료자는 치료가 끝난 후에도 H 씨에게 일어난 변화를 어떻게 가장
잘 정착시킬 수 있는지에 대해 함께 고민해 보자고 제안했다.

　치료의 종결 여부를 결정할 때에는 부모의 요구 및 강점의 발달에 대해 지속적
으로 해 온 평가의 결과를 고려해야 한다. 일반적인 원칙에 따르면, 종결을 앞둔
몇 회기에서는 부모와 치료자가 얻은 이익을 어떻게 공고화하고 발견한 장점을
어떻게 유지할 것인지에 대해 성찰할 수 있는 기회를 제공한다. 또한 필요한 경
우, 부모의 삶에 존재했던 고통스러운 상실과 분리의 경험에 대해 이야기해 볼 수
있다.

　치료과정에 대한 내러티브를 생성함으로써 부모는 치료자의 마음을 통해 부모
자신의 변화와 아이의 변화에 대한 주체로서의 자신을 바라보게 되며, 자신의 강
점을 발달시키고 미래의 도전을 마주할 수 있는 주체성을 유지할 수 있게 된다.
부모가 현실적이면서도 균형 잡힌 시각으로 아이와 자신을 받아들이도록 돕고,
변화시킬 수 있는 것과 없는 것, 받아들여야만 하는 것을 이해하도록 돕는 것은 아
이의 문제를 모두 자신의 책임으로 여기며 마비되도록 만드는 죄책감을 극복하도
록 돕는다. 예를 들어, Anne이 학교에서 계속 문제행동을 보일 때 이것이 H 씨가
부족한 부모이기 때문이 아니며, 무엇을 하더라도 Anne이 순응하도록 '만들' 수는
없다는 것을 받아들인 후 H 씨는 안심할 수 있었다. 이것은 Anne의 학교로부터
의 압박, 아이의 고통, 그녀 자신의 염려에 압도된 H 씨에게는 큰 도움이 되었다.
문제가 계속되고 가족의 요구가 더 복잡한 경우에는 환경을 돌아보며 포괄적으로

개입하는 가정방문이 특히 유용할 수 있으며, 이는 특히 부모가 치료로부터 얻은 것을 유지하는 데 도움이 된다.

# 결론

MBT-C에서 부모와 하는 작업의 목적은 그들의 장점을 발달시키고 성찰적 자세를 발견하도록 돕는 것이다. 이를 통해 우리는 아이가 안전하며 이해받는다고 느낄 수 있는 부모-자녀 사이의 상호작용의 발달을 도울 수 있으며, 동기를 부여하고, 자기조절과 기본적인 자기인식 및 정신화를 촉진할 수 있다. 치료를 찾는 많은 부모는 치료자에 대한 불신과 불확실성을 가질 만한 충분한 이유를 가지고 있지만, 존중받는 관계 속에서 그 경계가 풀어진다면 그들은 안도감을 느끼면서 새로운 방식의 이해에 대해 마음을 열 수 있다. 그렇게 되면 결과적으로 부모는 아이에 대해 생각해 보도록 도우려는 치료자의 시도에 대해 더 흥미를 보일 가능성이 높아진다. 따라서 이를 통해 우리는 성찰할 수 있는 부모의 능력을 촉진하고 강화할 수 있다.

## 제8장 MBT-C에서의 종결: 작별을 향하여

MBT-C는 단기치료이기 때문에 치료를 시작할 때부터 종결을 염두에 두어야한다. 치료달력을 사용하는 것은 아이와 치료자 모두가 얼마나 많은 회기가 진행되었는지 그리고 얼마나 많은 회기가 남아 있는지를 알 수 있도록 돕는다. 단기간또는 시간이 제한된 심리치료에서 의미 있는 관계를 형성하는 것은 어렵다고 주장하는 이들도 있지만, (일반적으로 MBT-C가 진행되는 기간인) 3~6개월 정도의 시간은 아이의 삶에서 중요할 수 있으며, 우리는 아이와 이런 작업을 통해서 강하고지속적인 감정적 애착을 형성할 수 있다는 점을 발견했다.

이번 장에서 우리는 종결의 과정이 정신화의 관점에서 상실이나 이별을 다루는방법을 배우는 기회를 제공할 뿐 아니라, 아이에게 (그리고 부모에게) 그동안 성취한 것을 공고화할 기회를 제공하고, 그동안 배운 것을 새로운 환경에도 적용할 수있을 것이라는 자신감을 주기 위한 기회가 된다는 점을 설명할 것이다. 치료에 진척이 없거나 혹은 더 지속적인 치료가 필요한 경우에는 이를 알아차리는 능력 역시 필수이다. 우리는 아이와 가족이 치료를 종결할 준비가 되어 있는지, 혹은 추가적인 (혹은 대체할 수 있는) 개입이 필요할지를 평가하는 것의 중요성도 살펴볼것이다. 이번 장에서는 치료종결 이후 부스터 회기 역시 어떻게 MBT-C의 부분으로 여겨지는지, 이것을 통해 어떻게 정신화에 초점을 맞출 수 있는지 살펴볼 것이다.

# 단기작업의 특성을 소개하기

시간이 제한되었다는 점에 대해 생각하는 것은 치료의 마지막 단계에만 해당되는 것은 아니다. MBT-C의 치료개입의 목표는 아이와 부모 모두가 관계 속에서 정신화할 수 있도록 능력과 정서를 조절하는 능력을 키움으로써 치료가 종결된 후에도 자신의 어려움을 다루어 나갈 수 있게 돕는 것이다. 따라서 언제나 종결을 염두에 두어야 하며, 종결은 평가과정뿐만 아니라 치료과정 및 목표설정에 있어서도 중요하다.

부모와 아이에게 단기적 속성에 대해 소개할 때, 치료에서 기대할 수 있는 것에 대해 설명하는 것은 도움이 된다. 치료자는 다음과 같이 이야기할 수 있다.

> 우리의 경험과 연구결과를 바탕으로 보면, 일반적으로 당신이 도움을 요청하도록 만든 문제들을 해결하는 데에는 주 1회 회기로 약 12주, 3개월 정도가 소요될 수 있습니다. 이는 반드시 모든 문제가 그 시점까지 완전히 해결될 것이라는 뜻은 아니지만, 우리가 함께 세운 목표에 대해 실질적인 진전을 이루었을 것이라고 기대할 수 있으며, 또한 당신이 서로 돕고, 당신의 삶에서 중요한 다른 이로부터 계속 도움을 받는 데 필요한 기술과 자신감을 갖추게 될 것을 기대해 볼 수 있습니다. 다만 각 개인, 각 가족은 모두 다를 수 있기 때문에 우리는 대략 여덟 번의 만남 이후 함께 모여서 치료가 어떻게 진행되고 있는지 검토해 볼 것입니다. 그 시점에 우리는 원래 계획을 따르는 것이 좋은지, 아니면 조금 더 길게 연장하는 것이 좋을지, 아니면 당신을 도울 만한 다른 방법들이 있을지에 대해 결정할 수 있을 것입니다. 그 과정에서 저는 당신에게 제가 할 수 있는 한 솔직하고 열린 태도를 보일 것이며, 당신도 그렇게 해 준다면 정말 좋겠습니다. 제가 만일 무엇인가를 놓치거나 혹은 잘못 이해한 것이 있을 때(그런 일은 굉장히 자주 일어납니다), 당신이 그것을 이야기해 준다면 제 작업은 더 쉬워질 것이며, 우리는 그 문제를 해결하기 위해 노력할 수 있을 것입니다.

아이에게 시작과 끝이 명확하게 존재한다는 느낌을 주기 위해 정해진 회기의 수를 소개하는 것은 도움이 될 수 있다. 부모는 정해진 수의 회기가 절대로 충분할 수 없다고 반응하기도 하고 혹은 특히 자신이 참여해야 되는 수준이 너무 과도하다고 반응하는 경우도 많다. 부모와의 회기에서 이런 감정에 대해 성찰하다 보면, 종종 부모가 가지고 있는 무력감, 무망감, 부모로서 부족하다는 느낌에 대한 소중한 토론으로 이어지기도 한다. 만약 부모가 아이의 문제에 비해 치료가 너무 짧다고 염려한다면, 우리는 그 부모에게 그들의 삶에서 결정적이었고 중요했던 짧은 관계에 대해 생각해 보도록 요청할 수 있다. "선생님, 감독, 절친한 친구, 멘토 등 삶에서 상대적으로 짧은 기간 동안 함께했지만 지금까지 영향을 주고 있는 사람이 있나요?" 또한 우리는 처음 여덟 번의 회기 이후에 진척 상황을 검토하기 위해 모일 것이며, 시간이 더 필요하다고 생각되는 경우 이에 대해서도 논의가 될 수 있다며 부모를 안심시킬 수도 있다.

제한적인 시간 동안 진행되는 치료에 대한 부모의 걱정을 다룰 때, 이상적으로 치료자는 치료의 구조와 횟수에 대한 부모의 정서적인 반응뿐만 아니라 현실적 정보에도 주의를 기울여야 한다. 치료자는 열린 태도를 보이며, 자신의 경험에 비추어 많은 아이가 이 정도 기간의 치료 안에서 효과를 보지만, 일부의 경우 시간이 제한된 단기치료가 충분하지 않을 수 있다는 것 역시 이야기할 수 있다. 치료를 연장하는 선택을 할 수 있다는 점은 부모와 전문가 모두를 안심시킬 수 있다.

## 종결을 염두에 두고 작업하기

Anne의 어머니인 H 씨는 첫 치료부터 지속적으로 Anne과 함께 늦게 도착했다. 치료자가 시간을 지키는 것의 중요성과 치료시간 부족이 Anne에게 미치는 영향에 대해 강조했음에도 불구하고, H 씨의 이러한 행동패턴은 바뀌지 않았고 매번 다른 핑계를 댔다. 특히 어려웠던 회기가 끝나갈 때 막 시작한 게임을 치료자가 중단한 것에 대해 Anne이 분노를 표출한 후, 부모의 치료자와 아이의 치료자는 논의하여 다음 부모 회기에서 H 씨와 이 문제를 다루기로 결정했다.

다음 만남에서, 치료자는 H 씨에게 이전 회기가 끝날 때 대기실에서 Anne이 했던 행동을 상기시키며 시간이 너무 짧아서 힘들다고 이야기하고, H 씨에게 이 것이 딸에게는 어떤 의미일지 상상해 보자고 권유했다. H 씨는 미안한 기색 없이 치료자가 원한다면 조금 더 시간을 할애할 수 있다는 자신의 믿음을 아주 솔직하게 표현했다. 치료자는 H 씨에게는 이 일이 마치 모든 일을 모두 열심히 하라는 말처럼 들릴 수 있을 것 같고 치료자를 포함한 사람들이 융통성이 없는 것처럼 보일 수 있겠다고 이야기했다(치료자는 H 씨와 그녀의 남편이 이혼한 상태라는 것을 염두에 두고 있다).

H 씨는 "맞아요, 저는 남편으로부터 Anne을 제시간에 상담에 오게 하는 데 도움을 전혀 받지 못해요."라고 말했다.

치료자는 공감을 표현했고, H 씨는 눈에 띄게 긴장이 풀어졌으며 약간 눈물을 흘렸다. 잠시 후, 치료자는 시간을 지키는 문제로 돌아가서 지금까지 일어난 모든 일을 고려할 때 아마도 H 씨는 Anne에게 사람에 대해 무언가를 가르치고 싶어 할지도 모른다고 위험을 무릅쓰고 말했다. H 씨는 미소를 지으며 "사람들이 예상치 못한 순간에 떠나거나 실망시키는 것에 대한 것 같은 것 말이죠?"라고 말했다. 그런 다음 그녀는 "Anne에게는 절대 충분하지 않을 거예요……."라고 덧붙였다.

이 사례는 치료시간에 대한 부모의 행동에 담긴 다중적인 의미를 보여 주며, 부모가 탐구적인 자세로 아이의 경험을 이해하고 성찰해 보도록 노력하는 일이 얼마나 중요한지를 보여 준다. H 씨는 처음에는 문제의 원인이 치료자의 융통성 없는 태도에 있다고 했지만, 치료자가 방어적이지 않은 반응을 보이자 그녀는 스트레스로 인해 치료에 늦는 것이 딸에게 가지는 의미에 대해 생각해 보지 못했다는 점을 알게 되었다. 우리는 초기에는 H 씨가 목적론적 상태(예: 치료자가 치료기간을 연장하고 다른 시도를 하는 것이 해결책이라고 생각하는 것)에 있었다고 이야기할 수 있다. 치료자는 첫 번째 임무가 H 씨가 이해받고 지지를 받는다고 느끼도록 함으로써 그녀의 정신화 능력을 다시 '켜져 있는' 상태로 만드는 것임을 알았다. 배우자의 도움 없이 6세 아이의 도전적인 행동에 직면했을 때 H 씨가 느꼈을 좌절감과 외로움에 대해 이야기함으로써 치료자는 H 씨의 관점에서 생각하는 능력을 보여 주었다. 아마도 부끄러움 때문에 H 씨는 이 감정을 자유롭게 표현할 수 없었고, 그 대신에 그녀는 치료자와 Anne의 회기를 방해하는 방식으로 표현하였다. 아마도 H 씨는 Anne과 자신이 치료자에게 애착을 갖는 것에 대한 두려움을 느꼈고, 그래서 그녀와 Anne의 마음에서 치료자가 도움이 되지 않고 시간에 대해 이기적으로 구는 것처럼 보이게 할 방법을 찾았을 것이다. H 씨가 (비판을 받지 않고) 이해받는다고 느낀 후, 치료자는 H 씨에게 치료자와의 시간을 놓쳐 버린 Anne의 마음을 이해하도록 도울 수 있었으며, 이 만남 후 H 씨는 Anne을 제시간에 데리고 오기 위해 더 주의를 기울이게 되었다.

단기치료의 각각의 회기 속에서는 시간에 대한 측면, 즉, 회기의 진행을 추적하고, 기록하며, 목표를 염두에 두려고 노력해야 한다는 특성이 존재한다. 치료달력을 사용하면 아이에게 치료의 단기적 속성을 상기시키며 치료의 계획을 명확하게 보여 줄 수 있다(제3장 참조). 분리불안을 가졌거나 상실이나 트라우마가 있거나 애착문제가 있는 아이는 종종 회기를 끝내는 것을 더 어려워한다(Gil & Crenshaw, 2016). 제2장에서 설명했듯이, 우리는 그들의 애착유형과 정신화 능력에 비추어 이를 이해해 볼 수 있다.

마지막 회기에서 이별을 다루는 것은 때론 아이의 정신화 능력에 대해 배우고 지지해 줄 수 있는 기회가 된다. 예를 들어, 어떤 아이는 바로 즉시 도망쳐 버리고, 다른 아이는 포옹이나 심지어 뽀뽀를 하려고 할 수 있다. 때로는 아이가 치료자와 너무 가까워졌다고 느껴서 치료자가 가족의 일부가 되는 상상을 하기도 한다. 아이가 작별하는 방식, 작별인사 동안 치료자의 감정에 주의를 기울이고, 아이의 마음속 갈망이나 소망, 비어 있는 부분을 탐색해 보는 것은 아이가 친밀함과 애착욕구를 어떻게 다루는지를 이해하는 데 도움이 될 수 있다. 더욱 중요한 것은, 아이가 주변의 중요한 사람을 어떻게 경험하는지, 혹은 무엇을 그리워하는지에 대한 대화를 시작할 수도 있다. 지금-여기에서 치료자와 아이 사이에 일어나는 일을 탐색하는 것이나 각 회기의 끝에서 치료자가 느끼는 감정을 탐색하는 것은 암묵적으로 일어나는 관계를 맺는 과정에 대한 정보를 제공할 수 있으며, 또한 이후 치료 작업의 중요한 기초가 될 수 있다.

# 치료의 종결이나 지속에 대한 결정

Belinda는 리뷰회기 동안 의자에 앉지 않고 구석에 서서 플라스틱으로 된 개 장난감을 가지고 놀았다. Belinda는 어떤 질문에도 대답하고 싶어 하지 않았다. 그녀는 어머니와 치료자의 말을 듣는 것 같았지만, 자신은 놀이치료실에 가서 놀고 싶다는 말만 했다. 부모와 치료자가 열두 번의 회기가 더 필요한 것 같다고 합의했을 때, Belinda는 기뻐했다.

12회기씩 진행하는 두 번째 블록의 중간에 이루어진 두 번째 리뷰회기에서 Belinda는 여전히 대화에 참여하기 어려워했지만, 이번에는 의자에 앉아서 다른 사람들이 말하는 것에 주의를 기울이며 비언어적으로 대화에 반응했다. 부모와 치료자는 다시 마지막 블록이 될 12회기가 더 필요하다고 결정했다. Belinda는 이 리뷰회기에서 자신의 각성 수준을 더 잘 조절할 수 있는 것처럼 보였지만, 여전히 자신의 생각과 감정을 표현하는 것은 어려웠다.

마지막 블록의 리뷰회기에서 Belinda는 의자에 앉아 치료자와 어머니에게 자신이 때로는 '모든 것을 거부하는 말'이고 때로는 '야생마' 같다는 것을 알고 있지만, 그 말에는 고삐가 있으며, 자신은 그 고삐를 손에 들고 말 위에 앉아 있는 기수가 될 수도 있다고 말했다. 그녀는 마치 말 위에 앉아 있는 것처럼 의자에 당당하게 앉아 있었고, 방에 있던 모든 사람은 Belinda가 이제 치료를 끝내는 과정을 시작하기에 적절한 위치에 있다는 데 동의했다.

제3장에서 설명했듯이, 치료자는 치료를 시작하고 여덟 번의 만남 이후 리뷰회기가 있을 것이며, 부모, 아이, 치료자는 그 회기에서 함께 치료를 돌아보고 종결을 할지 아니면 최대 12회기씩 3블록까지 이어질 수 있는 12회의 회기를 추가로 더 진행할지 결정을 할 것이라고 설명한다. 치료자와 가족은 대안적인 다른 종류의 개입이나 지원이 필요하다고 결정할 수도 있다.

치료를 종결하거나 계속할지에 대해 결정할 때에는 다음과 같은 요소들을 고려해야 한다.

- 아이가 치료에 오도록 만든 문제가 줄어들었고 가족이 설정한 목표가 달성되었는지, 그리고 아이와 치료자 그리고 가족이 치료를 계속하는 것이 더 도움이 될 것이라고 느끼는지 여부

- 아이가 놀이하는 능력을 회복했는지, 그리고 만약 억제되어 있었다면 정서를 조절하는 능력이나 이를 위해 어른의 도움을 받는 능력을 다시 가지게 되었는지 여부

- 문제가 생겼을 때 부모와 아이가 오해를 다루고 관계를 회복할 수 있도록 정신화 능력을 회복했는지 여부

- 시간이 지남에 따라 치료달력에서 보이는 질적인 변화의 증거(예: [그림 8-1]에 나타난 Belinda의 치료달력을 보면, 아이가 그리는 그림의 변화를 통해 시간에 따른 아이의 경험을 돌아볼 수 있고, Bedlinda가 더 일관된 자아와 자신만의 이야기를 가지게 되었다는 신호를 관찰할 수 있다.)

- 가족 및 그 외 사회적 환경이 지지적인지, 부모가 아이에게 필요한 만큼의 감정적 돌봄을 제공할 수 있는지, 또 그 아이가 이를 활용할 수 있는 능력이 있는지 여부

치료의 종결 시기를 결정하는 것은 임상가에게 도전적인 과제 중 하나이다. 우리 중 많은 이는 더 도와주고 더 지지해 주고 싶은 우리의 부분적인 욕구에 이끌려서, 종종 "우리가 할 수 있는 것이 더 있을 것"(Fragkiadaki & Strauss, 2012)이라고 믿는다. 때때로 치료를 종결하는 것은 치료자에게 상실, 죄책감, 불충분하다는 느낌을 불러일으키며, 복잡하고 어려운 가족이나 아이를 다룰 때에는 때론 안도되는 마음과 자유로워지는 느낌을 받을 수도 있다. 어떤 치료자, 특히 단기적 방식으로 작업하지 않는 치료자는 치료를 시작하기도 전에 기간을 고정하는 것이 어렵다고 느낄 수 있다. 아마도 이는 치료자가 전심전력으로 치료에 임하거나 깊은 관계를 발달시키는 것을 꺼리게 만들 수도 있다. 이런 상황에서 슈퍼비전은 종결이나 시간적 한계에 대한 치료자의 양가적 감정과 의심을 성찰해 보도록 도울 수 있다. 치료자는 슈퍼비전에서 얻은 내용을 건설적으로 활용해서 단기치료의 가치를 떨어뜨리지 않으면서도 지금 다루어야 하는 긴박한 문제가 있는지 알아볼 수 있고 혹은 이 작업의 한계와 좌절 역시 받아들일 수 있다.

[그림 8-1] Belinda의 7회기, 19회기, 31회기 치료달력 그림. 허락을 받아 게재함.

## 리뷰회기를 위한 아이와 부모의 준비

Ruth는 이제 MBT-C의 일곱 번째 회기를 완료했다. 이 기간 동안 Ruth는 자신의 일부를 보여주고 더 표현하며, '이것은 바깥에서 보는 나, 이것은 안에서 보는 나'라는 이해를 발전시켰다.

각 회기의 마지막 몇 분 동안, 치료사는 Ruth에게 치료달력에 그림을 그리도록 요청했다. 첫 번째 회기에서 Ruth는 거의 아무것도 그릴 수 없었고, 겁내며 세 개의 작은 선만 그렸다. 두 번째 회기에서 Ruth는 눈을 뜨고 있는 자신을 그렸는데, 마치 "네가 보여, 나를 볼 수 있어."라고 말하듯이 보였다. 몇 번의 회기를 거치면서 Ruth는 스스로 얼굴을 그려 보고, 바깥으로는 표현하지 않았지만 느끼고 있던 내부의 감정에 대해 그리기 시작했다. Ruth는 자신이 심각한 정서적 문제를 가지고 있음에도 불구하고 감정을 보여 주지 않으며, 그 대신 자신이 항상 모두에게 웃는 얼굴만을 보여 준다는 사실을 깨달았다.

마침내 Ruth는 색연필을 가져와서 '안' '밖'이라고 썼다. Ruth의 치료과정에서 중요한 주제 중 하나는 입양부모에게 이해받지 못하는 것이었다. 다섯 번째 회기와 여섯 번째 회기가 끝날 때쯤 Ruth는 그림에 물음표를 넣어 자신에 대해 남들이 어떻게 생각하는지를 묻는 듯한 표현을 했다. 그런 다음 Ruth는 다른 사람은 자신이 무엇을 느끼는지 알 수 없다는 것을 깨달았고, 사람을 멀리 밀어내는 대신에 자신에 대해 어떤 것을 표현해야만 상대방이 알 수 있다는 것을 깨닫기 시작했다. 일곱 번째 그림에서 Ruth는 마치 내면의 감정을 보여 주며, 내면의 감정과 생각을 바라보기 위해 준비가 되었고, 이를 표현하기 위한 자신감이 생긴 것처럼 그녀의 내적 감정을 표현했다([그림 8-2] 참조).

리뷰회기를 위한 준비과정으로, 여덟 번째 회기에서 Ruth와 치료자는 치료달력을 어떻게 만들어 왔는지 돌아보며 이를 통해 치료의 진행 상황을 검토하였다. 치료자는 Ruth의 변화에 대한 자신의 생각을 확인할 수 있으며, 이를 통해 처음에 계획한 대로 12회의 회기 이후에 치료를 종료할 것인지에 대한 논의를 시작할 수 있었다. 이에 대한 결정은 확정되지 않았지만, 그들은 함께 생각한 내용을 양부모님과 사회복지사가 함께하는 리뷰회기에서 더 논의해 보는 것에 동의했다.

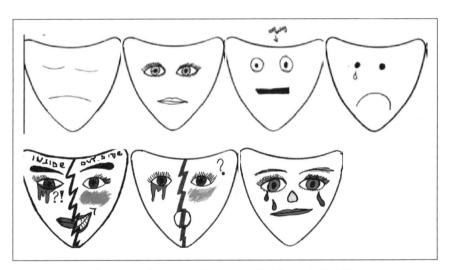

[그림 8-2] Ruth의 치료달력. 허락을 받아 게재함.

리뷰회기는 아이로 하여금 자신이 치료과정을 주도한다는 느낌을 강화할 수 있는 기회가 된다. 따라서 이 회기를 아이와 함께 준비하는 것은 매우 중요하다. 치료달력은 치료적 변화를 상의하는 데 도움을 주는 도구가 되는 경우가 많다. 앞선 사례에서 치료자는 Ruth의 그림을 들여다봄으로써 시간에 따른 변화의 의미를 명료화하였다. Ruth는 타인을 믿는 법을 배우고 있으며, 자신이 느끼는 것을 주위 사람에게 표현할 수 있다면 그들로부터 무언가를 돌려받을 수 있다는 점에 대해 이해하기 시작했다. (치료자는 Ruth가 치료종결 이후에도 다른 관계를 계속 이용하여 배우고 성장할 수 있을 것이며, 이것이 신뢰의 성장을 반영하는 것 같다고 생각했다.) 치료자는 Ruth에게 양부모님 및 사회복지사와 이런 생각을 공유할 생각이 있는지 물었고, Ruth는 그렇게 하는 데 동의하였다.

리뷰회기는 종종 아이와의 비밀을 지키면서도 개방적인 논의를 이끌어 내야 하는 어려운 시간이 된다. 이는 아이가 사생활을 가지는 권리(혹은 그 권리의 부재)에 대한 문화적 신념이 있을 때 특히 어렵다. 이 점에 대해 부모와 논의하는 것은 특정 문화적 집단의 환경 속에서 아이가 자신만의 생각과 감정, 개인적인 내면세계를 가진 한 사람이라는 생각에 대해 탐색하는 기회가 될 수 있다(Gil & Drewes, 2005).

리뷰회기에 대해 아이를 준비시키고, 무엇을 공유할 수 있는지, 무엇을 공유해서는 안 되는지에 대해 미리 묻는 것은 아이 내면에서 치료자가 아이의 관점을 고려한다는 신뢰를 쌓도록 돕는 좋은 방법이다. 이 대화를 하는 동안 외부 환경을 인정하는 것 역시 중요하며, 이를 위해 예컨대 치료자가 학교와 연락했는지 혹은 학교 교사가 아이의 행동변화를 느꼈는지의 여부를 알려 줄 수 있다.

부모와 리뷰회기를 준비할 때 보통 부모에게는 지금까지 자신이나 아이에 대해 무엇을 배웠는지 묻는데, 이 방법은 부모가 아이를 이해하는 데 있어서 점차 발전해 가고 있음을 이야기하고 강화하는 데 도움이 된다. 또한 부모에게 지금까지 얻은 변화를 유지하기 위해 가까운 미래에는 무엇이 필요할지 생각해 보도록 요청할 수 있다. 치료자는 부모가 자신이 약해 보이거나 실패한 것처럼 보일 것을 염려하여 필요한 경우에도 추가적인 도움을 요청하지 않고 치료자를 다시 찾지 않을 것에 대해 우려를 표현할 수도 있다. 부모가 이런 느낌을 가지고 있는지 묻고, 가지고 있다면 그것이 의미하는 것을 탐색하는 것은 중요한데, 필요할 때 치료자가 계속 있을 것이라는 상호적인 신뢰가 존재할 때 치료를 종결하는 일이 더 쉽기 때문이다.

# 리뷰회기

Mohammed, 그의 아버지(D 씨), 그리고 아버지의 파트너(L 씨)가 치료사와 함께 리뷰회기에 참석했다. Mohammed는 불안해 보였다. 편안한 표정의 D 씨는 Mohammed를 안심시키려는 듯 미소를 지었다. L 씨는 조용히 앉아 미소를 짓고 있었다. 치료자는 D 씨와 L 씨가 더 편안해 보이고, 이제 Mohammed를 안심시킬 수 있는 것처럼 보인다고 이야기하며 회기를 시작했다. L 씨가 고개를 끄덕였다. 왜 고개를 끄덕이냐고 묻자, L 씨는 지금 상황이 매우 만족스럽다고 치료자에게 말했다. L 씨는 Mohammed와 그의 아버지가 교통사고로 일어난 모든 일을 극복하고 다시 정상으로 돌아가는 것 같다고 했다. '정상'이 무엇을 의미하느냐고 묻자, L 씨는 웃으며, "물고기는 물이 사라지지 않는 이상 헤엄치고 있는 동안에는 물의 존재를 알지 못하니까요."라고 대답했다. 모두는 L 씨가 자신의 생각을 표현하는 방식에 웃음을 터트렸다.

D 씨는 자신이 느끼는 것을 이야기하는 데 익숙하지 않았지만, Mohammed와 함께 이에 대해 많은 것을 배웠고, 이를 배운 것이 아들을 더 잘 이해하는 데 도움이 되었다고 설명했다. Mohammed에게도 비슷하게 느끼는지 질문을 하자, Mohammed는 고개를 끄덕였다. 치료자는 치료에서 개념화했던 중점과제에 대해 물었고, Mohammed는 "다시 통제하고 있다는 느낌을 되찾는 데 도움이 되는 것이 무엇인지 알아내는 거였어요."라고 대답했다. 그리고 Mohammed는 "저는 물고기이고 물이 필요해요. 교통사고로 인해 그릇이 깨졌지만, 이제 행복을 느끼려면 물이 필요하다는 것을 알아요."라고 말했다. 치료자는 웃으며, 이 가족이 모두 시인인 것 같다고 했다! 그런 다음 Mohammed, 그의 아버지, L 씨는 치료에서 무엇이 도움이 되었는지, 그리고 어떻게 상황이 더 나아졌는지에 대해 함께 이야기했다. 치료의 작업이 종결을 향해 가고 있다는 점에 대해 모두 공통된 생각을 하고 있는 것 같았다.

리뷰회기의 중심 목표는 치료의 진행 상황을 논의하고 남은 치료의 목표를 명확히 하는 기회를 제공하는 것이다. 앞 장에서 논의한 대로, 리뷰회기의 말미에는 보통 종결을 향해 갈지, 혹은 열두 번의 추가적 회기가 필요할지, 혹은 다른 종류의 치료방법(예: 부모-자녀 치료, 가족치료)이 필요할지를 결정한다. 치료 초기에 설정된 목표를 돌아봄으로써 모두는 치료 초기의 상황이 어떠했는지를 돌아볼 수 있고, 또한 각자가 이룬 변화에 대해 고려해 볼 수 있다(Law & wolpert, 2014). 치료의 경과를 평가할 수 있는 다른 경험적 지표가 사용되었다면, 이 지표 역시 참고할 수 있다.

그와 동시에, 리뷰회기는 상처를 받을 수 있는 정보로부터 부모가 어떻게 아이를 보호하면서도 아이의 참여를 이끌어 내는지에 대해 관찰할 수 있는 좋은 기회이다. 앞선 사례는 회기 내 분위기가 어떻게 일어난 변화를 반영할 수 있는지에 대해 보여 준다. 치료자의 정신화 자세는 치료실 내의 모든 이가 가질 수 있는 다양한 관점에 대한 호기심을 포함한다. 어린아이 중 일부는 자신의 관점을 표현하는 것을 어려워할 수 있는데, 이는 어른들의 말에 조용히 귀를 기울어야 한다는 교육을 받았기 때문일 수 있다. 이런 상황에서 치료의 종결에 대해 아이가 의견을 표현하는 방식은 상실과 분리에 대한 명시적인 정신화의 바탕이 될 수 있다. 또한 아이와 부모가 이와 같은 논의에 반응하는 방식은 그들이 현재 가진 마음성찰 능력에 대한 추가적인 정보를 제공할 수 있다.

MBT-C에서 리뷰회기가 주는 기회는 다음과 같다.

- 현재 기능에 비추어 초기의 치료목표를 재평가하기
- 종결의 의미를 탐색하기
- 다양한 관점이 장려되고 존중되는 안전한 환경 속에서 아이와 부모가 심리치료 과정에 대한 각자의 관점을 표현할 수 있는 기회를 제공하기
- 치료의 주인이 아이와 부모라는 감각을 증진시키기
- 문제를 건설적으로 해결하기 위해 가족으로서 모두가 함께할 수 있는 소통의 방식 연습하기

리뷰회기에서 변화에 대한 정보는 공유될 수 있지만, 아이나 부모의 치료에서 비밀유지가 필요한 정보는 공유될 수 없다는 점을 기억하는 것은 특히 중요하다.

아이와 함께 다가오는 부모와의 리뷰회기에 대해 이야기해 보는 것은 무엇을 부모가 알도록 하는 것이 좋을지에 대해 아이와 부모의 관점에서 고찰하고 생각해 볼 수 있는 기회가 된다. 치료자는 아이에게 부모와의 리뷰회기가 다가온다고 이야기하고, 아이가 특히 부모에게 치료자를 통해 말하거나 보여 주고 싶은 것이 있는지 물어볼 수 있다. 심리치료를 종결할 것인지 아니면 계속할 것인지에 대한 결정은 얼마나 문제가 빨리 사라지는지, 또한 목표가 달성되었는지에 따라 결정된다. 만약 그렇지 않은 경우, 치료를 지속한다고 해서 아이와 가족, 치료자는 목표를 달성할 수 있을 것이라고 생각하는가? 최종 결정을 내리기 전에 이에 대해 합의하는 과정은 그 자체로 정신화를 촉진하고 상황을 다양한 관점에서 탐색하는 과정의 일부가 될 수 있다.

리뷰과정의 일환으로 학교와 연락하여 아이의 변화에 대해 확인하는 것 역시 중요할 수 있다. 여기서 얻은 정보는 리뷰회기에서 이야기될 수 있으며, "치료와 그 외의 환경에서 무엇이 진행되고 있는가?"에 대한 질문의 맥락에서 고찰해 볼 수 있다. 부모와 교사(그리고 치료자)는 때때로 치료적 개입의 성공 여부에 대해 각자 다른 방식으로 측정할 수 있다. 우리가 '더 진실된' 시각을 가지고 있다는 가정을 하지 않고, 치료에서 관찰한 것의 가치를 존중하면서 각자가 가진 다른 시각과 목표를 함께 논의하는 것은 굉장히 도전적인 일일 수 있다. 치료자로서 우리는 치료 환경 내에서 일어나는 변화만 관찰하게 되며, 아이가 다른 환경에서 어떻게 대처하는지에 대해서는 잘 알지 못할 수 있다. 따라서 리뷰회기는 치료자가 '외부에서' 일어나는 일을 이해하도록 돕고, 또한 치료자는 아이의 삶에 존재하는 부모 및 다른 이로 하여금 아이의 '내부에서' 일어나는 일을 관찰하도록 도울 수 있다

## 치료의 마지막 단계

Belinda가 치료실에 도착했다. 치료자는 종결까지 단 두 번의 회기가 남았다는 것을 알고 있었다. Belinda는 방을 둘러보며 매우 엄숙한 표정을 지었다. 치료자는 Belinda의 표정을 알아채고 다음과 같이 말했다. "오늘은 여기서 무엇을 할지 약간 고민하는 것 같다. 선생님이 제대로 이해한 것이 맞니?"

Belinda는 미소를 지으며, "모래놀이상자를 가지고 놀던 것이 그리울 것 같아요. 선생님도요."라고 대답했다.

"나도 그리울 거야, Belinda."라고 치료자가 대답했다.

Belinda는 그림을 그리기 시작하며 치료자에게 다음 달부터 댄스 수업을 시작한다고 말했다. 또한 다음 주에 있을 놀이모임에 대해서도 이야기했다. 치료자는 작별인사를 하는 것은 슬픈 일지만, Belinda의 마음이 더 단단해진 상태에서 앞으로 하게 될 새로운 모든 일을 생각하면 기쁘다고 대답했다.

종결하기로 결정을 내린 후에 우리는 아이의 삶에서 치료의 역할에 변화가 있기를 바랄 수 있다. 아이는 외부생활을 더 안전하게 느끼기 위한 방법을 탐색할 수 있으며, 치료가 끝나고 나면 치료의 빈자리를 채우기 위한 외부생활에 대해 이야기할 수 있다. 그러나 어떤 아이는 치료와 치료자 모두를 미워하기로 결정하고, 모두 쓸모가 없고 효과가 없었다고 말할 수 있다. 이런 모든 방법은 이별의 고통과 치료의 종결로 인한 상실감을 다루기 위한 것으로서 아직 어려움이 남아 있음을 반영하는 것일 수 있지만, 또한 종결을 계획하는 환경 속에서 이런 경험을 마주해 보기 위한 기회를 나타내는 것일 수도 있다.

일반적으로 마지막을 앞둔 몇 회기에서 부모와 아이는 모두 잠재적으로 다음과 같은 기회를 얻어야 한다.

- 의미 있는 작별을 경험하기
- 아이와 부모의 삶 속의 상실의 경험을 탐색하기
- 그 가족이나 문화권 속에서 이별의 의미를 탐색하기
- 치료 중 배운 것, 그중 특히 아이와 부모가 일상생활에서 서로를 지지하기 위해 어떻게 관계를 사용할 것인지에 대해 얻은 것이 무엇이고 그것을 어떻게 유지하며 강화할 것인지 생각해 보기

부모와 함께 치료의 과정이 어떻게 진행되었는지에 대한 내러티브를 만들어 보는 것, 특히 부모가 주체가 되어 아이와 부모의 변화를 목격한 것에 대한 이야기를 만들어 보는 것은 현재뿐만 아니라 미래의 스트레스 상황까지도 다룰 수 있는 더 나은 변화와 힘에 대한 굉장히 강력한 동기를 제공할 수 있다. 비슷하게, 부모와 자녀, 그리고 관계의 강점과 약점에 대한 균형 잡힌 프로파일을 만들어 보는 것은 부모에게 앞으로 '전문가'가 될 수 있다는 믿음을 줄 수 있다.

MBT-C에서 치료자는 아이가 종결을 준비할 수 있도록 특정 활동을 준비할 수도 있다. 어떤 치료자는 아이를 위해 작은 상자를 준비해서 마지막 회기 이후 사진이나 아이와 치료자가 함께 만든 것을 집으로 가져가도록 원할 수 있다. 또 어떤 치료자는 함께한 치료여정에 대한 노래 혹은 재미있는 이야기를 만들어 볼 수 있다. 우리는 아이가 작별에 대해 이야기했던 이전 시간에 대해 말하며, 이를 치료종결에 대한 아이의 감정과 연관 지어 볼 수 있다. 어떤 치료자는 아이를 위해 마지막 편지를 써서 함께 이룬 치료에 대한 생각을 공유하기도 한다. 이 방법들은 종결을 다루는 중요한 방법이다. 하지만 치료자로서 우리는 아이가 실제로 화가 났거나 상처를 받아서 떠나는 것에 대해 표현해야 할 필요가 있을 때에는 '좋은' 종결을 강요하지 않기 위해 조심해야 한다(Blake, 2008). 이런 경우, 치료자는 아이가 Belinda와 달리 좋은 감정 없이 종결하는 것 역시 허용할 수 있어야 한다.

살아오면서 상실의 경험이 많은 아이에게 이 단계는 굉장히 고통스러울 수 있다. 이러한 경우, 치료자의 작업은 부모 혹은 보호자로 하여금 치료의 종결에 대한 반응으로 나타날 수 있는 아이의 행동에 대해 이해하도록 돕는 교육을 포함한다. 이런 방식으로 학교, 가정과 함께 작업함으로써 우리는 아이가 보이는 도전적이고 난해한 행동을 반항이나 저항으로 여기지 않고 고통과 두려움을 전달하는 것으로 이해하도록 도우며, 이를 통해 아이가 지지하는 어른들과 함께할 기회를 늘린다.

조금 더 내향적인 성향을 가진 아이들은 종결이 다가옴에 따라 상호작용을 줄이고 전반적으로 회피하려는 경향을 보일 수도 있다(Gil & Crenshaw, 2016). 이때 치료자의 과제는 이러한 아이로 하여금 종결에 대한 감정을 탐구하고, 또 표현할 수 있도록 도와주는 것이다. 종결회기가 다가올 때, 많은 치료자는 회피라는 벽을 마주하게 된다. 아이는 갑작스럽게 상징놀이를 멈추고 무감각한 마음속 활동에 몰두하기도 한다. 치료자는 차단된 것 같은 느낌을 받을 수 있다. 이때 치료자가 자신이 느끼는 감정을 사용하는 것은 아이가 경험을 탐험하는 능력을 사용하도록 이끄는 데 굉장히 유용할 수 있다.

부모와의 마지막 회기에서는 부모로 하여금 스트레스 속에서 에너지를 유지하도록 돕는 것이 무엇일지에 대해 생각해 보게 하는 것 등 자녀를 돌보는 것과 그들 자신을 돌보는 것 사이의 균형을 유지하는 방법에 대해 이야기하는 것이 도움이 된다. 여기에는 관계망에 도움을 요청하는 것부터 간단히 휴식을 취하거나 바람을 쐬는 것이 필요한 시기라는 것을 알아차리는 것 등이 포함된다. 이는 가족 내부와 외부에서 개방적인 관계를 유지하는 방법에 대해 이야기하는 것을 의미할 수 있고, 지나친 자책이나 고립을 피하는 것을 의미하기도 한다. 때로는 치료자와 부모가 어려운 상황을 관리하는 것에 대해 배운 것을 함께 목록의 형태로 작성한 '응급처치 키트'를 만들 수 있다. 이 과정은 부모가 아이를 다룰 때 겪는 어려움을 이해하고 무엇이 '바나나 껍질'로서 그들을 미끄러져 넘어지게 만들 수 있는지를 파악하도록 돕는다. 이 목록을 만드는 것을 통해 어려움과 좌절은 불가피하게 발생할 수밖에 없지만, 부모가 이제 이를 대처하기 위한 자원을 더 많이 가지게 되었다는 메시지를 전달할 수 있다.

## 종결 이후: '부스터 회기'

John의 양부모는 치료종결 3개월 후 부스터 회기를 위해 다시 찾아왔다. 그들은 활짝 웃으며 치료실에 들어섰다. 치료자는 그들의 편안한 모습에 대해 언급하고 John과 그의 가족이 어떻게 지내고 있는지 물었다. John의 어머니는 정말 행복하다고 대답했다. John은 잘하고 있다고 했으며, 이전에 치료기간이 충분한지에 대해 걱정했던 것에 대한 이야기도 나눴다. John의 어머니는 집안의 문제로 일을 그만두었는데, 이제는 새로운 직장에 지원할 생각을 하고 있다고 했다. John의 아버지는 말이 적었지만, "집에 작은 침팬

지가 있어서 정말 행복해요. 항상 아들을 원했는데, 이제 아들이 정말 우리와

함께 있는 것 같아요."라고 말했다.


MBT-C에서 우리는 치료가 종결된 후에도 추가 상담이나 부스터 회기(booster sessions)를 가지기를 권장한다. 다양한 방법으로 이를 계획할 수 있지만, 전반적인 목표는 동일하다. 가족으로 하여금 다시 만나서 경과를 이야기하거나 지속적이거나 새로운 문제를 찾아볼 수 있는 만남이 계획되어 있다는 것을 염두에 두도록 돕는 것이다. 아이나 부모는 그들 자신에게 "부스터 회기에서 치료자는 이 일에 대해 무슨 말을 할지 궁금하다."라고 물을 수 있다. 이를 통해 그들은 치료에서 배운 것을 기억하고 성찰적이고 호기심 있는 자세를 유지할 수 있다. 또한 스트레스나 불안을 줄이고 안전하다는 느낌을 줄 수 있으며, 상황이 악화될 때에는 아이와 가족에게 어떤 종류의 도움이 필요할지에 대해 재고해 볼 수 있는 기회를 제공할 수 있다.

부스터 회기를 계획하는 방법으로 마지막 치료회기 후 3~12개월 후에 날짜를 잡는 것이 있다. 부스터 회기까지의 적절한 기간은 가족의 요구나 치료의 결과에 따라 다를 수 있으며, 이 기간은 협의될 수 있다. 치료자가 추가적인 임상적 개입을 계획할 필요가 있는 경우, 치료종결 시 많은 문제를 보고하지 않는 가족에 비해 부스터 회기는 더 빨리 계획될 수도 있다(때로는 3개월보다 짧을 수도 있다).

부스터 회기를 계획하는 다른 방법으로는 가족에게 더 많은 책임을 부여하는 '바우처 모델'을 사용하는 것이 있다. 이 접근법에서는 가족에게 특정 수(보통 1~3회의)의 '바우처'를 사용하여 필요할 때 부스터 회기를 가질 수 있다고 알린다. 언제 또 어떤 경우에 사용할지에 대해 아이와 가족이 결정하게 되며, 이를 통해 그들에게 필요한 것이 무엇인지에 대해 더 자유롭게 생각해 볼 수 있도록 하고, 또한 필요한 도움의 종류에 대한 결정권을 더 많이 가지도록 한다.

어떤 방법을 선택할지 여부는 치료자의 상황에 달려 있지만(예: 바우처 모델을 사용하는 경우, 가족이 요청했을 때 적절한 때에 부스터 회기를 제공해 줄 수 있는지 여부 등), 가족의 필요에 대한 평가에 기반하기도 한다. 이에 대해서는 치료가 종결을 향해 가는 동안 가족과 함께 논의해 볼 수 있으며, 이는 MBT-C의 개방적이고 상호협력적인 특성을 직접 보여 주는 것이기도 하다. 자기관찰 능력이 있는 기능수

준이 높은 가족의 경우에는 도움이 필요한 시기를 결정하는 책임을 가족에게 남김으로써 자기주도성을 자극하는 바우처 모델이 좋은 선택일 수 있다. 바우처를 언제 사용할지 생각해 보는 것은 가족 내에서 정신화 및 자기관찰을 촉진할 수 있다. 필요한 경우에도 바우처를 사용하지 않을 가능성이 높은 가족이나 조금 더 연속성이 필요한 가족의 경우, 종결 전에 리뷰회기 혹은 부스터 회기의 날짜를 계획하는 것이 더 적합할 수 있다.

부스터 회기의 전체 과정은 아이와 부모를 같은 치료실에서 함께 만나 진행하는 것이 가장 적합한 경우가 많지만, 만약 두 명의 치료자가 아이 및 부모와 함께 따로 작업해 온 경우, 함께 모이기 전 일정 시간 동안 따로 진행해 볼 수도 있다. 특히 연령이 높은 아이의 경우에는 이 방법을 사용하는 것이 가족로 하여금 진행과정 및 그들이 마주한 문제를 돌아보도록 하는 데 도움이 될 수 있다. 치료자는 치료달력을 사용하여 아이와 함께 치료를 돌아볼 수 있고, 마지막 만남 이후 어떤 일이 일어난 것인지 알아볼 수 있다.

만약 치료종결 후 문제가 있었다면, 제7장에서 설명한 것처럼, 부모가 다시 정신화 자세를 찾을 수 있도록 돕는 것이 부스터 회기의 중요한 목적이다. 때때로 부모는 부스터 회기에서 치료를 다시 시작하길 간절히 원할 수 있다. 이를 다루기 위해, 치료를 다시 시작하는 것의 장점과 단점을 함께 논의해 보고, 또한 아이와의 추가적인 개입 없이도 다시 정상 상태로 돌리는 것이 가능할지를 알아보기 위한 부모와의 독립적인 추가 회기를 계획해 볼 수 있다.

## 예상치 못한 치료의 종결

단기치료의 가장 큰 장점 중 하나는 조기 종료의 비율을 줄이는 것이지만, 많은 이유로 갑작스러운 종결이나 예상치 못한 종결이 일어나는 경우가 있다(Ogrodniczuk, Joyce, & Piper, 2005). 또한 다양한 이유로 인해 치료를 계획했던 것보다 일찍 종결해야 하는 경우도 많다. 물론 그렇다고 해서 이런 종결이 치료자와 가족으로 하여금 무력감과 좌절감을 느끼게 하는 어려운 외부 현실을 받아들이고 이에 공감하는 기회가 되지 않는 것은 아니다.

아이가 갑작스럽게 치료를 중단하는 가장 흔한 이유는 부모가 더 이상 치료에 아이를 데려오지 않기로 결정하는 경우이다. 부모는 치료가 도움이 되지 않는다고 느끼거나(혹은 상황을 더 악화시킨다고 느끼거나) 혹은 아이를 치료에 데리고 오는 것이 너무 부담이 된다고 이야기할 수 있다. 때로는 일 때문에 시간을 낼 수 없거나 가족 중 돌봐야 하는 다른 자녀가 있거나 혹은 경제적은 이유로 부모는 치료를 종결하고자 할 수도 있다. 치료자는 이런 우려를 언제나 심각하게 여겨야 하며, 외부 상황의 현실적인 부분을 인정해야 한다. 일부 경우에는 갑작스러운 종결에 대한 우려가 잘못된 점을 탐색하고 오해를 해소하는 중요한 기회를 제공할 수도 있다.

그렇지만 MBT-C 치료자는 치료를 지속할 수 없다고 결정한 가족을 만났을 때에도 어느 정도 계획된 종결을 시도해야 하며, 여기에는 상실을 인정하고 이별하는 과정이 포함되어야 한다. 이런 맥락에서의 목표는 아이가 작별을 이야기할 수 있고, 부모는 불이익을 두려워하지 않고 돌아올 수 있는 결정을 할 수 있으며, 치료자가 치료종결의 결정을 이해하고 존중한다는 것을 전달할 수 있도록 적어도 한 번의 회기를 가지는 것이다. 이는 어려운 상황일 수 있으며, 특히 치료자가 아이의 치료가 종결되는 것에 분노를 느끼거나 그 종결이 나쁜 결정이라고 느끼는 경우에 더 어려울 수 있다. 이러한 상황에서 MBT-C 치료자는 외부와 내부의 현실을 인정하고 작별의 과정과 관련된 여러 가지 감정을 언어로 표현하는 데 도움을 주어야 한다.

때로는 아이가 학교나 친구와 함께 더 시간을 보내기를 원하거나 혹은 단순히 회기에서 발생하는 불편함이나 괴로움을 피하기 위해 치료를 그만두고 싶어 할 수 있다. 아이가 치료중단을 원할 때 이를 존중해야 하는지 아니면 좌절시켜야 하는지에 대해 아는 것은 어려운 일이다. 부모가 치료에 정기적으로 참여하고 있기 때문에, 치료자는 아이의 그만두고 싶은 바람에 대해 부모와 상의할 수 있다. 또한 치료자는 아이의 그만두고 싶은 마음에 대해 정말 이해해 보고 싶다고 이야기해 볼 수도 있다.

아이가 치료에 적극적으로 참여할 수 없지만 문제가 더 악화되고 있을 때에는 조금 더 집중적인 치료(예: 낮병동, 입원) 혹은 다른 치료적 접근에 대한 고려가 필요할 수 있다.

# 결론

모든 단기치료의 핵심적 특징은 치료를 시작할 때부터 종결을 염두에 두는 것이다. 이번 장에서 우리는 MBT-C 치료자가 종결 단계뿐 아니라 치료 전반에 걸쳐 종결에 대해 작업하는 방법을 설명하였다. 종결의 과정은 치료에서 얻은 이득을 공고하게 만들고 작별의 상황 속에서 성취한 것을 내재화하는 시간이다(Novick & Novick, 2005). 언제나 치료를 더 이어 갈 수 있지만, MBT-C의 목적은 아이와 부모에게 진정한 공감과 호기심의 씨앗을 심음으로써 치료 이후에도 삶의 기쁨과 도전을 마주할 수 있도록 충분한 '정서적 산소'를 제공하는 것이다.

## 제9장 MBT-C 사례연구

이번 장에서 우리는 6세의 입양아 Lulu와 24회기 동안(총 두 번의 블록) 진행한 치료사례를 제시할 것이다. 우리는 MBT-C의 과정을 설명하고 MBT-C의 치료자가 어떻게 정신화의 구조와 자세를 사용하여 정서를 공동 조절하고, 피드백을 건네며, 발달적 회복이 일어날 수 있도록 돕는지를 보여 주고자 한다. 이 사례는 아이 및 부모와의 작업을 보여 주며, 가족과의 작업에서 두 명의 치료자와 동료의 자문 사이의 상호작용이 기여한 부분에 대해서도 묘사할 것이다.

## 의뢰 사유 및 배경

중국에서 온 Lulu는 만 30개월에 Lulu보다 나이가 많은 두 명의 자녀를 둔 중년 부부에게 입양되었다. Lulu의 양부모인 S 부부는 Lulu의 요구가 그들의 한계를 시험하는 것 같다고 느꼈으며, 두 명의 자녀를 양육하면서 동시에 입양된 Lulu에게 적절한 지지를 해 주는 것에 지치고 무력감을 느낀다며 치료를 찾아왔다. 첫 전화 상담에서 Lulu의 엄마는 Lulu에게 도저히 다뤄지지 않을 것 같은 분노발작이 있으며, 그럼 때마다 자신에게 과도한 집착 행동을 보인다고 말했다. Lulu의 엄마는 대화의 초반부부터 Lulu를 어떻게 관리해야 할지 모르겠다며 울기 시작했다.

# 가족과의 평가회기

치료진은 한 명의 치료자를 Lulu에게, 또 한 명의 치료자를 부모에게 배정하여 두 명의 치료자가 함께 협력적으로 작업하기로 결정했다. 이는 아이와 가족의 문제가 복잡해 보였기 때문이며, 또한 두 명의 치료자가 함께 작업함으로써 서로 다른 시각을 공유하고, 의뢰 시 치료자에게 주어질 수 있는 책임과 압박감을 분산하기 위해서였다. 부모와의 첫 상담 후, 두 치료자는 가족 전체를 평가회기에 초대했다. 치료자들은 가족 구성원에게 각자 옆에 앉은 사람을 소개해 보도록 요구할 계획이었다. 하지만 실제 회기에서 이는 어려운 일처럼 보였고, 그 가족은 서로 상호작용하는 방식을 통해 그들이 치료에 오게 된 문제의 일부를 바로 보여 주기 시작했으며, 치료자는 다소 유연해질 필요가 있다는 것을 깨달았다. 다음은 첫 회기의 시작 부분을 부모와 작업하기로 한 치료자의 입장에서 적은 것이다.

가장 눈에 띄었던 것은 Lulu가 가족 내에서 특별한 위치를 차지한 채 계속 소리를 내며 엄마를 당겨서 엄마의 관심이 다른 사람을 향하지 못하고 오로지 자신에게만 향하도록 만든다는 점이었다. 회기는 모두가 앉을 자리를 선택하는 것으로 시작되었고, Lulu는 바로 즉시 "나는 엄마 옆에 앉을 거야!"라며 떼를 썼다. Lulu의 언니(8세)와 오빠(9세)도 모두 엄마 옆에 앉고 싶어 했기 때문에 다툼이 있는 것처럼 보였고, 이는 일상적으로 일어나는 일 같았다. 호기심을 가지고 엄마에게 세 아이 모두가 그녀의 무릎이나 바로 옆에 앉기를 바랄 때 어떤 느낌인지 물었지만, Lulu의 엄마는 바로 대답하지 않은 채 아이들에게 Lulu는 그동안 '엄마와의 시간'을 많이 가지지 못했다고 설명했다. 그렇기 때문에 Lulu에게 더 많은 관심을 주어야 하며, 다른 두 자녀들이 이를 이해하고 친절하게 대해 주기를 바란다고 Lulu의 엄마는 말했다.

Lulu의 엄마는 너무 많은 압박감을 받고 있는 듯 보였고, 그래서 나와 함께 상황에 대해 고민해 볼 여력이 없는 듯 보였다. Lulu의 남매들은 엄마에게 화가 난 듯 보였고, 그 상황을 견딜 수 없다고 느끼는 것 같았다. 나는 남매의 표정을 확인한 후 화가 난 것 같다고 이야기했고, 이어서 내 느낌이 맞는지 확인했다. 두 남매는 바로 즉시 항상 이런 식이라고 이야기하기 시작했다. Lulu는 항상 엄마를 원하지만, 엄마는 두 남매의 엄마이기도 했다! S 씨는 큰 두 아이를 데리고 나가서 밖에서 놀거나 특별한 활동을 함으로써 이 불균형을 해소해 보려고 했지만, 모두가 '그들의 섬에' 홀로 남겨진 것 같았다고 설명했다. Lulu의 두 남매도 동의하는 듯 보였다.

두 치료자는 각자의 경험에 대한 호기심을 가질 수 있는 공간을 만들기 위해 서로가 회기 중 방의 분위기를 어떻게 느꼈는지에 대해 치료자들끼리 소리를 내어 이야기를 나눴다. 두 치료자는 특히 아이들 사이의 상호작용에 주목했고, 서로가 가진 다른 관점에 귀를 기울이려고 애썼다. Lulu와 오빠는 모두 불안해하고 산만한 것 같았으며, 의자에 앉아 있지 못하고 계속 돌아다녔다. 부모의 치료자는 이를 알아차리고, 동료 치료자에게 평소처럼 가족 구성원이 서로를 위해 동물을 선택하는 활동보다 조금 더 활동적인 방향으로 회기의 형식을 바꾸는 것이 좋지 않을지에 대해 직접적으로 물었다. 아이의 치료자는 그녀 또한 아이들이 서로 상호작용하는 데 어려움을 겪고 있는 듯 보이는 것 같다고 대답하였으며, 이를 가족에게 물어서 확인한 후 다른 방법을 시도해 볼 수 있을지 물었다. 아이들은 흥미를 보이는 것 같았고, 부모는 안심하는 듯 보였다. 그 후 아이의 치료자는 아이들이 치료실 구석에 있는 드럼을 쳐다본다는 것을 알았다. 그녀는 그들에게 음악 활동을 한번 함께해 보지 않겠냐고 물었다. 아이들은 열광적인 반응을 보였고, 아이의 치료자는 미소를 짓고 놀이적인 태도를 보이며 대답했다. "그러면 연주를 시작해 볼까요?" 아이들은 호기심을 보이며 집중하기 시작했다. 바로 그 순간, 모두가 타악기를 하나씩 선택했다.

음악 연습은 보통 '나와 너, 우리가 함께하는 것'의 차이를 경험하면서도 조화를 강화시키기 위해 사용될 수 있다. 부모의 치료자가 리듬을 만들고, 다른 모두는 치료자를 따르며 참여하려고 했다. 치료자는 가족이 서로에게 주의를 기울이고 번갈아 가며 음악의 리듬과 방향을 결정하도록 함으로써 조화를 이루도록 도와주려고 했다. 치료자는 크게, 부드럽게, 또 빠르고 느리게 연주해 보기도 했다. 그리고 가족 중 한 명에게 리듬을 연주하도록 요청하고, 다른 사람들에게는 이를 따라가도록 요청했다. 누구는 어떻게 따라가지? 누구는 어떻게 리드를 하지? 가족 중 누가 따라가지? 치료자들은 그들이 다른 사람들이 따라갈 수 있는 리듬을 연주하는지, 예컨대 너무 어렵게 리듬을 만들지는 않는지에 주의를 기울였다. 이들이 다른 사람들이 따라할 수 있는지 없는지에 대해 생각할 수 있을까? 이 가족이 서로에게 묵시적 수준에서 정신화할 수 있으며, 이를 통하여 이 협력과제에 잘 참여하고 있을까?

Lulu의 어머니가 기본 리듬을 연주하고 이끌며 열심히 참여했을 때, 이 엄마와 아이들에게 일어난 일은 놀라웠다. 이후 이에 대해 이야기할 때, 그들은 치료자에게 Lulu의 어머니가 대부분의 시간 동안 연주를 주도한 것이 가족에게 굉장히 새로운 경험이었다고 설명했다. 아이들은 함께 즐거워했던 것 같았다. 치료실 내의 분위기는 적대적인 것에서 협력 및 상호 조절, 그리고 집중하는 분위기로 바뀌었다. Lulu는 그 나이에 어울리는 태도로 자신은 주도할 용기가 없다는 걱정 어린 표정을 보이고 있었다. Lulu에게 리듬을 연주해 보도록 요청했을 때, Lulu는 자신은 감히 할 수 없다고 했다. 아이의 치료자는 Lulu의 나이를 생각하면서 언니와 오빠가 할 수 있는 것을 할 수 없을 때 Lulu가 얼마나 자주 좌절감을 느꼈을지 이야기했다. Lulu의 언니와 오빠는 이 말을 들을 수 있었고, 이에 대한 질문을 받자 자신들도 어렸을 때 남들이 쉽게 할 수 있는 일을 하지 못해 좌절하거나 부끄러워했던 경험이 있었다는 예를 이야기했다. 이 활동 동안 치료자는 이 가족의 강점을 관찰할 수 있었고, 이 점에 대해 터놓고 이야기했다. 치료자는 Lulu의 언니와 오빠가 잠시 동안 Lulu를 '괴물'이 아닌 불안해하는 어린 소녀로 보는 것 같다고 소리를 내어 이야기했으며, 이것이 회기 동안 그들의 상호작용에 미친 영향에 대해서도 말했다. 치료자는 계속해서 Lulu의 언니와 오빠가 유연하고 호기심이 많으며 새로운 생각과 활동에 개방적인 것 같다고 말했다. 그녀는 아이들이 전반적인 발달과정 속에서 지지와 관심을 받아 왔다는 좋은 지표를 발견했으며, 이는 Lulu 및 남매에게 잠재적인 보호요소가 될 수 있을 것이라고 생각했다.

## 부모와의 평가회기

첫 회기에서 Lulu의 부모는 두 자녀를 키우면서 큰 기쁨을 느꼈기에 도움이 필요한 아이에게 가족이 되어 주고 싶은 마음으로 Lulu를 입양했다고 치료자에게 말했다. 그들은 이어서 Lulu가 가진 두 남매에 대한 극도의 경쟁심과 질투심에 대해 자신들이 얼마나 준비되어 있지 않았고 또 압도당했는지를 설명했다. 그들은 언니와 오빠의 물건을 훔치고 이를 '저장하는' LuLu의 행동으로 인해 스트레스를 받아 왔다. 그들은 Lulu가 부정적인 자아상을 가지고 있는 것과 학교 및 동네에 친구가 없이 고립되어 있는 것에 대해 걱정하고 있었다. 게다가 그들은 Lulu가 학교의 다른 친구나 남매들에게 통제적으로 굴면서 무신경한 태도를 보일 때가 많다고 했다. 이로 인하여 Lulu는 또래 친구에게 인기가 없고 거절을 자주 당했으며, 남매와도 갈등이 생겼다고 설명했다.

Lulu의 부모와의 회기에서 부모는 여섯 살 딸을 기르면서 동시에 다른 두 아이를 돌보려는 노력 속에서 경험한 좌절감, 무력감 및 외로움을 이야기했다. 부모의 치료자는 그들이 꿈꾸었을 행복한 가정에 대해 이야기함으로써 그들의 감정을 수용하고 자연스러운 것으로 이해해 주려고 했으며, 그뿐만 아니라 그들이 느끼는 슬픔과 좌절 역시 현재의 상황에서는 이해할 수 있으며 이상한 것이 아니라고 이야기했다. 치료자는 또한 아이를 양육한 부모가 입양의 과정에서 겪을 수 있는 보통의 경험에 대해서도 이야기했다. 덧붙여서 치료자는 Lulu가 아직 어리고 발달 중이라는 점을 강조함으로써 약간의 현실적인 희망을 전달하고자 했다. 치료자는 Lulu와 가족의 장점에 집중했고, Lulu의 행동 및 현재의 Lulu에게 영향을 미쳤을 LuLu의 과거 경험에 대해 부모가 진실한 관심과 호기심을 가지고 있다는 것에 초점을 맞췄다.

치료자는 가족회기를 촬영했기 때문에 부모에게 첫 5분을 살펴보고 그때 일어난 일에 대한 생각과 감정을 이야기해 보자고 했다. 부모는 다른 두 남매에게 Lulu가 더 많은 '엄마와의 시간'을 갖는 것이 어떤 의미로 느껴질지 생각해 볼 수 있었고, 이것이 어떻게 가족역동에 영향을 미치는지에 대해서 고민해 볼 수 있었다. Lulu의 어머니는 왜 자신이 Lulu에게 항상 곁을 내주어야 한다고 느끼는지 생각해 보았다. 그녀는 입양에 대한 크고 막중한 책임감을 느끼고 있으며, Lulu를 행복하게 만들어서 입양이 성공적이라는 느낌을 받고자 하는 마음이 절실하다고 했다. 그러나 동시에 자신이 Lulu의 정서적인 요구나 다른 요구에 소진되어 다른 두 아이를 '어느 정도는 방임'하는 것 같았으며, 이로 인해 죄책감을 느꼈다고 했다. Lulu의 아버지는 Lulu를 '우리집의 여왕'이라고 부르며, Lulu가 가족의 일상적인 생활을 완전히 통제한다고 말했다.

Lulu의 어머니는 자신이 지친 것 같다는 결론을 내렸고, Lulu의 아버지는 이 일이 아내에게 얼마나 힘들지 이해할 수는 있지만, 어쩔 수 없이 자신도 소외되는 느낌을 받았다고 덧붙였다. 그들이 이런 감정에 압도된 상황에서 성찰하거나 정신화하는 것은 어려웠다. 그럼에도 불구하고 치료자가 이런 감정을 이해하고 지지했을 때, 그들은 아이의 행동 이면에 있는 요구와 소망에 대해 탐색을 시작할 수 있었다. 그런 순간에 그들이 보인 명시적 정신화의 수준은 높았다. 그들은 친자녀들이 느꼈을 소외된 느낌에 대해 성찰해 볼 수 있었을 뿐만 아니라, 형제자매들 사이의 경쟁은 대부분의 가정에서 흔한 일이라는 치료자의 정상화 시도 역시 받아들일 수 있었다. 이는 감정과 인지 사이에서 균형을 잡을 수 있는 문을 열어 주었고, 그들은 대화 속에서 아이를 지지하기 위한 새로운 생각을 떠올렸다.

그와 동시에 부모는 Lulu에게는 부모를 언니, 오빠와 공유해야 한다는 자연스러운 좌절감을 받아들일 능력이 없다는 것에 대해서도 성찰해 볼 수 있었다. 치료자는 아마도 Lulu는 자신이 아직 가족의 완전한 구성원이 아니라고 느끼고 있을 것이며, 그렇기 때문에 '영원한 가족'이 될 것이라는 점을 지속적으로 안심시켜 줄 필요가 있을 것 같다고 했다. Lulu의 아버지는 Lulu가 집에서뿐만 아니라 인종적 배경으로 인한 외모의 차이 때문에 학교에서도 비슷한 느낌을 받았을 가능성을 생각했다. 치료자는 Lulu가 '외딴 섬'에 있는 것 같은 느낌을 덜 받고 그 대신에 온 가족이 같은 섬에 함께 사는 것 같은 느낌을 갖도록 하기 위해 가족이 지지할 수 있는 방법이 있을지를 함께 생각해 보자고 했다.

치료자와 부모는 때로는 예상치 못하고 부적절한 방식으로 표현되기도 하는 Lulu의 분노를 여러 가지 방법으로 이해해 보려고 노력했다. 이 과정에서의 목적은 Lulu의 행동에 대한 '진짜' 의미를 찾는 것이 아니라 (분노처럼) 같은 행동이라도 여러 가지 방식으로 이해될 수 있다는 것을 소개하는 것이었다. 치료자는 부모에게 Lulu의 마음에 대한 호기심을 가지도록 하기 위해 Lulu의 초기 발달과정에 대해 물었다. 부모가 Lulu를 입양했을 때, 그들은 Lulu의 어린 시절 및 가족력에 대한 많은 정보를 받지 못했다고 했다. S 부부는 Lulu가 그녀의 친부모로부터 시장에 버려졌으며, 한 여성에 의해 운영되는 사설 고아원에서 다른 아이들과 함께 살았다는 이야기를 들었다고 했다. 입양 당시 Lulu는 과체중이었기 때문에 부모는 그 여성이 아이를 달래고 조용히 시키기 위해 음식을 주었을 것이라고 의심했다. 입양 후 처음부터 Lulu는 심각하게 공격적인 분노발작을 보였으며, 다른 아이들과 연결되지 못하는 것처럼 보였고, 또한 정상적인 식사 패턴을 발달시키지 못한 것 같았다고 했다.

부모가 자신의 관계에 대한 과거를 돌아보는 것 역시 도움이 되는 경우가 많다. 여기에서의 목적은 부모의 마음성찰 능력을 평가하는 것뿐만 아니라 부모로 하여금 자신의 과거 관계경험이 아이의 행동에 반응하고 이를 다루는 데 어떻게 영향을 미쳤는지를 살펴볼 수 있는 기회를 가지는 것이다. Lulu의 아버지는 외동아들이었으며, 이 경험이 항상 관심을 원하는 세 자녀가 있는 지금의 대가족 안에서의 갈등과 생활을 다루는 데 어려움을 겪는 것과 연관이 있을 것 같다고 생각했다. 반면에 Lulu의 어머니는 네 명의 형제자매가 있는 대가족에서 자랐으며, 그렇기 때문에 갈등과 혼란을 다루는 것이 익숙하다고 했다. Lulu의 아버지는 때때로 아내가 가족 내의 이런 혼란스러운 상태를 정상적인 것으로 여기는 것 같은 느낌을 받기도 했다고 말했다. 그들은 서로 다른 과거 경험이 현재 상황을 바라보는 관점과 서로 이해하고 소통하는 방식에 어떻게 영향을 미쳤는지에 대해 함께 돌아볼 수 있었다.

두 사람이 느껴 온 좌절감에도 불구하고 그들은 여전히 자녀들, 특히 Lulu에 대해 이야기할 때에는 선하고 관대한 태도를 보였다. 또한 그들은 치료자가 부모로서의 자신을 돌아보도록 유도하거나 놀이적인 태도로 이를 언급할 때 이에 대해 굉장한 호기심을 보이며 반응할 수 있었다. 이러한 모든 특성으로 인해 치료자는 그들의 마음성찰 능력이 상당히 발달했다는 인상을 처음부터 가지게 되었다. 부모 평가의 마지막에, 치료자는 치료의 목표로서 부모의 요구나 바라는 것이 무엇인지 물었다. 부모는 세 자녀를 위해 더 건강한 분위기를 조성하는 것에 집중하고, 가족으로서 더 통합된 느낌 속에서 세 자녀가 서로를 존중하면서도 자신을 표현할 수 있도록 하기 위한 치료가 되기를 바란다고 말했다.

치료자들은 Lulu의 부모에게 세 자녀가 서로 지지하면서도 함께 놀며 즐길 수 있는 활동을 소개하는 것으로 이 회기를 마쳤다. 목표는 Lulu가 언니, 오빠와 긍정적인 방식으로 연결되었다고 생각하고, 뭔가를 시도할 수 있을 만큼 안전하다고 느끼며, 도움을 요청하는 방법을 배우고, 소속감을 느끼도록 돕는 것이었다. 부모는 크리스마스에 가족을 위해 세 개의 컨트롤러가 있는 비디오 게임 콘솔을 구입하기로 했다. 또한 매주 일요일에는 근처 볼링장에 가 보기로 결정했다.

# 아이와의 평가회기

다음은 Lulu와의 첫 평가회기의 시작 부분에 대해 치료자가 적은 것이다.

> Lulu와 신뢰를 형성하는 것은 쉽지 않았다. Lulu는 정신화하는 것을 거부하는 것 같았으며, 자신의 문제에 이름을 붙이는 것에도 저항했다. 초기에 Lulu는 나와의 (언어적 또는 비언어적) 어떤 접촉에도 개방적이지 않았다. Lulu는 구석에서 나에게 등을 보인 채 앉아서 평가회기를 시작했다. 나는 Lulu가 안전에 대해 걱정하며, 내가 자신을 해치거나 배신할 누군가로 변할까 봐 염려하는지도 모른다고 생각했다. 나는 Lulu에게 내가 기다릴 수 있다는 것을 보여 주기로 했다. 나는 미소를 짓고 손으로 가볍게 모래를 만지는 놀이를 했고, Lulu가 치료실을 조용히 둘러보며 호기심을 보이는 것을 보았다. 나는 Lulu가 바라보는 것들의 이름을 말해 주고, "음, 맞아, 저것들은 내 차들이야. 어떤 차는 빠른데 어떤 차는 느리지."라며 짧은 이야기를 덧붙였다. Lulu는 수줍은 미소를 보이기 시작했다.

치료자가 보기에 Lulu는 나이에 비해 훨씬 과하게 각성되어 있고 안절부절못하는 것으로 보였다. 그로 인해 Lulu의 놀이할 수 있는 능력이 억제되어 있는 것 같았다. 하지만 Lulu는 조금 도움을 받자 감정을 인지하고 이름을 붙일 수 있었으며, 이는 정신화에 필요한 기반블록(building block)를 일부 갖추고 있음을 시사했다. 얼굴표정이 그려진 감정표를 볼 때 Lulu는 대부분의 감정을 알아차리고 이름을 댈 수 있었지만, 슬프거나 분노를 느꼈던 시간이나 상황을 떠올릴 수는 없었으며, 또한 회기에서 치료자와 상호작용 속에서 떠오르는 감정에 대해서도 인지하지 못하는 것 같았다. 예를 들어, 치료자가 슬프거나 화가 나게 만들었던 상황의 예를 들어 달라고 했을 때 Lulu는 이를 해내지 못했으며, 심지어 회기 중에 치료자에게 꽤 화가 났을 때조차도 이를 전혀 인지하지 못하는 것 같았다. 치료자가 표정 변화를 언급하며 조금 화가 났는지 물었을 때 Lulu는 어깨를 으쓱하며 그 생각을 거부했으며, 화가 나지 않았고, 또 화라는 감정은 자신에게 문제가 되지 않는다며 권위적이고 단정적인 목소리로 말했다. 이어진 평가회기에서 치료자는 Lulu가 신체적으로도 편안하지 않다는 것을 알아차렸다. Lulu는 손을 내민 채 쭈뼛하게 있었으며, 회기 중 항상 배고파하며 뭔가 먹기를 원했다. Lulu는 매우 긴장한 모습을 보였는데, 특히 치료자의 말이나 행동으로 안전이 위협받는다고 느낄 때 그랬으며, 이런 일이 자주 있었다.

치료자는 가족소개 활동을 소개하며, Lulu에게 각각 가족 구성원을 표현하는 조개를 골라 보도록 요청했다. Lulu는 세 명의 엄마를 위해 세 개의 조개를 골랐고, 큰 의미는 없다는 태도로 중국에는 자신을 낳아 준 친모와 고아원의 엄마가 있고, 지금 사는 나라에 현재 엄마가 있다고 설명했다. 치료자가 이 '엄마 조개들'을 어디에 두고 싶은지 묻자, Lulu는 모르겠다고 했다. Lulu는 세 조개 모두를 자신을 표현하는 조개의 옆에 두고 싶어 했다. 그동안, 언니와 오빠 조개는 치료실 구석에 놓여 있었다. Lulu는 그들과 탁자를 공유하고 싶어 하지 않았다. Lulu는 '아빠 조개'는 하나만 선택했고, 이는 자신을 입양한 아빠를 상징했다. 이 이야기를 만드는 동안 어떤 느낌이었는지 물었을 때, Lulu는 마치 그 질문이 그녀에게 아무 의미가 없거나 이해가 되지 않는다는 듯이 대답 없이 치료자를 쳐다봤다.

Lulu는 특별히 뭔가를 가지고 놀지는 않았다. Lulu는 안절부절못하며 치료실 내의 모든 것을 만지고, 계속해서 치료실 밖으로 나가고 싶어 하고, 복도를 뛰기도 했다. 이는 외부의 자극에 과하게 각성된 상태로 반응하는 것처럼 보였으며, 아직 신뢰관계가 형성되지 않은 사람과 같은 방에 있다는 것에 의해 증폭된 내면의 불안감에 영향을 받는 듯했다. 치료자는 일어난 상황에 대해 성찰해 본 후, 모르는 사람과 함께 방 안에 있다는 것만으로 Lulu가 괴로움을 느낀다는 사실에 우선 집중해 보기로 했다. 치료자는 Lulu가 치료실에서 잘 모르고 믿을 수 없는 사람과 함께 있는 것이 얼마나 어려운지를 보여 주는 것 같다고 이야기했다. Lulu는 조금 안정되는 것처럼 보였고, 치료자는 Lulu가 모르는 사람과 새로운 장소에 함께 있는 것에 대해 가지는 불편감이나 복잡한 감정에 대해 그림이나 음악을 통해 표현할 수 있을지 궁금하다고 했다. Lulu는 그림 그리기를 원했고, 아직 땅속에 묻혀 있는 아름다운 꽃을 그리며, 이 꽃이 자신이 입양된 나라의 국화라고 말했다. 이후 Lulu

는 비행기를 그렸다. 치료자는 그림에 대해 가벼운 말투로 작은 꽃이 아직 땅 속에 있지만 비행기를 타고 새로운 곳으로 날아간 후 아름다운 꽃이 되기를 기다리는 것 같다고 이야기했다.

## 평가 내용을 공유하며 중점과제를 개념화하기

개별회기 및 기타 다양한 표준화된 평가의 결과를 고려했을 때, Lulu는 반응성 애착장애의 진단기준을 충족했고, 또한 주의력결핍 과잉행동장애(Attention-Deficit/ Hyperactivity Disorder: ADHD) 증상이 있었다. 아이의 치료자는 이 증상이 애착문제의 일부인지 혹은 태아-알코올증후군과 같은 양부모가 알지 못하는 이유로 인한 신경학적 영향일지에 대해 동료와 논의했다. 아이의 치료자는 Lulu의 삶에서 외상적 상실의 기간과 심각도가 현재 문제에 중요한 역할을 한다고 생각했다. 하지만 Lulu가 무분별하게 모든 사람에게 애정을 찾으려고 하기보다 양부모에게 애착을 키우고 있다는 사실(특히 기분이 안 좋을 때 엄마에게 안아 달라고 하고 애정을 구하며 위로를 구하는 점)은 Lulu의 회복탄력성을 보여 주는 근거로 여겨졌다. 명시적 정신화 자체보다는 정신화를 위한 기반요소를 마련하는 데 집중을 해야겠지만, Lulu에게 MBT-C는 도움이 될 것 같았다. 부모는 단 세 번의 평가회기를 통해서도 가족역동에 대한 이해도가 높아지는 모습을 보여 주었으며, 치료진은 추가적인 MBT를 통해 이 부모가 도움을 받을 수 있을 것이라는 인상을 받았다. 두 치료자는 피드백 회기에서 Lulu와 부모에게 MBT-C에 대해 이야기했다. 이들은 가족에게 MBT-C에 대한 일반적인 설명과 그 근거, 그리고 이 치료가 가족 및 특히 Lulu의 요구와 어떻게 연관되는지에 대해 이야기했다. 가족은 이를 받아들였고, 치료자는 치료의 구조(날짜, 시간, 빈도)에 대한 기본적인 계약을 마친 후, 치료개입 과정의 첫 번째 단계로 중점과제 개념화에 대해 소개했다.

Lulu 및 부모와 중점과제 개념화를 시도할 때 Lulu는 많은 말을 하지 않았다. Lulu는 혼자 남겨지기를 원하는 듯한 인상이었고, 여전히 도움에 대한 소망이나 바람을 표현하지 않았다. 치료자는 감정이나 소망, 생각을 공유하기보다 관계에서 뒤로 물러서서 자기 속으로 철수하는 것이 Lulu가 가진 일반적인 관계패턴이며, 이는 마음을 공유하는 경험을 많이 가지지 못했기 때문이라고 생각했다. 평가 회기 동안 Lulu의 행동을 바탕으로 아이의 치료자는 Lulu가 세상을 안전하지 않은 곳이라고 생각하고 있는 점, 또한 어른들이 자신을 믿고 맞춰 주거나 기꺼이 자신의 이야기를 듣고 이해해 줄 것에 대한 믿음이 거의 없다는 점에 대한 인상을 개념화했다. 어른들은 Lulu의 수동적인 반응을 보며 통제하려고 시도했을 것이며, Lulu는 이를 자신의 바람이나 요구를 인정해 주지 않는다고 해석했을 것이고, 이를 통해 어른들은 자신의 생각이나 감정에 관심이 없다는 믿음을 강화시켰을 것이었다.

Lulu의 부모는 꽃 그림을 보고 기뻐했으며, Lulu도 작고 예쁜 꽃 같다고 말했다. 하지만 Lulu는 화를 내며 자신은 절대 꽃이 아니라고 말했다! Lulu는 마치 자신이 조롱을 당했다고 느끼는 것 같았고, 부모가 진심으로 칭찬을 하고 그림을 통해 자신을 이해하며 '날카로운 가시'에도 불구하고 자신을 사랑한다는 것을 믿지 못하는 것처럼 보였다. 부모는 이에 대해 놀이처럼 반응하면서도 진지한 모습을 보였고, Lulu는 언제나 먹기를 원하는 '애벌레'일 수도 있고, 분노나 두려움, 슬픔의 고치 속에 있기 때문에 다른 사람이 가장 필요한 순간에 그들을 만날 수 없으며, 그렇지만 Lulu 안에는 아름답고 다채로운 나비가 있다고 믿는다고 말했다. 부모는 또한 이 치료를 통해 Lulu가 아름다운 나비가 되기를 바라며, 큰 분노의 감정을 다루는 법을 배우고, 다른 사람과 더 연결된 느낌 속에서 노는 법을 연습하며, 마침내 고치를 떠날 수 있는 법을 배우기를 바란다고 이야기했다. 이때 부모와 Lulu, 치료자 사이에는 마음이 열리는 느낌과 확신의 느낌이 있었다. 치료자는 이것이 도움이 되며, 희망적이라고 경험했다. 부모는 Lulu에게 그들 역시 좋은 부모가 되는 방법을 배울 필요가 있다고 설명했다. 부모와 치료자는 '애벌레의 여정'이 치료를 위한 중점과제 개념화가 될 수 있지 않겠냐는 이야기를 나눴다. Lulu는 좋다고 이야기했고, 작은 미소를 보이기도 했다.

## 초기 단계

치료자와 Lulu는 MBT-C 첫 번째 회기에서 중점과제 개념화를 통해 함께 집중하고 싶은 것을 정하는 것으로 시작하였다. 이는 중점과제를 더욱 분명히 하고 Lulu가 주도한다는 느낌을 높이기 위해서였다. 두 사람은 클레이로 애벌레를 만들었다. 클레이를 가지고 노는 동안 Lulu는 화가 난 얼굴이었다. 치료자는 Lulu의 몸짓, 표정, 긴장이 고조되는 순간을 관찰하며, 비언어적 의사소통을 더 잘 이해하기 위해 노력했다. 치료자는 클레이를 가지고 노는 동안 Lulu가 지시들을 잘 따라오는 것 같다고 가볍게 놀이하듯 언급했지만, 사실 Lulu가 이를 즐기고 있는지, 그리고 Lulu의 신체와 표정이 그렇게 말하고 있는지 확신하지 못했다. 치료자는 자신이 맞게 본 것인지 확인했지만 Lulu는 치료자를 무시했고, Lulu는 치료자는 물론 자신과도 단절된 듯 보였다. 첫 번째 회기가 끝나 갈 때, Lulu는 갑자기 원숭이 인형을 들더니 이를 벽에다 던지며 이전과는 다른 목소리로 "너는 죽어 버려야 해!"라고 말했다. 그리고 Lulu는 치료자를 도전적으로 쳐다보며, "무슨 말이 하고 싶으세요?"라고 묻는 것 같았다. 치료자는 이 순간이 Lulu가 처음으로 진정성 있는 감정과 행동을 보여 주는 순간이라고 느꼈다. 치료자는 "원숭아, 네가 무슨 짓을 했는지는 모르겠는데, 내가 보기에 Lulu는 너를 좋아하지 않고 네가 사라지기를 바라는 것 같아!"라고 말했다. 그리고 주의를 Lulu에게 돌리며, "선생님은 네가 왜 원숭이가 죽기를 바랐고 또 왜 그런 큰 감정을 가지게 되었는지 정말로 이해해 보고 싶어!"라고 말했다. (아마도 장난감이 느꼈을 감정에 대해 이야기함으로써) 치료자가 가까스로 그녀와 접촉하는 데 성공했는지 Lulu의 몸과 얼굴이 편해진 것처럼 보였고, 이어서 Lulu가 표현한 감정적 경험이 궁금하다는 이야기를 비판단적이고 호기심 어린 목소리로 전달했다.

첫 회기가 끝난 후, 치료자는 치료에서 조금 더 활동적인 놀이를 통해 Lulu가 자신의 충동을 따르면서 신체활동을 통해 감정을 표현해 보고, 또 자신이 가진 '큰 감정'을 자유롭게 표현해 볼 수 있는 공간을 가져 보기로 했다. 신체활동에 더 집중하는 것은 Lulu에게 공동주의력이나 어느 정도의 정서조절 능력과 같은 정신화의 기반요소를 개발하는 데 도움이 될 것 같았다. 그래서 치료자는 놀이치료실에 특별한 구역을 만들었고, 매트리스와 베개, 커튼, 짐볼, 권투 재료 및 기타 재료를 준비해서 조금 더 운동적이고 감각적인 탐험으로 초대했다. Lulu는 이 놀이기구를 열정적으로 사용했지만, 동시에 자신과 치료자가 가진 치료의 경계를 끊임없이 테스트했다. 예를 들어, 그 구역에는 신발을 신고 들어갈 수 없다는 규칙이 있었지만, 처음에 Lulu는 신발을 벗는 것을 완전히 거부했다. 게다가 Lulu는 커다란 매트리스 더미를 기어 올라가는 것으로 회기를 시작하고, 꼭대기에 앉거나 미끄러져 내려오기도 했다. 치료자는 자신이 어느새 안전을 지키기 위해 Lulu에게 끊임없이 치료실에서는 신발을 벗어야 한다는 것을 상기시키는 위치에 있다는 것을 알았고, Lulu가 기어 올라간 매트리스 더미에서 내려오게 만들고 있다는 것을 깨달았다. Lulu를 관찰했을 때, Lulu는 무모하게 행동으로 옮기는 성향을 보이며 마치 자신을 돌보지 않는 것처럼 보였다. Lulu는 이전에 시도했던 것처럼 치료실에서 나가고 싶어 하는 경우가 많았으며, 치료자는 Lulu가 이미 회기 동안 치료실 안에 있는 것에 동의했다는 것을 단호하게 이야기해야만 했다. 치료자는 Lulu가 물리적 경계를 시험하고 치료자가 얼마나 Lulu를 지켜 줄 수 있는지 능력을 시험해 보고 싶어 한다는 것을 이야기해 주려 했으며, 동시에 Lulu에 대해 계속 생각하면서도 놀이를 지배하지 않도록 애를 써야 했다.

치료팀의 슈퍼비전에서 이 치료자는 Lulu의 안전을 유지하면서도 경찰처럼 되지 않도록 균형을 잡는 방법을 '생각해 볼 과제'로 제시했다. 슈퍼비전의 팀원들은 이 일이 일어났을 때 치료자의 감정을 궁금해했으며, 치료자는 이 문제에 대해 짜증이 나고 좌절감을 느꼈음을 이야기했고, Lulu의 반항적인 모험을 멈추기 위해 억압하는 방식의 행동전략을 취하고 싶은 느낌이 있었다고 이야기했다. 치료자는 이에 대해 이야기하는 동안 이런 도전이 계속될 때 정신화를 유지하는 것이 얼마나 어려운지 깨달았다. 치료자는 Lulu의 행동에 짜증과 불안을 느꼈다. 이후 치료진은 치료자에게 Lulu의 경험에 대해 상상해 보자고 했다. "Lulu는 그런 행동을 통해 무엇을 말하거나 요청하고 있을까요?" 치료자는 Lulu의 질문이 아마도 "내가 위험할 때 당신은 어떻게 할 것인가요? 나를 돌봐 줄 것인가요? 정말 나를 보살필 건가요?"와 같은 것일 거라고 생각했다. MBT-C 치료진은 Lulu가 전-정신화적 수준에서 기능하고 있는 것 같은 느낌에 대해 고민했고, Lulu가 치료자로부터 자신의 안전을 유지해 줄 것인지, 자신의 예측대로 반응하는지, 또한 자신의 파괴 시도에도 치료자가 살아남을 수 있는지에 대한 증거를 지속적으로 찾으려 하는 것 같다고 했다. 치료자가 정신화적 태도보다 행동화 수준에 끌리며 실제적인 물리적 조치를 하려고 했던 이유를 이해하는 것은 어렵지는 않았다. 다시 '생각해 볼 과제'로 돌아가서, 치료자는 Lulu에게 안전을 위해 적극적으로 개입하는 것을 보여 주는 것이 중요하다는 점을 생각하면서도 동시에 Lulu가 불안 및 관계에 대한 불신으로 인해 전-정신화 상태에서 기능한다는 것을 기억할 필요가 있겠다고 생각했다. 이를 염두에 두는 것은 치료자에게 주어진 Lulu의 요구를 다루는 데 도움이 될 것이다.

치료가 중간 단계로 넘어가면서 Lulu와 MBT-C 치료자는 뭔가를 시도해 볼 만큼 안전하고, Lulu가 통제되면서도 돌봄을 받고 안전을 보장받는다고 느끼며, 치료자를 자신의 행동뿐만 아니라 내면에 일어나는 것에 대해서도 관심을 보이는 한 사람으로 신뢰할 수 있는 함께할 수 있는 공간을 만들고자 했다. Lulu의 치료자는 Lulu의 행동을 가까이에서 따라가며, 그 행동에 대한 자신의 경험을 소리 내어 이야기했다. 예를 들어, 치료자는 Lulu가 떨어질까 봐 두려워하는 마음을 이야기하고, Lulu가 이런 신체적 위험을 무릅쓸 때 어떤 느낌일지 궁금하다고 말했다. 치료자가 이런 말들을 할 때, Lulu는 점차 놀이를 멈추고 이야기를 들으려고 하는 순간이 늘어났다. Lulu는 조금 더 참여하기 시작했고, Lulu의 자세나 활동의 정도, 활동 중간에 기꺼이 치료자를 만나려고 하는 모습에서 그 근거가 나타났다. Lulu의 치료자는 회기 내에 있었던 사건을 순서대로 소리 내어 되짚어 보며, Lulu의 행동 및 반응에 대해 자신이 느낀 불안이나 이완된 느낌을 이야기해 보기도 했다. Lulu는 도움을 받는다는 느낌과 자기가 주도하고 있다는 느낌을 가지는 것 같았고, 자기에 대한 긍정적인 이미지를 보이기 시작했다. 치료자는 Lulu가 '나는 상황에 영향을 미칠 수 있고, 내 감정은 중요하며, 나는 관심을 받을 가치가 있고, 내 행동은 다른 사람에게 영향을 미친다.'라는 것을 느끼고 알아 가기 시작했다고 생각했다.

이어지는 회기에서 Lulu는 뺨을 때리거나 큰 짐볼로 덮치는 등 다양한 방법으로 원숭이를 반복해서 죽였으며, 소리를 지르며 원숭이는 죽어야만 한다고 했다. 치료자는 무슨 일이 일어나는지 관찰하며 언급했고, Lulu의 분노를 받아 주며 단순하게 서술했다. 치료자는 이 활동이 Lulu로 하여금 자신을 신체활동의 주체로 경험하고, 원숭이를 향한 분노와 파괴성을 안전한 방법으로 표현하면서도 지지적인 존재로서 치료자가 함께 있는 환경을 받아들이도록 도울 것이라고 생각했다. 치료자는 관찰하는 것을 서술하고 이를 Lulu 내면에 일어난다고 생각되는 것과 연결함으로써 Lulu를 도우려고 했다. Lulu에게는 자신의 신체 전부를 사용해서 원숭이

를 파괴할 수 있다는 것이 중요해 보였다. 이는 마치 Lulu가 자신 내면에 있는 깊은 분노를 표현하는 것 같았고, 치료자는 Lulu가 이것을 관계 속에서 표현할 수 있는 것, 그리고 동시에 이것이 마치 자신이 정말로 원숭이를 죽이는 실제 사실로 여겨지지 않으며 이를 누군가가 견뎌 준다는 것을 경험하는 것이 중요할 것이라고 생각했다. 이는 Lulu가 내적 현실을 표현하는 것으로 볼 수 있었으며, 원숭이를 죽이는 '척하는 것'은 괜찮기 때문에 이를 통해 자신을 표현하는 것 같았다.

치료자는 Lulu가 연기하는 살인 장면 등에 대해 비-판단적 태도를 유지하기 위해 애썼다. 때때로 치료자는 원숭이가 어떤 느낌일지에 대해 생각한 것을 표현하기도 했다. "아, 아파요. 우와. 나는 아픔을 느낄 수 있네요. 나는 무서워요. 저 사람이 나를 파괴하려고 해요. 저 사람은 내가 죽기를 바라는데, 나는 이유를 모르겠어요." 이런 식으로 치료자는 원숭이의 감정에 이름을 붙여 보려고 했고, Lulu의 놀이를 이해하면서 Lulu가 자신의 감정에 대한 표상을 만들고 언어를 찾는 것을 도우려고 했다. 하지만 Lulu는 이를 무시했다. 그러자 치료자는 목소리를 바꿔서 Lulu의 표현을 반영함으로써 Lulu가 느끼는 흥분된 감정 어조에 맞춰 보려고 노력했다. "맞아, Lulu는 굉장한 힘이 있어! Lulu는 정말 강해." 치료자는 Lulu의 주도적인 부분을 장려하면서도 동시에 상호성을 촉진하며 정서적인 조절과 정서에 대한 피드백이 존재하는 환경을 마련하고자 노력했다. 이를 위해 치료자는 Lulu의 놀이에 대해 티가 나면서도 조건적인 방법으로 반영하려고 노력했고, 지금-여기 수준에서 말을 통해 직접적으로 반응하면서, 동시에 비언어적 의사소통을 시도했다. 이 모든 것은 보다 명시적 정신화 능력을 발달시키기 위한 기반요소라고 할 수 있었다.

공격성을 표현하는 아이와의 치료는 치료자의 정신화 능력에 영향을 미치는 경우가 많다. 동료로부터의 자문은 이런 상황에서 정말 유용하다. Lulu의 치료자는 치료팀의 회의에서 원숭이를 '죽이는' Lulu의 공격성을 바라보는 동안 자신이 얼마나 불안했는지를 표현했다. Lulu의 치료자는 때때로 치료실 내에서 지금-여기에 머무르고 생각하는 데 어려움을 겪었으며, 자신이 Lulu와 그 가족에게 충분히 해 주지 못한다는 염려를 느낀다고 했다. 그러자 부모의 치료자는 Lulu의 부모로부터 Lulu의 공격성을 조절하는 능력이 학교와 집 모두에서 좋아졌다는 이야기를 들었다고 했다. 그들이 잘하고 있다는 이런 표시는 아이의 치료자가 치료과정에 대한 믿음을 회복하도록 도우며, Lulu의 공격적인 행동을 마주할 때에도 그 순간에 침착하게 대처하며 생각할 수 있도록 돕는다. 게다가 치료자는 Lulu가 단순히 잔인함이나 가학성을 표현하는 것이 아니라, 거절의 경험과 자신 내부의 두렵고 괴로운 부분에 대한 증오를 표현하는 것일 수도 있다는 인상을 얻을 수 있었다.

다섯 번의 회기 이후, Lulu는 원숭이를 집어 자신의 곰 인형 옆에 눕혔고, 그들 위에 작은 담요를 덮어 주었다. 치료자는 곰 인형에게 "무슨 일일까? Lulu가 오늘은 달라 보인다. Lulu가 오늘은 정말 부드럽고 조심스러워."라고 이야기했다.

Lulu는 치료자의 질문을 듣고 곰 인형의 무거운 목소리로, "맞아. 내가 Lulu에게 오늘 원숭이가 피곤한 것 같고, 나도 피곤해서 오늘 하루는 쉬어야겠다고 이야기했어."라고 대답했다.

치료자는 곰 인형에게 설명해 주어서 고맙다고 이야기하며, 원숭이가 피곤하다는 것을 어떻게 알 수 있었는지 물었다. Lulu는 "모르겠어."라고 대답했다. 그리고 고무 재질의 폼블록을 들어 올리려 하며, 치료자에게 자신이 이 블록을 치료실 한쪽에서 다른 쪽으로 옮기는 데 몇 초가 걸릴지 시간을 재어 달라고 했다. 치료자는 자신과 Lulu 사이에 조금 더 연결이 생겼다고 느꼈고, 곰 인형과의 짧은 대화에 만족했다. Lulu는 치료자가 자신을 바라보는 것을 참을 수 있고, 간단한 질문에는 대답을 하고 심지어 자신의 놀이에 참여하여 시간을 재는 사람이 되어 달라고 요청하기도 했다. 치료자는 Lulu의 행동에 대해 이야기함으로써 함께 주의를 기울이는 작업을 지속했으며, 가능한 경우에는 자신이 생각한 것을 확인하고 이를 탐색하거나 정교화해 보기도 했다. Lulu가 두 사람 사이에 물리적 경계와 심리적 경계를 동시에 설정하려는 노력을 보일 때 치료자는 비-판단적인 언급을 하며 긍정적으로 반응을 보이려고 했다. 이런 식으로 치료자는 Lulu가 자신의 신체적 경험에 집중하고, 내부에 일어나는 일에 더 주의를 기울이도록 도왔다. "얼굴이 빨개졌어. 너에게 무슨 일이 일어나고 있는 것 같니? 이 활동이 Lulu를 뜨겁게 만드나 봐. Lulu가 숨을 몰아쉬고 있는데, Lulu는 알고 있니? Lulu는 정말 빠르고 강하구나!" 치료자는 Lulu의 생각을 인정해 주면서 이를 함께 즐기고자 노력했다.

치료자는 Lulu가 작은 체형에도 불구하고 자신의 힘을 시험하려고 해서 놀랐다. 동료의 자문에서 치료자는 동료에게 Lulu가 어떻게 블록을 옮겼는지 이야기했다. 동료는 Lulu가 자신의 고향과 입양된 곳, 두 세계를 굉장히 빠르게 오가는 것 같다는 자신의 연상을 공유했다. 동료의 다양한 시각을 듣는 것은 치료자가 회기 내에 일어나는 일에 대해 계속 정신화할 수 있도록 도우며, 이런 연상과 해석, 가설을 아는 것은 치료자가 Lulu의 행동을 설명할 말들을 찾지 못할 때 이를 더 잘 이해하도록 돕기도 한다. 세션 안과 밖에서 일어나는 치료자의 명시적 정신화와 묵시적 정신화는 Lulu의 치료과정에 정말 큰 영향을 미친 것 같았다.

이 시기 동안 치료작업은 Lulu가 자기주도성을 느끼는 것에 초점을 맞췄으며, Lulu의 내적 세계와 외적 세계의 연결 및 신체와 마음의 연결을 강조했다. Lulu는 이것에 대해 긍정적인 반응을 보였고, 치료자와의 연결을 점점 더 즐기기 시작한 것처럼 보였으며, 단순히 블록을 치료실 한쪽에서 다른 쪽으로 옮기는 반복적인 신체활동에서 멀어지며 자기위로 및 보호기능을 가지는 것처럼 보였다. Lulu는 치료자의 격려에 반응하고 자신의 신체적 능력에 대한 치료자의 감탄에 기뻐했다. 이 활동 이후 치료자는 Lulu에게 잠시 멈추고 쉬자고 하며 정서조절에 초점을 맞추기 시작했다. Lulu를 편안하게 할 수 있는 활동은 비눗방울을 부는 것이었으며, 치료자는 이를 Lulu가 호흡을 조절하며 자신을 평온하게 만드는 것에 집중할 수 있는 활동으로 소개했다. 아름다운 비눗방울을 만들고 그것들이 떠다니는 것을 보는 것은 Lulu에게 이전에 거의 느껴 보지 못했던 차분한 느낌과 통제감을 주었다. 치료자는 비눗방울이 떠다니는 느낌을 이야기하며, Lulu가 마치 무엇이든 다룰 수 있을 것처럼 보인다고 말했다. 치료자는 Lulu의 이런 긍정적인 상태를 반영해 주는 것이 필요하다고 생각했고, Lulu가 보이는 평온하고 조절되며 약간의 행복한 모습을 반영해 줌으로써 그 감정들을 표현해 주었다.

이 시점에서 Lulu는 더 이상 매 회기마다 원숭이를 내던지지는 않았지만, 원숭이를 구석에 다른 동물인형들 옆에 앉혀 두고 다음 시간에 다시 오겠다고 말하곤 했다. 이 말은 치료자로 하여금 Lulu가 자기에 대한 감각을 발달시키고 있으며, 치료자와의 관계를 시간이 지나도 지속될 관계로 인식하고 있다고 생각하게 했다. Lulu도 이제 그들이 다시 만날 것이고, 그 관계가 시간이 지나도 계속될 것을 믿게 되었다. 동시에 Lulu는 이전에 그렇게 증오하는 것 같았던 자신 마음속의 한 부분인 거절당한 원숭이에 대해 좀 더 돌보는 역할을 하게 된 것처럼 보였다.

함께 치료를 시작했을 때 치료자는 Lulu가 연속성이나 예측이 가능하다는 느낌을 거의 느끼지 못한다고 생각했고, 그래서 이를 돕기 위해 치료달력을 사용하여

Lulu에게 다음 주에 만나는 것과 몇 번의 회기가 남았는지에 대해 이야기하고, 또한 Lulu가 달력을 채우는 동안 지난 회기를 돌아보도록 도왔다. 처음에 Lulu는 이 대화에 관심이 없는 듯 보였지만, 시간이 지나면서 Lulu는 조금 더 관심을 보이기 시작했고, 얼마 후에는 이전 회기와 이후 회기에 대한 이야기를 할 수 있었다. 이후 Lulu는 TV에서 본 게임을 하는 것으로 회기를 시작하기도 했다. Lulu가 가장 좋아했던 놀이 중 하나인 어린이 퀴즈게임은 벽에 매달린 채 질문에 대답하는 것으로, 지식을 테스트하는 동시에 신체적 지구력을 시험하는 것이었다. Lulu는 자신이 이 퀴즈 쇼를 좋아한다고 설명하며 언젠가 출연해 보고 싶다고 말했다. 치료자는 무엇 때문에 이 퀴즈 쇼가 그렇게 좋은지 물었고, Lulu는 "똑똑해지고 싶고 강해지고 싶다."고 대답했다. 이는 새로운 일이었고, Lulu는 자신이 원하는 것에 대해 더 정교한 방식으로 이야기하고 소통하고 있었다. 게다가 이것은 Lulu가 처음으로 치료실 내의 세계와 외부의 세계를 연결하려는 시도였다. Lulu는 계속해서 자신을 신체적으로 단련시키며, 치료자에게 자신이 문틀에 얼마나 오래 매달릴 수 있는지 시간을 측정해 달라고 요청했다. Lulu는 자신을 신체적 한계까지 몰아붙였다. 근육이 떨리고 손이 빨갛게 변했지만, 이전에도 그랬듯이 여전히 신체적 감각을 느끼지 못했고 이 감각은 행동으로 이어지지도 않았다. 치료자는 Lulu의 소망을 인정해 주며, Lulu가 얼마나 강해지고 통제하고 싶어 하는지 이야기했고, 더 멀리 가고 싶어 하는 Lulu의 갈망에 집중했다. 그렇게 몇 회기 동안 놀이를 한 후, Lulu는 자신의 신체 감각과 감정, 표정을 연결할 수 있는 능력을 가지게 된 것 같았고, 팔이 떨리기 전에 멈추면서도 동시에 여전히 자신이 강하다는 것에 대해 자부심을 느끼고 표현할 수 있었다.

## Lulu의 부모와의 치료작업

치료가 진행되는 동안 Lulu의 부모와의 치료 역시 부모의 치료자에 의해 병행되었다. 부모의 치료자는 Lulu와의 치료가 어떻게 진행되는지에 대해 설명하는 것으로 치료를 시작했고, 개별치료 과정에 대한 부모의 생각이나 느낌을 탐색했다. Lulu의 어머니는 Lulu가 반려묘를 짓누르거나 꼬리를 당기며 자극하는 것을 좋아하는 점이 걱정된다고 말했으며, 이것이 Lulu에게 공감 능력과 타인을 돌보는 능력이 부족하다는 초기 신호는 아닌지 궁금하다고 했다. Lulu는 엄마에게 치료에서 원숭이 인형을 죽인 것에 대해 이야기했고, Lulu의 어머니는 Lulu의 양심이 발달하지 않았을지도 모른다는 점에 대한 심각한 우려를 표현했다. 어머니는 자신이 엄마로서 실패하고 있는 것 혹은 Lulu가 너무 많이 '망가진' 상태여서 '고치기' 위해 할 수 있는 일이 없을지도 모른다고 생각하며 불안해했다. 그러나 Lulu의 아버지는 Lulu가 치료를 시작한 후 집에서 덜 공격적이 되었다고 이야기했다. 아버지는 Lulu의 인생의 시작은 고통스러웠을 수 있지만, 이제 치료를 통해 이런 감정을 표현할 수 있을 만큼 안전하게 느끼는지도 모른다고 했다. Lulu의 영아기 시절에 대해 잘 모른다는 사실은 두 부모에게 실망스러운 일이었다. 치료자는 부모로 하여금 Lulu가 그 행동을 통해 무엇을 이야기하고자 하는 것인지에 대해 생각해 보도록 도왔다. 부모는 암묵적인 정보에 대해 함께 생각하기 시작했고, Lulu가 한 행동이나 말한 것에 대해 가능한 설명을 함께 고민하기 시작했다. 게다가 치료자가 와해된 애착에 대해 설명한 것이 도움이 되었으며, 부모는 때때로 말도 안 되는 것처럼 보이던 딸의 행동에도 어떤 의미가 있을 것이라고 느끼게 되었다. S 부부는 자신의 행동의 변화를 관찰하고 느껴 보고, Lulu에 대해서도 그렇게 해보도록 요청을 받았다. 그리고 가능하다면, Lulu가 집에서 경험하고 있을지도 모르는 어떤 감정을 언어로 표현할 수 있도록 도와주되, Lulu가 느끼는 것을 확실히 안다고 생각하지 않는 가정적인 방식으로 해 보도록 권장했다. 치료자는 이것이 Lulu가 자신과 다른 사람의 감정을 인식하는 능력을 키우는 데 도움이 될 것이라고 생각했으며, 부모로 하여금 Lulu의 마음이나 경험이 분리되어 있음을 이해하고 존중하도록 할 것이라고 생각했다.

치료의 후반부, Lulu가 새롭게 신체적 표현에 대한 흥미를 보이면서 부모는 Lulu를 학교의 체조 수업에 등록시켜 주었으며, Lulu는 이 분야에 재능이 있는 것처럼 보였다. 동시에 치료자는 부모에게 마음성찰일기를 쓰도록 요청했으며, 이를 통해 부모는 Lulu의 분노발작이 어머니가 집에 없을 때에 일어나는 경우가 많다는 것을 깨달았다. 이는 치료자와 부모로 하여금 어머니와 Lulu의 상호작용에 대해 성찰해 보도록 만들었다. S 씨는 Lulu가 어머니를 더 좋아하는 것이 확실하기 때문에 Lulu에 대한 사랑을 표현하는 것이 어렵게 느껴진다고 했고, 자신을 부족하고 불필요한 사람처럼 느끼게 되었다고 했다. 치료자가 부모에게 Lulu가 그렇게 행동하는 다른 이유가 있을지 함께 생각해 보자고 했을 때, 그들은 Lulu가 어른 두 명으로부터 함께 돌봄을 받은 경험이 있는지, 그리고 남성 보호자에 대한 어떤 경험이 있었을지에 대해 궁금해했다. 이로 인해 Lulu의 어버지는 자신과 Lulu와의 관계가 어쩌면 생각보다 더 중요할 수 있다는 점에 대해 고민해 보게 되었다. 치료자가 아버지에게 Lulu의 어떤 점이 좋은지 물었을 때 그는 답을 떠올리기 어려워했고, 그는 이것에 놀라워했다. 치료자는 그가 어릴 적 자신의 부모와 함께했던 것 중 좋아했던 것이 무엇인지 생각해 보자고 했다. 그는 아버지와 축구 경기를 보러 가는 것을 좋아했다는 것을 기억하고, 다른 자녀들과 때때로 함께했던 것처럼 Lulu와 함께 다음 경기에 가 보겠다고 했다.

MBT-C가 이 단계에 이르렀을 때, 치료자는 학교와도 연락을 취했다. Lulu의 담임교사는 자신이 어떻게 Lulu의 마음에 더 조율될 수 있는지 궁금해했다. 치료자는 애착장애에 대한 정보를 공유했고, 그들은 함께 대화를 통해 교실에서 가능한 개입에 대해 상의했다. 특히 치료자는 Lulu의 교사에게 Lulu에 대해 반응할 때 더 주의를 기울이고 호기심을 보이며 가정적인 설명을 제시할 필요가 있으며, 이를 통해 Lulu가 감정을 더 표현하고 다른 사람의 감정을 궁금해하며 알아차리도록 도울 수 있을 것이라는 권장사항을 전달했다. 교사와 치료자는 주로 이메일을 통해 계속 연락하는 데 동의했으며, 서로 중요한 역할을 인정하는 협력적인 환경을 구축하기로 했다.

## 리뷰회기

여덟 번의 회기가 끝난 후 진행된 리뷰회기에서 Lulu는 치료에 오는 것이 좋았으며 계속하고 싶다고 말했다. 두 부모는 Lulu가 자신의 감정을 그렇게 명확하게 표현하는 것을 보고 놀랐다. 치료를 시작할 때와 비교했을 때 행동평가척도에서 엄청난 변화를 보인 것은 아니었지만, 부모는 Lulu가 집에서 화를 덜 내고 편안해 보인다고 했다. 부모는 또한 세 형제자매 사이에 더 건강한 분위기를 조성하려는 목표에도 어느 정도 진전이 있었던 것 같다고 했고, 언니와 오빠는 더 이상 Lulu

가 부모의 모든 관심을 차지하는 것처럼 느끼지 않는다고 했다. 부모의 치료자는 Lulu의 언니와 오빠가 오늘 상담에 참석했다면 어떤 말을 했을 것 같은지 부모에게 물었다. (부모는 Lulu의 언니와 오빠를 리뷰회기에 데려오지 않기로 했었다.) 그들은 부모가 Lulu에게만 모든 관심을 쏟는다고 느끼지 않도록 하기 위해 조심하고 있으며, 그들과 Lulu의 관계 역시 실제로 좋아졌다는 이야기를 할 것 같다고 Lulu의 어머니는 대답했다. 그녀는 이제 아이들이 서로의 관점에 대해 생각하며 상황을 달리 경험하고 있는 것 같다고 했다. 부모의 치료자는 부모가 이제 아이들의 경험에 대해 얼마나 신중히 생각하고 있는지를 강조하며, 주위의 다른 사람들은 Lulu에 대해 어떻게 말하는지 궁금하다고 했다. Lulu의 어머니는 Lulu가 이전과 달리 학교에서 항상 먹으려고 하지 않으며, 아직 가까운 친구를 사귀지 못하고 수업 시간에도 도움이 필요하지만 그래도 더 편안해 보인다는 이야기를 들었다고 했다. 아이의 치료자는 Lulu에게 학교에 대해서 물었고, Lulu는 교실 밖에 혼자 앉아 있을 때가 싫다고 말했다.

어떻게 지내는지에 대한 이야기를 나눈 후, 두 치료자와 S 부부는 Lulu가 치료에서 배운 것을 다른 중요한 관계(예: 학교 교사와 친구들)에 적용할 수 있을지 아직 확신할 수 없기 때문에, Lulu가 새로 익힌 강점을 강화할 필요가 있을 것 같다고 했다. Lulu는 인식론적 신뢰가 충분하지 못한 소녀였기 때문에 치료자는 시작할 때부터 12회기 한 블록으로 충분할 수 있을지 고민을 해 왔다. 그렇기 때문에 리뷰회기의 끝에 그들은 첫 번째 12회기 블록을 마친 후 12회기를 더 진행하기로 함께 결정하였다.

## 치료의 중기 단계

치료의 초기 단계 이후, Lulu는 역할놀이를 더 자주 하려고 했다. Lulu는 '다른 세계'의 여왕이 되는 판타지를 가지고 있었고, 그 세계에서 Lulu와 곰 인형은 아무런 고통을 느끼지 못했다. 그전까지 그녀는 목적론적 상태나 정신적 동일시 상태를 보여 왔는데, 그 상태에서는 감정이 '너무나 사실처럼 느껴지고' 압도적이었다. 그럼에도 Lulu는 치료자에게 무엇을 할지 지시하고 통제하는 방식으로 역할놀이를 시도했다. Lulu는 점차 놀이 속에서 연결을 유지하려고 시도하며 '함께하자'는 치료자의 초대를 받아들이기 시작했고, 치료자는 안전에 대한 경계를 지키며 Lulu가 이끌어 가는 대로 따라가고, 때로는 Lulu가 생각하거나 느끼는 것에 대해 소리를 내어 궁금해하기도 했다.

치료자는 Lulu가 여전히 환상과 현실 모두에서 상당히 경직된 상태라고 느꼈으며, 나이에 맞는 유연성이 결여되었다고 생각했다. 예를 들어, Lulu는 폼블록을 사용하여 높은 왕좌를 만들고, 모든 사람보다 훨씬 높은 곳에서 통제력을 가진 여왕이 되고 싶어 했다. 이 시도는 상당히 위험했고, Lulu는 반복해서 폼블록 왕좌에서 떨어질 뻔했으며, 이는 치료자의 주의집중력을 시험하는 것 같았다. Lulu는 그녀만의 게임을 하는 것처럼 보였고, 치료자는 단지 관중 역할만 할 수 있었다. Lulu는 치료자가 게임에 참여하려고 하면 거부하거나 무시하였고, 치료자의 제안이나 질문에는 반응하지 않았다. Lulu는 놀이 속에서 다른 사람의 관점을 수용할 수 없는 것처럼 보였고, 특히 타인의 생각과 감정에 대해 생각하는 면에서는 제한된 명시적 정신화 능력을 보여 주었다. 그러나 Lulu는 안전한 환경을 제공하려는 치료자의 지지 속에서 자신의 감정을 조금씩 조절하며 표현하기 시작했다. 점점 놀이는 상호적인 것으로 변해 갔으며, 이를 통해 치료자는 도전과 재미 사이의 균형을 찾을 수 있었다.

몇 번의 회기가 진행된 후, Lulu는 여왕 역할을 맡으며 치료자에게는 기저귀를 차고 바닥에 누워 있는 아기 역할을 부탁했고, 놀이가 변화하기 시작했다. Lulu는 아기를 "내다 버리고 싶어요."라고 말했다. 치료자가 '내다 버린다'는 말의 뜻이 무엇인지 물었을 때, Lulu는 어깨를 으쓱한 후 그 단어를 반복해서 말하며 사방을 뛰어다녔다. 치료자는 Lulu의 감정이 갑작스럽게 커진 것을 느꼈으며, 무엇이 벌어지고 있는지에 대해 생각했다. 치료자는 Lulu에게 잠시만 멈추고 함께 생각할 수 있는지 물었다. 치료자는 감정이 고조되고 신체가 각성된 상태에서 생각하는 것이 얼마나 어려운지를 상기하며, 일어난 일에 대해 즉시 검토하려고는 하지 않았다. 그 대신, 치료자는 Lulu에게 '비눗방울 부는 척하기'를 하자고 제안했는데, 이는 실제로 비눗방울을 부는 것과 유사하지만 조금 더 상징적인 것으로 이전 회기에서 Lulu를 이완시킨 방법이었다. 이 놀이는 Lulu를 진정시켰으며, Lulu는 차분해진 후 다시 치료자에게 역할놀이를 하자고 했다. 이 놀이에서 치료자는 기저

귀를 입은 채 바닥에 누워 있다가 '내버려졌다.' Lulu는 치료자를 여러 개의 담요로 덮은 채 공으로 깔아뭉개려고 했으며, 폼블록을 주위에 쌓은 후 소프트볼로 치료자를 맞추려고 했다. 그렇지만 Lulu의 조절능력은 향상되었고, 치료자와 연결을 유지하는 능력 역시 좋아진 상태였다. 치료자가 짐볼로 깔아뭉개는 것은 안 된다고 이야기했을 때, Lulu는 치료자의 한계 설정을 받아들일 수 있었다. 치료자는 Lulu에게 다양한 목소리를 사용해서 계속 말하려고 노력했다. 버려지는 아기 역할을 할 때의 목소리, 한계를 설정할 때의 목소리, Lulu가 하고 있는 것에 대해 치료자가 공감하며 이야기할 때의 목소리가 모두 달랐다. 치료자는 Lulu가 놀이나 환상에 의해 압도되어 정신적 동일시 같은 전-정신화 상태에 빠지는 경향이 있는 것을 고려하며, 다양한 목소리로 환상과 현실을 구체적으로 표시해 주는 것이 Lulu가 놀이에 더 몰입하도록 돕는 방법일 것이라고 생각했다.

Lulu와의 치료가 끝난 후 기록지를 정리할 때, 치료자는 이번 회기가 말 그대로 숨이 멎는 것 같았다고 기록했다. 치료자는 아기를 해치려고 하는 Lulu의 사나움과 힘을 느꼈고, Lulu가 마음속에 존재하는 버려진 부분에 대한 증오심을 일부 표현했다고 생각했다. 이에 대해 적어 보는 것은 치료자로 하여금 Lulu가 버려진 아이로서 '버려졌다'고 느꼈던 경험을 정신화하는 데 도움이 되었고, 치료자는 Lulu가 아기를 버리는 사람이 되어 자신의 어린 시절에 대한 내러티브를 능동적으로 다루고 통제하는 것 같다고 이해했다. 치료자는 이를 부모의 치료자와 공유하는 것이 중요하겠다고 생각했는데, 부모에게 Lulu가 이제 입양된 자신의 경험을 능동적으로 탐구하고 있다는 것을 알리고, 그들로 하여금 집에서 Lulu의 변화에 주의를 기울이도록 초대하고 싶었기 때문이다. 치료자는 Lulu의 사생활이나 비밀유지에 대한 권리를 존중하기 위해 Lulu가 한 말이나 행동한 것에 대해 너무 자세히 말하는 것은 조심해야 한다고 생각했지만, 놀이치료의 과정에 대한 느낌이나 생각을 부모와 공유하는 것은 도움이 되겠다고 느꼈다.

다음 회기에서 Lulu는 지난주에 있었던 일에 대한 이야기를 꺼리는 것처럼 보였다. 치료자는 묵시적인 것을 더 명시적으로 바꾸어 보고 일관된 이야기를 구성해 보도록 하는 것이 Lulu에게 도움이 될 것이라고 생각했고, 작은 애벌레가 뒤집힌 세상에 도착한 후 원숭이가 가득한 곳에서 강하고 사나운 여왕을 만나는 이야기를 그림책으로 그려 보기로 했다. 치료자는 Lulu와 함께 마무리할 수 있는 그림을 몇 개 그렸고, 책을 만들어 보려고 했다. 치료자는 버려진 아기 역할을 하며 느낀 강렬한 감정을 느꼈고, 그 감정이 Lulu가 아기였을 때 느꼈을지도 모를 거절당하는 느낌일지도 모른다고 생각했다. 그리고 이 감정에 끌려 Lulu에게 좋은 것을 주고 싶다고 생각했고, 그 작은 책에 최대한 상상력을 쏟아부었다. 이 감정은 너무 강렬했고, 치료자는 이 치료를 통해 자신이 Lulu를 이해하고 정신화할 수 있기를, 또한 Lulu가 자신의 파괴적인 감정을 극복하고 마침내 애도할 수 있기를 강하게 바란다는 것을 깨달았다.

치료자가 그 그림책을 Lulu에게 보여 주었을 때, Lulu는 첫 페이지를 넘겨 보려고도 하지 않았다. 그 대신 Lulu는 조절 불능 상태가 되어 치료실 안을 뛰어다니고 복도로 탈출하려고 했다. Lulu는 "나는 애벌레들이 싫어! 나는 선생님 책이 싫고, 선생님도 싫어!"라며 소리를 지르고, 치료자를 발로 차고 밀치기 시작했다. 치료자는 정신화를 계속하기가 어려웠고, 이런 강한 반응을 이해할 수 없었으며, 작고 화가 난 소녀로부터 신체적인 공격을 당한다고 느꼈다. 치료자는 몸을 낮추고 Lulu의 손을 잡은 후, 아직 무엇을 잘못했는지는 알 수 없지만 자신이 심각한 실수를 한 것 같다고 말했다. Lulu는 치료자가 한 말에 그다지 반응하지 않는 것처럼 보였지만, 치료자의 낮춘 자세나 차분한 목소리는 Lulu를 진정시키는 것 같았다. 치료자는 Lulu와 함께 일어난 일에 대해 생각해 보기 이전에 우선 매우 기본적인 자기조절에 대한 도움이 필요한 것 같다고 생각했다. 치료자는 차분한 상태에서 Lulu를 잡은 손과 목소리로 진정할 필요가 있다는 신호를 보냈다. 치료자는 Lulu에게 화가 나는 것은 괜찮은 것이라고 이야기하면서, 동시에 치료자나 Lulu 자신에게 안전하지 않은 방법으로 행동하는 것은 안 된다고 이야기했다.

갑자기 Lulu가 치료실 안의 쿠션 위로 쓰러져서 울기 시작하자 치료자는 깜짝 놀랐다. 치료자는 Lulu를 안정시키기 위해 낮은 톤의 목소리로 계속 말을 걸었고, 계속 연결을 유지하려고 애썼다. 그러자 Lulu는 갑자기 일어나서 게시판의 핀을 뽑아 자신을 찌르며 "나쁜 Lulu!"라고 말했다. 치료자는 Lulu를 말리며 언제나 안전하게 지켜 줄 것임을 상기시켰으며, 자신이 무엇인가를 느끼고 있고 그것을 전달할 방법을 찾고 있다고 생각했다. 그 순간, 치료자도 무슨 일이 일어난 것인지 이해할 수 없었지만, 치료자는 Lulu가 퇴행되어 자신을 찌르는 것과 같은 행동만이 자신의 강한 감정상태를 다룰 수 있는 유일한 방법이라고 믿는 목적론적 상태에 있다는 것을 이해하게 되었다. 그렇지만 그 순간에 가장 우선적인 것은 Lulu를 진정시키는 것이었고, 치료자는 Lulu가 나쁘다고 생각하지 않고 다만 화가 나고 오해받은 느낌일 것 같다고 공감적이고 안정시키는 방식으로 간단하게 말했다. 치료자는 오늘처럼 서로를 이해하는 것이 어렵거나 어떻게 하는 것이 좋은 것인지 알기 어려울 때가 있는 것 같으며, 자신이 뭔가 분명히 잘못을 했을 텐데 이에 대해 정말 미안하다고 말했다.

　동료와의 자문에서 치료자는 자신에게 화가 났으며, 아이의 놀이와 환상에 너무 일찍 명시적인 연결을 하려다 선을 넘은 것 같고, Lulu가 아직은 그것을 통합할 수 없다는 것을 알면서 특별하게 만든 그 책을 주고 싶었던 것 같다고 이야기했다. 그렇지만 아이와 치료자 사이에 고통스러운 균열이 발생한 후에도 치료자에게는 회복을 위해 정신화를 할 수 있는 마음의 공간이 남아 있었다. 동료집단이 치료자가 정신화 능력을 회복하도록 돕자, 치료자는 동료들과 함께 Lulu의 강한 반응에 대한 이유에 대해 생각해 볼 수 있었다. 그 순간에는 모든 것이 너무 빨라서 생각하고 이해하기 어려웠지만, 지금 치료자는 Lulu가 자신에게 배신감을 느낀 것 같다는 느낌을 가지게 되었다. 아마도 이는 Lulu가 치료자를 자신의 자기주도성과 자아의 성장을 촉진해 주는 존중할 수 있는 조력자로서 믿기 시작한 때문일 것이며, 치료자는 Lulu에게 책을 만들어서 선물한 것이 어떤 이유에선가 Lulu를 놀라고 압도당하게 만든 것 같다고 생각했다. Lulu의 이야기를 더 수용해 주려는 치료자의 의도가 담긴 그 책은 어떤 이유에선가 Lulu에게는 반대로 느껴진 것 같았다. 혹은 책을 만드는 것은 놀이를 만질 수 있을 만큼 너무 현실적이고 구체적으로 만드는 것이기 때문에, Lulu에게는 자신의 경험이 명시적인 형태로 연결되는 것이 견딜 수 없는 것으로 느껴졌을 수도 있다. 치료자는 동료집단의 자문을 통해 아이를 구해 내고 싶은 자신의 바람이 정신화 능력에 영향을 주었다는 것을 깨달았으며, Lulu에게 미안함을 느끼는 동시에 고통을 제거해 줄 수 없다는 무력감을 느꼈다. Lulu가 지지와 사랑을 받아들이지 않았을 때 실망과 무력감을 느끼던 양부모와 마찬가지로 치료자 역시 무력감을 느꼈으며, 그로 인해 너무 빨리 뭔가 구체적인 것을 주려는 목적론적 상태에서 반응하게 된 것 같았다. 부모와의 만남에서 이 일화는 수치심 등 부모가 경험했을 감정을 탐색하는 데 사용되었다. 치료자는 회기 중 자신의 경험한 것에 대해 정신화한 내용을 부모의 치료자와 공유했고, 부모의 치료자는 Lulu의 치료자의 경험을 부모에게 전달했다. 이는 부모로 하여금 자신이 가졌던 수치심이나 분노에 대해 정신화하도록 도왔으며, 이 감정이 양육에 미친 영향에 대해서도 고민해 볼 수 있게 도왔다. 부모는 Lulu가 지난 마지막 회기에서 정서적인 폭발을 일으킨 후 '기적'이 일어났다고 치료자에게 말했다. Lulu는 편안한 상태로 오빠와 함께 뭔가를 만들며 놀기도 하고, 몇 달 만에 처음으로 식사를 잘하고 있다고 했다.

## 종결 단계

애벌레 이야기가 있었던 힘든 회기가 끝난 후, 치료자는 치료실의 안전한 느낌을 회복하는 데 도움이 될 것 같다는 생각에 Lulu의 어머니를 다음 회기에 초대했다. 어머니, Lulu, 치료자는 Lulu와 치료자 사이의 관계에 대한 대화를 이어 갔다. Lulu는 치료자에게 자신이 애벌레가 아니며, 여왕도 아닌 그냥 Lulu라고 말할 수 있었다. 치료자는 다시 한번 사과를 했고, Lulu는 차분하게 듣고 있는 것처럼 보였다. Lulu는 오늘은 놀고 싶지 않다고 말하며 치료를 시작하던 날처럼 함께 무언가를 그릴 수 있는지 물었다. 치료자는 그러자고 했고, Lulu의 어머니는 Lulu가 몸을 돌려 "이제 A 선생님(부모의 치료자)을 만나러 가도 돼요."라고 말할 때까지 옆에 앉아 한참을 지켜보았다.

그림을 그리기 위한 종이와 재료를 꺼낸 후 Lulu는 중국에서 중요한 상징인 판다를 그리고 싶어 했다. Lulu는 치료자에게 자신이 색칠할 수 있도록 윤곽선 그리는 것을 도와줄 수 있는지 물었다([그림 9-1] 참조). 이후 Lulu는 그림에 작은 원숭이를 붙이고 싶다고 했다. 치료자는 Lulu가 자신이 선택한 상징으로 자신만의 작은 이야기를 만들고 싶어 하는 것 같다고 생각했다. Lulu는 자신이 애벌레를 좋아하지 않기 때문에 그리고 싶지 않다고 다시 이야기했다. Lulu는 자신이 좋아하는 것, 원하는 것과 학교나 집에서 있었던 일에 대해 분명하게 표현하기 시작했다.

Lulu의 그림 이야기는 몇 번의 회기를 거쳐 완성되었다. 그림은 점점 확장되어서 Lulu는 첫 번째 그림에 종이를 더 이어 붙이자고 했다. 이 회기에서 치료자는 Lulu의 자기주도성의 발달과 Lulu가 감정을 언어로 표현하는 것을 관찰할 수 있었

고, 놀라움을 느꼈다. Lulu와의 치료작업은 이제 다른 수준으로 옮겨 간 것 같았
고, 판다에 대한 이야기를 만들어 가면서 다양한 생각과 감정을 탐색할 수 있었다.
Lulu나 치료자는 판다 이야기와 Lulu의 경험을 명시적으로 연결하지는 않았지만,
거기에는 감정적으로 의미 있는 것을 다룬다는 강한 느낌이 있었고, 창작의 활동
에는 이에 대한 강한 내적 동기가 있었다. 처음으로 치료자는 놀이 속에서 인물이
나 관계에 대한 정신화를 하며 명시적 정신화를 촉진하기 위한 기법을 사용해 볼
수 있었다. Lulu는 자신이 본 인기 있는 TV 시리즈를 활용하여 판다가 다른 나라
의 새로운 동물원에 가서 새로운 모험을 하고, 자신이 잃어버린 무엇인가를 찾고,
새로운 친구와 음식을 만나는 이야기를 했다. 치료자는 이야기하도록 돕는 역할
을 맡았다. 또한 가끔은 그림을 그리거나 특정한 역할을 맡기도 하고, 때로는 주
요 인물의 생각이나 판타지, 소망, 감정에 대해 묻는 역할을 하기도 했다. 때때로
판다는 다른 인물들을 만났으며, 치료자와 Lulu는 다양한 감정과 경험을 탐색하기
위해 이 이야기를 사용할 수 있었다. 이 이야기에는 Lulu의 현재 생활에서 중요한
역할을 하는 주제들도 포함되어 있었다. 이야기 속에는 함께 노는 것과 공유하는
것, 소속되는 것과 '아웃사이더'로서 특별해지는 것에 대한 호기심과 어려움도 담
겨 있었다.

[그림 9-1] Lulu의 판다 그림

## 두 번째 리뷰회기 및 종결 작업

두 치료자와 부모, Lulu는 총 20회의 회기가 끝난 후 두 번째 리뷰회기를 가졌다. 이 단계에서는 행동평가척도에서 눈에 띄는 개선이 관찰되었으며, 특히 또래 활동과 관련된 항목에서 변화가 있었다. 무엇보다 부모는 Lulu가 이제 부모 및 언니와 오빠와의 친밀함을 즐길 수 있게 된 것 같다고 했다. 학교에서는 담임교사가 Lulu를 예뻐하게 되었다. 치료과정 속에서 Lulu는 새로운 세계에서 자신을 이해하려는 치료자와 함께하는 것에 대한 안전한 느낌을 회복할 수 있었다. Lulu는 어른의 세계가 안전하고 도움이 된다고 느끼기 시작한 것 같았고, '거대한 감정'을 다룰 수 있는 능력을 키울 수 있었다. 무엇보다도 Lulu는 자신을 사랑하는 사람들의 도움을 받으며 그 감정을 이해해 보려고 애쓰기 시작했다. 모두는 12회기의 두 번째 블록이 끝날 때 이 치료를 종결하는 것에 대해 동의하였다.

부모와의 종결 단계에서 부모는 Lulu의 변화를 보는 것이 행복했고, 희망을 가지게 되었다고 했다. Lulu의 아버지는 Lulu와 축구 경기를 관람하고 왔다. Lulu는 이를 좋아했으나 거대한 경기장에 조금 압도되었고, 경기 내내 그의 무릎에 앉아서 손을 잡고 있었다. 그는 딸이 자신의 몸에 편히 기대는 것을 느낀 것, 딸과 그곳에 함께 앉아 있다는 따뜻한 느낌, 그녀를 보호할 수 있다는 것, 그녀에게 새로운 경험을 줄 수 있다는 것을 통해 처음으로 자신이 Lulu의 아빠라는 느낌을 받았다고 했다. 다른 가족과의 상황 역시 변화했다. Lulu의 어머니는 세 아이의 엄마라는 역할로부터 덜 지치고 더 자유로워졌다고 느꼈다. 학교에서 Lulu는 친구를 만들기 시작했고, 처음으로 생일 파티에 초대를 받기도 했다. 더 이상 폭력적인 분노발작은 없었고, 부모와 교사는 Lulu가 진정할 수 있도록 돕고, 늘 Lulu에 대해 궁금해했으며, Lulu를 즉시 고치려고 하는 대신에 '기다려 주기 위해' 노력했다.

치료자는 Lulu와 함께 마지막 시간에 할 수 있는 것이 무엇일지 논의하며, 중점과제 개념화에 있던 '애벌레의 여행'에 대한 무엇인가를 해야 하는지 궁금하다고 소리를 내어 말했다. 치료자는 이전에 일어나는 일을 기억한다고 말하며, 자신이 애벌레에 대한 책을 가지고 온 것은 잘못이었던 것 같다고 소리를 내어 말했다. Lulu는 자신이 애벌레는 싫어하지만 나비는 좋아한다고 대답했다. Lulu는 치료자의 선반에서 두 개의 그림을 넣을 수 있는 나무 액자를 찾아왔다. Lulu는 마지막

2회기 동안 이 액자를 색칠하고, 마지막 시간에는 이 액자에 자기 자신과 (자신을 입양한) 엄마의 사진을 넣기로 했다. 치료자는 왜 엄마와 함께 있는 사진을 액자에 넣고 싶은지에 대해 물었다. Lulu는 자신에게는 두 명의 다른 엄마가 중국 어딘가에 있지만, 지금 엄마를 정말 사랑하며, 이번 엄마는 자신과 함께할 것이기 때문이라고 대답했다. 마지막 회기에서 치료자는 치료세션 동안 Lulu의 변화를 어떻게 이해했는지, 또 Lulu와의 치료에서 얼마나 많은 것을 배웠는지, 그리고 Lulu를 절대 잊지 못할 것이라는 짧은 글을 적은 엽서를 건넸다. Lulu는 치료자에게 다소 투박하면서도 동시에 수줍은 태도로 아름다운 그림 한 장을 주었다.

# 결론

MBT-C는 Lulu에게 든든한 지원 속에서 분노나 두려움, 슬픔을 경험하고 표현할 수 있는 안전한 공간을 제공하였다. 치료의 첫 단계(첫 12회기의 블록)에서는 주로 정신화의 기반을 구축하는 데 초점을 맞추었고, 특히 함께 주의를 기울이고 정서를 조절하는 것에 중점을 두었다. 이때 치료작업의 많은 부분은 신체적인 수준에서 이루어졌고, Lulu가 자신의 몸을 '집처럼 편안하게' 느끼도록 도왔으며, 치료자는 조건적으로 보여 주는 반영의 경험을 제공했다. 이 첫 단계의 중반부에서 치료자는 큰 분열 이후 Lulu와 진정성 있는 '만남의 순간'을 가졌으며, 이후 이를 통해 치료작업은 다른 수준으로 진전할 수 있었고, Lulu의 초기 상실경험에 대해 조금 더 명시적으로 정신화를 하며 내러티브를 만들어 가는 것에 집중할 수 있었다. 부모의 치료자는 Lulu의 부모에게 판단 없이 수용해 주는 공간을 제공함으로써 그들의 체계를 지원해 주는 작업을 했다. 또한 치료진의 지원을 받는 두 치료자의 협력적인 병행작업은 두 치료자가 아이의 분노와 부모의 좌절감으로 인해 무력감에 둘러싸였을 때 서로에게 정신화 능력을 되찾을 수 있는 공간을 제공했다. 결국 치료작업은 주의력을 조절하는 것에 초점을 맞추고 정서조절을 강조하는 것으로 이어졌으며, 이는 Lulu의 정신화 능력의 출현과 발달을 도왔다. 이를 통해 Lulu는 감정을 조절하고 주의력을 제어하는 능력을 발달시킬 수 있었고, 결국 명시적인 정신화 능력이 더욱 발달하였다. 24회기의 치료를 통해 Lulu와 그 가족은 스스로 계속 해 나갈 수 있을 만큼 충분한 성과를 내었다. 이후 Lulu의 발달과정에서 새로운 이슈가 출현할 수 있다는 것을 알고 있었지만, 그 경우에는 언제든 돌아와 다시 시작할 수 있다는 것 역시 이해하고 있었고, 이곳은 이야기를 들어 주고 지지해 주며 돌봐 주는 공간이라는 것을 알고 있었다.

# MBT-C의 발달과정 및 앞으로 남은 과제

　이 책은 아이 및 가족과 함께 작업하는 치료적 접근법을 제시했으며, 우리는 이 치료가 아이를 위한 정신화-기반 치료의 대표적인 형태라고 생각한다. 제1부에서 우리는 정신화에 대한 이론적 모델을 소개하고, 아동기 동안 정신화가 어떻게 발달하는지에 대한 뼈대를 설명하였다. 또한 정신화의 실패와 이것이 어떤 식으로 아이 및 가족이 치료를 찾도록 만든 심리적 어려움으로 이어지는지에 대해서도 설명하였다. 제2부에서는 MBT-C의 구조와 목적을 이야기하고, 치료자의 정신화 자세와 평가과정을 설명하였다. 그리고 아이와의 직접적인 치료작업의 요소와 기법, 치료적 접근에 대해서도 다루었다. 또한 우리는 정신화에 기반한 부모와의 치료작업을 묘사했으며, 이후 MBT-C에서 작별과 종결을 향해 가는 과정을 이야기하였다. 마지막으로, 우리는 사례연구를 제시하여 MBT-C에서 사용되는 전형적인 접근을 보여 주었다. 이 사례연구에서 우리는 Lulu와 그녀의 가족이 가진 강점과 어려움을 평가하고, 정신화 관점에서 문제를 개념화하였으며, 치료의 시작부터 리뷰회기, 마지막으로는 치료의 종결까지의 과정을 설명하였다.

　이 책을 쓰면서 우리는 주요 개념을 정립하려고 노력하고, 우리가 수년간 실제로 시행해 오며 발전시켜 온 MBT-C 모델을 제시하려고 애를 썼으며, 또한 Bateman와 Fonagy 및 그들의 동료들이 개발한 MBT의 접근방식 및 개념에 충실하려고 했다. 어떤 독자들은 이 책에 묘사된 많은 부분이 이미 자신이 아이와의 치료에서 하고 있는 작업과 유사하다고 느낄 수도 있다. 만약 그렇다면, 아마도 우리의 작업은 정신치료에서 정신화가 공통적인 요소라는 점에 대해 다시 생각해 볼 수 있는 기회를 제공할 것이다. 우리가 시작할 때 언급했듯이, MBT는 현재 존재하는 많은 치료의 요소를 빌려와서 통합한 치료로서, 많은 근거-기반 치료적 개입(예: Goodman, Midgley, & Schneider, 2016)의 공통적인 요소였던 정신화에 더 집중하였다.

이 결론에서 우리는 이 책에서 제시한 치료작업이 어디서 출발했는지에 대해 간략히 짚어 보고, 앞으로 다가올 미래에 해야 할 일에 대해 생각해 볼 것이다. 우리는 이 책이 지침서로서 역할을 할 뿐만 아니라, 누군가에게 영감을 주는 역할을 함으로써, 그들이 다양한 환경 속에서 아이와 가족의 필요에 가장 적합한 형태로 이 치료를 적용하고 더 발달시키기를 바란다.

# 과거를 돌아보며

이 책의 서론에서 언급했듯이, 정신화-기반 치료는 경계선 성격장애 환자를 위해 더 효과적인 치료를 개발하려는 임상가, '마음의 이론(theory of mind)' 개념을 탐구하는 철학자, 그리고 애착을 연구하는 발달연구자 중 특히 세대를 거슬러 내려오는 애착유형에 대해 의문을 가진 연구자 사이의 풍요로운 대화를 통해 발전해 왔다고 할 수 있다.

그렇지만 이 책의 서론에서 논의한 것처럼 아이와의 임상치료는 MBT 발전에 추가적인 역할을 한 것으로, 단순히 새로운 임상 분야에 MBT를 '적용'한 것으로 볼 수는 없다. 이미 1965년에 Anna Freud는 '발달의 문제'를 보이는 아이를 치료할 때 전통적인 아동분석의 기법을 사용하는 것은 성공적이지 않을 가능성이 높으며, 아동정신분석 기법의 새로운 발전이 필요하다."(Freud, 1965)라고 이야기했다. 그녀는 햄스테드 아동치료클리닉(Hampstead Child Therapy Clinic; 그녀의 사후에 안나 프로이트 센터로 명칭이 변경됨)에서 치료자에게 이런 복잡한 사례와 작업할 때 다양한 방법을 실험적으로 시도할 수 있는 자유를 주었고, 그 결과 그녀의 동료 Rosenfeld와 Sprince가 1906년대 초에 경계선 성격의 아이를 위한 치료기법을 다룬 획기적인 논문(1965)을 발행할 수 있었다. Anna Freud의 사망 후 1982년에는 Fonagy, Moran, Bleiberg, Target 등이 이러한 작업을 계속해 왔고, 아이를 위한 정신건강기관에 의뢰되는 사례에서 흔하게 나타나는 발달적 문제의 원인이 완전히 형성되지 않고 결여된 '마음의 이론' 때문임을 보여 주었으며, 정신역동적 발달치료(psychodynamic developmental therapy; Fonagy & Target, 1996a)라는 이름으로 이런 아이들을 치료하기 위한 임상적 치료접근법을 제시하였다(Fonagy & Target, 1996a).

1998년 Fonagy와 Target는 아동분석의 목적이 달라져야 한다는 논문을 발표했으며, 특히 정신역동적 발달치료에서 특히 중요한 다음의 세 가지 요소를 집중적으로 설명하였다. 즉, ① 재미있게 놀 수 있는 능력, ② 성찰능력을 향상시키는 것에 대한 집중, ③ 전이(transference)를 통한 작업의 필요성이다. 이 세 가지 요소는 Anne Hurry가 1998년에 편집한 책 『정신분석과 발달적 관점에서의 치료(Psychoanalysis and Developmental Therapy)』에서 더 자세히 설명되어 있으며, 이 책은 Stanley Greenspan의 발달-기반 정신치료(Greenspan, 1997)와 Verheugt-Pleiter 등의 정신화를 활용한 정신분석적 정신치료(Verheugt-Pleiter, Zevalkink, & schmeets, 2008; Zevalkink, Verheugt-Pleiter, & Fonagy, 2012)와 함께, 발달적 관점에서 아이를 위한 정신화-기반 정신분석적 치료의 가장 완전한 초기 형태라고 볼 수 있다. 이 책에서 제시된 MBT-C 모델에 의미 있는 영향을 미친 다른 요소는 다음과 같다. ① Arietta Slade와 Elizabeth Meins 등이 수행한 부모의 정신화 및 마음에 대해 생각하는 능력에 대한 중요한 연구, ② Csibra와 Gergely(2009)와 같은 학자에 의해 이루어진 발달에 대한 연구(이들은 초기 및 중기 아동기의 사회에 대한 인식과 정신화의 출현에 대해 빛을 비추어 주었다), ③ 가족과의 작업을 위해 창의적으로 적용되는 형태의 MBT(Asen & Fonagy, 2012a, 2012b; Keaveny et al., 2012).

## 앞으로 남은 과제

서로 다른 다섯 개의 국가에서 온 이 책의 저자들에게 있어, 우리가 작업하는 다양한 환경뿐만 아니라 MBT-C에 대한 개인적인 시각의 공통점을 모아서 MBT-

C 모델을 만들고 이를 명확하게 설명하며 제시하는 것은 도전적인 일이었다. 이 국제적인 협업은 우리의 MBT-C 모델을 다양한 방식으로 풍부하게 만들어 주었다. 우리는 서로의 경험을 배우고 서로의 시각을 수용하고자 했으며, 나라와 전통에 따라 규범과 임상이 다르다는 것을 깨닫기 전까지 당연하다고 여겨 온 것들에 대한 문화적 차이를 고려하고자 하였다. 예를 들어, 모래놀이상자가 놀이치료실에 있는 것은 어떤 국가에서는 일반적이었지만 다른 국가에서는 아니었다. 또한 치료작업을 하는 가족과의 관계에서 치료자가 자신을 어디에 위치시키는지, 호칭을 어떻게 하는지, 그리고 가족과 함께할 때에는 상대적으로 형식을 갖추며 중립적인 태도를 취하는지 아니면 비격식적이고 '친근한' 태도를 취하는지 등 많은 문화적 차이가 있었다. 저자들과 이 책을 공동으로 저술하는 과정 덕분에 우리는 이 차이를 더 잘 인식하고, 서로의 임상치료 방식 및 이를 가르치는 방식에 대해서도 더 풍부하게 고민할 수 있었다.

우리는 아이 및 가족과 함께 작업하는 데 있어, 또한 이 치료를 훈련받는 학생이나 미래의 치료자에게도, 가장 중요한 가르침은 심리적 경험을 존중하고 이에 대해 흥미를 가지는 것이라고 생각한다. 이때 생각이나 감정이 행동에 어떻게 영향을 미치는가에 대한 호기심을 유지하는 것 역시 중요하다.

이러한 관점은 이 치료에 성공하기 위해 필요한 훈련이나 조건에 대해 생각해 보도록 했다. 우리는 정신역동적 전통에서 출발한 이 치료가 다양한 전문 분야와 관심 분야를 가진 아동치료자들이 임상에서 사용할 수 있는 치료가 되기를 바랐다. 이를 위해서 치료자에게는 아이 및 가족에게 정신치료를 수행하기 위한 기본적인 훈련과정이 필요하며, 또한 정신화 자세에 중점을 두고 작업하는 MBT-C의 임상과 기법에 대한 전문적인 훈련 역시 필요할 것이다. 이는 성인을 위한 MBT와 마찬가지로, 치료에 핵심이 될 전문성을 기르기 위해 MBT에 특화된 훈련이 필요함을 의미한다. 게다가 지도감독을 지속적으로 받는 것은 최고의 치료를 제공하고 계속 발전하는 치료자가 되기 위해 필수적이며, 특히 어려운 사례를 작업하고 있는 경우라면 지도감독은 정말 중요하다. 지도감독은 단순히 치료자의 상자에 든 도구 중 하나가 아니며, 아동치료자로 하여금 정신화 자세를 유지하도록 돕는 데 중심이 되는 역할을 한다. 특히 아이 및 가족과의 치료작업에서 불가피한 감정적인 어려움을 마주할 때 지도감독의 역할이 중요하다. 또한 공공 부문에서 일을 하는 경우, 아이의 감정과 생각, 대화에 대한 가치를 인정해 주는 기관의 지지가 없다면, 치료과정에서 정신화적 자세를 유지하는 것이 어려운 일일 수 있다. 공공 서비스를 위한 제도가 점점 늘어나고 있고, 정신화 치료에 중심이 되는 '안정된 불확실성(safe uncertainty)'을 허용하지 못하는 경우도 늘고 있다. 그런 경우 우리는 '무엇인가를 해야 할 것 같은' 전-정신화적인 상태에 빠져들 위험에 노출되며, 자신과 타인의 경험에 대한 호기심을 잃을 수 있다.

우리는 MBT-C의 기본적인 접근방식을 설명했고, 여기에 다양한 심리적 문제를 보이는 아이를 치료할 때 적용이 가능한 원리와 기법을 포함하였다. 그렇지만 이 모델에 대한 우리의 경험을 더 발전시키려면 추가적인 연구가 필요하다. 환자 개인에게 최적화된 방법으로 치료를 제공하기 위해 치료모델을 변형하는 창의적인 작업이 필요하며, 그 외에 앞으로도 더 많은 영역에서 노력이 필요할 것이다. 첫째, MBT-C는 구체적인 인구집단의 대상을 위해 최적화되어 적용되어야 한다. 예를 들어, 심각한 외현화 문제를 보이는 아이에게 MBT-C를 적용할 때에는 아이 및 가족의 문제와 요구를 보다 구체적으로 다루도록 수정해야 할 수 있다. 이를 위해서는 특정 어려움을 다루기 위해 핵심이 되는 정신화의 문제 및 연관된 개입에 대한 모델을 정교화할 필요가 있다(Hoffman, Rice, & Prout, 2016 참조). 마찬가지로, 자폐 스펙트럼이나 지적장애와 같은 발달장애를 가진 아이에게 MBT-C를 적용하기 위해서는 이와 같은 장애의 기저에 있는 다양한 범위의 정신화 문제를 명확히 이해해야 하고, 또한 이 어려움에 대해 더 정교하게 개입하기 위한 추가적인 작업이 필요하다. 덧붙이면, 이 책에 제시된 MBT-C는 임상에서 우울증이나 외상을 가진 아이를 포함하여 다양한 문제를 가진 아이의 치료를 위해 일반적으로 적용할 수 있는 모델로 개발되었다. 하지만 일반적인 치료적 접근을 설명해야 하는 과정에서 구체적인 대상에 적용하기 위해 고려해야 하는 세부사항에 대해 종합적으로 다루는 것은 어려웠다.

둘째, MBT-C를 평가하고 이 치료적 접근이 효과적인지를 확인할 수 있는 경험적 연구의 누적이 필요하다. 임상을 기반으로 하는 증거 및 예비평가에서 유망한 결과들이 나오고 있고(Thorén, Pertoft Nemirovski, & Lindqvist, 2016), 아이와 부모에게서 정신화를 향상시키기 위해 집중하는 것이 타당하다는 상당한 경험적 증거가 있지만, '어떤 작업이, 누구에게, 어떤 상황에서, 어떻게 효과적인가'를 더 잘 이해하기 위해서는 이 치료적 접근에 대한 잘 설계된 연구가 긴요하다. 아이와 가족의 정신건강 문제를 돕는 것과 같은 중요한 일에는 언제나 더 많은 작업이 남아 있겠지만, 그럼에도 우리는 이 책의 독자들이 이 모델에 대한 우리의 열정과 흥미를 느끼고, 우리가 공유한 아이디어로부터 영감을 얻기를 바란다.

부록 | **아이와 부모의 성찰능력에 대한 평가도구**

　다음의 임상연구를 위한 평가도구들은 연구를 목적으로 정신화를 평가하기 위해 개발 및 검증되었지만 임상적 유용성 때문에 임상가들이 널리 사용하고 있다. 이 도구를 사용하는 이들은 논문을 출판할 때 피어리뷰의 기준을 충족시키기 위해서 개발자가 제공하는 훈련을 받고, 개념에 익숙해진 상태에서 면담을 신뢰도 있게 부호화해야 한다. 그렇지만 평가도구의 전체 인터뷰나 짧은 버전의 인터뷰 혹은 개별 문항은 임상평가에 통합되어 사용될 수 있다. 평가도구가 개발된 배경, 기반이 되는 이론적 원리와 가정, 맥락을 설명할 수 있는 부호화 및 해석에 대한 전체 훈련을 받는 것이 이상적이라는 점은 의심할 여지가 없다. 이런 훈련은 이 도구들을 연구의 목적으로 사용할 때는 필수적이다. 그러나 그러한 훈련이 없더라도 이 도구들에 친숙해지는 것은 임상가에게 유용할 수 있다.

## 1. 부모의 성찰능력에 대한 평가

◆ 매뉴얼

Slade, A., Aber, J. L., Bresgi, I., Berger, B., & Kaplan, M. (2004). *The Parent Development Interview—Revised*. unpublished manuscript, The City University of

New York, New York, NY.

Slade, A., Bernbach, E., grienenberger, J., Levy, D., & Locker, A. (2004). *Addendum to Fonagy, Target, Steele, and Steele Reflective Functioning Scoring Manual for use with the Parent Development Interview*. Unpublished manuscript, The City University of New York, New York, NY.

◆ 타당화 논문

Slade, A., Grienenberger, J., Bernbach, E., Levy, D., & Locker, A. (2005). Maternal reflective functioning, attachment, and the transmission gap: A preliminary study. *Attachment & Human Development, 7*, 283−298. http://dx.doi.org/10.1080/14616730500245880

연락처: Arietta Slade (http://www.pditraininginstitute.com)

# 2. 트라우마와 관련된 성찰능력의 평가

◆ 매뉴얼

Berthelot, N., Ensink, K., Normandin, L., & Fonagy, P. (2015). *Trauma Reflective Functioning coding manual*. Unpublished manuscript, Laval University, Québec, Canada.

◆ 타당화 논문

Berthelot, n., ensink, K., Bernazzani, o., normandin, l., luyten, p., & fonagy, p. (2015). Intergenerational transmission of attachment in abused and neglected mothers: The role of trauma−specific reflective functioning. *Infant Mental Health Journal, 36*, 200−212. http://dx.doi.org/10.1002/ imhj.21499

Ensink, K., Berthelot, N., Bernazzani, O., Normandin, L., & Fonagy, P. (2014). Another step closer to measuring the ghosts in the nursery: Preliminary validation of the

Trauma Reflective Functioning Scale. *Frontiers in Psychology*, 5, 1471. http://dx.doi.org/10.3389/fpsyg.2014.01471

연락처: Nicolas Berthelot (Nicolas.Berthelot@uqtr.ca)

　　　Karin Ensink (Karin.Ensink@psy.ulaval.ca)

## 3. 마음을 헤아리는 양육에 대한 상호작용 평가

◆ 매뉴얼

Normandin, L., Leroux, A., Terradas, M. M., Fonagy, P. & Ensink, K. (2015). *Reflective Parenting Assessment coding manual*. Unpublished manuscript, Laval University, Québec, Canada.

◆ 타당화 논문

Ensink, K., Leroux, A., Normandin, L., Biberdzic, M., & Fonagy, P. (in press). Assessing reflective parenting in interaction with school-aged children. *Journal of Personality Assessment*.

연락처: Lina Normandin (Lina.Normandin@psy.ulaval.ca)

　　　Karin Ensink (Karin.Ensink@psy.ulaval.ca)

## 4. 아동의 정신화 및 성찰능력의 평가

◆ 매뉴얼

Ensink, K., Target, M., Oandasan, C., & Duval, J. (2015). *Child Reflective Functioning Scale scoring manual: For application to the child attachment interview*. Unpublished manuscript, Anna Freud Centre/University College London, London,

England.

◆ 타당화 논문

Ensink, K., Normandin, L., Target, M., Tonagy, P., Sabourin, S., & Berthelot, N. (2015). Mentalization in children and mothers in the context of trauma: An initial study of the validity of the Child Reflective Functioning Scale. *The British Journal of Developmental Psychology*, 6, 1-15.

연락처: Karin Ensink (Karin.Ensink@psy.ulaval.ca)

# 5. 아이의 애착에 대한 평가

◆ 매뉴얼

Target, M., Fonagy, P., Shmueli-Goetz, Y., Datta, A., & Schneider, T. (1999). *The Child Attachment Interview (CAI) protocol.* London, England: University College London.

◆ 타당화 논문

Shmueli-Goetz, Y., Target, M., Fonagy, P., & Datta, A. (2008). The Child Attachment Interview: A psychometric study of reliability and discriminant validity. *Developmental Psychology*, 44, 939-956. http://dx.doi.org/10.1037/0012-1649.44.4.939

연락처: Yael Shmueli-Goetz (Yael.Shmueli-Goetz@annafreud.org)

# 6. 놀이에 대한 평가

## ◆ 매뉴얼

Kernberg, O. F., & Normandin, L. (2000). *Children Play Therapy Instrument adapted for sexually abused children*. Unpublished manuscript, Cornell Medical School, New York Presbyterian Hospital, New York, NY.

## ◆ 타당화 논문

Kernberg, O. F., Chazan, S. E., & Normandin, L. (1998). The Children's Play Therapy Instrument (CPTI). *Journal of Psychotherapy Practice and Research*, 7, 196–207.

Tessier, V. P., Normandin, L., Ensink, K., & Fonagy, P. (2016). Fact or fiction? A longitudinal study of play and the development of reflective functioning. *Bulletin of the Menninger Clinic*, *80*, 60–79. http://dx.doi.org/10.1521/bumc.2016.80.1.60

다양한 평가 도구를 검토하려면, 아동과 부모의 정신화 혹은 마음성찰 능력의 여러 가지 측면을 평가하기 위해 Vrouva, Target, & Ensink(2012)를 참조하십시오.

# 참고문헌

Abbass, A. A., Rabung, S., Leichsenring, F., Refseth, J. S., & Midgley, N. (2013). Psychodynamic psychotherapy for children and adolescents: A meta-analysis of short-term psychodynamic models. *Journal of the American Academy of Child & Adolescent Psychiatry, 52*, 863-875. http://dx.doi.org/10.1016/j.jaac.2013.05.014

Ainsworth, M. D. S., Blehar, M., Waters, E., & Wall, S. (1978). *Patterns of attachment: A psychological study of the Strange Situation.* Hillsdale, NJ: Erlbaum.

Allen, J. G. (2008). *Coping with trauma: Hope through understanding.* Arlington, VA: American Psychiatric Publishing.

Allen, J. G., & Fonagy, P. (Eds.). (2006). *The handbook of mentalization-based treatment.* http://dx.doi.org/10.1002/9780470712986

Allen, J. G., Fonagy, P., & Bateman, A. W. (2008). *Mentalizing in clinical practice. Arlington*, VA: American Psychiatric Publishing.

Allen, J. G., Lemma, A., & Fonagy, P. (2012). Trauma. In A. W. Bateman & P. Fonagy (Eds.), *Handbook of mentalizing in mental health practice* (pp. 419-444). Arlington, VA: American Psychiatric Publishing.

Allen, J. G., O'Malley, F., Freeman, C., & Bateman, A. W. (2012). Brief treatment. In A. W. Bateman & P. Fonagy (Eds.), *Handbook of mentalizing in mental health practice* (pp. 159–197). Arlington, VA: American Psychiatric Publishing.

Aron, E. N., Aron, A., & Davies, K. M. (2005). Adult shyness: The interaction of temperamental sensitivity and an adverse childhood environment. *Personality and Social Psychology Bulletin, 31*, 181–197. http://dx.doi.org/10.1177/0146167204271419

Asen, E., Bevington, D., Brasnett, H., Fearon, P., Fonagy, P., Keaveny, E., ⋯ Wood, S. (2011). *Mentalization–based treatment for families* (MBT–F): Training slides. Unpublished manuscript, Anna Freud Centre/University College London, London, England.

Asen, E., & Fonagy, P. (2012a). Mentalization–based family therapy. In A. W. Bateman & P. Fonagy (Eds.), *Handbook of mentalizing in mental health practice* (pp. 107–129). Arlington, VA: American Psychiatric Publishing.

Asen, E., & Fonagy, P. (2012b). Mentalization–based therapeutic interventions for families. *Journal of Family Therapy, 34*, 347–370. http://dx.doi.org/10.1111/j.1467–6427.2011.00552.x

Bak, P. L. (2012). "Thoughts in mind": Promoting mentalizing communities for children. In N. Midgley & I. Vrouva (Eds.), *Minding the child: Mentalization–based interventions with children and families* (pp. 202–218). London, England: Routledge.

Bak, P. L., Midgley, N., Zhu, J. L., Wistoft, K., & Obel, C. (2015). The Resilience Program: Preliminary evaluation of a mentalization–based education program. *New Frontiers of Psychology, 6*, 753.

Bakermans–Kranenburg, M. J., van IJzendoorn, M. H., & Juffer, F. (2003). Less is more: Meta–analyses of sensitivity and attachment interventions in early childhood. *Psychological Bulletin, 129*, 195–215. http://dx.doi.org/10.1037/0033–2909.129.2.195

Bammens, A. S., Adkins, T., & Badger, J. (2015). Psycho–educational intervention increases reflective functioning in foster and adoptive parents. *Adoption & Fostering, 39*, 38–50. http://dx.doi.org/10.1177/0308575914565069

Banerjee, R. (2008). Social cognition and anxiety in children. In C. Sharp, P. Fonagy, & I. Goodyer (Eds.), *Social cognition and developmental psychopathology* (pp. 239–270). http://dx.doi.org/10.1093/med/9780198569183.003.0009

Barish, K. (2009). *Emotions in child therapy*. New York, NY: Oxford University Press.

Baron–Cohen, S. (2009). Autism: The empathizing–systemizing (E–S) theory. *Annals of the New York Academy of Sciences, 1156*, 68–80. http://dx.doi.org/10.1111/j.1749–6632.2009.04467.x

Baron–Cohen, S., Leslie, A. M., & Frith, U. (1985). Does the autistic child have a "theory of mind"? *Cognition, 21*, 37–46.

Bateman, A. W., & Fonagy, P. (2004). Mentalization based treatment of BPD. *Journal of Personality Disorders, 18*, 36–51. http://dx.doi.org/10.1521/pedi.18.1.36.32772

Bateman, A. W., & Fonagy, P. (2006). *Mentalization–based treatment for borderline personality disorder: A practical guide*. http://dx.doi.org/10.1093/med/9780198570905.001.0001

Bateman, A. W., & Fonagy, P. (2009). Randomized controlled trial of outpatient mentalization–based treatment versus structured clinical management for borderline personality disorder. *The American Journal of Psychiatry, 166*, 1355–1364. Retrieved from http://ajp.psychiatryonline.org/doi/full/10.1176/appi.ajp.2009.09040539

Bateman, A. W., & Fonagy, P. (2010). Mentalization based treatment for borderline personality disorder. *World Psychiatry, 9*, 11–15. http://dx.doi.org/10.1002/j.2051–5545.2010.tb00255.x

Bateman, A. W., & Fonagy, P. (2012). Individual techniques of the basic model. In A. W. Bateman & P. Fonagy (Eds.), *Handbook of mentalizing in mental health practice* (pp. 67–80). Arlington, VA: American Psychiatric Publishing.

Bateman, A. W., & Fonagy, P. (2013). Mentalization–based treatment. *Psychoanalytic Inquiry, 33*, 595–613. http://dx.doi.org/10.1080/07351690.2013.835170

Bateman, A. W., & Fonagy, P. (2016). *Mentalization–based treatment for personality disorders: A practical guide*. Oxford, England: Oxford University Press.

Baumrind, D. (1966). Effects of authoritative parental control on child behavior. *Child*

*Development, 37*, 887−907.

Beebe, B., Lachmann, F., & Jaffe, J. (1997). Mother−infant interaction structures and presymbolic self− and object representations. *Psychoanalytic Dialogues, 7*, 133−182. http://dx.doi.org/10.1080/10481889709539172

Beebe, B., Lachmann, F., Markese, S., Buck, K. A., Bahrick, L. E., Chen, H., ⋯ Jaffe, J. (2012). On the origins of disorganized attachment and internal working models: Paper II. An empirical microanalysis of 4−month mother−infant interaction. *Psychoanalytic Dialogues, 22*, 352−374. http://dx.doi.org/10.1080/10481885.2012.679606

Beebe, B., & Stern, D. (1977). Engagement−disengagement and early object experiences. In N. Freedman & S. Grand (Eds.), *Communicative structures and psychic structures* (pp. 35−55). http://dx.doi.org/10.1007/978−1−4757−0492−1_3

Benbassat, N., & Priel, B. (2012). Parenting and adolescent adjustment: The role of parental reflective functioning. *Journal of Adolescence, 35*, 163−174. http://dx.doi.org/10.1016/j.adolescence.2011.03.004

Berk, L. E., Mann, T. D., & Ogan, A. T. (2006). Make−believe play: Wellspring for the development of self−regulation. In D. G. Singer, R. Golinkoff, & K. Hirsh−Pasek (Eds.), *Play=learning: How play motivates and enhances children's cognitive and social−emotional growth* (pp. 74−100). http://dx.doi.org/10.1093/acprof:oso/9780195304381.003.0005

Berthelot, N., Ensink, K., Bernazzani, O., Normandin, L., Luyten, P., & Fonagy, P. (2015). Intergenerational transmission of attachment in abused and neglected mothers: The role of trauma−specific reflective functioning. *Infant Mental Health Journal, 36*, 200−212. http://dx.doi.org/10.1002/imhj.21499

Berthelot, N., Paccalet, T., Gilbert, E., Moreau, I., Mérette, C., Gingras, N., ⋯ Maziade, M. (2015). Childhood abuse and neglect may induce deficits in cognitive precursors of psychosis in high−risk children. *Journal of Psychiatry and Neuroscience, 40*, 336−343. http://dx.doi.org/10.1503/jpn.140211

Bevington, D. (Ed.). (n.d.). *MBT−F Core: Mentalization−based treatment for families.*

Retrieved from http://mbtf.tiddlyspace.com/#

Bevington, D., & fuggle, P. W. (2012). supporting and enhancing mentalization in community outreach teams working with "hard to reach" youth: the AMBIT approach. In N. Midgley & J. Vrouva (Eds.), *Minding the child: Mentalization-based interventions with children, young people and their families* (pp. 163-186). London, England: Routledge.

Bevington, D., Fuggle, P., & Fonagy, P. (2015). Applying attachment theory to effective practice with hard-to-reach youth: The AMBIT approach. *Attachment & Human Development, 17*, 157-174. http://dx.doi.org/10.1080/14616734.2015.1006385

Bifulco, A., Moran, P. M., Ball, C., & Bernazzani, O. (2002). Adult attachment style: I. Its relationship to clinical depression. *Social Psychiatry and Psychiatric Epidemiology, 37*, 50-59. http://dx.doi.org/10.1007/s127-002-8215-0

Blake, P. (2008). *Child and adolescent psychotherapy*. London, england: Karnac Books.

Bleiberg, E. (2013). Mentalizing-based treatment with adolescents and families. *Child and Adolescent Psychiatric Clinics of North America, 22*, 295-330. http://dx.doi.org/10.1016/j.chc.2013.01.001

Bukatko, D., & Daehler, M. W. (2004). *Child development: A thematic approach* (5th ed.). Boston, MA: Houghton Mifflin.

Bunday, L., Dallos, R., Morgan, K., & McKenzie, R. (2015). Foster carers' reflective understandings of parenting looked after children: An exploratory study. *Adoption & Fostering, 39*, 145-158. http://dx.doi.org/10.1177/0308575915588730

Capobianco, J., & Farber, B. A. (2005). Therapist self-disclosure to child patients. *American Journal of Psychotherapy, 59*, 199-212.

Caspi, A., Houts, R. M., Belsky, D. W., Goodman-Mellor, S. J., Harrington, H., Israel, S., ⋯ Moffitt, T. E . (2014). The p factor: One general psychopathology factor in the structure of psychiatric disorders? *Clinical Psychological Science, 2*, 119-137.

Cassidy, K. W., Werner, R. S., Rourke, M., Zubernis, L. S., & Balaraman, G. (2003). The relationship between psychological understanding and positive social behaviors. *Social Development*, *12*, 198−221. http://dx.doi.org/10.1111/1467−9507.00229

Centifanti, L. C., Meins, E., & Fernyhough, C. (2016). Callous−unemotional traits and impulsivity: Distinct longitudinal relations with mind−mindedness and understanding of others. *Journal of Child Psychology and Psychiatry*, *57*, 84−92. http://dx.doi.org/10.1111/jcpp.12445

Chazan, S., Kuchirko, Y., Beebe, B., & Sossin, K. M. (2016). A longitudinal study of traumatic play activity using the Children's Developmental Play Instrument (CDPI). *Journal of Infant, Child, & Adolescent Psychotherapy*, *15*, 1−25. http://dx.doi.org/10.1080/15289168.2015.1127729

Choi−Kain, L. W., & Gunderson, J. G. (2008). Mentalization: Ontogeny, assessment, and application in the treatment of borderline personality disorder. *The American Journal of Psychiatry*, *165*, 1127−1135. http://dx.doi.org/10.1176/appi.ajp.2008.07081360

Cicchetti, D., & Banny, A. (2014). A developmental psychopathology perspective on child maltreatment. In M. Lewis & K. D. Rudolph (Eds.), *Handbook of developmental psychopathology* (pp. 723−741). http://dx.doi.org/10.1007/978−1−4614−9608−3_37

Cicchetti, D., & Rogosch, F. A. (1996). Equifinality and multifinality in developmental psychopathology. *Development and Psychopathology*, *8*, 597−600. http://dx.doi.org/10.1017/S0954579400007318

Cicchetti, D., Rogosch, F. A., Maughan, A., Toth, S. L., & Bruce, J. (2003). False belief understanding in maltreated children. *Development and Psychopathology*, *15*, 1067−1091. http://dx.doi.org/10.1017/S0954579403000440

Clarke−Stewart, A., & Dunn, J. (Eds.). (2006). *Families count: Effects on child and adolescent development*. http://dx.doi.org/10.1017/CBO9780511616259

Cooper, A., & Redfern, S. (2016). *Reflective parenting: A guide to understanding what's going on in your child's mind*. New York, NY: Routledge.

Csibra, G., & Gergely, G. (2009). Natural pedagogy. *Trends in Cognitive Sciences*, *13*,

148-153. http://dx.doi.org/10.1016/j.tics.2009.01.005

Denham, S. A., Bassett, H. H., Way, E., Kalb, S., Warren-Khot, H., & Zinsser, K. (2014). "How would you feel? What would you do?" Development and underpinnings of preschoolers' social information processing. *Journal of Research in Childhood Education*, *28*, 182-202. http://dx.doi.org/10.1080/02568543.2014.883558

Denham, S. A., & Kochanoff, A. T. (2002a). Parental contributions to preschoolers' understanding of emotion. *Marriage & Family Review*, *34*, 311-343. http://dx.doi.org/10.1300/J002v34n03_06

Denham, S. A., & Kochanoff, A. T. (2002b). "Why is she crying?" Children's understanding of emotion from preschool to preadolescence. In L. F. Barrett & P. Salovey (Eds.), *The wisdom in feeling: Psychological processes in emotional intelligence* (pp. 239-270). New York, NY: Guilford Press.

Dodge, K. A., Laird, R., Lochman, J. E., Zelli, A., & the Conduct Problems Prevention Research Group. (2002). Multidimensional latent-construct analysis of children's social information processing patterns: Correlations with aggressive behavior problems. *Psychological Assessment*, *14*, 60-73. http://dx.doi.org/10.1037/1040-3590.14.1.60

Dorahy, M. J., Middleton, W., Seager, L., Williams, M., & Chambers, R. (2016). Child abuse and neglect in complex dissociative disorder, abuse-related chronic PTSD, and mixed psychiatric samples. *Journal of Trauma & Dissociation*, *17*, 223-236. http://dx.doi.org/10.1080/15299732.2015.1077916

Dunn, J., & Brown, J. (1994). Affect expression in the family, children's understanding of emotions, and their interactions with others. *Merrill-Palmer Quarterly*, *40*, 120-137.

Dunn, J., Slomkowski, C., Donelan, N., & Herrera, C. (1995). Conflict, understanding, and relationships: developments and differences in the preschool years. *Early Education and Development*, *6*, 303-316. http://dx.doi.org/10.1207/s15566935eed0604_2

Dvir, Y., Ford, J. D., Hill, M., & Frazier, J. A. (2014). Childhood maltreatment, emotional dysregulation, and psychiatric comorbidities. *Harvard Review of*

*Psychiatry, 22*, 149–161. http://dx.doi.org/10.1097/HRP.0000000000000014

Eggum, N. D., Eisenberg, N., Kao, K., Spinrad, T. L., Bolnick, R., Hofer, C., ⋯ Fabricius, W. V. (2011). Emotion understanding, theory of mind, and prosocial orientation: Relations over time in early childhood. *The Journal of Positive Psychology, 6*, 4–16. http://dx.doi.org/10.1080/17439760.2010.536776

Emanuel, L. (2002). Deprivation×three: The contribution of organisational dynamics to the "triple deprivation" of looked after children. *Journal of Child Psychotherapy, 28*, 163–179. http://dx.doi.org/10.1080/00754170210143771

Ensink, K., Begin, M., Normandin, L., Biberdzic, M., Vohl, G., & Fonagy, P. (2016). Le fonctionnement reflexif maternel et les symptomes interiorises et exteriorises d' enfants victimes d'une agression sexuelle [Maternal reflective functioning and child internalizing and externalizing difficulties in the context of child sexual abuse]. *Revue Québécoise de Psychologie, 37*(3), 117–133.

Ensink, K., Begin, M., Normandin, L., & Fonagy, P. (2016). Maternal and child reflective functioning in the context of child sexual abuse: Pathways to depression and externalising difficulties. *European Journal of Psychotraumatology, 7*, 30611. http://dx.doi.org/10.3402/ejpt.v7.30611

Ensink, K., Begin, M., Normandin, L., Godbout, N., & Fonagy, P. (2016). Mentalization and dissociation in the context of trauma: Implications for child psychopathology. *Journal of Trauma & Dissociation*, 1–20. Advance online publication. http://dx.doi.org/10.1080/15299732.2016.1172536

Ensink, K., Berthelot, N., Bernazzani, O., Normandin, L., & Fonagy, P. (2014). Another step closer to measuring the ghosts in the nursery: Preliminary validation of the Trauma Reflective Functioning Scale. *Frontiers in Psychology, 5*, 1471. http://dx.doi.org/10.3389/fpsyg.2014.01471

Ensink, K., Berthelot, N., Biberdzic, M., & Normandin, L. (2016). The mirror paradigm: Assessing the embodied self in the context of abuse. *Psychoanalytic Psychology, 33*, 389–405. Advance online publication. http://dx.doi.org/10.1037/pap0000018

Ensink, K., Leroux, A., Normandin, L., Biberdzic, M., & Fonagy, P. (2017). Assessing reflective parenting in interaction with school−aged children. *Journal of Personality Assessment*.

Ensink, K., & Mayes, L. C. (2010). The development of mentalization in children from a theory of mind perspective. *Psychoanalytic Inquiry*, *30*, 301−337. http://dx.doi. org/10.1080/07351690903206504

Ensink, K., & Normandin, L. (2011). Le traitement base sur la mentalization chez des enfants agressés sexuellement et leurs parents [Mentalization therapy for sexually abused children and their parents]. In M. Hébert, M. Cyr, & M. Tourigny (Eds.), *L'agression sexuelle envers les enfants* [Sexual aggression toward children] (pp. 399−444). Collection Santé et Société. Montreal, Canada: Pressé de l'Universite du Québec.

Ensink, K., Normandin, L., Plamondon, A., Berthelot, N., & Fonagy, P. (2016). Intergenerational pathways from reflective functioning to infant attachment through parenting. *Canadian Journal of Behavioral Science/Revue Canadienne des sciences du comportement, 48*, 9.

Ensink, K., Normandin, L., Target, M., Fonagy, P., Sabourin, S., & Berthelot, N. (2015). Mentalization in children and mothers in the context of trauma: An initial study of the validity of the Child Reflective Functioning Scale. *British Journal of Developmental Psychology*, *33*, 203−217. http://dx.doi.org/10.1111/bjdp.12074

Ensink, K., Target, M., Oandasan, C., & Duval, J. (2015). *Child Reflective Functioning Scale scoring manual: For application to the child attachment interview*. Unpublished manuscript, Anna Freud Centre/University College London, London, England.

Etezady, M. H., & Davis, M. (Eds.). (2012). *Clinical perspectives on reflective parenting: Keeping the child's mind in mind*. Plymouth, England: Aronson.

Fearon, P., & Belsky, J. (2004). Attachment and attention: Protection in relation to gender and cumulative social−contextual adversity. *Child Development*, *75*, 1677−1693.

Fearon, P., Target, M., Sargent, J., Williams, L. L., McGregor, J., Bleiberg, E., & Fonagy, P. (2006). Short−term mentalization and relational therapy (SMART): An integrative family therapy for children and adolescents. In J. G. Allen & P. Fonagy (Eds.), *Handbook of mentalization-based treatment* (pp. 201–222). Chichester, England: John Wiley & Sons.

Fischer-Kern, M., Fonagy, P., Kapusta, N. D., Luyten, P., Boss, S., Naderer, A., ⋯ Leithner, K. (2013). Mentalizing in female inpatients with major depressive disorder. *Journal of Nervous and Mental Disease*, *201*, 202–207. http://dx.doi.org/10.1097/NMD.0b013e3182845c0a

Fonagy, P. (1991). Thinking about thinking: Some clinical and theoretical considerations in the treatment of a borderline patient. *The International Journal of Psychoanalysis*, *72*, 639–656.

Fonagy, P. (2004). Early-life trauma and the psychogenesis and prevention of violence. *Annals of the New York Academy of Sciences*, *1036*, 181–200. http://dx.doi.org/10.1196/annals.1330.012

Fonagy, P. (2015). Mutual regulation, mentalization and therapeutic action: A reflection on the contributions of Ed Tronick to developmental and psychotherapeutic thinking. *Psychoanalytic Inquiry*, *35*, 355–369. http://dx.doi.org/10.1080/07351690.2015.1022481

Fonagy, P., & Allison, E. (2012). What is mentalization? The concept and its foundations in developmental research. In N. Midgley & I. Vrouva (Eds.), *Minding the child: Mentalization-based interventions with children, young people and their families* (pp. 11–34). London, England: Routledge.

Fonagy, P., & Allison, E. (2014). The role of mentalizing and epistemic trust in the therapeutic relationship. *Psychotherapy*, *51*, 372–380. http://dx.doi.org/10.1037/a0036505

Fonagy, P., & Bateman, A. W. (2006). Mechanisms of change in mentalization-based treatment of BPD. *Journal of Clinical Psychology*, *62*, 411–430. http://dx.doi.org/10.1002/jclp.20241

Fonagy, P., & Bateman, A. W. (2007). Mentalizing and borderline personality disorder. *Journal of Mental Health*, *16*, 83–101. http://dx.doi.org/10.1080/09638230601182045

Fonagy, P., & Campbell, C. (2015). Bad blood revisited: Attachment and psychoanalysis, 2015. *British Journal of Psychotherapy*, *31*, 229–250. http://dx.doi.org/10.1111/bjp.12150

Fonagy, P., Gergely, G., Jurist, E., & Target, M. (2002). *Affect regulation, mentalization and the development of the self*. New York, NY: Other Press.

Fonagy, P., Gergely, G., & Target, M. (2007). The parent–infant dyad and the construction of the subjective self. *Journal of Child Psychology and Psychiatry*, *48*, 288–328. http://dx.doi.org/10.1111/j.1469–7610.2007.01727.x

Fonagy, P., Luyten, P., & Allison, E. (2015). Epistemic petrification and the restoration of epistemic trust: A new conceptualization of borderline personality disorder and its psychosocial treatment. *Journal of Personality Disorders*, *29*, 575–609. http://dx.doi.org/10.1521/pedi.2015.29.5.575

Fonagy, P., Luyten, P., Allison, E., & Campbell, C. (2016). Reconciling psychoanalytic ideas with attachment theory. In J. Cassidy & P. R. Shaver (Eds.), *Handbook of attachment* (3rd ed., pp. 780–804). New York, NY: Guilford Press.

Fonagy, P., Steele, M., Steele, H., Higgitt, A., & Target, M. (1994). The Emanuel Miller Memorial Lecture 1992: The theory and practice of resilience. *Journal of Child Psychology and Psychiatry, and Allied Disciplines*, *35*, 231–257. Retrieved from http://www.ncbi.nlm.nih.gov/pubmed/8188797

Fonagy, P., Steele, M., Steele, H., Moran, G. S., & Higgitt, A. C. (1991). The capacity for understanding mental states: The reflective self in parent and child and its significance for security of attachment. *Infant Mental Health Journal*, *12*, 201–218. http://dx.doi.org/10.1002/1097–0355(199123)12:3〈201::AIDIMHJ2280120307〉3.0.CO;2–7

Fonagy, P., & Target, M. (1996a). A contemporary psychoanalytic perspective: Psychodynamic developmental therapy. In E. Hibbs & P. Jensen (Eds.), *Psychosocial treatments for child and adolescent disorders: Empirically based strategies for clinical practice* (pp. 619–638). http://dx.doi.org/10.1037/10196–024

Fonagy, P., & Target, M. (1996b). Playing with reality: I. Theory of mind and the normal development of psychic reality. *The International Journal of Psychoanalysis*, *77*, 217−233.

Fonagy, P., & Target, M. (1997). Attachment and reflective function: Their role in self−organization. *Development and Psychopathology*, *9*, 679−700. http://dx.doi.org/10.1017/S0954579497001399

Fonagy, P., & Target, M. (1998). Mentalization and the changing aims of child psychoanalysis. *Psychoanalytic Dialogues*, *8*, 87−114. http://dx.doi.org/10.1080/10481889809539235

Fonagy, P., & Target, M. (2000). Playing with reality: III. The persistence of dual psychic reality in borderline patients. *The International Journal of Psychoanalysis*, *81*, 853−873.

Fonagy, P., & Target, M. (2002). Early intervention and the development of selfregulation. *Psychoanalytic Inquiry*, *22*, 307−335. http://dx.doi.org/10.1080/07351692209348990

Fonagy, P., & Target, M. (2006). The mentalization−focused approach to self pathology. *Journal of Personality Disorders*, *20*, 544−576. http://dx.doi.org/10.1521/pedi.2006.20.6.544

Fonagy, P., & Target, M. (2007a). Playing with reality: IV. A theory of external reality rooted in intersubjectivity. *The International Journal of Psychoanalysis*, *88*, 917−937. http://dx.doi.org/10.1516/4774−6173−241T−7225

Fonagy, P., & Target, M. (2007b). The rooting of the mind in the body: New links between attachment theory and psychoanalytic thought. *Journal of the American Psychoanalytic Association*, *55*, 411−456. http://dx.doi.org/10.1177/00030651070550020501

Fragkiadaki, E., & Strauss, S. M. (2012). Termination of psychotherapy: The journey of 10 psychoanalytic and psychodynamic therapists. *Psychology and Psycho therapy: Theory, Research and Practice*, *85*, 335−350. http://dx.doi.org/10.1111/j.2044−8341.2011.02035.x

Fraiberg, S., Adelson, E., & Shapiro, V. (1975). Ghosts in the nursery: A psychoanalytic approach to the problems of impaired infant—mother relationships. *Journal of the American Academy of Child Psychiatry*, *14*, 387—421. http://dx.doi.org/10.1016/S0002—7138(09)61442—4

Fredrickson, B. L. (2001). The role of positive emotions on positive psychology. The broaden—and—build theory of passive emotions. *American Psychologist*, *56*, 218—226.

Freud, A. (1965). *Normality and pathology in childhood: Assessments of development*. London, England: Hogarth Press.

Freyd, J., & Birrell, P. (2013). *Blind to betrayal: Why we fool ourselves we aren't being fooled*. Hoboken, NJ: Wiley.

Frith, U. (2004). Emanuel Miller lecture: Confusions and controversies about Asperger syndrome. *Journal of Child Psychology and Psychiatry*, *45*, 672—686. http://dx.doi.org/10.1111/j.1469—7610.2004.00262.x

Fuggle, P., Bevington, D., Cracknell, L., Hanley, J., Hare, S., Lincoln, J., ⋯ Zlotowitz, S. (2015). The adolescent mentalization—based integrative treatment (AMBIT) approach to outcome evaluation and manualization: Adopting a learning organization approach. *Clinical Child Psychology and Psychiatry*, *20*, 419—435. http://dx.doi.org/10.1177/1359104514521640

George, C., Kaplan, N., & Main, M. (1996). *Adult Attachment Interview Protocol* (3rd ed.). Unpublished manuscript, University of California at Berkeley.

Gergely, G., & Watson, J. S. (1996). The social biofeedback theory of parental affectmirroring: The development of emotional self—awareness and self—control in infancy. *The International Journal of Psychoanalysis*, *77*, 1181—1212.

Gergely, G., & Watson, J. S. (1999). Early socio—emotional development: Contingency perception and the social—biofeedback model. In P. Rochat (Ed.), *Early social cognition: Understanding others in the first months of life* (pp. 101—136). Mahwah, NJ: Erlbaum.

Gil, E., & Crenshaw, D. A. (2016). *Termination challenges in child psychotherapy*. New York, NY: Guilford Press.

Gil, E., & Drewes, A. A. (2005). *Cultural issues in play therapy*. New York, NY: Guilford Press.

Gluckers, G., & Van Lier, L. (2011). Beeld en betekenis. Sleutelscenes uit de opleiding tot kindertherapeut [Images and meaning: Decisive moments in the education of a child psychotherapist]. *Tijdschrift voor Psychoanalyse, 17*, 150−163.

Golding, K. S. (2015). Connection before correction: Supporting parents to meet the challenges of parenting children who have been traumatised within their early parenting environments. *Children Australia, 40*, 152−159. http://dx.doi.org/10.1017/cha.2015.9

Haugvik, M., & Johns, U. (2008). Facets of structure and adaptation: A qualitative study of time−limited psychotherapy with children experiencing difficult family situations. *Clinical Child Psychology and Psychiatry, 13*, 235−252. http://dx.doi.org/10.1177/1359104507088345

Hertzmann, L., & Abse, S. (2010). *Mentalization based treatment for inter−parental conflict (Parenting Together): A treatment manual*. Unpublished manuscript, The Tavistock Centre for Couple Relationships, London, England.

Hodges, J., Steele, M., Hillman, S., Henderson, K., & Kaniuk, J. (2003). Changes in attachment representations over the first year of adoptive placement: Narratives of maltreated children. *Clinical Child Psychology and Psychiatry, 8*, 351−367. http://dx.doi.org/10.1177/1359104503008003006

Hoffman, L., Rice, T., & Prout, T. (2016). *Manual of regulation−focused psychotherapy for children (RFP−C) with externalizing behaviors: A psychodynamic approach*. London, England: Routledge.

Hughes, C., & Ensor, R. (2008). Social cognition and disruptive behavior disorder in young children: Families matter. In C. Sharp, P. Fonagy, & I. Goodyer (Eds.), *Social cognition and developmental psychopathology* (pp. 115−140). http://dx.doi.org/10.1093/med/9780198569183.003.0005

Hughes, D. A. (2000). *Facilitating developmental attachment: The road to emotional recovery and behavioral change in foster and adopted children*. Oxford, England:

Aronson.

Hughes, D. A. (2004). An attachment-based treatment of maltreated children and young people. *Attachment & Human Development*, *6*, 263-278. http://dx.doi.org/10.1080/14616730412331281539

Hurry, A. (Ed.). (1998). *Psychoanalysis and developmental therapy* [Psychoanalytic Monograph No. 3]. London, England: Karnac Books.

Jacob, J., Edbrooke-Childs, J., Law, D., & Wolpert, M. (2015). Measuring what matters to patients: Using goal content to inform measure choice and development. *Clinical Child Psychology and Psychiatry*. Advance online publication. http://dx.doi.org/10.1177/1359104515615642

Jacobsen, M. N., Ha, C., & Sharp, C. (2015). A mentalization-based treatment approach to caring for youth in foster care. *Journal of Infant, Child, and dolescent Psychotherapy*, *14*, 440-454. http://dx.doi.org/10.1080/15289168.2015.1093921

Johns, U. (2008). "A bruke tiden — hva betyr egentlig det?" Tid og relasjon — et intersubjektivt perspektiv ["To make use of time — what does that really mean?" Time and relationships — an intersubjective perspeciive]. In G. Trondalen & E. Ruud (Eds.), *Perspektiver pa musikk og helse: Skriftserie fra Senter for musikk og helse* (pp. 67-83). Oslo, Norway: NMH.

Johnson, D. E. (2000). Medical and developmental sequelae of early childhood institutionalization in international adoptees from Romania and the Russian Federation. In C. A. Nelson (Ed.), *The effects of adversity on neurobehavioral development* (pp. 113-162). Mahwah, NJ: Erlbaum.

Johnson, D. E. (2002). Adoption and the effect on children's development. *Early Human Development*, *68*, 39-54. http://dx.doi.org/10.1016/S0378-3782(02)00017-8

Jurist, E. L. (2005). Mentalized affectivity. *Psychoanalytic Psychology*, *22*, 426-444. http://dx.doi.org/10.1037/0736-9735.22.3.426

Keaveny, E., Midgley, N., Asen, E., Bevington, D., Fearon, P., Fonagy, P., ⋯ Wood, S. (2012). Minding the family mind: The development and initial evaluation of mentalization based treatment for families. In N. Midgley & I. Vrouva (Eds.),

*Minding the child: Mentalization-based interventions with children, young people and their families* (pp. 98-112). London, England: Routledge.

Kegerreis, S., & Midgley, N. (2014). Psychodynamic approaches. In S. Pattison, M. Robson, & A. Beynon (Eds.), *The handbook of counselling children and young people* (pp. 35-48). London, England: Sage.

Kernberg, P. F., & Chazan, S. E. (1991). *Children with conduct disorders: A psychotherapy manual.* New York, NY: Basic Books.

Kernberg, P. F., Chazan, S. E., & Normandin, L. (1998). The Children's Play Therapy Instrument (CPTI): Description, development, and reliability studies. *Journal of Psychotherapy Practice and Research, 7,* 196-207.

Kernberg, P. F., Weiner, A. S., & Bardenstein, K. (2000). *Personality disorders in children and adolescents.* New York, NY: Basic Books.

Kim, S. (2015). The mind in the making: Developmental and neurobiological origins of mentalizing. *Personality Disorders: Theory, Research, and Practice, 6,* 356-365. http://dx.doi.org/10.1037/per0000102

Klimes-Dougan, B., & Kistner, J. (1990). Physically abused preschoolers' responses to peers' distress. *Developmental Psychology, 26,* 599-602. http://dx.doi.org/10.1037/0012-1649.26.4.599

Kochanska, G., Aksan, N., & Joy, M. E. (2007). Children's fearfulness as a moderator of parenting in early socialization: Two longitudinal studies. *Developmental Psychology, 43,* 222-237. http://dx.doi.org/10.1037/0012-1649.43.1.222

Kochanska, G., Coy, K. C., & Murray, K. T. (2001). The development of selfregulation in the first four years of life. *Child Development, 72,* 1091-1111. http://dx.doi.org/10.1111/1467-8624.00336

Koren-Karie, N., Oppenheim, D., Dolev, S., Sher, E., & Etzion-Carasso, A. (2002). Mothers' insightfulness regarding their infants' internal experience: Relations with maternal sensitivity and infant attachment. *Developmental Psychology, 38,* 534-542. http://dx.doi.org/10.1037/0012-1649.38.4.534

Kovacs, A. M., Teglas, E., & Endress, A. D. (2010). The social sense: Susceptibility to

others' beliefs in human infants and adults. *Science*, *330*, 1830−1834. http://dx.doi. org/10.1126/science.1190792

Kring, A. M. (2008). Emotion disturbances as transdiagnostic processes in psychopathology. In I. M. Lewis, J. M. Haviland−Jones, & L. F. Barrett (Eds.), *Handbook of emotions* (Vol. 3, pp. 691−705). New York, NY: Guilford Press.

Lanyado, M. (2012). Transition and change: An exploration of the resonance between transitional and meditative states of mind and their roles in the therapeutic process. In A. Horne & M. Lanyado (Eds.), *Winnicott's children: Independent psychoanalytic approaches with children and adolescents* (pp. 123−139). Hove, England; New York, NY: Routledge.

Laurent, G., & Ensink, K. (2016). *Emotional understanding, social adaptation, and aggression in 4−year−olds.* Manuscript submitted for publication.

Law, D., & Wolpert, M. (Eds.). (2014). *Guide to using outcomes and feedback tools with children, young people and families* (2nd ed.). London, England: CAMHS Press.

Lengua, L. J. (2008). Anxiousness, frustration, and effortful control as moderators of the relation between parenting and adjustment in middle−childhood. *Social Development*, *17*, 554−577. http://dx.doi.org/10.1111/j.1467−9507.2007.00438.x

Liao, Z., Li, Y., & Su, Y. (2014). Emotion understanding and reconciliation in overt and relational conflict scenarios among preschoolers. *International Journal of Behavioral Development*, *38*, 111−117. http://dx.doi.org/10.1177/0165025413512064

Lieberman, A., Padron, E., Van Horn, P., & Harris, W. W. (2005). Angels in the nursery: The intergenerational transmission of benevolent parental influences. *Infant Mental Health Journal*, *26*, 504−520. http://dx.doi.org/10.1002/imhj.20071

Lillard, A. S., Lerner, M. D., Hopkins, E. J., Dore, R. A., Smith, E. D., & Palmquist, C. M. (2013). The impact of pretend play on children's development: A review of the evidence. *Psychological Bulletin*, *139*, 1−34. http://dx.doi.org/10.1037/a0029321

Luyten, P., & Fonagy, P. (2015). The neurobiology of mentalizing. *Personality Disorders: Theory, Research, and Treatment*, *6*, 366−379. http://dx.doi.

org/10.1037/per0000117

Luyten, P., Fonagy, P., Lemma, A., & Target, M. (2012). Depression. In A. W. Bateman & P. Fonagy (Eds.), *The handbook of mentalizing in mental health practice* (pp. 386−418). Arlington, VA: American Psychiatric Publishing.

Luyten, P., Fonagy, P., Lowyck, B., & Vermote, R. (2012). Assessment of mentalization. In A. W. Bateman & P. Fonagy (Eds.), *Handbook of mentalizing in mental health practice* (pp. 43−67). Arlington, VA: American Psychiatric Publishing.

Lyons−Ruth, K., Bruschweiler−Stern, N., Harrison, A. M., Morgan, A. C., Nahum, J. P., Sander, L., ··· Tronick, E. Z. (1998). Implicit relational knowing: Its role in development and psychoanalytic treatment. *Infant Mental Health*, *19*, 281−289. http://dx.doi.org/10.1002/(SICI)1097−0355(199823)19:3〈282::AIDIMHJ3〉3.0.CO;2−O

Macfie, J., Cicchetti, D., & Toth, S. L. (2001). Dissociation in maltreated versus nonmaltreated preschool−aged children. *Child Abuse & Neglect*, *25*, 1253−1267. http://dx.doi.org/10.1016/S0145−2134(01)00266−6

Malberg, N. T. (2015). Activating mentalization in parents: An integrative framework. *Journal of Infant, Child, and Adolescent Psychotherapy*, *14*, 232−245. http://dx.doi.org/10.1080/15289168.2015.1068002

Malberg, N. T., & Fonagy, P. (2012). Creating security by exploring the personal meaning of chronic illness in adolescent patients. In M. O'Reilly−Landry (Ed.), *A psychodynamic understanding of modern medicine* (pp. 27−38). London, England: Radcliffe Press.

Marty, P. (1991). *Mentalization et psychosomatique* [Mentalization and psychosomatics]. Le Plessis−Robinson, France: Synthelabo, Collection Les Empecheurs de Penser en Rond.

Mason, B. (1993). Towards positions of safe uncertainty. *Human Systems: The Journal of Systemic Consultation & Management*, *4*, 189−200.

Masterpasqua, F. (2016). Mindfulness mentalizing humanism: A transtheoretical convergence. *Journal of Psychotherapy Integration*, *26*, 5−10. http://dx.doi.org/10.1037/a0039635

McLaughlin, C., Holliday, C., Clarke, B., & Ilie, S. (2013). *Research on counselling and psychotherapy with children and young people: A systematic scoping review of the evidence for its effectiveness from 2003–2011*. Leicester, England: British Association for Counselling and Psychotherapy.

McMahon, L. (2009). *The handbook of play therapy and therapeutic play* (2nd ed.). Hove, England; New York, NY: Routledge.

Meins, E., Centifanti, L. C. M., Fernyhough, C., & Fishburn, S. (2013). Maternal mind-mindedness and children's behavioral difficulties: Mitigating the impact of low socioeconomic status. *Journal of Abnormal Child Psychology*, *41*, 543–553. http://dx.doi.org/10.1007/s10802–012–9699–3

Meins, E., Fernyhough, C., Fradley, E., & Tuckey, M. (2001). Rethinking maternal sensitivity: Mothers' comments on infants' mental processes predict security of attachment at 12 months. *Journal of Child Psychology and Psychiatry*, *42*, 637–648. http://dx.doi.org/10.1111/1469–7610.00759

Meins, E., Fernyhough, C., Wainwright, R., Clark-Carter, D., Das Gupta, M., Fradley, E., & Tuckey, M. (2003). Pathways to understanding mind: Construct validity and predictive validity of maternal mind-mindedness. *Child Development*, *74*, 1194–1211. http://dx.doi.org/10.1111/1467–8624.00601

Midgley, N., Besser, S. J., Dye, H., Fearon, P., Gale, T., Jefferies-Sewell, K., ··· Wood, S. (2017). The Herts and Minds Study: Evaluating the effectiveness of mentalization-based treatment (MBT) as an intervention for children in foster care with emotional and/or behavioural problems: A Phase II, feasibility, randomised controlled trial. *Pilot and Feasibility Studies*, *3*, 1–12. http://dx.doi.org/10.1186/s40814–017–0127–x

Midgley, N., & Vrouva, I. (Eds.). (2012). *Minding the child: Mentalization-based interventions with children, young people and their families*. London, England: Routledge.

Mikulincer, M., & Shaver, P. R. (2007). *Attachment in adulthood: Structure, dynamics, and change*. New York, NY: Guilford Press.

Moore, C., & Dunham, P. (1995). *Joint attention: Its origins and role in development*.

Mahwah, NJ: Erlbaum.

Muller, N. (2009, November). *MBT in organizations: Improving the cooperation between a youth and adults department*. Lecture presented at the Conference of the Patient Association of Clients With Borderline Personality Disorder (Triade).

Muller, N. (2011). Mentaliseren bevorderende therapie voor families waarbij uithuisplaatsing dreigt of heeft plaats gevonden [Mentalization based treatment for families in which a child is placed in foster care or on the edge of care]. *Tijdschrift voor Kinder en Jeugdpsychotherapie, 38*, 47–57.

Muller, N., & Bakker, T. (2009). Oog voor de ouders: Diagnostiek van de hechtingsrelatie tussen ouders en kinderen en het mentaliserend vermogen van ouders [Eyes on the parent: Assessment of the attachment relationship between parents and their children and their mentalizing abilities]. *Tijdschrift voor Kinder en Jeugdpsychotherapie, 39*, 65–79.

Muller, N., Gerits, L., & Siecker, I. (2012). Mentalization–based therapies with adopted children and their families. In N. Midgley & I. Vrouva (Eds.), *Minding the child: Mentalization–based interventions with children, young people and their families* (pp. 113–130). London, England: Routledge.

Muller, N., & Midgley, N. (2015). Approaches to assessment in time–limited mentalization–based therapy for children (MBT–C). *Frontiers in Psychology, 6*, 1063.

Muller, N., & ten Kate, C. (2008). Mentaliseren bevorderende therapie in relaties en gezinnen [Mentalization based treatment in couples and family therapy]. *Tijdschrift voor Systeemtherapie, 20*, 117–132.

Munoz Specht, P., Ensink, K., Normandin, L., & Midgley, N. (2016). Mentalizing techniques used by psychodynamic therapists working with children and early adolescents. *Bulletin of the Menninger Clinic, 80*(4), 281–315.

Murray, H. A. (1943). *Thematic Apperception Test: Manual*. Cambridge, MA: Harvard University Press.

Music, G. (2011). *Nurturing natures: Attachment and children's emotional, sociocultural and brain development*. New York, NY: Psychology Press.

Nelson, K. (2003). Narrative and self, myth and memory: Emergence of the cultural self. In R. Dans & C. A. Fivush (Eds.), *Autobiographical memory and the construction of a narrative self: Developmental and cultural perspectives* (pp. 3–28). Mahwah, NJ: Erlbaum.

Novick, K. K., & Novick, J. (2005). *Working with parents makes therapy work*. Plymouth, England: Rowman and Littlefield.

Nyberg, V., & Hertzmann, L. (2014). Developing a mentalization–based treatment (MBT) for therapeutic intervention with couples (MBT–CT). *Couple and Family Psychoanalysis, 4*, 116–135.

Ogrodniczuk, J. S., Joyce, A. S., & Piper, W. E. (2005). Strategies for reducing patient–initiated premature termination of psychotherapy. *Harvard Review of Psychiatry, 13*, 57–70. http://dx.doi.org/10.1080/10673220590956429

Ordway, M. R., Sadler, L. S., Dixon, J., Close, N., Mayes, L., & Slade, A. (2014). Lasting effects of an interdisciplinary home visiting program on child behavior: Preliminary follow–up results of a randomized trial. *Journal of Pediatric Nursing, 29*, 3–13. http://dx.doi.org/10.1016/j.pedn.2013.04.006

Ostler, T., Bahar, O. S., & Jessee, A. (2010). Mentalization in children exposed to parental methamphetamine abuse: Relations to children's mental health and behavioral outcomes. *Attachment & Human Development, 12*, 193–207. http://dx.doi.org/10.1080/14616731003759666

Pally, R., & Popek, P. (2012). CRP direct services and training programs. In M. H. Etezady & M. Davis (Eds.), *Clinical perspectives on reflective parenting: Keeping the child's mind in mind* (pp. 31–58). Plymouth, England: Aronson.

Panksepp, J. (2007). Can PLAY diminish ADHD and facilitate the construction of the social brain? *Journal of the Canadian Academy of Child and Adolescent Psychiatry, 16*, 57–66.

Panksepp, J., & Biven, L. (2012). *Archaeology of mind: The neuroevolutionary origins of human emotions*. New York, NY: Norton.

Pears, K. C., & Fisher, P. A. (2005). Emotion understanding and theory of mind among maltreated children in foster care: Evidence of deficits. *Development and Psychopathology*, *17*, 47−65. http://dx.doi.org/10.1017/S0954579405050030

Perepletchikova, F., & Goodman, G. (2014). Two approaches to treating preadolescent children with severe emotional and behavioral problems: Dialectical behavior therapy adapted for children and mentalization−based child therapy. *Journal of Psychotherapy Integration*, *24*, 298−312. http://dx.doi.org/10.1037/a0038134

Pons, F., Harris, P. L., & de Rosnay, M. (2004). Emotion comprehension between 3 and 11 years: Developmental periods and hierarchical organization. *European Journal of Developmental Psychology*, *1*, 127−152. http://dx.doi.org/10.1080/17405620344000022

Premack, D., & Woodruff, G. (1978). Does the chimpanzee have a theory of mind? *Behavioral and Brain Sciences*, *1*, 515−526. http://dx.doi.org/10.1017/S0140525X00076512

Putnam, F. W. (1997). *Dissociation in children and adolescents: A developmental perspective*. New York, NY: Guilford Press.

Ramchandani, P., & Jones, D. P. H. (2003). Treating psychological symptoms in sexually abused children: From research findings to service provision. *The British Journal of Psychiatry*, *183*, 484−490.

Ramires, V. R. R., Schwan, S., & Midgley, N. (2012). Mentalization−based therapy with maltreated children living in shelters in southern Brazil: A single case study. *Psychoanalytic Psychotherapy*, *26*, 308−326. http://dx.doi.org/10.1080/02668734.2012.730546

Rexwinkel, M. J., & Verheugt−Pleiter, A. J. E . (2008). Helping parents to promote mentalization. In A. J. E. Verheugt−Pleiter, J. Zevalkink, & M. G. J. Schmeets (Eds.), *Mentalizing in child therapy: Guidelines for clinical practitioners* (pp. 69−90). London, England: Karnac Books.

Røed Hansen, B. (2012). *I dialog med barnet: Intersubjektivitet i utvikling og i psykoterapi* [In dialogue with the child: Intersubjectivity in development and in psychotherapy]. Oslo, Norway: Gyldendal.

Rogers, C. R. (1957). The necessary and sufficient conditions of therapeutic personality change. *Journal of Consulting Psychology*, *21*, 95−103.

Rosenfeld, S. K., & Sprince, M. P. (1965). Some thoughts on the technical handling of borderline children. *The Psychoanalytic Study of the Child*, *20*, 495−517.

Rosenstein, D. S., & Horowitz, H. A. (1996). Adolescent attachment and psychopathology. *Journal of Consulting and Clinical Psychology*, *64*, 244−253. http://dx.doi.org/10.1037/0022−006X.64.2.244

Roskam, I., Stievenart, M., Meunier, J. C., Van de Moortele, G., Kinoo, P., & Nassogne, M. C. (2011). Le diagnostic precoce des troubles du comportement externalise est− il fiable? Mise a l'epreuve d'une procedure multi−informateurs et multimethodes [Is the reliability of early diagnosis of externalizing behavior in question? Towards a multi−informant and multi−method strategy]. *Pratiques Psychologiques*, *17*, 189− 200. http://dx.doi.org/10.1016/j.prps.2009.07.001

Rossouw, T. (2012). Self−harm in young people. Is MBT the answer? In N. Midgley & I. Vrouva (Eds.), *Minding the child. Mentalization−based interventions with children, young people and their families* (pp. 131−144). London, England: Routledge.

Rossouw, T. I., & Fonagy, P. (2012). Mentalization−based treatment for self−harm in adolescents: A randomized controlled trial. *Journal of the American Academy of Child & Adolescent Psychiatry*, *51*, 1304−1313.e3. http://dx.doi.org/10.1016/ j.jaac.2012.09.018

Safran, J. D., & Muran, J. C. (2000). *Negotiating the therapeutic alliance: A relational treatment guide*. New York, NY: Guilford Press.

Safran, J. D., Muran, J. C., & Eubanks−Carter, C. (2011). Repairing alliance ruptures. *Psychotherapy*, *48*, 80−87. http://dx.doi.org/10.1037/a0022140

Salyer, K. (2002, Autumn). Time−limited therapy: A necessary evil in the managed care era? *Reformulation*, 9−11.

Schaffer, H. R. (2006). *Key concepts in developmental psychology*. Thousand Oaks, CA: Sage.

Schore, A. N. (1994). *Affect regulation and the origin of the self.* Mahwah, NJ: Erlbaum.

Schore, A. N. (2003). *Affect regulation and the repair of the self.* New York, NY: Norton.

Scott, S., & Dadds, M. R. (2009). Practitioner review: When parent training doesn't work: Theory-driven clinical strategies. *Journal of Child Psychology and Psychiatry, and Allied Disciplines*, *50*, 1441–1450. http://dx.doi.org/10.1111/j.1469-7610.2009.02161.x

Shai, D., & Fonagy, P. (2014). Beyond words: Parental embodied mentalizing and the parent-infant dance. In M. Mikulincer & P. R. Shaver (Eds.), *Mechanisms of social connection: From brain to group* (pp. 185–203). http://dx.doi.org/10.1037/14250-011

Sharp, C. (2006). Mentalizing problems in childhood disorders. In J. G. Allen & P. Fonagy (Eds.), *Handbook of mentalization-based treatments* (pp. 101–121). Chichester, England: Wiley.

Sharp, C., Fonagy, P., & Goodyer, I. (Eds.). (2008). *Social cognition and developmental psychopathology.* http://dx.doi.org/10.1093/med/9780198569183.001.0001

Sharp, C., Ha, C., & Fonagy, P. (2011). Get them before they get you: Trust, trustworthiness, and social cognition in boys with and without externalizing behavior problems. *Development and Psychopathology*, *23*, 647–658. http://dx.doi.org/10.1017/S0954579410000003

Sharp, C., & Venta, A. (2012). Mentalizing problems in children and adolescents. In N. Midgley & I. Vrouva (Eds.), *Minding the child: Mentalization-based interventions with children, young people and their families* (pp. 35–53). London, England: Routledge.

Sharp, C., Williams, L. L., Ha, C., Baumgardner, J., Michonski, J., Seals, R., ⋯ Fonagy, P. (2009). The development of a mentalization-based outcomes and research protocol for an adolescent inpatient unit. *Bulletin of the Menninger Clinic*, *73*, 311–338. http://dx.doi.org/10.1521/bumc.2009.73.4.311

Shipman, K. L., & Zeman, J. (1999). Emotional understanding: A comparison of physically maltreating and nonmaltreating mother—child dyads. *Journal of Clinical Child Psychology*, *28*, 407—417. http://dx.doi.org/10.1207/S15374424jccp280313

Shmueli—Goetz, Y., Target, M., Fonagy, P., & Datta, A. (2008). The Child Attachment Interview: A psychometric study of reliability and discriminant validity. *Developmental Psychology*, *44*, 939—956. http://dx.doi.org/10.1037/0012—1649.44.4.939

Siegel, D. J., & Hartzell, M. (2014). *Parenting from the inside out: How a deeper selfunderstanding can help you raise children who thrive*. New York, NY: Scribe.

Skarderud, F., & Fonagy, P. (2012). Eating disorders. In A. W. Bateman & P. Fonagy (Eds.), *Handbook of mentalizing in mental health practice* (pp. 347—384). Arlington, VA: American Psychiatric Publishing.

Slade, A. (1994). Making meaning and making believe: Their role in the clinical process. In A. Slade & D. Wolf (Eds.), *Children at play: Clinical and developmental approaches to meaning and representation* (pp. 81—110). Oxford, England: Oxford University Press.

Slade, A. (2005). Parental reflective functioning: An introduction. *Attachment & Human Development*, *7*, 269—281. http://dx.doi.org/10.1080/14616730500245906

Slade, A. (2007). Reflective parenting programs: Theory and development. *Psychoanalytic Inquiry*, *26*, 640—657. http://dx.doi.org/10.1080/07351690701310698

Slade, A. (2008). Working with parents in child psychotherapy: Engaging the reflective function. In F. N. Busch (Ed.), *Mentalization: Theoretical considerations, research findings, and clinical implications* (pp. 207—234). Mahwah, NJ: Analytic Press.

Slade, A., Aber, J. L., Bresgi, I., Berger, B., & Kaplan, M. (2004). *The Parent Development Interview—Revised*. Unpublished protocol, City University of New York, New York, NY.

Slade, A., Grienenberger, J., Bernbach, E., Levy, D., & Locker, A. (2005). Maternal reflective functioning, attachment, and the transmission gap: A preliminary study. *Attachment & Human Development*, *7*, 283—298. http://dx.doi.org/10.1080/14616730500245880

Slade, A., Sadler, L., De Dios—Kenn, C., Webb, D., Currier—Ezepchick, J., & Mayes,

L. (2005). Minding the baby: A reflective parenting program. *The Psychoanalytic Study of the Child, 60*, 74–100.

Slijper, F. M. E. (2008). Treatment in practice. In A. J. E . Verheugt–Pleiter, J. Zevalkink, & M. G. J. Schmeets (Eds.), *Mentalizing in child therapy: Guidelines for clinical practitioners* (pp. 179–194). London, England: Karnac Books.

Southam–Gerow, M. A., & Kendall, P. C. (2002). Emotion regulation and understanding: Implications for child psychopathology and therapy. *Clinical Psychology Review, 22*, 189–222. http://dx.doi.org/10.1016/S0272–7358(01)00087–3

Staun, L., Kessler, H., Buchheim, A., Kachele, H., & Taubner, S. (2010). Mentalisierung und chronische depression [Mentalizing and chronic depression]. *Psychotherapeut, 55*, 299–305. http://dx.doi.org/10.1007/s00278–010–0752–9

Stern, D. N. (1985). *The interpersonal world of the infant: A view from psychoanalysis and developmental psychology.* New York, NY: Basis Books.

Stern, D. N. (1992). *Diary of a baby: What your child sees, feels, and experiences.* New York, NY: Basic Books.

Stern, D. N. (2004). *The present moment in psychotherapy and everyday life.* New York, NY: Norton.

Stern, D. N. (2010). *Forms of vitality.* http://dx.doi.org/10.1093/med:psych/9780199586066. 001.0001

Suchman, N. E., DeCoste, C., Leigh, D., & Borelli, J. (2010). Reflective functioning in mothers with drug use disorders: Implications for dyadic interactions with infants and toddlers. *Attachment & Human Development, 12*, 567–585. http://dx.doi.org/ 10.1080/14616734.2010.501988

Suchman, N. E., Pajulo, M., & Mayes, L. C. (Eds.). (2013). *Parenting and substance abuse: Developmental approaches to intervention.* New York, NY: Oxford University Press.

Svendsen, B., Tanum Johns, U., Brautaset, H., & Egebjerg, I. (2012). *Utviklingsrettet intersubjektiv psykoterapi med barn og unge* [*Development–oriented interpersonal psychotherapy with children and adolescents*]. Bergen, Norway: Fagbokforlaget.

Symons, D. K., Fossum, K., & Collins, T. B. K. (2006). A longitudinal study of belief and desire state discourse during mother-child play and later false belief understanding. *Social Development*, *15*, 676-692. http://dx.doi.org/10.1111/j.1467-9507.2006.00364.x

Target, M., & Fonagy, P. (1996). Playing with reality: II. The development of psychic reality from a theoretical perspective. *The International Journal of Psychoanalysis*, *77*, 459-479.

Target, M., Fonagy, P., & Shmueli-Goetz, Y. (2003). Attachment representations in school-age children: The development of the Child Attachment Interview (CAI). *Journal of Child Psychotherapy*, *29*, 171-186. http://dx.doi.org/10.1080/0075417031000138433

Target, M., Fonagy, P., Shmueli-Goetz, Y., Schneider, T., & Datta, A. (2000). *Child Attachment Interview (CAI): Coding and classification manual, Version III*. Unpublished manuscript, University College London, London, England.

Taumoepeau, M., & Ruffman, T. (2008). Stepping stones to others' minds: Maternal talk relates to child mental state language and emotion understanding at 15, 24, and 33 months. *Child Development*, *79*, 284-302. http://dx.doi.org/10.1111/j.1467-8624.2007.01126.x

Taylor, C. (2012). *Emphatic care for children with disorganized attachments: A model for mentalizing, attachment and trauma-informed care*. London, England: Jessica Kingsley.

ten Kate, C. A., Weijers, J. G., & Smit, W. M. A. (2016). Mentaliseren bevorderende therapie voor non-affectieve psychotische stoornissen [Mentalizingpromoting therapy for nonaffective psychiatric disorders]. *PSy Expert*, 42-50.

Tessier, V. P., Normandin, L., Ensink, K., & Fonagy, P. (2016). Fact or fiction? A longitudinal study of play and the development of reflective functioning. *Bulletin of the Menninger Clinic*, *80*, 60-79. http://dx.doi.org/10.1521/bumc.2016.80.1.60

Thompson, R. A., & Lagatutta, K. H. (2006). Feeling and understanding: Early emotional development. In K. McCartney & D. Phillips (Eds.), *Blackwell handbook of early childhood development* (pp. 317–337). http://dx.doi.org/10.1002/9780470757703.ch16

Thompson, R. A., Meyer, S., & McGinley, M. (2006). Understanding values in relationship: The development of conscience. In M. Killen & J. Smetana (Eds.), *Handbook of moral development* (pp. 267–297). Mahwah, NJ: Erlbaum.

Thorén, A., Pertoft Nemirovski, J., & Lindqvist, K. (2016). *Short-term mentalization-informed psychotherapy. A way of treating common childhood mental disorders.* Manuscript in preparation.

Timimi, S. (2002). *Pathological child psychiatry and the medicalization of childhood.* Hove, England: Brunner-Routledge.

Tomasello, M., & Farrar, M. J. (1986). Joint attention and early language. *Child Development, 57,* 1454–1463. http://dx.doi.org/10.2307/1130423

Trevarthen, C., Aitken, K. J., Vandekerckove, M., Delafield-Butt, J., & Nagy, E. (2006). Collaborative regulations of vitality in early childhood: Stress in intimate relationships and postnatal psychopathology. In D. Cicchetti (Ed.), *Developmental psychopathology* (Vol. 2, pp. 65–126). New York, NY: Wiley.

Tronick, E. (2007). *The neurobehavioral and social-emotional development of infants and children.* New York, NY: Norton.

Trzesniewski, K. H., Kinal, M., & Donnellan, M. B. (2010). Self-enhancement and self-protection in developmental context. In M. Alicke & C. Sedikides (Eds.), *The handbook of self-enhancement and self-protection* (pp. 341–357). New York, NY: Guilford Press.

Twemlow, S. W., Fonagy, P., & Sacco, F. C. (2005). A developmental approach to mentalizing communities: II. The Peaceful Schools experiment. *Bulletin of the Menninger Clinic, 69,* 282–304. http://dx.doi.org/10.1521/bumc.2005.69.4.282

Vaish, A., Grossmann, T., & Woodward, A. (2008). Not all emotions are created equal: The negativity bias in social-emotional development. *Psychological Bulletin, 134,* 383–403. http://dx.doi.org/10.1037/0033-2909.134.3.383

Valentino, K., Cicchetti, D., Toth, S. L., & Rogosch, F. A. (2011). Mother-child play and maltreatment: A longitudinal analysis of emerging social behavior from infancy to toddlerhood. *Developmental Psychology, 47*, 1280–1294. http://dx.doi.org/10.1037/a0024459

van IJzendoorn, M. H., & Kroonenberg, P. M. (1988). Cross–cultural patterns of attachment: A meta–analysis of the strange situation. *Child Development, 59*, 147–156. http://dx.doi.org/10.2307/1130396

Verheugt–Pleiter, A. J. (2008a). Intervention techniques: Attention regulation. In A. J. Verheugt–Pleiter, J. Zevalkink, & M. G. J. Schmeets (Eds.), *Mentalizing in child therapy* (pp. 108–131). London, England: Karnac Books.

Verheugt–Pleiter, A. J. (2008b). Treatment strategy. In A. J. Verheugt–Pleiter, J. Zevalkink, & M. G. J. Schmeets (Eds.), *Mentalizing in child therapy* (pp. 41–68). London, England: Karnac Books.

Verheugt–Pleiter, A. J., Zevalkink, J., & Schmeets, M. G. J. (Eds.). (2008). *Mentalizing in child therapy*. London, England: Karnac Books.

Vrouva, I., Target, M., & Ensink, K. (2012). Measuring mentalization in children and young people. In N. Midgley & I. Vrouva (Eds.), *Minding the child: Mentalization–based interventions with children, young people and their families* (pp. 54–77). London, England: Routledge.

Vrtička, P., Andersson, F., Grandjean, D., Sander, D., & Vuilleumier, P. (2008). Individual attachment style modulates human amygdala and striatum activation during social appraisal. *PLoS One, 3*, e2868. http://dx.doi.org/10.1371/journal.pone.0002868

Vygotsky, L. S. (1978). *Mind in society: The development of higher psychological processes*. Cambridge, MA: Harvard University Press.

Weimer, A. A., Sallquist, J., & Bolnick, R. R. (2012). Young children's emotion comprehension and theory of mind understanding. *Early Education and Development, 23*, 280–301. http://dx.doi.org/10.1080/10409289.2010.517694

Whitefield, C., & Midgley, N. (2015). "And when you were a child?" How therapists working with parents alongside individual child psychotherapy bring the past into their work. *Journal of Child Psychotherapy*, *41*, 272−292. http://dx.doi.org/10.108 0/0075417X.2015.1092678

Widen, S. C., & Russell, J. A. (2008). Children acquire emotion categories gradually. *Cognitive Development*, *23*, 291−312. http://dx.doi.org/10.1016/ j.cogdev.2008.01.002

Wieland, S., & Silberg, J. (2013). Dissociation−focused therapy. In J. D. Ford & C. A. Courtois (Eds.), *Treating complex traumatic stress disorders in children and adolescents: Scientific foundations and therapeutic models* (pp. 162−183). New York, NY: Guilford Press.

Winnicott, D. W. (1967). Mirror−role of the mother and family in child development. In P. Lomas (Ed.), *The predicament of the family: A psycho−analytical symposium* (pp. 26−33). London, England: Hogarth.

Winnicott, D. W. (1971a). *Playing and reality*. Middlesex, England: Penguin Books.

Winnicott, D. W. (1971b). *Therapeutic consultations in child psychiatry*. London, England: The Hogarth Press and the Institute of Psychoanalysis.

Winnicott, D. W. (1996). *Thinking about children*. London, England: Karnac Books.

Wood, S., Brasnett, H., Lassri, D., Fearon, P., & Midgley, N. (2015). *Mentalization based treatment for children looked after and their carers (MBT−Fostering): Treatment manual for use in the "Herts and Minds" study*. Unpublished manuscript, Anna Freud Centre/University College London, London, England.

Zevalkink, J., Verheugt−Pleiter, A., & Fonagy, P. (2012). Mentalization−informed child psychoanalytic psychotherapy. In A. W. Bateman & P. Fonagy (Eds.), *Handbook of mentalizing in mental health practice* (pp. 129−158). Arlington, VA: American Psychiatric Publishing.

# 찾아보기

## 내용

## 저자 소개

### Nick Midgley, PhD

Nick Midgley 박사는 안나 프로이트 센터(Anna Freud National Centre)에서 아동정신 분석가로 훈련을 받았으며 현재 런던대학교(University College London)에서 임상, 교육 및 건강심리연구부서에서 교수로 재직하고 있습니다. 그는 안나 프로이트 센터와 런던대학교의 소아애착 및 심리치료 연구그룹(Child Attachment and Psychological Therapies Research Unit: ChAPTRe)의 공동소장이며, 「아이의 마음 이해하기: 아이와 청소년, 가족을 위한 정신화-기반 치료(Minding the Child: Mentalization-Based Interventions for Children, Young People and Families)」(2012)와 같은 다양한 논문을 출간했습니다.

### Karin Ensink, PhD

Karin Ensink 박사는 캐나다 퀘벡의 라발대학교(Université Laval)에서 아동심리학 교수로 재직하고 있으며, 소아와 청소년 및 부모를 대상으로 한 정신화-기반 치료 및 정신역동적 정신치료에 대해 가르치고 있습니다. 그녀는 Mary Target과 Peter Fonagy의 지도 아래에서 박사학위를 받았습니다. 그녀의 연구 및 임상 활동은 아동 및 부모의 정신화 발달과 평가에 중점을 두고 있습니다. 그녀는 특히 부모-자녀 상호작용의 맥락에서 정신화의 실패를 이해하고 이것이 정신병리 및 성격에 어떻게 영향을 주는지, 그리고 이를 치료하는 것에 특별한 관심을 가지고 있습니다.

### Karin Lindqvist, MSc

Karin Lindqvist 선생님은 스웨덴 스톡홀름에 위치한 에리카 재단(Erica Foundation)에서 아이를 위한 정신화-기반 치료 훈련을 받은 임상심리학자이며 연구원 및 임상심리학자로서 일하고 있습니다. Karin Lindqvist 선생님의 연구는 아동 및 성인을 대상으로 한 정신역동적 정신치료에 관한 것입니다. 그녀는 마음성찰 능력의 평가를 위한 교육을 받았으며, 임상에서의 정신화 능력에 관한 연구를 수행했습니다. 에리카 재단에서 일하는 동안 그녀는 스톡홀름의 위탁가정에 있는 아동 및 그 가족들과 치료작업을 하고 있습니다.

### Norka Malberg, PsyD

Norka Malberg 박사는 런던의 안나 프로이트 센터에서 훈련을 받은 아동정신치료사이자 가족치료사로, MBT를 아동전문병원의 그룹작업에 적용하는 것에 대한 연구를 통해 런던대학교에서 박사학위를 취득했습니다. 그녀는 현재 미국 코네티컷주 뉴헤이븐에 위치한 예일 어린이연구센터(Yale Child Study Center)의 임상조교수로 재직하며 개인클리닉도 운영하고 있습니다. 그녀는 MBT를 위탁아동, 만성 질병 및 기타 신체적 조건(예: 간질, 만성 습진, 천식)을 겪는 아이에게 응용하는 데 특히 관심이 있습니다.

### Nicole Muller, MS, MSc

Nicole Muller 선생님은 네덜란드 헤이그에 위치한 드 주터스 아동정신건강서비스센터(De Jutters Child and Adolescent Metal Health Service)에서 근무하는 아동치료자 및 가족치료사입니다. 그녀는 원래 인지행동치료사로 교육을 받았지만 아동 및 그들의 가족들과 작업을 계속 하면서 MBT에 흥미를 갖게 되었습니다. 그녀는 애착장애, 외상 또는 초기 성격장애가 있는 아동 및 그들의 가족과 함께 일하며 수년 동안 MBT를 사용해 왔습니다. 그녀는 위탁·입양 아동 및 그들의 가족과의 치료작업을 전문적으로 하고 있습니다.

 **역자 소개**

### 한재현 (JAEHYUN HAN)

연세대학교 원주의과대학을 졸업하고 연세대학교 대학원에서 의학박사 학위를 받았습니다. 성인 및 소아청소년 정신건강의학과 전문의이며, 현재 국제정신분석가 과정에 있습니다. 연세대학교 원주세브란스기독병원에서 임상조교수로 재직한 후 현재는 서울에서 개인클리닉을 운영하며 아동과 성인을 대상으로 정신분석적 치료와 놀이치료를 시행하고 있습니다. 옮긴 책으로는 『역전이와 경계선 환자의 치료』(공역, 학지사, 2020)가 있습니다.

# 아이를 위한 정신화-기반 치료

Mentalization-Based Treatment for Children(MBT-C):
A Time-Limited Approach

2024년 8월 15일 1판 1쇄 인쇄
2024년 8월 20일 1판 1쇄 발행

지은이 • Nick Midgley · Karin Ensink · Karin Lindqvist ·
　　　　 Norka Malberg · Nicole Muller
옮긴이 • 한재현
펴낸이 • 김진환
펴낸곳 • (주) **학지사**
　　　　 04031 서울특별시 마포구 양화로 15길 20 마인드월드빌딩
대 표 전 화 • 02)330-5114　　팩스 • 02)324-2345
등 록 번 호 • 제313-2006-000265호

홈 페 이 지 • http://www.hakjisa.co.kr
인스타그램 • https://www.instagram.com/hakjisabook

ISBN 978-89-997-3184-6 93180

정가 23,000원

**출판미디어기업 학지사**

간호보건의학출판 **학지사메디컬** www.hakjisamd.co.kr
심리검사연구소 **인싸이트** www.inpsyt.co.kr
학술논문서비스 **뉴논문** www.newnonmun.com
교육연수원 **카운피아** www.counpia.com
대학교재전자책플랫폼 **캠퍼스북** www.campusbook.co.kr